Mercados universitarios:
el nuevo escenario de la educación superior

Noviembre, 2007

Inscripción en el Registro de Propiedad Intelectual Nº 165.495
ISBN 978-956-314-014-9

Universidad Diego Portales
Vicerrectoría Académica / Dirección de Extensión y Publicaciones
Teléfono (56 2) 676 2000
Fax (56 2) 676 2141
Av. Manuel Rodríguez Sur 415
Santiago – Chile
vra@udp.cl
www.udp.cl (publicaciones)

Diseño: Piedad Rivadeneira / Jocelyn Quezada
Fotografía de portada: Leland Bobbe / Image Group
Impresión: Salesianos Impresores S.A.

Impreso en Chile

Mercados universitarios: el nuevo escenario de la educación superior

José Joaquín Brunner / Daniel Uribe

EDICIONES
UNIVERSIDAD DIEGO PORTALES

Prólogo

Carlos Peña González

No es fácil analizar la institución universitaria. Cuando se la examina, la universidad muestra las inevitables contradicciones que la constituyen: ella es el lugar donde se ensaya el análisis racional hasta el límite de sus posibilidades, pero también el sitio donde se elaboran ideologías, especialmente acerca de sí misma; suele proclamarse como el sitio de la meritocracia, pero es también, según sabemos hoy, la institución donde se consuma la desigualdad iniciada en la escuela y donde se ejercita eso que Platón llamaba una "mentira noble" (*República*, 414 BC); se acostumbra ver en ella un lugar democrático, pero sus miembros gustan cultivar un inconfesado aristocratismo, como si la universidad fuera el último refugio de los ideales de nobleza desinteresada; es una organización cuyo quehacer está vinculado con la esfera pública, pero es también el lugar en el que sus integrantes buscan la obtención de beneficios privados, desde el salario hasta los certificados; es el sitio donde la modernidad intenta alcanzar un punto de Arquímedes que permita trascender los intereses que ella misma estimula, pero también es hoy día un medio para expandir visiones del mundo que, mal que nos pese, carecen de toda universalidad.

En suma, la institución universitaria –y quizás éste sea el motivo de la fascinación que es capaz de producir a quienes vivimos en ella– es, a pesar de los ideales de racionalidad que se esmera en ejercitar, un amasijo de contradicciones.

Ese conjunto de contradicciones se pone de manifiesto hoy –una vez más– como resultado del conjunto de transformaciones que experimentan el sistema universitario y su entorno.

Surgida al amparo del Estado nacional, con sus prácticas homogeneizadoras y constructivistas, la moderna institución universitaria ve cómo el entorno en el que había desenvuelto tradicionalmente su quehacer se desliza hoy hacia el mercado: hacia una forma de coordinación de acciones no coactiva, que sustituye las reglas por los incentivos, los mandatos unilaterales por los contratos, la convergencia de objetivos por el reconocimiento de la diversidad de intereses, la homogeneidad institucional por la más variopinta diferencia en las formas de organización, y la asignación de valor hecha por una autoridad central por el reconocimiento del desempeño efectuado por una infinidad de elecciones individuales.

En este libro espléndido, José Joaquín Brunner y Daniel Uribe –la vida intelectual del primero ha estado atada a la universidad como a una obsesión– analizan ese tránsito desde el Estado hacia el mercado que el quehacer de las universidades está experimentando. El trabajo de Brunner y Uribe es el primero que reflexiona –con las armas de las ciencias sociales– acerca de ese hecho, que, a estas alturas, constituye todo un campo y que, a poco andar, alterará la fisonomía del trabajo universitario que desde el siglo XIX nos parecía tan indudable y tan firme.

Acostumbrada, sin embargo, a una autoimagen de servicio y de racionalidad, la universidad contemporánea no parece sentirse del todo cómoda con esa transformación. ¿Cómo ella, que era el lugar donde los intereses se trascienden a sí mismos, va a servirse de ellos ahora para funcionar? ¿Cómo los miembros de la universidad que se alojaron en ella justamente para huir de las miserias del trabajo asalariado podrían ahora tolerar que se les juzgue y se les remunere por el desempeño y se les gobierne por el *management*? ¿Cómo es posible que la universidad que se legitimó a sí misma como el lugar donde los intereses se trascienden y se dejan orientar por la razón va a tolerar ahora dejarse gobernar por una racionalidad –la de mercado– que parece ajena a todo lo que la universidad y sus miembros han divulgado acerca de sí mismos?

Ese tipo de preguntas –las cosas, por supuesto, no se dicen siempre así– son las que subyacen al debate sobre el futuro de la universidad en Chile, y muchas de ellas alimentan la incomodidad de muchos académicos frente a las transformaciones que ha tenido la universidad en nuestros días.

Esas transformaciones –como lo sugiere este libro– han poseído efectos de variada índole, pero hay uno del que indudablemente debemos alegrarnos: la masificación que ha experimentado el sistema.

Como consecuencia de múltiples factores –educacionales, como la expansión de la escolaridad en los últimos años; económicos, como la remoción de ciertas barreras de acceso a través de los sistemas de crédito; culturales, como el incremento de expectativas que es producto de la ampliación del consumo; y especialmente de mercado, como el aumento de la oferta privada o el *advertising* abierto–, hoy día son muchos más los jóvenes entre 18 y 24 años que se matriculan en alguna institución de educación superior (el número de estudiantes entre 1990 y 2005 se incrementó en el pregrado de un 14,2 a un 35,1 por ciento de la población en edad de asistir a ese nivel educacional) y el sistema atiende en su conjunto a aproximadamente setecientos mil jóvenes, que representan ya casi el 40 por ciento de la respectiva cohorte. El fenómeno no es peculiar de nuestro país y es posible constatarlo en buena parte del mundo. La expansión de la educación terciaria –antes un bien reservado a las minorías– es hoy un bien cada vez más masivo y, como consecuencia de ello, cada vez más hetereogéneo.

El crecimiento no es, tampoco, como suele creerse, un fenómeno de los últimos años. Ya en los noventa muchos países experimentaron un crecimiento explosivo (México, sobre 22 por ciento; Australia, 29; Finlandia, 37; España, 41; Irlanda, 81, y Portugal ¡144 por ciento! (OECD, 1996, *Extending the Benefits of Growth to New Groups*). El caso de Estados Unidos es especialmente digno de mención: su población de educación superior entre 1970 y 2001 se dobló de 8,5 a 16 millones de estudiantes. Los países de la OECD, por su parte, entre 1985 y 2003 incrementaron su población en un 80 por ciento, pasando de 20 a 36 millones de estudiantes.

En el caso de Chile, la masificación se encuentra en pleno curso y, como era de esperar, se distribuye desigualmente según los quintiles de ingreso, aunque la participación de los primeros quintiles aumenta poco a poco. La participación del primer quintil entre 1990 y 2003 ascendió de 4,4 a 14,5 por ciento, y la del segundo quintil de 7,8 a 21,2 por ciento. El quinto, en tanto, alcanzó un 73,7 por ciento. Entre 2003 y

2006, por su parte, la participación del primer quintil se acrecentó hasta llegar a un 17 por ciento (Casen 2003, Casen 2006).

En breve, tenemos hoy un sistema educativo que, en todos sus niveles, se ha masificado y ha dejado de ser elitario. La expansión del consumo y el cambio en las condiciones materiales de la existencia que los chilenos hemos experimentado en dos décadas, comienzan ahora a expresarse también en el sistema educativo.

Si hace apenas unos años alcanzar un título profesional o un grado académico era una rareza, una excepción, una suerte de título de nobleza, hoy día constituye un fenómeno habitual al que acceden cada vez más personas.

El fenómeno puede ser descrito –en pocas palabras– como un tránsito desde un sistema elitario, homogéneo y de base estatal hacia uno de masas, altamente diversificado y orientado al mercado. Eso es lo que este libro diagnostica y analiza en la casi totalidad de sus detalles.

¿Cuáles son los desafíos más obvios que plantea esa transformación? Si le creemos a este libro –y la evidencia, luego de leerlo, parece incontestable–, ¿a qué decisiones en el marco del trabajo universitario deberemos hacer frente?

Desde luego, y ante todo, es la propia concepción de la universidad la que se ve desafiada por esas transformaciones. Hasta ahora son dos los modelos inspiradores de la universidad moderna que, por su parte, alimentan la autoimagen de la universidad hasta nuestros días: la universidad napoleónica (altamente burocratizada, centrada en la formación profesional, orientada por la formación de los Estados nacionales y con una división del trabajo entre docencia e investigación) y la universidad humboldtiana (donde el maestro y el alumno, como sugiere Humboldt, sirven a la ciencia y donde, en consecuencia, la institución universitaria es vista como el lugar donde se cultiva y se atesora el saber de la época). La universidad moderna es una mezcla, no siempre bien equilibrada, de ambos modelos, y es ya habitual que en la cultura universitaria se tienda a esencializar esa forma de universidad, que posee, sin embargo, una historia que es muy precisa (Humboldt, 1959, "Sobre la organización externa e interna de los establecimientos científicos superiores en Berlín", en

La idea de la universidad en Alemania, Losada, 210; Rüeg, 2004, *A History of the University in Europe*, vol. III, Cambridge University Press, 4).

En el nuevo sistema universitario, en cambio, conviven instituciones de distinta índole que mezclan, en proporciones y grados diversos, la orientación al medio o al mercado y la orientación a las disciplinas que cultivan; universidades que compatibilizan el fin de lucro con las rutinas propias de la enseñanza; universidades con adscripción ideológica explícita y universidades que rehúsan cualquier adscripción; universidades de nicho, como suele decirse hoy día, y universidades a escala industrial; universidades puramente docentes y universidades humboldtianas; universidades de propiedad estatal pero controladas por sus profesores y universidades privadas con financimiento público, etcétera. La experiencia muestra que el fenómeno de la masificación conduce a un sinfín de fisonomías universitarias. No existe, en otras palabras, un solo modelo de universidad y tampoco existe un solo modelo de gobierno universitario, puesto que, como lo exhibe el amplio panorama de las universidades chilenas de hoy, las hay gobernadas bajo reglas de propiedad, bajo el modelo de Córdoba, entregadas a *boards* fiduciarios, controladas por la Iglesia, subordinadas a empresas familiares, etcétera. Esta diversidad es inevitable en un sistema que, como el chileno, se masificó a costa, fundamentalmente, del gasto privado. Baste recordar que el 90 por ciento de las instituciones de educación superior en Chile son privadas y atienden más o menos al 70 por ciento de los casi setecientos mil estudiantes que asisten al sistema.

De otra parte, el fenómeno de la masificación junto con los diversos malestares que tenemos con el sistema escolar han puesto en cuestión el mito de la universidad como el lugar de la meritocracia. Hoy día sabemos que las pruebas estandarizadas están íntimamente unidas al origen y que las universidades más selectivas reproducen las elites en vez de hacerlas más plurales.

En fin, hay otra serie de transformaciones que afectan, desde el punto de vista cultural, a la universidad de hoy: los estudiantes han cambiado poco a poco su función de vanguardias intelectuales, la de "minorías de minorías", que tuvieron hasta los años sesenta, por la de demandantes de bienes, o sea, por la más simple de hijos de las mayorías que demandan al sistema estar a la altura de las expectativas; los académicos transitan casi sin darse cuenta de una cultura del mecenazgo, que es propia del modelo humboldtiano, a una cultura puramente salarial centrada en el desempeño; las funciones del intelectual público se desplazan hacia fuera de la universidad, y en la universidad quedan, en cambio, relegados los expertos, los –como se les llama en alguna literatura– "intelectuales de campus" (F. Cusset, *French Theory*, Melusina, 2003), capaces de hablar casi sólo consigo mismos.

Pero, de todas esas transformaciones que acabo de listar, quizás la más importante de todas sea la que atinge al sentido del propio trabajo universitario.

Una de las cuestiones fundamentales que se ha discutido en la universidad moderna es, como lo sugiere el famoso opúsculo de Kant relativo al conflicto de las facultades, el de determinar cuál es el criterio por el que se medirá a fin de cuentas el trabajo que se realiza en sus aulas. En la época de Kant se discutía si acaso esa función le correspondería a la facultad de teología o si en cambio se preferiría el libre discurrir de la filosofía. Pues bien, en la universidad contemporánea ese criterio superior por el que se mide el trabajo de los miembros de la universidad es la métrica de los rankings, que es, por llamarlo así, el nuevo valor de cambio del trabajo académico. Lo que ocurre en el mundo de las mercancías –donde el valor de cambio desplaza al valor de uso– está ocurriendo en el mundo de las universidades, donde la pertinencia del trabajo que cada institución realiza se mide y se expresa hoy en ese nuevo valor de cambio que es la métrica de ISI, publicaciones Scielo, proyectos Fondecyt y certificados que cada entidad es capaz de poseer o producir. No digo, por supuesto, que esa métrica deba ser abandonada, pero hay que cuidar que el fetichismo haga presa de la universidad y transformemos a los rankings, como en la época de Kant lo fue la teología, en la medida y en la orientación última del trabajo universitario.

Es en medio de ese panorama que debemos responder hoy día las preguntas clásicas de la organización de la enseñanza superior: ¿quién enseña?, ¿quién financia,? ¿cómo se gobiernan las instituciones?, ¿qué autonomía habrán de poseer?, ¿cómo se evalúa el desempeño de sus miembros?

Cada una de esas preguntas tiene una respuesta distinta según cómo se conciba a las instituciones de enseñanza superior, en especial a las universidades, y según cuáles sean las funciones que se les atribuyen.

Si usted concibe a las instituciones superiores al modo humboldtiano, entonces tenderá a concebir a la profesión académica como una forma de mecenazgo al servicio de la ciencia, perseguirá el financiamiento público de sus profesores y de sus estudiantes, y no verá ningún problema en que la universidad se organice como una institución elitaria; después de todo, dirá usted, el saber es esencialmente aristocrático. Pero si en cambio usted concibe a la institución universitaria como el ámbito donde se certifica la posesión de competencias, se distribuyen oportunidades sociales y se hace investigación, sin que ninguna de esas cosas asegure a las demás, entonces usted debería ser partidario de una profesión académica diferenciada entre docencia e investigación, vinculada al desempeño, con la docencia financiada con cargo a las rentas futuras de los estudiantes y la investigación licitada entre las instituciones. En este segundo caso usted no arriscará la nariz por el hecho de que la universidad sea masiva, porque usted pensará que, después de todo, no hay nada más democrático que las profesiones.

Me parece a mí que en nuestro país, al hablar del sistema educativo y de su reforma –especialmente cuando se trata del sistema de educación superior–, están enfrentadas hasta cierto punto esas dos visiones, esas dos formas de narrar el trabajo universitario, una que lo ve como vinculado a los bienes más o menos intemporales del saber y otra que, en cambio, no teme concebir a las instituciones educativas como una parte ineludible de la división del trabajo social con todas sus contradicciones.

No podemos saber, desde luego, cuál de esas visiones inspirará la cultura universitaria en el futuro. De lo que no cabe duda es que, al discutir cuál de esas dos narraciones haremos nuestra al trabajar en la universidad en Chile, deberemos inevitablemente recurrir una y otra vez a este libro de José Joaquín Brunner y Daniel Uribe.

Introducción

"There are two great clichés about the university.
One pictures it as a radical institution, when in fact
it is most conservative in its institutional conduct.
The other pictures it as autonomous, a cloister, when
the historical fact is that it has always responded,
but seldom so quickly as today, to the desires
and demands of external groups –sometimes for
love, sometimes for gain, increasingly willingly,
and, in some cases, too eagerly. The external view is
that the university is radical; the internal
reality is that it is conservative. The internal illusion
is that it is a law unto itself; the external reality is
that it is governed by history".
Clark Kerr, *The Uses of the University* (1963).

La cuestión del mercado

En un publicitado ensayo, la prestigiosa revista *The Economist* formulaba hace un tiempo dos consejos a los países que buscan crear un sistema exitoso de educación superior[1]:

> Primero, diversificar las fuentes de ingresos. El negocio con el Estado ha resultado ser un pacto con el diablo. Segundo, dejar que florezcan mil flores académicas. Las universidades, incluidas aquellas con fines de lucro, deben competir por clientes. Una economía sofisticada requiere una amplia variedad de universidades que persigan una amplia variedad de misiones. Ambos principios se refuerzan mutuamente: mientras más se contrae el rol del Estado, mayor será la variedad educacional que florece.

Luego el ensayo explicaba los motivos del éxito de las universidades de Estados Unidos y la creciente pérdida de competitividad del sistema universitario europeo. Aquél se debería al limitado rol que juega el Estado federal; al hecho de que las universidades compiten intensamente

[1] "A Survey of Higher Education", *The Economist*, September 10, 2005.

en todos los ámbitos de su desempeño, desde el académico hasta el deportivo, y al énfasis utilitarista de las instituciones, que siempre se habrían concebido a sí mismas como algo más que torres de marfil. A su turno, el fracaso relativo de los sistemas europeos se debería a un exceso de control estatal y al déficit de libertad que caracterizaría a las universidades para gestionar sus propios asuntos.

En suma, concluía *The Economist*, el modelo de educación superior más orientado hacia el mercado, que ha sido promovido en Estados Unidos y está difundiéndose alrededor del mundo, tiene cuatro grandes ventajas sobre el modelo público. Primero, combina de mejor forma la equidad en el acceso con la excelencia; segundo, se halla en mejores condiciones para producir una mayor diversidad de ofertas educacionales; tercero, es un modelo más sustentable que aquel otro dependiente del sector público, y, cuarto, el hecho de depender de varios patrones otorgaría a las universidades mayor control sobre su propio destino que la dependencia de un solo patrón.

¿Expresa este diagnóstico, y las recomendaciones que de él fluyen, algo más de lo que podría considerarse un sesgo ideológico de la citada revista en favor del mercado?

A la luz de la evidencia proporcionada por la abundante literatura especializada[2] y de las formulaciones contenidas en innumerables informes nacionales e internacionales sobre la educación superior, parece no existir margen de duda, a lo menos respecto de la siguiente aseveración: desde hace ya al menos una década, la *cuestión del mercado*, por llamarla de la manera más neutra posible, se ha convertido en el centro del debate internacional sobre las tendencias actuales de la educación superior, sus perspectivas de desarrollo y las políticas para este nivel de la educación[3].

Por ahora, unos pocos botones de muestra parecen suficientes para respaldar esta aseveración:

[2] Ver la parte I y la bibliografía y referencias.

[3] Ver J. J. Brunner y A. Tillett, "El mercado avanza sobre la educación superior: un Reader dinámico". Disponible en:
http://mt.educarchile.cl/mt/jjbrunner/archives/2005/11/el_mercado_avan.html

• Un extenso metaanálisis de la literatura especializada y de los principales informes de política pública emanados de gobiernos, organismos internacionales y organizaciones académicas concluye que una de las principales tendencias en el actual escenario de la educación superior es "la *mercadización*[4] y el cambio de rol del gobierno"[5]. Se trataría de varios desarrollos interrelacionados; en particular, la difusión del discurso del mercado en el ámbito de la educación superior, con su énfasis en los tópicos de eficiencia, efectividad y del *new public management*; la utilización cada vez más intensa del mercado y de incentivos de tipo mercado por parte de los gobiernos en su relación con las universidades públicas; el creciente número de proveedores privados de enseñanza superior e investigación, y el surgimiento de un mercado global de la educación y de la investigación académica.

• Por su lado, la Organización para la Cooperación y el Desarrollo Económico (OCDE), en un estudio sobre la educación superior en ocho países (Alemania, Australia, Estados Unidos, Holanda, Inglaterra, Irlanda, Japón y Suecia)[6], formula de la siguiente manera el desafío común que enfrentan las políticas para este sector:

> El Estado está proveyendo menos financiamiento basal (*core funding*) a las instituciones, mientras la autonomía de éstas y las presiones del mercado continúan aumentando. ¿Cómo [entonces] pueden los gobiernos asegurarse de que sus objetivos de política para la educación superior se cumplan sin crear tensiones que podrían amenazar la sustentabilidad de las instituciones?

• A su turno, un autor –pero podrían citarse muchos más que se pronuncian en la misma dirección– afirma:

[4] Traducimos de esta forma el neologismo inglés "marketization", que en el contexto de la literatura aquí analizada significa poner algo en el mercado o someterlo a las fuerzas del mercado.

[5] Ver H. de Boer et al., *Academia in the 21st Century. An Analysis of Trends and Perspectives in Higher Education and Research*; Den Haag: AWT-Achtergrondstudie, Nº 28, 2002, pp. 28-31. Disponible en:
http://www.utwente.nl/cheps/research/finished_projects/track_1/1fademia21stcentury.doc/

[6] Ver OECD, *On the Edge. Securing a Sustainable Future for Higher Education*. Paris: OECD, 2004, pp. 4 y 22-31.

> La universidad ya no es más un lugar tranquilo para enseñar, realizar trabajo académico a un ritmo pausado y contemplar el universo, como ocurría en siglos pasados. Es ahora un potente negocio, complejo, demandante y competitivo, que requiere inversiones continuas y de gran escala[7].

• Frank Newman, que durante varios años dirigió The Futures Project: Policy for Higher Education in a Changing World, caracteriza así el momento actual del sector:

> Nuevas fuerzas están remodelando la educación superior. Durante el último medio siglo, ésta creció en tamaño, recursos e importancia. Al mismo tiempo mantuvo una estructura notablemente estable. Ahora se han puesto en marcha poderosos cambios, impulsados por el ingreso de nuevos proveedores de educación superior, con y sin fines de lucro; la explosión de la educación virtual; rápidos avances tecnológicos; desplazamiento demográficos, y la globalización de un sector que tradicionalmente sólo estuvo abierto para las instituciones locales. El entorno de la educación superior es crecientemente competitivo y las riendas gubernamentales se están aflojando en el mundo entero a favor de decisiones conducidas por el mercado, una tendencia que perturba la tranquilidad de un sistema hasta ahora estable y confiado en sí mismo[8].

• La Unesco, en tanto, en un documento de orientación sobre la educación superior publicado el año 2004, señala:

> La evolución de la relación entre el Estado y el mercado en lo que respecta a las funciones y responsabilidades de financiación y reglamentación es otra cuestión relacionada con la repercusión de la mundialización en la educación superior. La disminución de los fondos públicos y las opiniones económicas imperantes tienden a

[7] M. Skilbeck (2002), *The University Challenged: A Review of International Trends and Issues with Particular Relevance to Ireland;* Dublin: Higher Education Authority, 2001, p.7. Disponible en: http://www.hea.ie/uploads/pdf/University%20Challenged.pdf

[8] F. Newman, "Saving Higher Education's Soul"; The Futures Project, September 2000, p. 2. Disponible en: http://www.futuresproject.org/publications/soul.pdf

asignar un cometido menor al Estado y a los gobiernos en asuntos relacionados con la educación superior, mientras que la función y la aportación del sector privado se han ampliado considerablemente. Esto está contribuyendo a un fortalecimiento del "mercado de la educación superior" tanto en los países como mundialmente[9].

• En el mismo ámbito temático de la mundialización o globalización, un grupo de asociaciones universitarias alrededor del mundo, bajo el patrocinio de la Asociación Internacional de Universidades (AIU), suscribió el año 2004 el documento "Compartiendo la calidad de la educación superior entre naciones: una declaración en nombre de las instituciones de educación superior a nivel mundial", el cual arranca señalando las dos tendencias que caracterizarían la actual fase de internacionalización del sector:

> En primer lugar, la necesidad cada vez mayor de las instituciones de educación superior de internacionalizar –es decir, de integrar a la enseñanza, la investigación y el servicio a la comunidad una dimensión internacional e intercultural– para poder aumentar su excelencia académica y la relevancia de su contribución a la sociedad. Las instituciones de educación superior tienen una larga experiencia al respecto y amplían rápidamente la colaboración con sus homólogas en el mundo entero. La segunda tendencia es el crecimiento de las actividades mercantiles, estimuladas por la demanda cada vez mayor de educación superior a nivel mundial, con una disminución cada vez más patente del financiamiento público en muchos contextos nacionales, la diversificación de los proveedores de educación superior y la aparición de nuevos métodos de entrega[10].

[9] Unesco-Educación, "Educación superior en una sociedad mundializada. Documento de orientación"; París, Organización de las Naciones Unidas para la Educación, la Ciencia y la Cultura, 2004, p. 10. Disponible en:
http://unesdoc.unesco.org/images/0013/001362/136247s.pdf

[10] Ver el texto completo de la declaración en:
http://www.iesalc.unesco.org.ve/documentosinteres%5Cotros%5CCOMPARTIENDO%20LA%20CALIDAD%20DE%20LA%20EDUCACI%C3%93N.pdf.
Han adherido a ella: Agence Universitaire de la Francophonie (AUF); American Council on Education (ACE), U. S. A.; Association of African Universities (AAU); Association of

• Por último, se cita a continuación el documento de política expedido en mayo de 2003 por el entonces ministro de Educación, Ciencia y Capacitación de Australia, Brendan Nelson, que anuncia las futuras direcciones que tomará el desarrollo de la educación superior de ese país como resultado de un conjunto de reformas, la primera de las cuales buscaría establecer

> un sistema parcialmente desregulado de educación superior en el cual las universidades individualmente podrán capitalizar sobre la base de sus fortalezas y determinar el valor de sus ofertas de cursos en el mercado[11].

Esta breve selección de textos, tomados de diferentes fuentes y autores y provenientes de diversos contextos institucionales –nacionales e internacionales–, ilustra bien la gravitación que posee la "cuestión del

Arab Universities (AArU); Asamblea Nacional de Rectores del Perú; Asociación Colombiana de Universidades (Ascun), Colombia; Asociación Iberoamericana de Educación Superior a Distancia (Aiesad); Asociación Nacional de Universidades e Instituciones de Educación Superior (Anuies), México; Asociación de Universidades Grupo Montevideo, Uruguay; Asociación Universitaria Iberoamericana de postgrado (AIUP); Association of Universities of Bangladesh; Association of Universities and Colleges of Canada (AUCC), Canada; Association of Universities in the Netherlands (VSNU), The Netherlands; Committee of Vice-Chancellors and Directors, Sri Lanka; Compostela Group of Universities, Spain; Conférence des Grandes Écoles, France; Consejo Nacional de Educación Superior (Conesup), Ecuador; Consejo de Rectores de Universidades de Brasil (CRUB), Brazil; Consejo de Rectores de Universidades de España; Consejo Superior de Universidades de Centro América (Csuca); Consorcio Red de Educación a Distancia (Cread); Council for Higher Education Accreditation (CHEA), U. S. A.; European University Association (EUA); International Association of University Presidents (IAUP); The Netherlands Association of Universities of Applied Sciences (HBO-raad), The Netherlands; Higher Education South Africa (HESA); Hispanic Association of Colleges & Universities (HACU), U. S. A.; Heads of Universities Committee (Hucom), Hong Kong; International Association of Universities (IAU); International Federation of Catholic Universities (IFCU), France; Indonesian University Rectors Forum (IURF); La Red de Macro Universidades de América Latina y el Caribe; Organización Universitaria Interamericana (OUI); La Red Iberoamericana de Estudios de postgrado (Redibep); Unión de Universidades de América Latina y el Caribe; Vice-Chancellors Ghana (VCG), Ghana.

[11] Ver Department of Education, Science and Training, "Our Universities-Backing Australia's Future", The Hon. Dr. Brendan Nelson, Minister for Education, Science and Training, May 2003. Disponible en:
http://www.backingaustraliasfuture.gov.au/policy_paper/policy_paper.pdf

mercado" en el actual análisis y debate sobre los sistemas y las políticas de educación superior.

Un ejercicio más sistemático de revisión de la literatura conduce a la misma conclusión. Tómese, por ejemplo, la más reciente síntesis disponible sobre el estado actual de los sistemas y de las políticas en este sector, contenida en el *International Handbook of Higher Education*[12]. Se revisan allí ambos aspectos (i. e., sistemas y políticas) en cinco regiones del mundo –África Subsahariana, América Latina, Asia Suroriental, Europa Central y del Este, y el mundo árabe– y en 27 países individuales[13]. Pues bien, en las cinco regiones y en 23 de los 27 países individuales, la "cuestión del mercado" aparece de manera prominente o como un elemento relevante del análisis, ya sea de manera directa o bajo una u otra de sus expresiones, como procesos de privatización, políticas neoliberales, nuevos proveedores privados, cambio del rol del Estado y de los gobiernos, menor incidencia del financiamiento estatal de los sistemas, retraimiento de la universidad pública, impactos locales del mercado global, etcétera.

A su turno, del elenco de citas elegidas y de la revisión de artículos contenidos en la síntesis de regiones y países se desprenden fácilmente las variadas ramificaciones temáticas que tiene la "cuestión del mercado" en el debate contemporáneo:

• En primer lugar, el cambio de la relación, al parecer inevitable, entre los roles del Estado y del mercado en el ámbito de la educación superior, y el desplazamiento que se observa del peso de gravedad de dicha relación desde el polo estatal hacia el polo del mercado.

• En seguida, el tópico de los factores que estarían generando dicho desplazamiento, entre los cuales se mencionan reiteradamente el influjo de la ideología neoliberal sobre las políticas sectoriales y la reducción de la financiación pública de las universidades.

[12] Ver J. J. F. Forest and P. G. Altbach (eds.), *International Handbook of Higher Education*; Dordrecht, The Netherlands: Springer, 2006 (volumes 1 and 2).

[13] Los países son: Sudáfrica, Alemania, Argentina, Australia, Brasil, Canadá, Chile, China, Corea, Egipto, España, Estados Unidos, Francia, Holanda, India, Indonesia, Irán, Israel, Italia, Japón, Kenia, México, Nigeria, Polonia, Reino Unido, Rusia, Turquía. Ver J. J. F. Forest and P. G. Altbach (eds.), op. cit., vol. 2.

• Luego, la evaluación de impacto de los fenómenos de internacionalización de las instituciones y los servicios de la educación superior, que aparecen como poderosas fuerzas desencadenadas por la emergencia de un mercado global en este sector.

• En estrecha conexión con el punto anterior, surgen los tópicos de los nuevos proveedores privados, la privatización de la enseñanza superior y las tendencias hacia la mercantilización y comercialización de sus actividades.

• En este contexto se plantean las contradicciones –o, al menos, tensiones– que emergen entre los aspectos públicos y privados de la educación superior, referidos a la misión y orientación de las universidades, la naturaleza de su financiamiento y los beneficios sociales e individuales de la educación superior.

• Asimismo, dentro de este marco se argumenta sobre los cambios que estarían experimentando las formas de gobierno y la administración de las universidades bajo la presión de las fuerzas del mercado y las estrategias –frecuentemente de carácter cuasiempresarial– que aquéllas se ven forzadas a adoptar para obtener recursos y desarrollar o consolidar ventajas competitivas.

• Adicionalmente, aparece esbozado un vivo contraste entre el mundo académico tradicional –tranquilo, acompasado, reflexivo y hasta contemplativo, local, estable y protegido por el Estado– y el espacio académico del mercado, descrito como intensamente competitivo, cosmopolita, perturbador del canon, propenso a la comercialización de los valores e impulsado por fuerzas ajenas a la autocomprensión y el control de las universidades.

• También asoman, como consecuencia del giro hacia el mercado, los riesgos que éste podría entrañar y las aprensiones que causa, bien resumidos en el título de uno de los textos citados, que habla de la necesidad de salvar el alma de la educación superior, que podría perderse en medio de las transacciones del mercado.

En suma, la "cuestión del mercado" no sólo se halla situada en el centro del análisis y el debate contemporáneos sobre los sistemas y las políticas universitarias, sino que presenta, además, una serie de ramificaciones que llegan a cubrir prácticamente todo el universo temático de la educación superior.

Propósito del estudio

Las múltiples dimensiones que conforman, y rodean, la "cuestión del mercado" constituyen el eje de este volumen.

En efecto, la parte I busca presentar un mapa interpretativo de las varias líneas de investigación que entretejen el campo de análisis de los mercados universitarios y que, como las ramas de un árbol, se despliegan en varias direcciones. En particular, interesa aquí mostrar cómo se ha ido constituyendo dicho campo de análisis y cuáles son sus ramificaciones en el debate contemporáneo sobre los sistemas y las políticas de la educación superior.

La parte II sigue en la huella de la primera. Ofrece dos enfoques de observación –desde la perspectiva de la "cuestión del mercado"– sobre diversos aspectos de la educación superior en el contexto latinoamericano. Por un lado, desarrolla un análisis conceptual del mercado universitario chileno; por otro, aborda la dinámica público/privado en la educación superior y señala algunos de los desafíos que los procesos de *mercadización* y privatización plantean a las universidades estatales en América Latina.

El capítulo referido al análisis del mercado de la educación superior en Chile busca responder a dos preguntas precisas: i) ¿dónde se halla situada la educación superior chilena desde el punto de vista de la economía política comparada de los sistemas?, y ii) ¿cómo funciona el mercado universitario en Chile y qué efectos podrían derivarse de su interacción con el mercado laboral para las profesiones que las universidades contribuyen decisivamente a formar?

A su turno, el capítulo dedicado a las universidades estatales se interroga sobre las nuevas condiciones en que ellas se desenvuelven y explora diversas dimensiones de los procesos de privatización y cómo afectan a estas instituciones.

La parte III avanza hacia el análisis empírico del funcionamiento de los mercados universitarios en Chile, ofreciendo un minucioso estudio del posicionamiento de las instituciones universitarias en sus respectivos mercados regionales, de la ubicación de las universidades en el mercado de las principales carreras profesionales y del posicionamiento de las universidades de investigación dentro del mercado del conocimiento académico.

En la parte IV, por último, se presentan e interpretan los resultados producidos por una encuesta administrada a autoridades académicas y administrativas de las universidades chilenas con el fin de conocer cuáles son sus percepciones y opiniones sobre variados aspectos del sistema universitario, particularmente en relación al decisivo rol que el mercado desempeña en la coordinación del sistema y en la implementación de las políticas gubernamentales.

Reconocimientos

En su conjunto, este estudio, desarrollado durante los años 2005 y 2006, contó con el patrocinio y el financiamiento del Fondo Nacional de Desarrollo Científico y Tecnológico (Fondecyt) –proyecto N° 1050138–, y estuvo a cargo de José Joaquín Brunner como investigador responsable y Daniel Uribe como coinvestigador. Asimismo, tuvo el respaldo de la Universidad Adolfo Ibáñez a través de su Escuela de Gobierno, donde el investigador responsable se desempeñó hasta julio de 2007.

Adicionalmente, su realización se benefició con los comentarios y críticas formulados a algunas de sus versiones preliminares por Andrés Bernasconi, Ricardo Reich y, en particular, Anthony Tillett. De igual modo, durante el transcurso de su elaboración se enriqueció especialmente con las conversaciones sostenidas por uno de los autores, acerca de los temas que trata este volumen, con Carlos Catalán, Iván Lavados, Patricio Meller y Bernabé Santelices. Además, José Joaquín Brunner reconoce su evidente deuda intelectual con un grupo de colegas que trabajan sobre temas conexos con los de este informe, entre ellos Burton R. Clark, Laurizt Holm-Nielsen, Jamil Salmi y Simón Schwartzman, de todos quienes ha aprendido a apreciar no sólo el valor académico de los estudios sobre educación superior, sino también su importancia para las políticas públicas.

En diversas momentos del desarrollo de este estudio los autores tuvieron además el apoyo de Gregory Elacqua, Soledad González, Ana María Montoya y Felipe Salazar. Para la realización de la encuesta *on line* administrada a autoridades del sistema universitario chileno, se contó también con la eficaz asistencia de Carla Vergara y de la firma VRWEB Ltda.

Por último, los autores agradecen a la Universidad Diego Portales, que estuvo a cargo de la edición y publicación de este volumen.

Naturalmente, ninguna de las instituciones, proyectos y personas mencionados son responsables del texto de este informe, ni de los datos, análisis e interpretaciones que él contiene, que competen exclusivamente a sus autores.

Parte I

El campo de análisis de los mercados universitarios

"Los pragmatistas deberíamos contentarnos con ofrecer sugerencias sobre la manera de arreglar las cosas, de ajustar unas cosas con otras y de volver a ordenarlas según formas un poco más útiles".
Richard Rorty, *El pragmatismo, una versión* (2000).

La constitución del campo de análisis

Un campo de análisis, en el sentido en que aquí usaremos este concepto, se constituye a partir de un conjunto de conocimientos interrelacionados y de prácticas de investigación que dan lugar a información relevante, teorías, interpretaciones y prescripciones de política pública en torno a un objeto delimitado de indagación. Desde un punto de vista puramente académico, Fligstein concluye que un campo disciplinario emerge como resultado de "un grupo de estudiosos que se definen unos a otros como una audiencia relevante. Ponen atención al trabajo de otros que consideran similar al propio y se orientan por las preguntas formuladas por ellos" [14].

Pero esta definición es demasiado restrictiva. Se reduce, en última instancia, a una red de cocitaciones académicas y a la comunicación que ocurre al interior de un grupo de investigadores que comparten la misma cuestión y un estilo intelectual común para abordarlas.

Nuestro concepto no sólo es más amplio: es también, al mismo tiempo, distinto. No se limita a una red de citas académicas, sino a una estructura de conceptos y prácticas de indagación referida a una cuestión

[14] N. Fligstein, "Agreements, Disagreements, and Opportunities in the 'New Sociology of Markets' ". En M. F. Gullén, R. Collins, P. England, and M. Meyers (eds.), *The New Economic Sociology. Developments in an Emerging Field*; New York: Russell Sage Foundation, 2003, p. 62.

común; en este caso, la "cuestión del mercado" en la educación superior y, particularmente, de los mercados universitarios. En seguida, esta cuestión que organiza el campo no se halla delimitada solamente desde el punto de vista de los intereses académicos o disciplinarios, ni siquiera de preocupaciones interdisciplinarias, sino que existe a la manera de un hecho social en sentido durkheimiano; esto es, como un conjunto de creencias y modos de conducta instituidos por la colectividad –en este caso, las universidades actuando en contextos de mercado– en torno al cual se constituye y despliega un campo de análisis.

En efecto, el objeto específico que aquí se busca delimitar está delineado tanto por la presencia de las instituciones que llamamos universidades como por su actuación –comportamientos, estrategias– en un contexto de mercado; tanto por los estudiosos que confluyen en torno a él como por las políticas que lo organizan, mantienen y transforman; tanto por las representaciones colectivas que se enhebran a su alrededor como por las percepciones y opiniones que respecto de él comunican sus agentes institucionales y demás partes interesadas (*stakeholders*) y que circulan en la esfera de la opinión pública.

Estamos pues frente a un objeto –la "cuestión del mercado universitario"– que se constituye históricamente como un espacio social donde concurren diversos agentes, se sobreponen distintos tipos de conocimiento y se entrelazan prácticas institucionales, ideológicas y políticas conjuntamente con las prácticas de saber propias de los analistas del campo.

Con todo, la constitución propiamente tal del campo de análisis es, en esencia, un proceso intelectual: un asunto de ideas, conceptos, estrategias de investigación y métodos de indagación que, a lo largo del tiempo, reconocen un hecho social como un objeto legítimo de conocimiento.

Antecedentes de enfoque

El intento que aquí se emprende para dar cuenta de la constitución del campo de análisis del mercado universitario posee naturalmente antecedentes, al menos en dos terrenos.

Por una parte, existen iniciativas, de orden más general, que procuran definir el campo académico de los estudios de la educación superior. Por ejemplo, en los años ochenta, Burton Clark editó un volumen donde se presentan ocho aproximaciones disciplinarias y comparativas al estudio de los sistemas de educación superior[15]. Se muestra ahí la manera cómo cada una de estas disciplinas aborda el análisis de estos sistemas, y se identifican sus principales contribuciones a la comprensión de este objeto. Las disciplinas en cuestión son la historiografía dedicada al estudio de las universidades y la educación superior; la ciencia política; la economía; el enfoque organizacional; la sociología; la antropología de las culturas académicas; el estudio de la implementación de políticas públicas en este sector, y la aproximación provista por quienes estudian los sistemas académicos de producción de las ciencias.

En la misma línea, durante los últimos quince años se han publicado varias enciclopedias de la educación superior, que ofrecen una visión más amplia de los estudios en este ámbito, pero con un propósito similar. La más completa de ellas, editada en cuatro volúmenes por el mismo Clark junto con G. Neave, publicada en 1992[16], presenta un completísimo estado de situación, primero, de los sistemas nacionales de educación superior en 138 países (volumen 1) y, en seguida, del tratamiento académico de los más diversos aspectos y asuntos de la educación superior tal como se habían desarrollado hasta ese momento.

Así, en los volúmenes 2 y 3 se abordan las principales perspectivas analíticas de la educación superior, partiendo por su relación con la sociedad; el entramado institucional de los sistemas; sus formas de gobierno, administración y financiamiento; las funciones de enseñanza e investigación y sus actores principales –profesores y estudiantes–, y el aporte de diversas disciplinas a este campo de estudio, ampliándose las ocho aproximaciones ya mencionadas con el análisis de las contribuciones ofrecidas por el derecho, la filosofía, la literatura, la economía

[15] Ver B. R. Clark (ed.), *Perspectives on Higher Education. Eight Disciplinary and Comparative Views*; Berkeley, Los Angeles, London: University of California Press, 1987.
[16] Ver B. R. Clark and G. Neave (eds.), *The Encyclopedia of Higher Education*; Oxford: Pergamon Press, 1992.

política, la administración pública, la sicología social y los estudios de género, entre otras disciplinas. Por último, el volumen 4 se destina a analizar el desarrollo de las principales disciplinas académicas en el contexto institucional de las universidades, en las áreas de las humanidades, las ciencias sociales, las ciencias biológicas y médicas, y las ciencias físicas.

Por otra parte, se despliega un segundo curso de acción, a lo largo del cual vienen realizándose diversos análisis que procuran identificar el estadio de desarrollo de la investigación sobre la educación superior y sus principales tendencias. Nos aproximamos aquí en cierta medida, aunque sin coincidir, al enfoque que emplearemos en este volumen.

Pues, como señala un autor, los estudios de la educación superior intentan demarcar a este sistema "como un campo de análisis en su propio derecho"[17]. Se trata, sin embargo, de una aproximación guiada estrictamente por la lógica disciplinaria de las ciencias y sus modalidades de institucionalización en la universidad. Desde esta perspectiva, lo que se busca, en efecto, es encontrar un lugar legítimo, dentro de la división institucional del trabajo académico, para los estudios de la educación superior, al lado de las demás disciplinas de las ciencias sociales.

De hecho, los estudios sobre la educación superior poseen varios de los rasgos que caracterizan a las disciplinas: la existencia de un *invisible college*, publicaciones especializadas que son reconocidas por la comunidad de pares, foros científicos, departamentos universitarios, unidades de investigación y programas de formación de postgrado.

De acuerdo con esta visión, el desarrollo de los estudios sobre la educación superior como objeto "en su propio derecho" habría comenzado en Estados Unidos después de la segunda guerra mundial y habría progresado vigorosamente a partir de los años sesenta del pasado siglo. Coetáneamente, desarrollos similares –aunque menos institucionalizados académicamente– empiezan a producirse en algunos países de Europa y, posteriormente, en otras partes del mundo. Contribuyen a ellos, además, algunos organismos internacionales –como la Unesco,

[17] O. Fulton, "Higher Education Studies". En Burton R. Clark and G. Neave (eds.), op. cit., 1992, vol. 3, p. 1810.

la OCDE y el Banco Mundial– que despliegan sus propias capacidades de análisis sobre los fenómenos de la educación superior en función del diseño de políticas para el sector. En 1973, T. Parsons, el más connotado sociólogo norteamericano de la época, declara haber llegado a la conclusión de que la educación superior, incluido el complejo de la investigación, se ha transformado en el rasgo singular más crítico de la emergente estructura de las sociedades modernas; más aun, en "la clave para entender el mundo moderno"[18].

Durante las siguientes dos décadas, manteniendo su centro de gravedad en los países anglosajones, el campo de estudios de la educación superior se amplía tanto desde el punto de vista temático como de sus practicantes, que ahora provienen de lugares tan dispares como Holanda y Hong Kong o Brasil y Sudáfrica. Con todo, como ha reparado C. García, las secciones de la *Encyclopedia of Higher Education* destinadas a analizar las diferentes perspectivas disciplinarias que convergen en el estudio de la educación superior –que ya citamos–, si bien contienen más de mil referencias bibliográficas, sólo veinte provienen de títulos publicados en idiomas ajenos al inglés: trece en alemán, tres en francés, tres en ruso y una en italiano. De los autores de esas secciones, ninguno pertenece a América Latina[19].

En fin, según señala a manera de balance un reciente documento de la European Science Foundation (ESF), que se hace eco de un análisis similar de Teichler a fines de la década de los noventa[20],

> una parte significativa de la investigación sobre la educación superior ha sido motivada desde el lado de las políticas públicas, apoyándose en diferentes disciplinas. Además, la demarcación entre investigadores y otros expertos en este campo es ambigua, lo que da lugar

[18] T. Parsons and G. M. Platt, *The American University*; Cambridge, Massachusetts: Harvard University Press, 1973, p. vi.

[19] Ver C. García Guadilla, "Investigación y toma de decisiones en educación superior: una interacción a construir"; *Nueva Sociedad* N° 165, enero-febrero 2000.

[20] U. Teichler, "Current Agendas and Priorities in Higher Education Policy Research: An International View". Paper presented at National Conference on the Future of Higher Education Policy and Research, Canberra, December 7-8, 1998. Disponible en: http://www.riseu.net/temas/teichler.htm

a contribuciones que no se sujetan a las formas convencionales de la academia ni al conocimiento basado en la investigación. En el ámbito de la teoría, la investigación sobre la educación superior podría beneficiarse de marcos más generales, como por ejemplo las teoría del capital humano; teorías del poder, la desigualdad y la exclusión sociales; teorías de la enseñanza, el aprendizaje y el desarrollo de las personas; teorías de las organizaciones y de la nueva gestión pública (*new public management*), etcétera. También es posible identificar énfasis temáticos dentro de la comunidad de investigadores; por ejemplo, "fenómenos de masificación de la educación superior", "coordinación de los sistemas", "dinámicas estructurales de los sistemas", "desplazamiento académico" (*academic drift*); "sociedades altamente educadas"[21].

Diagrama base

En este contexto, el intento que se emprende aquí por reconstruir la trayectoria de conformación del campo de análisis del mercado universitario y sus ramificaciones puede entenderse como formando parte de aquellos "énfasis temáticos" a los que alude el documento de la ESF. Esto es, como un ejercicio acotado –dentro del espacio más amplio de los estudios sobre la educación superior– para identificar los contornos de un campo de análisis al interior del cual se sitúan las siguientes tres partes de este estudio. Y acotado, también, en cuanto a su pretensión o propósito, dado que no se pretende reclamar un espacio disciplinario, ni siquiera una subrama especializada de los estudios sobre la educación superior, sino simplemente poner un foco que arroje luz sobre un haz de líneas de investigación que, en torno al hecho social del mercado

[21] European Science Foundation, "Higher Education in Europe beyond 2010: Resolving Conflicting Social and Economic Expectations", 2006. Disponible en: http://www.srhe.ac.uk/conference2006/downloads/abstracts/brennan.j.doc
Para un análisis complementario sobre el estado del arte y las limitaciones del campo de estudios sobre la educación superior, véase W. Locke, "Reconnecting the Research-Policy-Practice Nexus in Higher Education: A Personal and Professional Reflection on Recent Developments in Higher Education Policy". Documento presentado a la Society for Research into Higher Education Annual Conference, 12-14 December 2006. Disponible en: http://www.srhe.ac.uk/conference2006/downloads/abstracts/locke.w.doc

universitario, constituyen hoy un campo de análisis ya relativamente estructurado[22].

Entre las varias alternativas disponibles para hacer esta suerte de "reconstitución de escena" de nuestro campo de análisis se opta aquí por lo que podría llamarse una "estrategia de indicios"; esto es, por un método que sirve para dar señales de algo por donde puede venirse el conocimiento de ello –en este caso, el mercado universitario como objeto de un campo de análisis– o inferir su existencia, para usar los términos del diccionario.

Es decir, abordaremos nuestro campo no por medios exhaustivos o mediante una minuciosa reconstrucción de sus diversos aspectos –estructura teórica, paradigmas o escuelas de pensamiento, programas de investigación, conceptos matrices y derivados, técnicas de recolección y análisis de datos, métodos heurísticos puestos en juego, estados del arte sobre los conocimiento adquiridos, etcétera–, sino apuntando a las líneas de investigación que lo constituyen y a las relaciones que entre ellas se establecen. Para este fin se emplean como indicios o señales los principales autores y sus textos más productivos en cada una de las líneas de investigación que concurren a la formación del campo de análisis.

Una primera aproximación requiere, por lo mismo, identificar aquellas líneas de investigación que lo constituyen, las que, en la página siguiente, se representan en un *Diagrama base*, donde aparecen esquemáticamente expuestas a la manera de un mapa conceptual.

Salta a la vista de inmediato la dificultad metodológica que enfrenta una empresa como la que aquí nos hemos propuesto. En efecto, la mera enunciación de las líneas de investigación que concurren a formar este campo, cada una poblada por numerosos textos y autores, nos pone frente a un objeto de alta complejidad, al mismo tiempo que da cuenta de su vigoroso desarrollo y del interés que suscita entre los estudiosos

[22] Cabe anotar que este postulado, eje fundamental de la parte I de este estudio, no aparece reconocido como tal en la literatura, aunque, como luego se verá, el trabajo que viene realizándose en torno a la "cuestión del mercado" dentro del área de los estudios sobre la educación superior es un floreciente y dinámico campo de análisis. Ver "Conclusión", al final de esta parte.

Diagrama base. Campo de análisis de los mercados universitarios

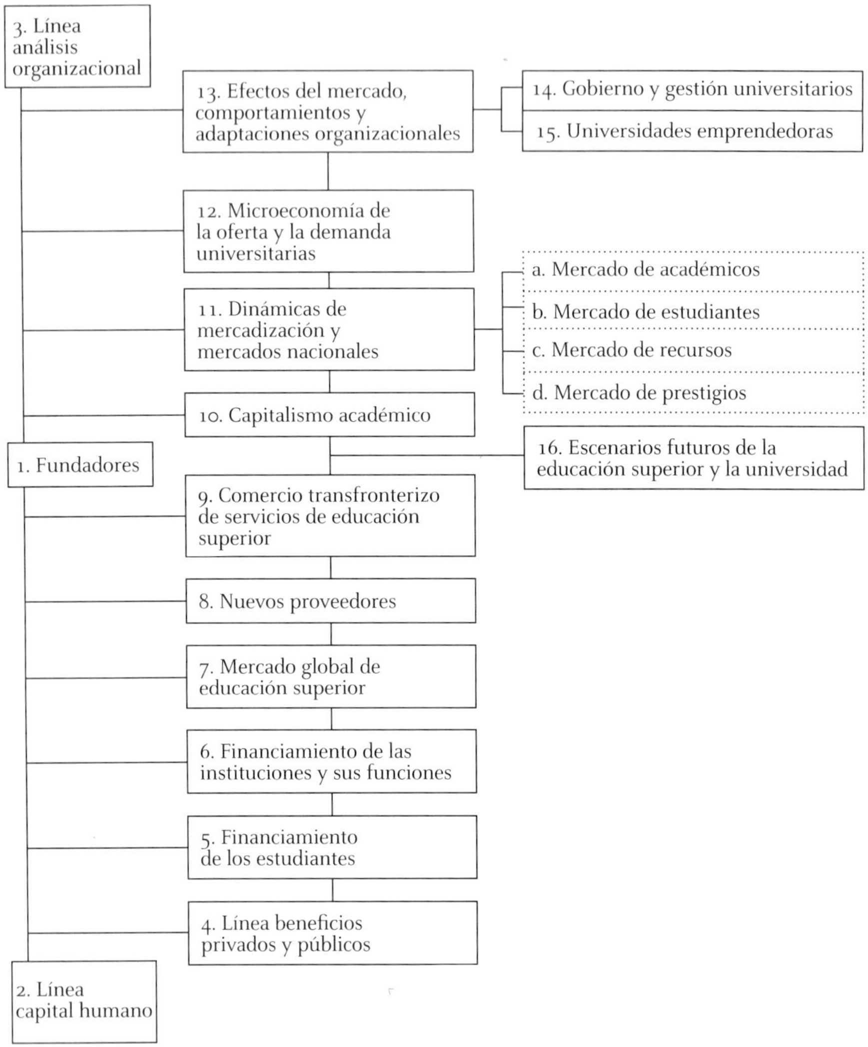

de la educación superior

La propia complejidad del objeto y de la tarea justifica, a su turno, la adopción de una "estrategia de indicios". En efecto, si se desea obtener una visión de conjunto del campo, que es el propósito de esta primera parte del informe, necesariamente se debe proceder de una manera sintética, ofreciendo un sistema de señales y referencias que permita al observador (lector) ubicarse en cualquier punto del mapa sin perder su ubicación y sentido de orientación. Tal es el fin, precisamente, del *Diagrama base*.

En él se despliegan, al costado izquierdo y como puntos de arranque para la constitución del campo, sus líneas estructurantes (casilleros 1, 2 y 3), que incluyen la línea matriz de los fundadores del análisis de los mercados universitarios, la línea matriz de los estudios sobre capital humano y la línea matriz de la sociología y la economía política de las organizaciones –esto es, de las universidades actuando en contextos de mercado–.

Como luego se verá, estas tres líneas poseen un tronco común y, a lo largo del tiempo, han mostrado ser altamente productivas, dando lugar a un conjunto de ramificaciones que el diagrama representa hacia la derecha del mapa (casilleros 4 a 16).

A su vez, estas líneas ramificadas pueden leerse verticalmente desde abajo hacia arriba, distinguiéndose tres segmentos que se hallan todos relacionados, más o menos estrechamente, entre sí.

En el segmento inferior (casilleros 4 a 6), aparecen las líneas de investigación más próximas al análisis económico de los mercados universitarios, tanto en sus aspectos micro como macroeconómicos.

Luego, en el segmento intermedio (casilleros 7 a 9), se ubican las líneas de análisis que giran en torno a los fenómenos de la globalización de los mercados universitario y de la educación superior.

Por último, en el segmento superior (casilleros 10 a 13, incluyendo las líneas ramales de los casilleros 11 y 13), se sitúan aquellas derivaciones más cercanas al enfoque estructurante de la sociología y la economía política de las organizaciones.

Como corolario –que aquí no significa síntesis sino meramente consecuencia– del conjunto de ramificaciones emerge el casillero 16, en torno a una línea de investigación prospectiva que busca identificar los principales escenarios futuros de la educación superior, considerando a los mercados universitarios (nacionales y globales) como una de sus variables fundamentales, según se verá en su momento.

En conclusión, el espacio completo del *Diagrama base* constituye el campo de análisis de los mercados universitarios, tal como puede reconstruirse a partir de los indicios o señales que ofrece la literatura especializada contemporánea, la cual luego entraremos a revisar. Antes, sin embargo, cabe hacer algunas precisiones metodológicas.

Precisiones de método

La "estrategia de indicios" que aquí se utilizará tiene supuestos y reglas.

El primer supuesto es de cobertura. ¿Cubre nuestro *Diagrama base* toda la extensión del campo de análisis del cual aquí se busca dar cuenta? La pregunta es aparentemente relevante, pero en realidad resulta inoficiosa e inconducente, pues no estamos frente a una entidad que se halle prefigurada allá fuera y cuyos límites debieran ser reconocidos como un paso previo para el análisis. Al contrario, nuestro objeto de estudio adquirirá contornos más y más precisos a medida que se despliega la indagación sobre las líneas de investigación que lo constituyen. Esta indagación se halla regida, a su vez, por los intereses prácticos de la investigación en curso; es decir, por el propósito que mueve a los investigadores. Luego, la definición de la cobertura es un asunto puramente pragmático. De allí, justamente, el epígrafe que encabeza la primera parte de este informe: "Los pragmatistas deberíamos contentarnos con ofrecer sugerencias sobre la manera de arreglar las cosas, de ajustar unas cosas con otras y de volver a ordenarlas según formas un poco más útiles"[23]. Adoptado este enfoque, se plantea de inmediato otra cuestión.

El segundo supuesto es de inclusión. Dado el primer supuesto, ¿qué

[23] R. Rorty, *El pragmatismo, una versión*. Barcelona: Ariel, 2000, p. 18.

textos y autores pueden o deben ser incluidos y considerarse que forman parte del campo de análisis de los mercados universitarios? Alguien podría responder: todos aquellos que bajo cualquier forma abordan la "cuestión del mercado" en la educación superior. Una respuesta aparentemente tan lógica es sin embargo prácticamente inabordable (y, por lo tanto, tampoco es lógica), además de carecer de fundamento teórico. Un campo intelectual cualquiera –también un campo de análisis– se entiende como una estructura jerárquica de posiciones textuales y una red de conceptos interrelacionados; es hacia allí donde debe apuntar la investigación, no a formular un catastro exhaustivo de todos los enunciados que pudieran tener atingencia al campo, tarea que de cierta forma terminaría pareciéndose a la Biblioteca de Babel de J. L. Borges y conduciría a la misma frustración:

> Para localizar el libro A, consultar previamente un libro B que indique el sitio de A; para localizar el libro B, consultar previamente un libro C, y así hasta lo infinito... En aventuras de ésas, he prodigado y consumido mis años[24].

Más bien, apelando otra vez a la actitud de los pragmatistas, han de incluirse aquí aquellos textos y autores que resultan útiles para la tarea a la mano; es decir, para dar cuenta, a través de su reconstrucción, del campo de análisis de los mercados universitarios. En términos de Rorty: "La finalidad de la indagación es la utilidad, y existen tantas herramientas distintas y útiles como fines a realizar"[25].

Pero lo que llevamos dicho hasta aquí en términos metodológicos, podría alegarse, resulta en extremo "subjetivo". O bien corre el riesgo de moverse en círculos, remitiendo de la cobertura a la inclusión y de ésta a los criterios de selección empleados, dimensiones respecto de cada una de las cuales se postula que se hallan regidas por los propósitos prácticos de la investigación. ¿Es así?

[24] J. L. Borges, "La Biblioteca de Babel". En J. L. Borges, *Obras completas*; Buenos Aires: Emecé Editores, 2001, vol. 1, p. 469.
[25] R. Rorty, op. cit., 2000, p. 146.

Tercer supuesto: de selección. En un campo intelectual, particularmente en el caso de las disciplinas académicas, estructuras, posiciones, flujos de comunicación y de reconocimiento, todo esto se halla regido por tradiciones, filiaciones y continuidades; incluso las rupturas se producen en función de los paradigmas establecidos. Las disciplinas son, por tanto, contextos de argumentación más o menos bien delimitados y altamente regulados en cuanto a los métodos de producción, canales de comunicación y reconocimiento de resultados. Luego, no nos movemos aquí en un territorio puramente "subjetivo" o de circularidad arbitraria. Los textos y autores elegidos forman parte de un espacio de indagación (el área de estudios sobre la educación superior) que, como vimos, se halla suficientemente acotado e, incluso, institucionalizado, al mismo tiempo que es alimentado por disciplinas también claramente identificadas[26]. En breve, la selección que aquí hacemos para incluir textos y autores en nuestro campo de análisis se halla justificada dentro de un contexto de tradiciones disciplinarias y temáticas suficientemente robustas que, de suyo, proporcionan una estructura de posiciones y relaciones sobre la cual se debe operar, así como redes de publicación y citaciones, de colaboración y controversia, y de centros y foros que, en definitiva, constituyen el "colegio invisible" propio de este espacio.

Cuarto supuesto: de identificación. Resta, por tanto, explicitar cuáles criterios sirven para identificar textos y autores específicos dentro de este espacio de selección relativamente bien acotado. ¿Por qué unos autores y no otros? ¿Por qué este texto y no aquél? Las razones, como se puede anticipar, son pragmáticas y nada más. En efecto, se trata de usar aquellos textos y de elegir a aquellos autores cuyos aportes resultan ser especialmente productivos para la conformación del campo de análisis de los mercados universitarios. En términos del *Diagrama base* esta idea puede expresarse así: se incluye a los autores y textos que el "colegio invisible" considera que han hecho las mayores contribuciones para desarrollar un casillero determinado (esto es, una línea de investigación, sus enfoques y perspectiva de aproximación) y generar ramificaciones o derivaciones a partir de sus planteamientos. Respecto de aquella pro-

[26] Ver B. R. Clark, op. cit., 1987, y O. Fulton, op. cit., 1992.

ducción más nueva, donde los criterios recién explicitados no son directamente aplicables, se utilizan aquellos textos y autores situados en las principales líneas de filiación dentro de una línea de investigación, sea que se trate de filiaciones intelectuales o institucionales. Asimismo, en cada instancia se pone en juego el "conocimiento tácito" de los investigadores respecto de la importancia relativa de diversas contribuciones; conocimiento que se combina con el análisis cualitativo de los flujos de citas a autores y artículos.

Además de estos supuestos hay reglas de presentación y exposición que conviene también introducir brevemente.

Primero, la regla de la neutralidad valórica. Los textos y autores incluidos en el estudio no son evaluados en función de lo que A. Gouldner llama sus "supuestos básicos subyacentes" (*background assumptions*)[27] ni por sus preferencias o resonancias ideológicas, sino exclusivamente en función de su productividad/utilidad para la configuración del campo de análisis bajo escrutinio.

Segundo, la regla de las oposiciones. Con todo, en algunos casos los textos y autores seleccionados pueden hallarse situados, precisamente por motivos de sus "supuestos básicos subyacentes" o de preferencias ideológicas o estilos intelectuales, en clara contraposición de puntos de vista en distintos asuntos a lo largo de una línea de investigación. Dichas controversias, en la medida en que son parte del campo, deben reflejarse en el estudio y, cada vez que se ha tratado de diferencias relevantes en el orden práctico de la investigación, así se ha hecho.

Tercero, la regla de conexión. La investigación busca relacionar unos textos y autores con otros, de manera de hacer salir a la superficie la estructura conceptual subyacente del campo de análisis y mostrar el entrelazamiento entre distintas líneas de investigación y dentro de ellas. Luego, uno de sus objetivos es llamar la atención hacia las redes de relaciones, incluso si ellas no son movilizadas directamente por los propios autores a través de los dispositivos de citación. Desde este punto de vista nuestra investigación no se basa en "contar citas" (biblio o

[27] Ver A. Gouldner, *La crisis de la sociología occidental*; Buenos Aires: Amorrortu, 1973, pp. 34-40.

cientometría de alguna especie) y, aunque se apoya en la interpretación de redes de citación, su propósito no es cuantificar razonamientos, sino identificar modos de abordar los asuntos del campo y de relacionar los argumentos utilizados para abordarlos.

Cuarto, las reglas de exposición. Dada la abultada cantidad de textos revisados (más de 350), se ha preferido ubicar las citas y referencias bibliográficas al pie de página y no en el cuerpo del texto, de manera de no obstaculizar la continuidad de la lectura. Las citas principales se acompañan, habitualmente, de textos complementarios que giran en torno al mismo tópico, proporcionando información adicional y/o interpretaciones suplementarias. Donde ha sido posible, se han elegido textos que se hallan disponibles en internet, de manera de poner a disposición de los investigadores, en paralelo con el texto, una suerte de biblioteca virtual sobre el campo de análisis de los mercados universitarios. Por último, debido a la propia estructura de producción del área de los estudios sobre la educación superior y del peso gravitante que en él tiene la literatura publicada en inglés, la mayoría de las referencias son también a textos escritos en dicho idioma. En el caso de las citas directas, la traducción corresponde a los autores.

Precisados estos puntos de método, podemos entrar ahora directamente en materia.

Las líneas fundacionales y estructurantes

No sólo por amor a las artes

Desde su origen en el siglo XII, las universidades se vieron obligadas a actuar en un entorno que entonces apenas podía llamarse de mercado, aunque reunía sus rasgos fundamentales. Nacidas de las fuerzas combinadas –y frecuentemente en pugna– de la corona, el papado y la ciudad, su carácter corporativo y su función social las ponían en inmediato contacto con las realidades elementales de la economía. No podía ser de otra manera.

En efecto, maestros y estudiantes reunidos en un *studium generale* tenían, ante todo, que vivir. ¿Cómo hacerlo? Cuando el profesor deja de ser un monje sostenido por su comunidad, debe ganarse la vida, dice Le

Goff, y lo mismo ocurre con el estudiante que no tiene medios propios. La ciudad es cara; también los estudios. Sólo cabían dos soluciones, según el mismo Le Goff: "El salario o el beneficio para el maestro; la beca o la prebenda para el estudiante"[28]. El maestro podía ser remunerado por sus alumnos o, bajo la forma de un beneficio, por los poderes civiles. La beca estudiantil podía ser de origen público o privado o ser reemplazada por una prebenda –habitualmente eclesiástica– consistente en el derecho a percibir un estipendio por la ocupación de un cargo que no se ejercía o para el cual se contrataba a alguien con el fin de que hiciera el trabajo por una remuneración menor a la que percibía el prebendado[29].

También desde el punto de vista de su función esencial –esto es, la enseñanza– la historiografía especializada constata que "las universidades medievales operan desde el comienzo en respuesta a una necesidad social utilitaria"[30], pues su cometido básico no era otro que preparar a los jóvenes para una carrera que, si bien no era conducida por el mérito, sin embargo se confirmaba, y aun podía ser impulsada, por los diplomas expedidos por la universidad. Según comenta un autor, la graduación era, en lo principal, nada más que una calificación entre otras consideradas necesarias para avanzar hacia un puesto, al lado de requisitos quizás más decisivos, como el derecho de nacimiento, la propiedad y la influencia[31].

Con todo, un grado académico era esencial para el propio ejercicio

[28] Ver J. Le Goff, *Los intelectuales en la Edad Media*; Barcelona: Gedisa, 1986, p. 95.

[29] Ver O. Pedersen, *The First Universities. Studium Generale and the Origins of University Education in Europe*; Cambridge, IK: Cambrdige University Press, especialmente el capítulo 8.

[30] A. B. Cobban, *The Medieval Universities, Their Development and Organization*; Chatham: Methuen & Co. Ltd., 1975, p. 237.

[31] Ver P. Moraw, "Careers of graduates". En H. de Ridder-Simoens (ed.), *A History of the University in Europe. Universities in the Middle Ages*; Cambridge, Great Britain: Cambridge University Press, 1992, volume 1, chapter 8.

académico[32] en el campo del derecho y la judicatura[33] y, crecientemente también, para el ejercicio de la medicina[34].

Además, las universidades nacen estrechamente imbricadas con algunos mercados externos. Por ejemplo, con el mercado inmobiliario urbano. Había que dar alojamiento a cientos de estudiantes, habitualmente venidos de otras ciudades o países. Allí se encuentra el origen de los colegios, como los creados en París por Robert de Sorbon a mediados del siglo XIII, bajo el lema *vivere, socialiter et collegialiter, et moraliter, et scholariter*, que, según interpreta un historiador contemporáneo, representa el ideal de una comunidad de estudio organizada bajo la forma de una hermandad cuyos miembros viven juntos de una manera regular y moral[35]. Sin embargo, sólo unos pocos estudiantes encontraban allí acomodación. La mayoría tenía que optar: o vivían solos o con compañeros en un apartamento privado que se debía arrendar o subarrendar y pagar, o se dirigían a un hostal o pensión –que podía tener diferentes nombres, como *domus, hospicium, paedagogium, contubernium, regentia, bursa, aula*– donde se podía vivir en comunidad bajo la supervisión de un maestro de artes. Tan poderosa era la presencia de los estudiantes en las ciudades universitarias de Europa, que, desde Portugal a Reino Unido, las universidades buscaron por largo tiempo controlar el canon de arrendamiento y muchas batallas se libraron en este mercado.

Igualmente, el mercado de los servicios personales se vio dinamizado por su contacto con las universidades, como puede desprenderse de las múltiples funciones que asumen los estudiantes en condición de escribas, secretarios y copistas; preceptores y tutores; sirvientes personales (*famuli, servitores*) de profesores, rectores, decanos, directores de colegios y otros administradores universitarios; sirvientes de dignata-

[32] Ver J. Verger, "Teachers". En H. de Ridder-Simoens (ed.), op. cit., chapter 5.

[33] Ver A. García y García, "The Faculties of Law". En H. de Ridder-Simoens (ed.), op. cit., chapter 12.

[34] Ver N. Siraisi, "The Faculty of Medicine". En H. de Ridder-Simoens (ed.), op. cit., chapter 11. Para un análisis más completo, ver R. French, *Medicine Before Science. The Business of Medicine from the Middle Ages to the Enlightment*; Cambridge, UK: Cambridge University Press, 2003.

[35] Ver R. C. Schwinges, "Student Education, Student Life". En H. de Ridder-Simoens (ed.), op. cit., chapter 7.

rios de la Iglesia y de alumnos nobles; o en ocupaciones como las de portero, cocinero, ayudante de cocina, mesero en colegios y hospicios, monaguillo en las iglesias locales, o como cantores callejeros, vendedores, etcétera[36].

En suma, desde el comienzo las universidades se vieron envueltas en los avatares de la economía y tuvieron que lidiar con las fuerzas de la oferta y la demanda, sea para contratar y retener a sus académicos, para atraer estudiantes, para preparar personal para el mercado de las ocupaciones de conocimiento, o para proveer habitación a sus alumnos y facilitarles –a ellos y sus maestros– medios de subsistencia. Nunca el *amor sciendi*, el puro deseo de conocer y saber, fue el único motivo o el más fuerte impulso de las universidades.

Los propios académicos de la época eran conscientes de la situación en que se encontraban; de la tensión que existía entre la vocación del saber y la búsqueda de fama, por ejemplo; o entre los ideales trascendentes y los intereses materiales y comerciales de la institución. El maestro Abelardo (1079-1142), que suele ser presentado como el primer exponente de la profesión académica, confesaba en sus días (cosa que probablemente harían pocos profesores universitarios contemporáneos) actuar motivado básicamente por *pecuniae et laudis cupiditas*, dinero y afán de halagos. Y Pedro de Blois, a fines del siglo XIII, escribía: "Hay dos cosas que impulsan a los hombres a estudiar derecho: la ambición de cargos y el vano deseo de fama [*ambitio dignitatis et inanis gloriae appetitus*]". A su turno, el jurista Godofredo de Bolonia voceaba el descontento de los maestros que debían cobrar a sus alumnos para vivir:

> Os anuncio que el año próximo dictaré cursos obligatorios con la conciencia de que siempre he dado muestras pero dudo que dicte cursos extraordinarios, pues los estudiantes no son buenos pagadores; quieren saber, pero no quieren pagar, de conformidad con este dicho: "Todos quieren saber pero ninguno quiere pagar el precio del saber".

[36] Ídem, especialmente pp. 235-242, y A. B. Cobban, op.cit., 1975, capítulos VII y VIII.

Adam Smith y las dos vertientes

No obstante lo anterior, el estudio propiamente tal de los mercados universitarios –y, como resultado, el surgimiento de nuestro campo de análisis– aparece recién con Adam Smith, al momento de publicar *The Wealth of Nations*[37], en 1776, aunque la economía de mercado y el capitalismo no eran un rasgo nuevo, sino, como recalca Braudel, "una constante de Europa desde la Edad Media"[38].

¿Por qué poner precisamente a Adam Smith en el punto de arranque de la línea de los fundadores de nuestro campo de análisis? No sólo porque la literatura especializada convencionalmente le reconoce esta posición[39], sino, más bien, porque su análisis de la educación superior da lugar, en el costado izquierdo de nuestro *Diagrama base,* a las dos principales líneas estructurantes o matrices del campo: la que lleva a la teoría del capital humano abajo (casillero 2) y, arriba, al análisis de las organizaciones académicas en contextos de mercado (casillero 3).

La vertiente del capital humano

Efectivamente, Smith suele ser invocado como el antepasado remoto, pero directo, de la teoría del capital humano. Y con razón. Su planteamiento central a este respecto se halla contenido en el siguiente pasaje de su principal obra[40]:

[37] Texto disponible en: http://www.econlib.org/library/Smith/smWN.html
[38] F. Braudel, *Civilización material, economía y capitalismo, siglos XV-XVIII. Los juegos del intercambio*; Madrid: Alianza Editorial, 1984, tomo 2, p. 191.
[39] Ver a este respecto G. Williams, "The Economic Approach" en B. R. Clark (ed.), op. cit., 1987, capítulo 3; K. Hüfner, "Economics", en B. R. Clark and G. Neave (eds.), op. cit., 1992, volume 3, pp. 1797-1810; D. Davis, "Credentialism", en B. R. Clark and G. Neave (eds.), op. cit., 1992, volume 2, pp. 871-877; S. Marginson, *Education and Public Policy in Australia,* Cambridge, UK: Cambridge University Press, 1993, chapter 2, pp. 32 y ss.; J. P. Raines and Charles G. Leathers, *The Economic Institutions of Higher Education*; Cheltengam, UK: Edward Elgar, 2003; P. N. Teixeira, "Markets in Higher Education: Can We Still Learn from Economics' Founding Fathers?", CSHE Research and Occasional Paper Series, 2006; disponible en:
http://cshe.berkeley.edu/publications/publications.php?id=162
[40] A. Smith, *An Inquiry into the Nature and Causes of The Wealth of Nations* (1776); Chicago: The University of Chicago Press, 1976, book I, chapter X, part I, pp. 113 y 115.

> Cuando se emplea cualquier máquina costosa, debe suponerse que el servicio extraordinario que prestará durante su vida útil compensará el capital invertido en ella y producirá al menos una utilidad o ganancia para su dueño. Un hombre educado a expensas de mucho trabajo y tiempo para cualquier empleo que requiera una habilidad y destrezas extraordinarias, puede compararse con una de esas costosas máquinas. Por tanto, debe esperarse que el trabajo que él aprende a realizar compense también en su totalidad el gasto incurrido en su educación y genere al menos una ganancia similar a la de un capital de igual valor. Y esto debe ocurrir en un tiempo razonable, considerando la incertidumbre de la duración de la vida humana, de la misma manera que se considera la duración más cierta de la máquina.

Y más adelante concluye:

> La educación en las artes creativas y en las profesiones liberales es aun más tediosa y costosa. Por tanto, la recompensa pecuniaria de pintores y escultores, y de abogados y médicos, debería ser todavía más generosa. Y lo es.

Como ha señalado Bowman, la analogía hecha por Smith entre hombres y máquinas, "donde la adquisición de destreza y habilidad se considera como una inversión"[41], es un claro antecedente del posterior enfoque desarrollado por la teoría del capital humano, que adoptará el mismo punto de partida. Tanto así que T. W. Schultz, habitualmente identificado como el padre de esta teoría, declara explícitamente que Smith es uno de los pocos economistas, y en cualquier caso el primero, que "ha considerado a los seres humanos como capital, [incluyendo] audazmente como una parte del capital a todas las facultades productivas, útiles y adquiridas, de todos los habitantes de un país"[42].

[41] M. J. Bowman, "Revolución en el pensamiento económico a causa del concepto de inversión humana" (1966). En M. Blaug, *Economía de la educación. Textos escogidos*; Madrid: Editorial Tecnos, 1972: pp. 94-95.

[42] T. W. Schultz, "Inversión en capital humano" (1961). En M. Blaug, *Economía de la educación. Textos escogidos*; Madrid: Editorial Tecnos, 1972: pp. 16-17. En el mismo sentido, ver G. S. Becker, *Human Capital*; Chicago: University of Chicago Press, 1975 (primera

A partir de allí sugiere que las inversiones en educación primaria, secundaria y superior –que mejoran la capacidad individual para realizar un trabajo productivo a través de la adquisición de conocimientos, habilidades y atributos similares– generan un retorno, que clasifica como un rendimiento de la inversión realizada en los seres humanos. Propone medir estas inversiones sumando el costo directo de la educación recibida y la renta no ganada por el estudiante mientras dura su proceso formativo (costo de oportunidad), y calcular el rendimiento de la inversión como la retribución por el mercado laboral a la mayor educación de la persona durante su vida productiva, descontados los impuestos que paga.

Esta medición del rendimiento del capital humano a nivel individual –su tasa de retorno privado– puede extenderse también hacia un cálculo más complejo que, por el lado de los costos, incluye los subsidios públicos y, por el lado del rendimiento o los beneficios, las externalidades asociadas con la educación superior, o sea, sus beneficios sociales. Volveremos sobre estos asuntos con mayor detalle al revisar, más adelante, el casillero 4 de nuestro *Diagrama base.*

La vertiente del comportamiento económico de las universidades

Decíamos antes que el aporte fundacional de Adam Smith al campo de análisis del mercado universitario había consistido en echar las bases de las dos principales líneas estructurantes o matrices del campo: la que lleva a la teoría del capital humano y, hacia la parte superior del *Diagrama base,* la que conduce al análisis de las organizaciones académicas en contextos de mercado (casillero 3). Pasamos ahora a ocuparnos de esta segunda fuente generativa que, para efectos de este estudio, es también la más importante.

Como punto de partida de esta parte de su investigación[43], Smith afirma que la instrucción de los jóvenes, y de la población en cualquier

edición, 1964). Y su visión retrospectiva en G. S. Becker, "The Economic Way of Looking at Life"; *Nobel Lecture,* December 9, 1992. Disponible en: http://home.uchicago.edu/ gbecker/Nobel/nobellecture.pdf

[43] Lo que sigue está referido a Adam Smit, op. cit. (1776), 1976, book V, part III, articule II, pp. 282-309.

tramo de edad, es parte de la responsabilidad del Soberano, entre cuyas obligaciones se hallarían –además de la defensa– la justicia y las instituciones públicas necesarias para el comercio. Entre estas últimas clasifica (al lado de las obras públicas) las instituciones de educación, incluyendo a las universidades. En principio estas instituciones son responsabilidad del Estado, puesto que si bien ellas son necesarias para la sociedad civil o privada, sin embargo, por su propia naturaleza, la ventaja de tenerlas "nunca podría compensar el gasto de cualquier individuo o pequeño número de ellos y, por tanto, no cabe esperar que ninguno de ellos debiera establecerlas o mantenerlas" (p. 244). Nos topamos aquí, pues, con el clásico argumento del bien público.

No obstante, nuestro autor anota en seguida que las instituciones para la educación de los jóvenes pueden "naturalmente" obtener un ingreso suficiente para cubrir sus gastos si los alumnos pagan un arancel (*fee*) u honorario a su maestro, debiendo recurrirse a la hacienda pública sólo subsidiariamente y con diversos riesgos, como luego se verá.

En efecto, incluso si la retribución de los profesores no proviene en su totalidad de ese "ingreso natural", no se deriva de allí, por necesidad, que ella debiera ser pagada del fondo público cuya administración recae en el gobierno. ¿Por qué? Porque en la práctica, sostiene Smith, las instituciones educativas reciben un ingreso complementario de fuentes locales y provinciales, de la renta de propiedades o del interés generado por su patrimonio (*endowment*) integrado ya bien por aportes del Soberano o por donaciones privadas[44].

[44] Según muestra un cuidadoso estudio histórico, el patrimonio de las universidades durante el siglo XVII contaba con dos componentes: las propiedades bajo su completo control, de las que podían disponer libremente, y las propiedades que tenían en usufructo, como las prebendas eclesiásticas, por ejemplo. El patrimonio original (*original endowment*) era la parte más importante, constituida por la propiedad real y los bienes entregados por el fundador. La propiedad real comprendía tierras, mansiones señoriales, rectorías, tiendas, propiedades urbanas, etcétera. Los benefactores de una universidad solían hacer, adicionalmente, donaciones en dinero, rentas y otros ingresos externos. Podían servir, por ejemplo, para equipar a la institución y mantener sus edificios. En lo demás, los ingresos de las universidades se componían de aranceles de matrículas y tasas de graduación, multas y donaciones menores con fines específicos. Asimismo, un número importante de universidades poseía colecciones de objetos valiosos como joyas, tapicería y objetos ornamentales, producto también de donaciones. Ver H. de Ridder

Aquí, entonces, aparece el núcleo del argumento smithsiano. En la medida en que la retribución de los profesores de una universidad provenga no del "ingreso natural" producido por el pago de los alumnos, sino de dicho "patrimonio público", sería imposible obtener un servicio eficaz, de calidad y relevante para la sociedad. Esto, porque en cualquier profesión, y los académicos –argumentaba– no son una excepción, el esfuerzo de la mayor parte de aquellos que la ejercen es siempre proporcional a la necesidad en que ellos se encuentran de realizar tal esfuerzo. Y la necesidad será siempre más grande entre aquellos cuya fortuna y subsistencia depende exclusivamente de sus ingresos obtenidos en el mercado.

Es decir, el ingreso de los maestros sólo será conducente a un servicio educativo de calidad y relevante si es obtenido en un marco de libre competencia y rivalidad entre competidores, todos los cuales se hallan comprometidos en una lucha "por desalojarse unos a otros del empleo, obligando así a cada uno a ejercer su trabajo con cierto grado de exactitud"[45].

Bajo este mismo concepto, Smith evalúa negativamente la práctica de remunerar a los docentes universitarios con recursos provenientes del fondo patrimonial de la institución, pues tal expediente debilitaría la diligencia laboral de los maestros y la calidad de su desempeño, al sustraerlos de los incentivos que proporciona la competencia por satisfacer a los alumnos de los cuales depende su propio ingreso.

Con respecto al otro motivo –digamos, no utilitario; el del maestro Abelardo– que podría llevar a los profesores a aplicarse decididamente a la tarea, cual es la búsqueda de prestigio y el deseo de ser reconocido, Smith sostiene que si bien puede contribuir al esfuerzo individual, al final tal efecto se hallaría limitado a unos pocos hombres de espíritu y condición extraordinarios. En tal sentido, no tendría la capacidad de reemplazar al motivo utilitario, más atingente al común de los hombres.

Simoens, "Management and Resources", en H. de Ridder-Simoens (ed.), *A History of the University in Europe. Universities in Early Modern Europe (1500-1800)*; Cambridge, Great Britain: Cambridge University Press, 2003, capítulo 4, especialmente pp. 185-186.

[45] A. Smith, op. cit. (1776), 1976, p. 283.

En el extremo, allí donde los docentes obtienen todo su ingreso exclusivamente del cargo que ocupan, incluso con prohibición de recibir un pago de parte de sus alumnos, su interés, en este caso, estaría directamente en oposición a su deber. Pues en estas condiciones, si su salario fuese completamente independiente de su desempeño, su interés personal será "o bien abandonar su deber o, si se halla sujeto a alguna autoridad que se lo impida, desempeñarse de la manera más negligente y descuidada que le permita la autoridad"[46]. Por el contrario, si se tratase de una persona diligente y que ama su trabajo, entonces, puesta en esta situación, su interés la llevará a aplicarse en cualquier otra actividad donde pudiera obtener alguna ventaja antes que a cumplir su deber en donde no obtiene ninguna.

Más negativa aun es la visión de Smith sobre el caso en que los académicos, sustraídos de los estímulos del mercado, al mismo tiempo ejercen la autoridad institucional a través de cuerpos colegiados, pues en estas circunstancias, señala, todos ellos tenderán a hacer causa común, siendo indulgentes unos con otros, al punto de consentir que el vecino abandone sus deberes a cambio de poder hacer lo mismo con los propios.

En suma, Smith considera que la educación superior –la instrucción más avanzada de los jóvenes– genera externalidades positivas para el conjunto de la sociedad y puede, por eso, ser concebida como un bien público, a cuyo financiamiento, en principio, el Soberano podría contribuir. Sin embargo, muestra que la mejor manera de organizar la provisión educacional es a través de instituciones que se financian, lo más posible, a través del pago de aquellos que directamente se benefician de ella o indirectamente pueden aprovechar las ventajas que ella trae consigo para la sociedad[47]. Sugiere, por lo mismo, un rol subsidiario para el Soberano en este ámbito, arguyendo que en primera instancia los académicos y sus instituciones deben competir en el mercado, pues, al final, sólo "la rivalidad y la emulación producen la excelencia"[48].

[46] Ibíd., p. 284.
[47] Ibíd., p. 340.
[48] Ibíd., p .283.

Dicho en los términos de un reciente estudio sobre las teorías económicas del comportamiento institucional de las universidades, lo que haría el análisis de Smith es extender

> su teoría económica básica sobre la conducta humana hacia una explicación de las tendencias de comportamiento de las universidades y sus académicos. De manera similar, sus propuestas de reforma apuntan hacia arreglos institucionales y prácticas que pudieran crear incentivos para que los docentes asumieran sus tareas con diligencia y profesionalismo. Esto suponía remover barreras a la libertad de los estudiantes-consumidores para elegir y forzar a los docentes y las universidades a competir por estudiantes-consumidores sobre la base de la atracción de los currículos ofrecidos y la reputación de los docentes. Los principios envueltos aquí eran la poderosa fuerza motivadora del interés propio de los académicos, canalizada a través de un enfoque de tipo mercado que torna los ingresos de los docentes contingentes a los aranceles pagados por los alumnos, adecuadamente entretejida con los principios de soberanía del estudiante-consumidor y de la competencia por el lado de la oferta. Allí donde las universidades operasen en concordancia con estos principios, se aseguraría una buena educación. En cambio, allí donde ellas actuasen bajo un sistema diferente, sólo cabía esperar fracasos[49].

J. S. Mill y las fallas de mercado

El enfoque empleado por Smith en esta segunda vertiente de su análisis sobre el comportamiento de la universidades bajo diferentes contextos de incentivos ha sido retomado, ampliado y corregido con-

[49] J. P. Raines and C. Leathers, op. cit., 2003, p .57. Antecedentes complementarios en la literatura actual sobre A. Smith y la educación superior pueden encontrarsen en: G. Neave, "The Social Dimension and Social Cohesion. Or, On Reconciling Adam Smith with Thomas Hobbes". Presentation to the seminar "The Social Dimension of the European Higher Education Area and World Wide Competition", The Sorbonne, Paris, January 26-28th 2005. Disponible en:
http://www.bologna-bergen2005.no/EN/Bol_sem/Seminars/050127-28Sobonne/050127-28-WG3-Neave.pdf
C. R. Belfield, "Did Adam Smith Know Everything about the Economics of Education, or Nothing?"; National Center for the Study of Privatization in Education, Teachers College, Columbia University, November 2001. Disponible en:
http://www2.econ.ucl.ac.be/~sexvdb/adamsmith.pdf

temporáneamente de muchas formas; particularmente, desde el ángulo de la sociología de las organizaciones académicas. Por ahí, entonces, deberemos continuar tras el rastro de los indicios. Pero antes de ir hacia allá (hacia el casillero 3) conviene detenerse en otro autor que suele ser mencionado[50] en conexión con los orígenes del análisis de los mercados universitarios: John Stuart Mill (1806-1873)[51], cuya discusión de la enseñanza superior de su época (mediados del siglo XIX), al igual que en el caso de Smith, se bifurca en las direcciones de lo que llegará a ser la teoría del capital humano y el enfoque del análisis organizacional.

En la primera de estas direcciones, Mill resalta el valor económico de la educación en general y su contribución al progreso de la sociedad, no sólo material, sino también en términos más amplios, que hoy se conciben como externalidades de bien público y beneficio social. Sin embargo, como dejó en claro en su conferencia del año 1867 en la Universidad de San Andrés (la más antigua de Escocia), a las universidades no cabía tanto preparar para la vida profesional práctica, sino entregar formación general a los jóvenes y formar a la elite dirigente de la sociedad[52]. En otra parte subraya que la producción del conocimiento empírico que demanda el mundo de los negocios debe dejarse a la propia sociedad civil, que se encargará de generarlo, mientras a la universidad cabe infundir en los jóvenes el espíritu e instruirlos en los hábitos que les permitan adquirir fácilmente ese conocimiento en el futuro y, sobre todo, usarlo bien[53].

En cambio, en la segunda dirección, la que apunta al comportamien-

[50] Ver, por ejemplo, J. P. Raines and C. Leathers, op. cit., 2003, capítulo 5; P. N. Teixeira, op. cit., 2006.
[51] Ver Eyclopædia Britannica Article, "J. S. Mill". Disponible en: http://skeptically.org/utilitarianismtheethicaltheoryforalltimes/id26.html. Las obras completas de J. S. Mill se encuentran disponibles en: http://oll.libertyfund.org/Home3/Collections.php?Collection=68
[52] Ver J. S. Mill, *Inaugural Address Delivered to the University of St. Andrews*; London and Tokyo: Routledge/Thoemmes Press, 1994. Ver una perspectiva convergente en: P. Berkowitz, "Liberal Education, Then and Now. J. S. Mill's Idea of a University, and our Own"; Hoover Institution, *Policy Review*, December 2006 & January 2007. Disponible en: http://www.hoover.org/publications/policyreview/4884276.html
[53] Esta y las demás referencias a J. S. Mill, salvo indicación contraria, son tomadas de J. P. Raines and C. G. Leathers, op. cit., 2003, cap. 4.

to de las organizaciones universitarias en un contexto de mercado, Mill parece más crítico y se aparta de Adam Smith.

De entrada, se pregunta si resulta adecuado cualquier tipo de arreglo social bajo el cual los docentes impartan sus doctrinas a cambio de ganarse el pan, pareciendo tomar distancia en este punto del argumento smithsiano. Más ampliamente, cuestiona que la demanda del mercado pudiese ser considerada una prueba del valor social de la educación; más bien, sostiene, una educación que respondiera a esa demanda "será cualquier cosa menos aquello que realmente se requiere". ¿De dónde proviene la falla del mercado en este ámbito?

Anticipándose al debate contemporáneo, Mill apunta a que el público no es competente para juzgar la educación ofrecida por el mercado. Contra Smith (y también, para el caso, contra Friedman) cuestiona pues la "soberanía del consumidor", poniendo en duda que los padres sean "suficientemente diligentes y bien calificados" como para juzgar correctamente sobre el mérito de los distintos lugares de estudio. Más bien, los padres y estudiantes podrían fácilmente ser objeto, en el mercado, del engaño y los "peores artificios". En breve, Mill apunta, en primer lugar, a la falla de mercado que hoy se atribuye a las "asimetrías de información"[54].

En seguida, se pregunta si acaso la educación puede ser concebida como cualquier otro *commodity* en el mercado, respecto de los cuales el mero interés propio de comerciantes rivales asegura la cantidad y

[54] Véase:
M. Abbott, "An Economic Analysis of the Formal Regulation of Higher Education", 2005. Disponible en: http://www.crie.org.nz/research_paper/M.Abbott_OP6.pdf
W. Massy, "Markets in Higher Education: Do They Promote Internal Efficiency?". En P. Teixeira, B. Jongbloed, D. D. Dill and A. Amaral (eds.), *Markets in Higher Education. Rethoric or Reality?*; Dodrecht: Kluwer Academic Publishing, 2004.
P. Ryan, "The British Training Market", 2002. Disponible en: http://cep.lse.ac.uk/seminarpapers/07-03-03-RYA.pdf
Cheps, *Higher Education Reform: Getting the Incentives Right*, 2001. Disponible en: http://www.cpb.nl/nl/pub/cpbreeksen/bijzonder/29/bijz29.pdf
Winston, G. (1999) "Subsidies, Hierarchy and Peers: The Awkward Economics of Higher Education". En C. R. Belfield and H. M. Levin (eds.), *The Economics of Higher Education*. The International Library of Critical Writings in Economics, Cheltenham, UK: An Elgar Reference Collection.

calidad suficientes[55]. ¿O nos encontramos, más bien, frente a una "necesidad pública" que no puede ser satisfecha por los intereses individuales que rigen los principios del comercio? Al desplegar este segundo argumento, que cuestiona la capacidad del mercado para proveer la cantidad y la calidad suficientes de bienes públicos, Mill defiende la legitimidad del financiamiento público para la educación en general y, en particular, manifiesta su preferencia por universidades dotadas de un patrimonio propio (*endowment*), puesto que, así dotadas, ellas podrían ofrecer educación a jóvenes de mérito pero sin los medios para pagarla; contribuir al sostenimiento de sus cuerpos académicos; apoyar a estudiantes para realizar estudios esotéricos en áreas en que existe un interés de la humanidad por contar al menos con unos pocos hombres de saber, y ganar independencia, asegurando así la posibilidad de los alumnos de elegir entre diversas instituciones y evitando el monopolio burocrático.

En suma, Mill es tan contemporáneo nuestro como Smith en lo que se refiere a su manera de abordar la "cuestión del mercado" en relación tanto al capital humano que los individuos adquieren a través de su educación universitaria como a los incentivos que deben guiar el comportamiento de las universidades. Ambos, además, anticipan varios de los debates que en la actualidad –por cierto, en condiciones completamente distintas– se desarrollan en estos dos frentes.

Interludio: T. Veblen y el negocio universitario

Como una suerte de vínculo intermedio entre Smith, Mill y el análisis contemporáneo en el área del casillero 3 del *Diagrama base*, algunos autores mencionan a Thorstein Veblen (1857-1929), en particular su texto *The Higher Learning in America: A Memorandum on the Conduct of Universities by Business Men*, publicado en 1918[56]. Retoma allí este

[55] Ver J. S. Mill, "Endowments". En *Collected Works*, vol. V: "Essays on Economics and Society", part II. Disponible en: http://olldownload.libertyfund.org/Texts/MillJS0172/Works/Vol05/PDFs/0223.05_Pt09_Endowments.pdf

[56] T. Veblen, *The Higher Learning in America: A Memorandum on the Conduct of Universities by Business Men*, 1918. Disponible en:

autor el sentido crítico de los argumentos de Mill, aplicándolos a las universidades de Estados Unidos durante la primera parte del siglo XX. De hecho, proporciona uno de los primeros análisis del funcionamiento de la educación superior bajo condiciones de mercado.

Su crítica se dirige, fundamentalmente, a los efectos de la competencia entre las universidades. Según él, la competencia por prestigio –por "notoriedad creíble" la llama– induce a estas instituciones a adoptar prácticas propias del mundo de los negocios, como la gestión de venta y la publicidad de sus servicios, ajenos a la misión de la universidad como lugar de "altos estudios" (*higher learning*). "La sentida necesidad de notoriedad y prestigio", escribe, "incide en cada aspecto del comportamiento y trabajo de la universidad. Cualquier cosa que no sirva a este propósito de prestigio no alcanza asentamiento sólido en las actuales políticas universitarias"[57].

Su visión de este tipo de competencia, y de su escalamiento en el tiempo, es en extremo negativa y, en muchas ocasiones, más aguda y fértil que la de algunos críticos contemporáneos. Sostiene que ella provocaría un despilfarro de recursos, sobrecargaría a los profesores con la obligación de dictar una variedad de cursos atractivos para los alumnos, empujaría hacia un constante crecimiento de la matrícula, llevaría a emplear las becas de postgrado para conquistar más alumnos que las instituciones rivales, e induciría en las universidades valores y prácticas de negocio incompatibles con su función social, creando de paso las condiciones para que gerentes y administradores fueran seleccionados para gobernar y gestionar las instituciones universitarias. En breve,

> la universidad se concibe como una casa de negocios que comercia en conocimiento mercadeable, puesta bajo la autoridad de un "capitán de erudición" cuya función es transformar los medios a la mano para producir el mayor resultado posible. Es una corporación con amplios recursos y, para hombres habituados por su trabajo diario

http://socserv2.socsci.mcmaster.ca/~econ/ugcm/3ll3/veblen/higher

[57] Ibíd., p. 112.

en asuntos de negocios, resulta natural evaluar a la universidad en términos de inversión e ingresos[58].

Al observar estas transformaciones que considera tan negativas, Veblen no sabe si atribuir toda ella a la presencia de estos "poderosos hombres que dirigen la empresa" en un contexto de competencia por notoriedad o, también, convergentemente, a la natural vanidad que acompaña a la profesión académica.

> Considerando todo este asunto de pompa y circunstancia, amenidad social y disipación ritual, demostraciones semieruditas y publicidad meretricia en la vida académica, resulta difícil, más allá de toda esperanza, dar una respuesta final respecto de cuánto de todo esto se debe a las hábiles iniciativas de los poderosos hombres que dirigen la empresa y cuánto cabe atribuir a la innata proclividad hacia este tipo de cosas del personal académico[59].

En breve, Veblen –cuya contribución seminal al campo de análisis del mercado universitario aquí apenas hemos podido esbozar[60]– representa una avanzada de los análisis críticos que posteriormente se harían comunes sobre los efectos de la competencia por prestigios institucionales (casillero 12), la comercialización de las universidades bajo el régimen del capitalismo académico (casillero 10) y la transformación de las universidades bajo el imperio de gerentes y administradores académicos (casillero 14).

[58] Ibíd., p. 42.

[59] Ibíd., pp. 81-82.

[60] Ver, además, T. Veblen, *The Theory of the Leisure Class* (1899), chapter 14: "The Higher Learning as an Expression of the Pecuniary Culture". Disponible en:
http://www.eco.utexas.edu/~hmcleave/350kPEEVeblenTLC14table.pdf
Para un tratamiento más extenso, ver J. P. Raines and C. G. Leathers, op. cit., 2003, capítulo 5. Para una evaluación reciente ver M. A. Gagnon, "Capital, Power and Knowledge According to Thorstein Veblen: Reinterpreting the Knowledge-Based Economy". Paper presented at the AFEE Conference in Chicago, January 2007. Disponible en:
http://www.er.uqam.ca/nobel/ieim/IMG/pdf/NoteA_2006-12-07-Gagnon.pdf.
Para una revisión de los análisis de Veblen a la luz de las teorías contemporáneas del "capitalismo académico", ver H. Martins, "The Marketisation of Universities and Some Cultural Contradictions of Academic Capitalism", 2004. Disponible en:
http://metacritica.ulusofona.pt/Arquivo/metacricita4/pdf4/herminio_martins.pdf

Formas de coordinación de los sistemas

El análisis contemporáneo de las organizaciones universitarias en contextos de mercado tiene, sin embargo, su punto de arranque muy posteriormente, durante la segunda mitad del siglo XX y ya en pleno auge de los estudios sobre la educación superior. Dentro de la comunidad de especialistas, es común reconocer en ese punto a B. R. Clark y su extenso trabajo como autor y editor de numerosos volúmenes, y particularmente su obra más influyente, *The Higher Education System*, de 1983[61].

Dicho brevemente, lo que Clark procura en este libro es responder a la pregunta sobre cómo se integran y producen su orden los sistemas de educación superior. Se interroga, en efecto, cómo "en un mundo infinitamente complejo" los sistemas encargados de proveer educación superior logran cohesionarse, a pesar de que los agentes participantes en él son múltiples, "proliferan las actividades, se multiplican las creencias, y las numerosas formas de autoridad presionan en varias direcciones" al mismo tiempo. Con todo, al final "emerge cierto orden entre los componentes del sistema"[62]. ¿Cómo se logra?

La respuesta clarkiana apunta a la contribución que realizan diferentes patrones de coordinación que operan en cada sistema nacional. Agrupa a éstos, a la manera de *tipos ideales*, en tres: el sistema estatal, el sistema de mercado y el sistema profesional, cada uno de los cuales interviene, en distintos grados, en concertar la acción académica. De estos tres, el aparato estatal sería el instrumento central, "incluso en la configuración de los mercados de la educación superior". En el extremo opuesto, el mercado es el segundo mayor tipo ideal de coordinación, como se refleja en la historia de los sistemas socioeconómicos modernos[63].

Al comienzo, la manera más simple de concebir la aplicación de este esquema al espacio en que interactúan las instituciones de edu-

[61] Ver B. R. Clark, *The Higher Education System. Academic Organization in Cross-National Perspective*; Berkeley, Los Angeles, London: Universiy of California Press, 1983, en especial el capítulo 5.

[62] Ibíd., p. 199.

[63] Ver C. E. Lindblom, *Politics and Markets: The World's Political-Economic Systems*; New York: Basic, 1977. Ver asimismo D. North, *Understanding the Process of Economic Change*; Princeton: Princeton University Press, 2005, en particular los capítulos 8 y 9.

cación superior es distribuyendo los sistemas nacionales a lo largo de un continuo en cuyos extremos se ubican, de un lado, las formas de máximo control estatal sobre las universidades, dentro de un sistema altamente regulado y planificado, y, del otro, los sistemas no regulados ni planeados, coordinados preferentemente por nexos de mercado. En la práctica, la mayoría de los sistemas occidentales se ubicaría en algún punto intermedio de este continuo, como lo ilustra Clark con los casos de algunos sistemas nacionales en regímenes políticos democráticos a comienzos de los años ochenta:

Suecia	Francia	Reino Unido	Canadá	Japón	Estados Unidos
Administración estatal unitaria unificada					**Nexos de mercado**

Las características polares –esto es, en los extremos– propias de cada uno de estos dos modos básicos de coordinación de la educación superior pueden resumirse de la manera en que se presenta en la tabla que aparece en la siguiente página.

La coordinación de mercado

El mercado, que ahora aparece atrayendo a muchos sistemas hacia su zona de influencia próxima, es entonces un tipo de arreglo que produce integración y orden sobre la base de generar contextos de *opción social*. Clark entiende una *opción social* como el subproducto accidental, no intencional, resultante de la interacción entre las partes interesadas (i. e., los agentes del sistema), las cuales carecen de propósitos comunes y toman sus decisiones competitivamente o sin considerar a la otra. Las resultantes de estas opciones no planeadas, decididas por los agentes, tienen el efecto de coordinar sus acciones tanto como pueden hacerlo las soluciones planeadas y decididas por una autoridad central. La diferencia reside en que tales resultantes no aparecen en la práctica como soluciones diseñadas por una superestructura de autoridad, sino como efectos no buscados del conjunto de intercambios entre los agentes del sistema. De allí que tampoco aparezcan como el producto de una visión, un plan o un arreglo dispuesto por vía de las políticas y las regulaciones administrativas.

Modo estatal	**Modo de mercado**
Relaciones de autoridad. Integración fuerte de los sistemas.	Relaciones de intercambio. Integración débil de los sistemas.
Contextos de "acoplamiento ajustado", en un continuo que va de fuerte a débil, dependiendo de la conformación unitaria/federal del Estado.	Contextos de "opción social".
Coordinación produce soluciones planeadas.	Coordinación produce resultantes no buscadas de las interacciones.
Interacciones jerárquicas sujetas a un marco de políticas, normas, regulaciones y reglas aplicadas por una burocracia.	Interacciones competitivas sujetas al funcionamiento de mercados con regulaciones, en un continuo que va de fuerte a débil.
La burocracia se expande incrementando los niveles de coordinación formal. La burocracia expande el alcance jurisdiccional de las dependencias administrativas individuales. El número de administradores encargados de los asuntos de educación superior tiende a crecer como resultado de los movimientos anteriores. La administración de la coordinación se especializa y profesionaliza.	Coordinación opera sin una superestructura burocrática. Interacciones se ajustan a través de tres mercados principales: 1. *Mercado de consumidores*, donde se intercambian bienes y servicios por dinero (aranceles por educación superior y certificados). Rigen las preferencias de los consumidores. 2. *Mercado ocupacional* de posiciones académicas y administrativas. Determina el drado de movilidad de los académicos. 3. *Mercado institucional*, cuya moneda son las reputaciones de las universidades.

Más bien, un sistema de mercado produce y reproduce continuamente un "orden espontáneo", el cual resulta de la presión de fuerzas que operan a espaldas de los agentes, sobre la base de múltiples decisiones fragmentadas y descentralizadas y, por tanto, con una suerte de automatismo cuya operación suele identificarse con la acción de una "mano invisible". La coordinación de mercado expresa, pues, un definido sesgo, fundamentalmente distinto de aquel que caracteriza a las formas políticas y burocráticas de coordinación. Según señala Clark,

> cuando una actividad del contexto de mercado se transfiere al control estatal, se sujeta a una tendencia de agregación. Se tiende a sumar

> las partes y crece la expectativa, dentro y fuera del gobierno, de que alguien se ocupe deliberadamente de integrarlas y sistematizarlas. Pero cuando una actividad permanece en el mercado o se desplaza hacia un contexto de mercado, se somete a una tendencia disgregadora: las partes no se amontonan en un solo sitio, sino que tienden a permanecer en su estado de fragmentación. Entonces el "sistema" cambia totalmente de significado[64].

Debido a la importancia que tiene para el posterior desarrollo de este informe la noción de mercado como coordinador de las actividades e instituciones universitarias, conviene detenerse aquí un instante para delimitar en qué forma quienes estudian los sistemas de educación superior emplean este término.

De entrada, la mayoría contrasta, igual como hacen Lindblom y Clark, el modo de coordinación que provee el mercado con aquel proporcionado por la intervención del gobierno. Se trataría, pues, de dos formas básicas y distintas de coordinar la acción de los agentes. En el modelo centralizado o de control estatal, los gobiernos guían a los sistemas por medio de extensas y detalladas regulaciones, limitando la autonomía de las instituciones y sujetándolas a una serie de mecanismos de supervisión. Como suele decirse, el gobierno lleva las riendas. En el lado opuesto de la planificación racional y el control burocrático está la estrategia de autorregulación (*self-regulation*), que pone énfasis en las capacidades que poseen los agentes descentralizados de decisión para coordinarse como resultado de su comportamiento competitivo. En este caso, el gobierno actúa a la distancia y sólo pone atención sobre un pequeño conjunto de variables críticas[65].

En la misma línea, pero fuera del ámbito de estudios sobre la educación superior, Sowell caracteriza así el funcionamiento de los mercados:

[64] B. R. Clark, op. cit., 1983, p. 169.

[65] Ver F. van Vught, "Strategies and Instruments of Government" e "Innovations and Reforms in Higher Education". En F. van Vught, *Governmental Strategies and Innovation in Higher Education*; London: Jessica Kingsley Publishers, 1999.

> El mercado es sencillamente la libertad de elegir entre múltiples posibilidades existentes o por ser creadas [...]. El mercado no es un conjunto de instituciones. Sus ventajas y desventajas se deben precisamente a este hecho. Cualquier comparación de procesos de mercado y procesos gubernamentales para hacer una serie de decisiones es una comparación entre unas instituciones determinadas, prescritas por adelantado, y una opción para elegir o crear instituciones ad hoc[66].

De hecho, Clark comparte la misma visión. Habla del mercado como un "contexto social de elección", en el cual no hay fines inclusivos y las decisiones son adoptadas independientemente por organizaciones autónomas. Cita a Banfield, que opone decisiones centralizadas a elecciones sociales, y a Lindblom, que concibe el mercado no sólo como un mecanismo de intercambio, sino como un método para controlar y organizar la cooperación entre las personas[67].

Su visión, sin embargo, como ya se señaló, es que la educación superior se desenvuelve no sólo en el territorio demarcado por el Estado y el mercado, sino sujeto, además, a un tercer factor: los grupos de interés que actúan a través de las organizaciones universitarias, cuyo poder –según la tesis de Clark– se concentra en el vértice: lo que él llama las "oligarquías académicas". La coordinación profesional actúa a través de las diversas formas de autoridad académica: personal, colegiada y gremial. La base de dicha autoridad es el saber especializado, que crece con la expansión, especialización e institucionalización de los campos de conocimiento. En muchos sistemas, sostiene Clark, los académicos logran transmutar su autoridad local en poder nacional, "convirtiéndose los oligarcas académicos nacionales en fuertes contrincantes de los burócratas y políticos en la lucha por el control sobre el sistema"[68]. Su estudio sobre las universidades italianas en los años setenta[69] constituye una buena ilustración de este tipo de transmutación. En casos como éste, los mandarines académicos

[66] T. Sowell, *Knowledge and Decisions*; New York: Basic Books,1980, p. 41.

[67] B. R. Clark, op. cit., 1983, pp. 137 y 138.

[68] Ibíd., p. 229.

[69] Ver B. R. Clark, *Academic Power in Italy. Bureaucracy and Oligarchy in a National University System*; Chicago: The University of Chicago Press, 1977.

movilizan sus intereses corporativos para incidir sobre las finanzas, el personal, el currículo y la investigación nacional, ejerciendo su poder a través de pequeños comités, de redes informales o de cuerpos intermedios entre el gobierno y las universidades, organismos que dan un carácter semipúblico a la influencia de este cuerpo selecto de académicos.

De ese modo, si se desea representar el espacio completo en que se desenvuelven los sistemas nacionales de educación superior, debe usarse una figura triangular, y no meramente una línea con dos lados, el mercado y Estado. Al momento de trazar esta figura, Clark ubicó dentro de este triángulo varios sistemas nacionales, según el mayor o menor peso que en su coordinación desempeñaban las específicas combinaciones de Estado/mercado/profesión prevalecientes en cada caso a comienzos de los años ochenta.

Figura 1. Triángulo de coordinación de Clark ampliado

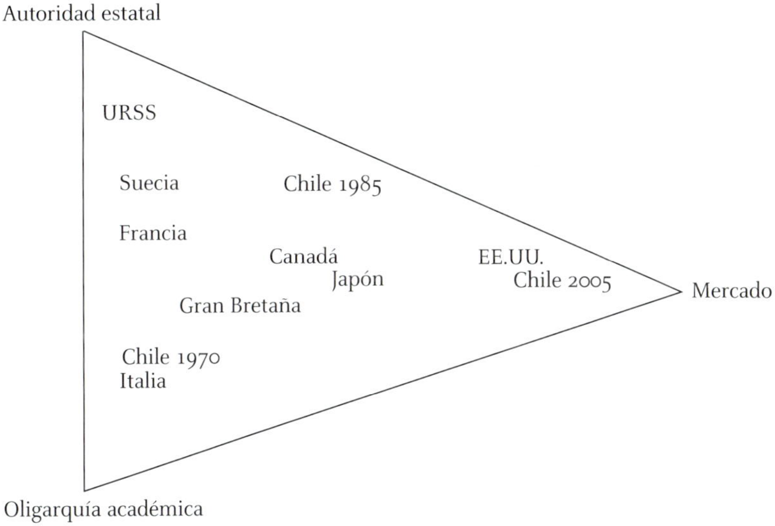

Fuente: B. R. Clark (1983).

De seguro, si se trazara hoy el mismo mapa triangular para los mismos países por él considerados, se observaría un generalizado desplazamiento hacia el ángulo del mercado, en diferentes grados y con diferentes trayectorias respecto de cada uno de los lados del triángulo. Lo anterior sería particularmente visible para los países que emergen del desplome de la URSS y su órbita de influencia, tanto en Europa Central y del Este[70] como en Asia Central y del Este[71]. Pero, qué duda cabe, también se han movido en la misma dirección, aunque en muy diferentes grados y formas, los sistemas de Reino Unido[72] y Suecia[73], mientras el sistema italiano asciende de posición –mayor ingerencia del Estado y pérdida de poder de las oligarquías académicas– y se mueve también hacia el polo del mercado[74].

Este último movimiento –"hacia el mercado"– adopta sin embargo características diferentes en los distintos sistemas (ver más adelante el casillero 11), al punto que resulta difícil referirse en singular a un solo proceso de *mercadización*, pues en realidad se trata de procesos de

[70] Ver P. Scott, "Higher Education in Central and Eastern Europe". En J. J. F. Forest and P. G. Altbach, op. cit., 2006, vol. 2, capítulo 21. Véase además M. Kwiek, "The Internationalization and Globalization in Central and East European Higher Education"; published in: *Society for Research in Higher Education International News* Nº 47, November 2001, pp. 3-5. Disponible en: http://www.policy.hu/kwiek/SRHE2001.pdf
Ver asimismo: M. Kwiek, "The State, the Market, and Higher Education. Challenges for the New Century". Published in: M. Kwiek (ed.), *The University, Globalization, Central Europe.* Frankfurt am Main and New York: Peter Lang, 2003. Disponible en: http://www.policy.hu/kwiek/State_Market.pdf

[71] Ver J. J. Brunner and A. Tillett, "Higher Education in Central Asia. The Challenges of Modernization – An Overview" (Report for The World Bank), 2007.

[72] Ver G. Williams, "The Market Route to Mass Higher Education: British Experience 1979-1996; *Higher Education Policy*, vol. 10, 1997. Disponible en: http://www.palgrave-journals.com/hep/journal/v10/n3/pdf/8380089a.pdf

[73] Ver J. Koivula and R. Rinne, "The Dilemmas of the Changing University", 2004. Disponible en: http://www.euerek.info/Public_Documents/Documents/Changing%20university%201511%20.doc
Asimismo, véase I. Fägerlind & G. Strömqvist, "Adapting the Nordic Model to the Future", en I. Fägerlind & G. Strömqvist (eds.) *Reforming Higher Education in the Nordic Countries – Studies of Change in Denmark, Finland, Iceland, Norway and Sweden.* New Trends in Higher Education. Paris: IIEP, 2004, pp. 245-265.

[74] Ver R. Moscati, "Italy". En J. J. F. Forest and P. G. Altbach, op. cit., 2006, vol. 2, capítulo 42.

diversa naturaleza y con distintos efectos también. Un buen ejemplo se encuentra en el siguiente pasaje tomado del propio Clark:

> El gobierno japonés planeó la creación de un pequeño conjunto de universidades imperiales superiores a las demás, lo cual efectivamente les otorgó un monopolio casi absoluto sobre el sector más selecto del mercado de consumidores. Pero el gobierno también permitió la existencia de un sector privado y, poco después de la segunda guerra mundial, autorizó a este sector más accesible a que asumiera la carga de la expansión, asimilando la creciente demanda de los consumidores mediante un mecanismo de "absorción competitiva". Así, el mercado de consumidores se dividió en los segmentos público y privado, acompañados de diversos subsegmentos, como resultado de una combinación de planeación, inducción y competencia abierta[75].

En consecuencia, la *mercadización* de la educación superior ha de entenderse como un desplazamiento que, si bien tiene una dirección general u orientación común, transcurre por diferentes carriles y es siempre tributario de una mezcla de condiciones que provienen de los contextos nacionales, de la historia de los sistemas y las instituciones, de las medidas de política empleadas por los gobiernos y del propio comportamiento estratégico de las instituciones una vez que ellas son expuestas a las fuerzas del mercado o sujetas a mecanismos de cuasimercado, por ejemplo, para la asignación de los recursos o la evaluación de su efectividad (ver más adelante el casillero 6).

Las líneas del análisis económico

Los casilleros 4, 5 y 6 de nuestro *Diagrama base* están estrechamente relacionados entre sí; se ocupan, básicamente, del análisis de la oferta y la demanda de educación superior.

Beneficios privados y públicos

Un aspecto inicial de este análisis gira en torno a la cuestión de los beneficios privados y sociales de la educación superior (casillero 4).

[75] B. R. Clark, op. cit., 1983, p. 239.

Como ya se indicó, el análisis de costo/beneficio, mediante el cálculo de las tasas de retorno a diferentes tipos de educación, es aquí el instrumento más utilizado[76]. Ha sido extensamente empleado en los estudios de economía de la educación superior, especialmente por G. Psacharopoulos en sus publicaciones entre 1973 y 2005[77].

Según aclara Psacharopoulos, una distinción importante que debe hacerse en el cálculo de tasas de retorno a la educación superior es si acaso se busca medir beneficios privados para cada individuo que invierte en capital humano, o bien el beneficio social que ella produce como consecuencia de externalidades o por efecto de derrame (*spill over*)[78]. Es en torno a este último aspecto que se suscitan continuas controversias, con evidentes implicaciones para las políticas públicas del sector[79].

Por ejemplo, Milton y Rose Friedman plantean que no existe evidencia que permita sostener que "la educación superior produce 'beneficios sociales' más allá y por encima de los beneficios que aprovechan los propios estudiantes"[80]. Los autores deducen de allí que no corresponde entregar subsidios públicos a las instituciones de educación superior, puesto que no contribuirían a mejorar la distribución de oportunidades económicas, sino, al contrario, terminarían favoreciendo sólo a aquellos

[76] Ver M. Woodhall, "Economic Development and Higher Education". En B. R. Clark and G. Neave (eds.), 1992, op. cit., volume 2, especialmente pp. 890-891.

[77] Ver una bibliografía relativamente completa del autor en *Ideas*, "Information about George Psacharopoulos". Disponible en: http://ideas.repec.org/e/pps2.html

[78] Ver G. Psacharopoulos, "Rate of Return". En B. R. Clark and G. Neave (eds.), op. cit., volume 2, pp. 999-1003.

[79] Por ejemplo, véanse los dos documentos citados a continuación y su evidente contraposición. Por un lado, Institute for Higher Education Policy, *The Investment Payoff. A 50-State Analysis of the Public and Private Benefits of Higher Education*; Institute for Higher Education Policy, 2005. Disponible en:
http://www.ihep.com/Pubs/PDF/InvestmentPayoff2005.pdf
Por el otro lado, G. C. Leef, "On the 'Investment Payoff' from Higher Education. Will More Spending Produce Better Results?; Pope Center for Higher Education Policy, *Inquiry* Nº 20, March 8, 2005. Disponible en:
http://www.johnlocke.org/acrobat/pope_articles/inquiry20.pdf

[80] M. and R. Friedman, *Free to Choose*; Orlando, Fl: Harcourt, Inc., 1980, p. 178. Para una versión adecuadamente condensada de esta obra, ver A. McLeod, *Great Conservative Minds: A Condensation of Milton and Rose Friedman's "Free to Choose"*; Birmingham, Alabama: Alabama Policy Institute, 2006. Disponible en:
http://www.alabamapolicy.org/PDFs/Friedman.pdf

jóvenes que logran acceder a este nivel educacional. De hecho, argumentos en esta dirección, y cálculos de tasas de retorno que habitualmente muestran un retorno social inferior al privado, llevaron en su momento al Banco Mundial[81] y a diversos gobiernos[82] a proponer –y en ocasiones a materializar– reducciones del aporte público asignado directamente a las universidades, favoreciéndose en cambio el cobro de aranceles a los alumnos apoyados por esquemas de crédito estudiantil (ver más adelante el casillero 5).

De allí también, pero además por razones de crítica teórica y metodológica, que el análisis de costo/beneficio aplicado a la educación superior suscita una continuo debate.

En efecto, si bien las diferentes interpretaciones establecen una re-

[81] Ver The World Bank, *Financing Education in Developing Countries: An Exploration of Policy Optiones*; Washington, D. C.: The World Bank, 1986; y The World Bank, *Education in Sub-Saharan Africa: Policies for Adjustment, Revitalization, and Expansion*; Washington, D. C.: The World Bank,1988. Ambos citados en M. Woodhall, op. cit., 1992, p. 891. Una posición similar –y más sostenida en el tiempo– ha adoptado la OCDE en sus análisis y recomendaciones de políticas de educación superior. De hecho, el cálculo de tasas de retorno a la educación superior es ahora un componente permanente en los informes anuales sobre el estado de la educación en los países miembros (i. e., *Education at a Glance*). Por el lado de las recomendaciones de política, el siguiente párrafo es una buena ilustración: "Raising user fees need not always create a conflict between efficiency and equity objectives, the tertiary education sector being a core example. With the rate of admission to tertiary education being highly correlated with family socio-economic background in most countries, low tuition fees (often combined with generous student support programmes) tend to benefit well-off families most. Thus, increased user fees should have only muted distributional effects. Where private returns to tertiary education are high, increased user fees would improve incentives to complete studies in a more expeditious manner but should not result in a significant decline in the overall participation in higher education. Capital market imperfections, and in particular the difficulty for students from low-income families to obtain a loan from commercial banks, may, however, warrant some public intervention, such as loan and fee regimes with elements of means-testing". Tomado de OECD, *Enhancing the Cost Effectiveness of Public Spending*; Paris: OECD, 2003, p. 174. Disponible en:
http://www.oecd.org/dataoecd/58/19/23466327.pdf

[82] Ver, por ejemplo, A. Haupt, "The Evolution of Public Spending on Higher Education in a Democracy", Desifo Working Paper Nº 1.631, December 2005. Disponible en:
http://www.cesifo.de/pls/guestci/download/CESifo%20Working%20Papers%202005/CESifo%20Working%20Papers%20December%202005/cesifo1_wp1631.pdf
Asimismo, véase D. S. Hamermesh, "Four Questions on the Labor Economics of Higher Education"; University of Texas at Austin, November 9, 2005. Disponible en:
http://www.ed.gov/about/bdscomm/list/hiedfuture/2nd-meeting/daniel-hamermesh.pdf

lación positiva entre educación e ingresos, ellas difieren en cuanto a la naturaleza y el significado de dicha relación.

Como vimos, la teoría del capital humano postula que la educación incrementa la productividad de los individuos al dotarlos de mayores conocimientos y destrezas, hecho que luego sería reconocido y premiado en el mercado de empleo a través de mayores ingresos. Por el contrario, las interpretaciones alternativas –provenientes, de un lado, de las teorías de la señalización, el filtro y la selección, y, del otro, del credencialismo– postulan una relación diferente entre educación e ingresos.

Las tres primeras postulan que la educación sirve básicamente como un medio para identificar el potencial productivo de los candidatos a un puesto de trabajo. Dada la asimetría de información entre empleadores y trabajadores respecto del talento y las capacidades exactas de estos últimos, su dotación educativa (reflejada en los diplomas) serviría ya bien al trabajador para señalizar su productividad potencial[83], o bien a los empleadores para filtrar[84] y seleccionar[85] a los postulantes con mayor potencial productivo.

Por su lado, otro argumento, el del credencialismo[86], plantea que los diplomas educacionales operan como una moneda para "comprar" puestos de trabajo, con la consecuencia de que la expansión de los diplomas o credenciales en un mercado laboral limitado y jerárquico conlleva una suerte de espiral inflacionaria y que el acceso a credenciales

[83] Ver A. M. Spence, "Job Market Signaling", *Quarterly Journal of Economics*, vol. 87, Nº 3, 1973.

[84] Ver K. J. Arrow, "Higher Education as a Filter"; *Journal of Public Economics* 2, 1973.

[85] Ver J. E. Stiglitz, "The Theory of 'Screening', Education, and the Distribution of Income"; *The American Economic Review*, vol. 65, Nº 3, June 1975. Ver, asimismo, J. E. Stiglitz, "Information and the Change in the Paradigm in Economics"; Nobel Prize Lecture, December 8, 2001, Columbia Business School, Columbia University. Disponible en: http://nobelprize.org/nobel_prizes/economics/laureates/2001/stiglitz-lecture.pdf Versión en castellano disponible en: http://www.revistaasturianadeeconomia.org/raepdf/25/P95-164.pdf

[86] Ver I. Berg, *Education and Jobs: The Great Training Robbery*; NY: Praeger, 1979. Asimismo, R. Dore, *The Diploma Disease*; Berkeley: University of California Press, 1976. Para una visión de conjunto, ver R. Collins, *The Credential Society*; New York: Academic Press, 1979. Para una sucinta revisión de la literatura pertinente puede consultarse D. Davis, "Credentialism", op. cit., 1992, pp. 871-877.

de diferente valor produce o refuerza las desigualdades sociales[87].

Desde el punto de vista metodológico, se alega que el cálculo de costo/beneficio aplicado a la educación superior, por definición, producirá retornos sociales más bajos que el retorno privado[88], hecho que también Psacharopoulos reconoce, puesto que, señala, en la mayoría de los países la educación superior es fuertemente subsidiada, lo que lleva a que el costo social sea necesariamente mayor que el costo privado y, en consecuencia, la tasa de retorno social resulte también más baja que la privada[89].

Pero hay un problema adicional: que para arribar a un cálculo exacto del retorno social de la educación superior habría que incluir los beneficios para la colectividad que de ella se derivan, lo cual, se arguye, sería en extremo difícil de hacer, argumento del que se valen los defensores del cálculo de costo/beneficio en este sector. Esta dificultad –y la tensión subyacente entre beneficios individuales y sociales– llevan a una constante oscilación en el diseño de políticas públicas para la educación superior. Según observaba Blaug a comienzos de los años 1980,

> el fracaso por parte de casi todos los investigadores en medir las externalidades de la educación superior ha producido escepticismo en relación a la magnitud de sus beneficios sociales. En los años sesenta la visión convencional era que las externalidades eran grandes en relación a los beneficios privados, pero el nuevo consenso, al menos para los países desarrollados, es que podrían ser pequeños hasta el punto de ser insignificantes[90].

A su turno, Woodhall anuncia, a comienzos de los años noventa, que el péndulo parecía estar en movimiento otra vez, ahora a favor de la

[87] Para una visión de conjunto de las teorías alternativas, ver I. Pons Blasco, "Contraste de la hipótesis de señalización. Una panorámica", 2005. Disponible en: http://centros.uv.es/web/departamentos/D10/data/investigacion/PDF144.pdf

[88] Ver D. E. Bloom, M. Hartley, and H. Rosovsky, "Beyond Private Gain: The Public Benefits of Higher Education". En J. J. F. Forest and P. G. Altbach, op. cit., vol. 1, 2006, capítulo 15.

[89] Ver G. Psacharopolous, "Rate-of-Return Studies". En B. R. Clark and Guy Neave (eds.) op. cit., 1992, vol. 2, p. 1001.

[90] M. Blaug, "Declining Subsidies to Higher Education: An Economic Analysis". En M. Balug, *The Economics of Education and the Education of an Economist*; Aldershot: Edward Elgar, 1983. Citado en M. Woodhall, op. cit., 1992, p. 891

educación superior[91]. De hecho, la más reciente definición del Banco Mundial en el área de las políticas públicas de educación superior, para citar un solo ejemplo, se hace eco de este renovado interés y ofrece un conjunto de nuevas razones para invertir en este sector y de mecanismos que podrían conducir a un empleo más eficiente de los recursos públicos destinados a las instituciones[92].

Por su parte, Bloom, Hartley y Rosovsky, apoyándose en la literatura pertinente, proporcionan un recuento de beneficios sociales y privados de la educación superior, el cual se resume en la tabla 1[93].

Los mismos autores buscan proporcionar algún sustento empírico para el cálculo de los beneficios sociales de la educación superior identificados en esta tabla, con las dificultades habituales y exponiéndose a los mismos cuestionamientos que se han hecho previamente a ejercicios similares[94].

Como resultado de los debates en curso sobre beneficios públicos y privados de la educación superior, ha ido emergiendo sin embargo un cierto consenso en cuanto a la orientación que deberían tener las políticas de financiamiento de las instituciones que proveen este servicio, tema al que volveremos al revisar el casillero 6. Por ahora, bastará ilustrar este punto agregando un indicio más a nuestra revisión del campo. Sostiene Nicholas Barr[95] que la teoría económica contemporánea ofrece fuertes argumentos cualitativos sobre los beneficios sociales que la educación superior produce para la sociedad en su conjunto y que van

[91] Ver M.Wodhall, op. cit., 1992, p. 891.

[92] Ver The World Bank, *Constructing Knowledge Societies: New Challenges for Tertiary Education*, 2002; especialmente los capítulos 2 y 4. Disponible en:
http://web.worldbank.org/WBSITE/EXTERNAL/TOPICS/EXTEDUCATION/0,,contentMDK:20283509~menuPK:617592~pagePK:148956~piPK:216618~theSitePK:282386,00.html
En la misma dirección se halla disponible, además, la versión en castellano de este libro.

[93] Ver D. E. Bloom, M. Hartley, and H. Rosovsky, op. cit., 2006. Véase asimismo Institute for Higher Education Policy, op. cit., 2005.

[94] Véase, por ejemplo, G. C. Leef, "On the Investment Payoff from Higher Education...", op. cit., 2005.

[95] Ver N. Barr, "Higher Education Funding"; *Oxford Review of Economic Policy*, vol. 20, Nº 2, 2004, especialmente las pp. 268-269. Disponible en:
http://oxrep.oxfordjournals.org/cgi/content/abstract/20/2/264?ijkey=20GIFCugfcjFz&keytype=ref

Tabla 1. Conjunto de beneficios de la educación superior

	Públicos	Privados
Económicos	· Mayores ingresos tributarios · Más alta productividad · Mayor consumo · Fuerza laboral más flexible · Menor dependencia de apoyo financiero del Estado	· Mejores salarios y beneficios · Empleo · Niveles más altos de ahorro · Mejores condiciones personales de trabajo · Movilidad personal/profesional
Sociales	· Menores tasas de criminalidad · Aumento de conductas filantrópicas y de servicio a la comunidad · Mejor calidad de la vida cívica · Cohesión social y mayor aprecio por la diversidad · Incremento en la capacidad de adaptación a tecnologías y uso de éstas	· Mejores condiciones de salud y expectativas de vida · Mayor calidad de vida para hijos · Mejores decisiones de consumo · Estatus personal más alto · Mayor cantidad de hobbies y actividades de tiempo libre

Fuente: Bloom, Hartley and Rosovsky, op. cit., 2006, sobre la base de The Institute for Higher Education Policy, "Reaping the Benefits: Defining the Public and Private Value of Going to College", 1998.
Los autores de la tabla definen "beneficios sociales" como la suma de beneficios públicos y privados, muchos de los cuales son económicos.

más allá de los beneficios individuales o privados, en términos de crecimiento económico, cohesión social, transmisión de valores y desarrollo del conocimiento como un fin en su propio mérito. Estos argumentos, señala, habrían pasado a ser parte del paisaje.

Reconoce, sin embargo, que la cuantificación de estos beneficios es difícil de hacer, en contraste con la clara evidencia que existe sobre el retorno privado que genera para los graduados la educación superior. De aquí, concluye, lo mejor es preservar un balance entre mercado y Estado. A este último correspondería actuar como financista parcial de la educación superior, en no menor medida por los beneficios externos que ésta genera; como proveedor de préstamos a los estudiantes de manera que puedan cubrir el costo de los aranceles de sus estudios, y como promotor del acceso a través de becas y otros medios a favor de aquellos alumnos que no están en condiciones de pagar. Por el lado de la oferta le correspondería al Estado, adicionalmente, actuar como regulador del mercado, encargándose de velar porque existan mecanismos de aseguramiento de la calidad, y como proveedor de incentivos en función de objetivos y prioridades para el desarrollo del sistema nacional de educación superior.

El financiamiento de los estudiantes

Nos topamos aquí, sin más, con el siguiente casillero de nuestro *Diagrama base* (casillero 5), referido al financiamiento de los estudiantes. El vínculo existente entre los casilleros 4 y 5 apenas requiere explicación; fluye bien lógicamente de la teoría del capital humano y del análisis de costo/beneficio que para los individuos representa la educación superior, mientras que el subsidio público a la tasa de interés de dicho financiamiento puede justificarse en función del argumento de los beneficios que ella conlleva para el conjunto de la sociedad. Por tanto, sólo nos ocuparemos aquí de ofrecer unos pocos indicios sobre el tópico del financiamiento a la demanda, por lo demás ampliamente cubierto en la literatura[96].

Los debates actuales sobre el tema se sitúan dentro del contexto más general de discusión sobre esquemas de financiamiento compartido (público/privado) de la educación superior.

Según comenta Johnstone, la difusión alrededor del mundo de este

[96] El análisis más completo y reciente se encuentra en D. B. Johnstone, *Financing Higher Education. Cost-sharing in International Perspective*; International Comparative Higher Education Finance and Accesibility Project (Ichefap), University of Buffalo, 2006. Para un análisis de los esquemas de crédito estudiantil en perspectiva internacional comparada, ver J. Salmi, "Student Loans in an International Perspective: The World Bank Experience", 2000. Disponible en:
http://www1.worldbank.org/education/lifelong_learning/publications/student_loans.pdf
Para una introducción al enfoque de políticas del crédito estudiantil, veáse "Foundation Paper for CMEC-OECD-Canada Seminar-Student Assistance: Eliminating Financial Barriers to Postsecondary Education". Disponible en:
http://www.cmec.ca/stats/quebec2004/FoundationPaper.en.pdf
Un análisis más exahustivo se encuentra en D. B. Johnstone, "Higher Educational Accessibility and Financial Viability: The Role of Student Loans". Paper prepared for the *World Report on Higher Education: The Financing of Universities* – II International Barcelona Conference on Higher Education, Global University Network for Innovation (GUNI), Barcelona, Spain, May 24-25 and November 28-30, 2005. Disponible en:
http://www.bc.edu/bc_org/avp/soe/cihe/ihec/policy/StudentLoans.pdf

tipo de esquemas se explicaría básicamente por tres razones[97]. Primero, por la necesidad en que se encuentran los países de contar con recursos adicionales a los provistos por los gobiernos para financiar la educación superior, producto del explosivo aumento de la demanda generado por un número creciente de egresados de la educación secundaria y por la aparición de múltiples otras demandas de grupos de personas que en algún momento de su vida desean cursar estudios superiores. Segundo, por la necesidad en que se hallan las propias instituciones de ampliar su base de financiamiento, debido a esta presión de demanda y al continuo incremento del costo unitario o gasto por alumno. Y, tercero, por la declinación de los ingresos tributarios destinados a la educación superior, como resultado de la dificultad de los gobiernos para aumentar la carga tributaria y/o de la mayor competencia por recursos fiscales proveniente de otros sectores con necesidades más apremiantes. Indica luego Johnstone:

> Es a la luz de estos tres factores y de las consiguientes dificultades que enfrentan los sistemas y las instituciones de educación superior en casi todo el mundo para complementar sus ingresos fiscales, que surgen no sólo los esquemas de costos compartidos [...], sino también las actividades empresariales de las instituciones, tales como la venta de servicios académicos, la vigorosa prosecución de donaciones y contratos, y la recolección de fondos entre graduados, corporaciones y amigos. A su turno, el cobro de aranceles y de otras tasas a los alumnos y sus familias tiene también el potencial de expandir recursos públicos cada vez más escasos. Tiene la ventaja adicional de no agregar nuevos costos o desviar a los académicos de sus responsabilidades docentes, como ocurre cuando se suplementan los ingresos por la vía de proyectos y contratos u otras formas de emprendimiento de los académicos[98].

Johnstone muestra que hay diversas formas e intensidades con que hoy se emplean los dispositivos de política pública y de las instituciones para lograr el objetivo de un financiamiento compartido entre el

[97] Ver D. B. Johnstone, op. cit., 2006, cap. 1.
[98] Ibíd., p. 6.

gobierno, por un lado, y los estudiantes y sus familias (además de otros actores privados), por el otro, los cuales provocan también grados variables de resistencia[99].

Entre ellos, el cobro directo (*up front*) de aranceles a los estudiantes en las instituciones públicas es por lejos el que crea mayor controversia, aunque es una modalidad de financiamiento compartido que, a comienzos del siglo XXI, se halla presente en muy diversos países, como Sudáfrica, Australia, Austria, Chile, China, Corea, Estados Unidos, Reino Unido, Holanda, Letonia, Mongolia, Mozambique y Vietnam. El gráfico 1 muestra el arancel anual promedio cobrado en algunos países por instituciones públicas que ofrecen programa de Nivel 5A según la Clasificación Internacional Normalizada de Educación (CINE 97), durante el año académico 2003-2004.

En este contexto, aceptado el argumento del retorno positivo que reporta a las personas la educación superior, y habiéndose justificado además –tanto por razones de eficiencia económica como de equidad social– el cobro de aranceles a los estudiantes que se beneficiarán en el futuro de su inversión en capital humano, permanece abierta la cuestión de la igualdad de oportunidades.

En efecto, bajo las condiciones descritas, sólo los candidatos a ingresar a la enseñanza superior que cuenten con ingresos propios o familiares suficientes podrían efectivamente acceder. Los demás, particularmente los jóvenes talentosos provenientes de familias de escasos recursos, quedarían excluidos, a menos que pudieran fácilmente obtener un crédito en el mercado financiero.

Sin embargo, como muestra la literatura y como prueba la experiencia de los países que han adoptado esta política de financiamiento compartido en la educación superior, hay fallas de mercado envueltas en esta situación que limitan severamente el acceso al crédito para financiar las inversiones en capital humano.

Los alumnos que ingresan a la universidad no conocen plenamente ni sus propias capacidades ni, en la mayoría de los casos, sus intereses vocacionales más permanentes, debiendo elegir una carrera bajo con-

[99] Ver D. B. Johnstone, op. cit., 2006, p. 206.

Gráfico 1. Arancel promedio anual cobrado a estudiantes de instituciones de educación superior que ofrecen programas de Nivel 5A (CINE 97) (en USD PPC)

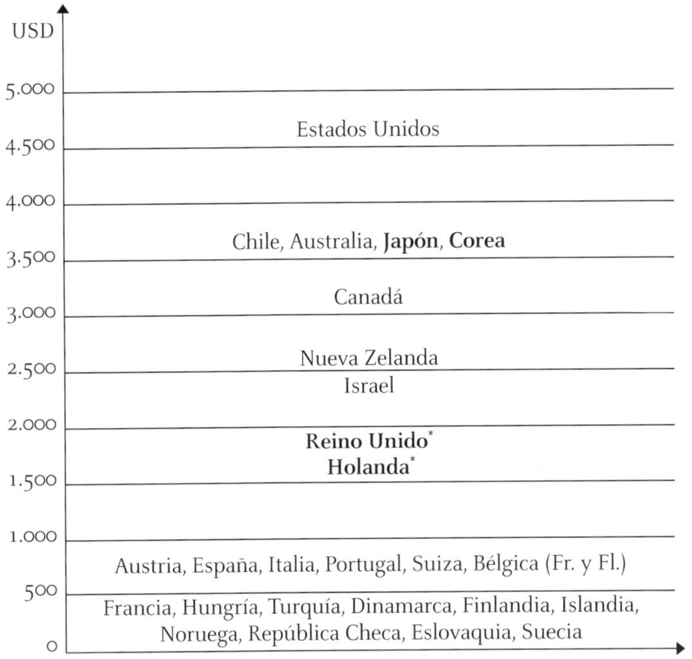

Fuente: OECD, *Education at a Glance 2006*, chart B5.1, p. 230.
El gráfico no considera las becas, estipendios o préstamos estudiantiles que puedan existir para el pago de los aranceles.
En negritas, países donde los aranceles se refieren a instituciones públicas, pero donde dos tercios o más de los estudiantes se hallan matriculados en instituciones privadas.
* No existen propiamente instituciones públicas, sino que los alumnos se hallan matriculados en instituciones privadas dependientes del gobierno.

diciones de riesgo e incertidumbre que frecuentemente los lleva luego a abandonar la carrera inicialmente elegida. Ni los estudiantes, ni las instituciones ni los bancos pueden anticipar las evoluciones del mercado laboral y, por ende, las tasas de retorno que podrán obtenerse, en el futuro, de las inversiones actuales en capital humano específico. Tampoco conocen los estudiantes, particularmente aquellos que provienen de entornos pobres en información sobre las carreras de los graduados, cuáles podrían ser los ingresos futuros en su campo de elección.

Todas estas incertidumbres generan condiciones de riesgo que se ven agravadas por el hecho de que el estudiante, en el caso de haber hecho una mala opción, luego no estará en condiciones de vender en el mercado, en condiciones ventajosas, su inversión inicial en capital humano para refinanciar un cambio de carrera y/o atender al pago del crédito obtenido[100].

La solución de estas fallas de mercado sólo pueden ser provistas por una intervención del gobierno, ya sea bajo la forma de esquemas de becas y créditos directamente subsidiados por el tesoro público o mediante esquemas que compensen a la banca privada los riesgos envueltos

[100] Para una discusión exhaustiva de los argumentos económicos envueltos, ver B. Chapman, "Income Contingent Loans for Higher Education: International Reform"; Centre for Economic Policy Research, Research School of Social Sciences, The Australian National University, Australia, Discussion Paper Nº 491, June 2005. Disponible en:
http://dspace.anu.edu.au:8080/bitstream/1885/43204/1/DP491.pdf
Asimismo ver:
L. Dearden, E. Fitzsimons, A. Goodman, G. Kaplan, *Higher Education Funding Policy: Who Wins and Who Loses? A Comprehensive Guide to the Current Debate*; London: Institute for Fiscal Studies, 2005. Disponible en:
http://www.ifs.org.uk/comms/comm98.pdf
D. Andolfatto and M. Gervais, "Human Capital Investment and Debt Constraints", September, 2005. Disponible en:
http://www.ssc.uwo.ca/economics/faculty/gervais/publications/red2005.pdf
B. Chapman, D. Greenaway, "Learning to Live With Loans? Policy Transfer and the Funding of Higher Education". Paper for the *Internationalisation and Policy Transfer Conference*, Tulane
University, 11th-12th April, 2003 (Preliminary Draft: 7th April 2003). Disponible en:
http://www.tulane.edu/~dnelson/PolTransConv/Chapman-Greenaway.pdf
S. Dynarski, "Loans, Liquidity, and Schooling Decisions"; Harvard University, Kennedy School of Government and NBER, August 2003. Disponible en:
http://www.jcpr.org/conferences/grants2003/dynarski.pdf
Sobre el debate en Reino Unido, véase L. Dearden, E. H. Vossensteyn, H., "Developments in Western Europe and Australia". Paper presented to the Global Higher Education Exchange Conference: Paying for Higher Education: Emerging Trends, Challenges and Solutions, AED Conference Center, Washington, D. C., USA, December 5-6, 2000. Disponible en:
http://www.gse.buffalo.edu/org/inthigheredfinance/publications2.html

mediante adecuadas garantías. De hecho, ésta es precisamente la justificación que esgrimen los gobiernos al adoptar este tipo de política.

El financiamiento de las instituciones

Nos trasladaremos ahora hacia el otro lado de la ecuación del financiamiento de la educación superior; esto es, el lado de la oferta, que ocupa el casillero 6 en nuestro *Diagrama base*.

Oportunamente vimos que esta línea –en cuanto interesa a la constitución del campo de análisis de los mercados universitarios– tiene su origen en Adam Smith. Actualmente, sin embargo, la cuestión del financiamiento de las instituciones se ha vuelto incomparablemente más compleja, aunque, como muestran los historiadores, "un elemento constante a lo largo de la historia de las universidades, y ciertamente en la Edad Media y en los tiempos modernos, es la falta de recursos"[101].

En cuanto a las diversas modalidades empleadas para el financiamiento de las instituciones de educación terciaria, ya hemos adelantado algunos elementos al revisar los argumentos de Barr y Johnstone sobre los factores y las razones que explican la adopción de esquemas de financiamiento compartido, público/privado, en este sector.

Según ha señalado la OCDE recientemente,

> compartir costos entre los participantes en el sistema educacional y la sociedad en su conjunto es un asunto que se discute en muchos países miembros de la organización. Esta cuestión es especialmente relevante para la educación preprimaria y terciaria, en las cuales el financiamiento exclusiva o casi exclusivamente público es menos común[102].

Fuera del área OCDE, particularmente en los países en desarrollo, esta cuestión adquiere aun mayor visibilidad, como consecuencia de la alta proporción de alumnos que estudia en instituciones privadas y del peso relativo que alcanzan las fuentes privadas en el gasto total en

[101] H. de Ridder-Simoens, op. cit., 2003, p. 183.

[102] Ver OECD, *Education at a Glance 2006*; Paris: OECD, 2006, p. 212.

educación superior.

Desde el ángulo de aproximación del debate académico, los principales argumentos en torno al financiamiento de la educación superior se despliegan en varias direcciones.

En primer lugar, en la dirección de las justificaciones que podrían existir para que las instituciones reciban un subsidio público, visto que las personas que en ellas se forman obtienen un significativo retorno privado a su inversión en capital humano.

Algunas de estas justificaciones, que tienen que ver con el carácter de bien público (beneficios sociales) de la educación superior ya han sido mencionadas (casillero 4), al igual que otras relacionadas con imperfecciones de mercado que obligan al Estado a intervenir (ver la sección anterior). Resumamos pues, brevemente, los principales argumentos, empleando la estrategia de indicios.

Al Estado le corresponde intervenir mediante subsidios públicos:

i) Por los efectos de derrame (*spillover effects*) del capital humano[103].

ii) Por la restricciones y fallas del mercado de capitales que limita la posibilidad de los estudiantes de obtener un crédito para financiar sus estudios[104].

iii) Por las asimetrías de información en el mercado de la educación superior[105].

[103] Ver N. Gemmell, "Externalities to Higher Education: A Review of the New Growth Theory". The National Committee of Inquiry into Higher Education, Report 8, 1998. Disponible en: http://www.leeds.ac.uk/educol/ncihe/report8.htm
Ver asimismo:
C. Baicker, "The Spillover Effects of State Spending"; National Bureau of Economic Research, Working Paper 8383, July 2001. Disponible en:
http://www.nber.org/papers/w8383.pdf
S. Dowrick, "Ideas and Education: Level or Growth Effects? (Lessons from the Cambridge Counter-Revolution and Implications for Australian Economic Growth)"; Thirteenth Annual East Asian Seminar on Economics Productivity, Melbourne, June 20-22, May 2002. Disponible en: http://www.bm.ust.hk/ ced/dowrick.pdf

[104] Ver sección anterior.

[105] Ver D. D. Dill, "An Institutional Perspective on Higher Education Policy: The Case of Academic Quality Assurance"; Cheps/NIG Seminar on the Application of Neo-Institutional Approaches in Higher Education, 2003. Disponible en:
http://www.utwente.nl/cheps/documenten/SusuDill.pdf
Asimismo ver:

iv) Por razones de equidad y distribución del ingreso, pues al aumentar la provisión de graduados se debe producir una reducción de sus salarios promedio, al mismo tiempo que aumentan los ingresos de personas con menor calificación, debido a su menor disponibilidad en el mercado laboral[106].

En cuanto a las modalidades que puede o debe adoptar el financiamiento estatal de la educación superior, hay básicamente dos modalidades: o se financia a los estudiantes (demanda) o se financian las instituciones (oferta). Aquí sólo nos referimos a esta última. El financiamiento puede ser asignado directamente a los "productores" (las instituciones) o a éstas a través de los "clientes" (estudiantes). El financiamiento de los "productores", a su turno, puede hacerse orientando los recursos hacia el pago de insumos o bien de resultados ("productos")[107].

H. Clarke, "Asymmetric Information, Public Goods and Central Control: A Critique of the West Review's Education Policy"; Department of Economics, La Trobe University, July 1998. Disponible en:
http://www.business.latrobe.edu.au/public/staffhp/hchp/clarke5.pdf
M. Abbott, "An Economic Analysis of the Formal Regulation of Higher Education"; School of International Studies – AIS St Helens, New Zealand, Occasional Paper Nº 6, July 2005. Disponible en:
http://www.crie.org.nz/research_paper/M.Abbott_OP6.pdf

[106] Ver M. Branko, "Can We Discern the Effect of Globalization on Income Distribution? Evidence from Household Budget Surveys", August 2002. World Bank Policy Research Working Paper Nº 2876. Disponible en:
http://papers.ssrn.com/sol3/papers.cfm?abstract_id=636240.
Ver argumentos en contrario en M. Gradstein, "The Political Economy of Public Spending on Education, Inequality, and Growth"; World Bank Policy Research Working Paper 3162, November 2003. Disponible en:
http://www.lpp-uerj.net/olped/documentos/0842.pdf

[107] Para un tratamiento de conjunto, véase F. Kaiser, H. Vossensteyn, J. Koelman, "Public Funding of Higher Education. A Comparative Study of Funding Mechanisms in Ten Countries"; Cheps, op. cit., 2002, especialmente el capítulo 1. Disponible en:
http://www.utwente.nl/cheps/documenten/engreport02publicfunding.pdf.
Ver además:
D. Orr, "Can Performance-Based Funding and Quality Assurance Solve the State vs. Market Conundrum?"; *Higher Education Policy* 18, 2005. Disponible en:
http://www.palgrave-journals.com/cgi-taf/DynaPage.taf?file=/hep/journal/v18/n1/full/8300071a.html&filetype=pdf
E. Kalpazidou Schmidt, K. Langberg, K. Aagaard, *Funding Systems and Their Effects on Higher Education Systems. Country Study – Denmark*; The Danish Centre for Studies in Research and Research Policy, University of Aarhus, November 2006. Disponible en:
http://www.hea.ie/uploads/pdf/Report_Denmark.pdf

El financiamiento orientado a los insumos es el método más habitualmente utilizado para financiar las actividades docentes de las universidades y comúnmente utiliza como criterios de cálculo para distribuir los recursos entre las instituciones su número de alumnos o la dotación de personal académico, además del costo de mantención y reposición de la infraestructura física y del equipamiento para la enseñanza. Los recursos asignados de esta manera tienden a tener un alto grado de inercia, variando sólo en función del aumento de alumnos, por negociaciones en el margen entre las universidades y el gobierno o por efecto del ciclo económico y sus repercusiones en el comportamiento de los ingresos fiscales y su asignación entre diferentes sectores.

El financiamiento orientado hacia resultados o "productos" puede adoptar diversas formas, según los objetivos que persigue el gobierno y los criterios empleados para efectuar la asignación de los subsidios[108]. Puede utilizar fórmulas de cálculo basadas en el número de graduados de carreras de diferente costo, el número de graduados en tiempo oportuno, el número de alumnos que rinden o aprueban exámenes, los créditos de aprendizaje acumulados por los estudiantes, etcétera; o bien puede canalizar la entrega de los recursos públicos en función de contratos de desempeño, donde se fijan objetivos y metas que la institución se compromete a cumplir en determinados plazos; o bien puede vincular una parte de los recursos transferidos a las instituciones a criterios de calidad del desempeño, como la obtención de la acreditación de sus programas, la demostración de la efectividad en la inserción laboral de sus graduados, etcétera.

Tomando en consideración estas diferentes opciones, varios autores han buscado clasificar y luego representar esquemáticamente las diferentes modalidades de asignación de recursos públicos a las universidades, a partir de la manera en que combinan dos variables: aquella que

[108] Para un análisis en profundidad, véase J. Salmi and A. M. Hauptman, "Innovations in Tertiary Education Financing: A Comparative Evaluation of Allocation Mechanisms"; Education Working Paper Series, Nº 4, September 2006. Disponible en: http://siteresources.worldbank.org/EDUCATION/Resources/278200-1099079877269/547664-1099079956815/Innovations_TertiaryEd_Financing.pdf

determina el destino del subsidio y aquella que define el procedimiento utilizado para la asignación[109].

Figura 2. Modalidades del financiamiento público en la educación superior: tipología de cuadrantes

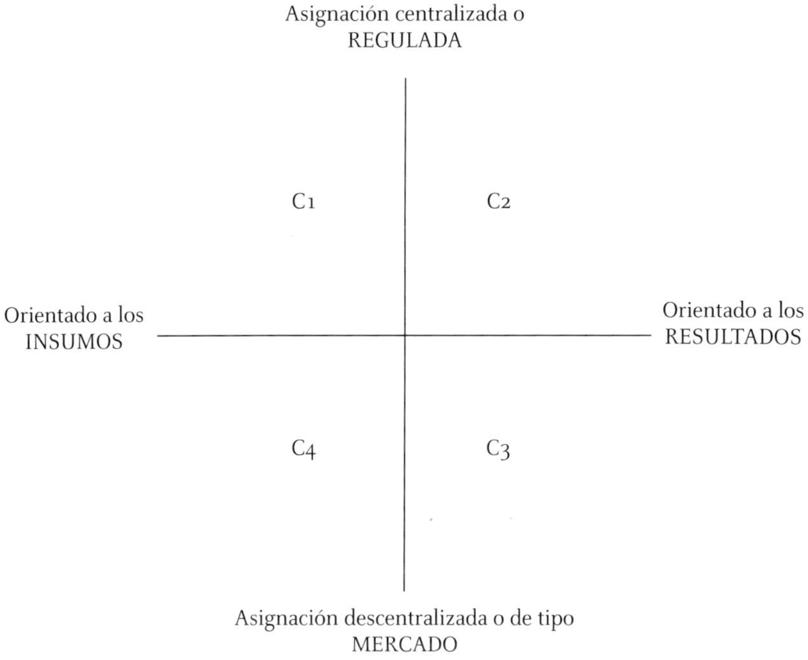

Fuente: Elaboración propia sobre la base de Ben Jongbloed, op. cit., 2004, y Hans Vossensteyn, op. cit., 2004.

[109] Por ejemplo, ver B. Jonbloed, "Funding Higher Education: Options, Trade-offs and Dilemmas". Paper for Fulbright Brainstorms 2004 – New Trends in Higher Education. Disponible en: http://www.utwente.nl/cheps/documenten/engpap04fundinghe.pdf
Asimismo, H. Vossensteyn, "Fiscal Stress: Worldwide Trends in Higher Education Finance", 2004. Disponible en:
http://www.nasfaa.org/annualpubs/journal/Vol34n1/Vossensteyn.pdf
C. Salerno, "Financing Higher Education: The Economics of Options, Trade-offs and Dilemmas". Paper for the Council of Europe Conference on Public Responsibility for Higher Education and Research, 2006. Disponible en:
http://www.utwente.nl/cheps/documenten/sls2006/background/slssalerno.pdf

El financiamiento organizado bajo los parámetros del cuadrante C1, orientado hacia los insumos y regulado centralmente, representa la forma tradicional de financiamiento de las instituciones de educación superior y se halla vigente, todavía, en la mayoría de los países de América Latina[110]. Suele ser llamado "de presupuestos negociados" y se materializa ya bien por la vía de aportes directos, en bloque, a las instituciones, o mediante el financiamiento de líneas presupuestarias, que habitualmente cubrirán gastos de personal, equipamiento, mantención y reposición de la infraestructura y, en ocasiones, gastos de inversión. Se sostiene que crea un contexto poco estimulante para las instituciones, pues no ofrece incentivos para el incremento de la productividad académica, el mejoramiento de la calidad y la innovación[111].

El cuadrante C2 canaliza los recursos fiscales en función del desempeño de las instituciones, pudiendo utilizar una o más de las fórmulas indicadas más arriba. Debería favorecer un ambiente más competitivo, con incentivos para elevar la productividad académica y la eficiencia interna de las instituciones[112].

En el cuadrante C3 los recursos públicos se asignan competitivamente entre las instituciones en función de sus resultados, como pueden ser el número y la calidad de graduados, las publicaciones científicas inter-

[110] Ver C. García Guadilla, "Financiamiento de la educación superior en América Latina". En GUNI-Unesco, *Educación superior en el mundo 2006. El financiamiento de las universidades*; Madrid, Barcelona, México: Ediciones MundiPrensa, 2005. Disponible en: http://www.riseu.unam.mx/documentos/acervo_documental/txtid0012.pdf

[111] Ver J. J. Brunner, "Evaluación y financiamiento de la educación superior en América Latina: Bases para un nuevo contrato". En Courard, H. (ed.), *Políticas comparadas de educación superior en América Latina*. Santiago de Chile: Flacso, 1993.

[112] B. Jongbloed, "Performance-based Funding in Higher Education: An International Survey"; Centre for the Economics of Education and Training, Monash University, Working Paper Nº 35, March 2001. Disponible en:
http://www.education.monash.edu.au/centres/ceet/docs/workingpapers/wp35mar01-jongbloed.pdf.
Ver además:
A. Green and E. Iacobucci, "Public Funding, Markets and Quality: Assessing the Role of Market-Based Performance Funding for Universities" (Draft). November, 2004. Disponible en: http://www.utoronto.ca/president/04conference/downloads/iacobucci.pdf
S. Modell, "Goals Versus Institutions: The Development of Performance Measurement in the Swedish University Sector"; *Management Accounting Research* 14 (2003), 333-359. Disponible en: http://www.afaanz.org/web2005/sven1.pdf

nacionalmente registradas o los objetivos de servicio a la comunidad alcanzados. Puede adoptar también la forma de contratos de desempeño. Busca crear un entorno que obligue a las universidades a financiar sus insumos ya sea en función de su eficiencia interna y/o mediante el cumplimiento convenido de metas[113].

Por último, el cuadrante C4 se refiere al financiamiento de la demanda a través del apoyo entregado a las instituciones, pero esta vez a través de los clientes. En esta clasificación caben dispositivos como el *voucher*, aunque también, de forma más débil, las becas y los créditos subsidiados que reciben los estudiantes para cubrir sus aranceles (véase la bibliografía que acompaña al casillero 5)[114]. El argumento ya clásico sostiene que, bajo estas condiciones, existirá propiamente un mercado donde las instituciones estarán forzadas a competir por sus alumnos ofreciendo mejor calidad o una relación precio/calidad que les permita sostener o mejorar su posición en el mercado.

La aproximación a estos mismos asuntos desde el ángulo de las políticas públicas muestra un claro desplazamiento desde C1 hacia uno u otro –o una combinación– de los demás cuadrantes; un desplazamiento que en muchos países se ve complementado además con (o a veces sustituido por) el traslado del costo de la educación superior directamente a los estudiantes y sus familias a través de la provisión de este servicio por instituciones privadas que no reciben ningún, o casi ningún, subsidio público y se financian, por ende, solamente con el cobro del arancel de matrícula. Sobre este último aspecto volveremos más adelante, con ocasión del estudio de los casilleros 13, 14 y 15.

[113] Ver A. M. García de Fanelli, "Argentina". En Forest, J. F. and Ph. Altbach, op. cit. 2006.

[114] Ver además D. Epple, R. Romano, H. Sieg, "Admission, Tuition, and Financial Aid Policies in the Market for Higher Education", November, 2004. Disponible en: http://www.adres.polytechnique.fr/SEMINAIRE/ARCHIVES/MALINVAUD/pdf/161204.pdf
Ver además: K. Fox, "Vouchers in Public Higher Education: The Colorado Approach to Funding and Access". Western Interstate Commission for Higher Education", August 2006. Disponible en: http://www.wiche.edu/Policy/Ford/KellyFox_paper.pdf
B. Cheung, "A Proposed Voucher System for the Higher Education of Hong Kong", University of South Australia, November 2004. Disponible en: http://www.usca.edu/essays/vol112004/cheung.pdf

Un reciente estudio de la OCDE aborda en forma detallada la evolución experimentada por las políticas de financiamiento público de las instituciones de educación superior en ocho países miembros[115] y los cambios provocados por la utilización de instrumentos propios de C2, C3 y C4 de la tipología de cuadrantes.

Parte por constatar que tras estos desplazamientos hacia nuevas formas de financiación de las instituciones públicas de educación superior se encuentra una combinación de factores: un rápido crecimiento del volumen de actividades de las instituciones (número de estudiantes y labores de investigación) y de su complejidad; el hecho de que el financiamiento público basal (*core funding*) no ha estado creciendo al mismo ritmo de las actividades; la disminución, en particular, de la inversión en infraestructura institucional, que amenazaría con situarse por debajo del nivel de sustentabilidad; la ampliación y la creciente complejidad de las agendas públicas a las cuales deben hacer frente las instituciones, y el hecho de que éstas se hallan expuestas a presiones de mercado cada vez más intensas que las obliga a diferenciarse para tener éxito en un entorno más competitivo. Todo esto, concluye, ha llevado a la adopción de políticas que buscan

> ensanchar la base de financiamiento de las instituciones, crear lazos de colaboración entre ellas y ganancias de eficiencia, estimular una mayor capacidad de respuesta comercial y de mercado, y obtener una mayor contribución financiera por parte de los estudiantes[116].

En función de estos objetivos los gobiernos han debido echar mano a instrumentos de política que son propios de los enfoques provistos por los cuadrantes C2, C3 y C4 y, en particular en el caso de los ocho países mencionados, a emplear mecanismos que favorecen el financiamiento

[115] Ver OECD, *On the Edge...*, op. cit., 2004. Los países incluidos en el estudio son: Alemania, Australia, Estados Unidos, Reino Unido, Holanda, Irlanda, Japón y Suecia. Disponible en: http://www.oecd.org/dataoecd/10/63/33642717.pdf
Para un análisis referido a países del Asia, ver K. H. Mok, "Pro-competition Policy Tools and State Capacity: Corporatisation of Public Universities in Hong Kong and Singapore", 2005. Disponible en: http://www.econ.usyd.edu.au/download.php?id=6016
[116] OECD, *On the Edge...*, op. cit., 2004, p.12.

de iniciativas limitadas y de corto alcance: exigen que las instituciones aporten fondos de contraparte o las obligan a generar productos determinados. Asimismo, se utilizan instrumentos que crean incentivos para mejorar la eficiencia y la productividad de las actividades académicas, se licitan fondos entre las universidades y se emplean modalidades de financiamiento basadas en el desempeño o en acuerdos contractuales con las instituciones.

Estas últimas, por su lado, han debido adaptarse al nuevo entorno creado por el cambio en las modalidades de asignación de los recursos públicos (ver más adelante los casilleros 14 y 15). Diversifican sus fuentes de financiamiento, instauran políticas de recuperación de costos, cobran aranceles de matrícula a sus alumnos, salen a buscar contratos con terceros que produzcan recursos para la institución, venden servicios, adoptan como práctica habitual la planificación estratégica para preservar o mejorar su posición en un ambiente más competitivo y, en general, se ven forzadas a preocuparse por sus niveles de eficiencia y la pertinencia de sus relaciones con el medio externo. Muchas instituciones han buscado, además, adaptar sus estructuras de gobierno y gestión para aumentar su capacidad de respuesta (casillero 14)[117].

En suma, puede concluirse que una de las principales formas a través de las cuales avanzan los procesos de *mercadización* es mediante la reorganización de las políticas y las prácticas del financiamiento de la educación superior, ya sea desplazándose una parte del costo y del financiamiento hacia los estudiantes bajo la forma de aranceles y créditos (casillero 5) o bien empleando dispositivos de tipo mercado para subsidiar a las instituciones. Pero, además, dichos procesos se han visto estimulados, y en parte se ven reforzados, por el emergente mercado global de servicios de educación superior.

[117] Ver, por ejemplo, F. Strehl, S. Reisinger, M. Kalatschan, *Funding Systems and their Effects on Higher Education Systems. International Report*; OECD, November 2006. Disponible en:
http://www.hea.ie/uploads/pdf/International_Report_Online-Version1.pdf

Las líneas de análisis del mercado global

Bajo este encabezamiento se incluyen aquí las tres líneas representadas en los casilleros 7, 8 y 9 del *Diagrama base*, que se conectan estrechamente entre sí. Aquí daremos más atención a la línea de investigación del mercado global de la educación superior, con unas pocas notas complementarias sobre las restantes dos.

Globalización de la educación superior

Hasta hace pocos años, el análisis de los mercados universitarios se definió, estrictamente, dentro de los límites de los sistemas nacionales, en algunas ocasiones con referencias más bien superficiales al carácter internacionalizado de las primeras universidades medievales. Por el contrario, últimamente dichos análisis han expandido su foco para incluir, ahora, el mercado global de la educación superior[118].

Según se desprende de los indicios proporcionados por la literatura especializada[119], los fenómenos de la globalización afectan de muy variadas maneras a la educación en general[120] y, en particular, a la educación superior[121].

[118] Para una visión de conjunto del fenómeno, la más reciente y completa disponible, véase S. Marginson and M. van Der Wende, "Globalisation and Higher Education". Background Paper prepared for the OECD/CERI expert meeting on "Globalisation, Market Forces and the Future of Higher Education" hosted by the Portuguese Ministry of Science, Technology and Higher Education, Lisbon, Portugal, 4-5 May 2006 (Draft). Disponible en: http://www.oecd.org/dataoecd/20/4/37552729.pdf

[119] Ver S. Marginson and M. van Der Wende, "Globalisation and Higher Education", op. cit., 2006.

[120] Ver M. Carnoy, "Globalization, Educational Trends and the Open Society"; OSI Education Conference 2005: Education and Open Society: A Critical Look at New Perspectives and Demands, 2005. Disponible en:
http://www.soros.org/initiatives/esp/articles_publications/articles/globalization_20060217/carnoy_english.pdf
M. Carnoy, *Globalization and Educational Reform: What Planners Need to Know*; Paris: IIEP, 1999. Disponible en:
http://unesdoc.unesco.org/images/0012/001202/120274e.pdf
J. J. Brunner, "Globalización y el futuro de la educación: tendencias, desafíos, estrategias". Séptima Reunión del Comité Regional Intergubernamental del Proyecto Principal de Educación en América Latina y el Caribe, 2001. Documento de Apoyo ED-01/Promedlac VII/. Disponible en: http://mt.educarchile.cl/archives/Futuro_EDU%25UNESCO-2000.pdf

[121] Ver J. Enders and O.Fulton, *Higher Education in a Globalising World*; Dodrecht, The

De hecho, suele postularse que los cambios actuales de la educación superior se hallarían, todos ellos, directa o indirectamente relacionados con los fenómenos de la globalización[122], planteamiento que corre el riesgo de extender las implicaciones de la globalización hasta el punto que el análisis pierde foco y especificidad.

Como sea, al menos a primera vista, no parece existir duda de que la globalización está generando cambios importantes en el paisaje mundial de la educación superior[123].

Los mercados locales se conectan entre sí a través de crecientes flujos de movilidad internacional de estudiantes[124]. Aumentan el intercambio y la interacción entre académicos e investigadores de diferentes partes

Netherlands: Kluwer Academic Publishers, 2002. En adición, véase:

M. Kwiek, "The State, the Market, and Higher Education. Challenges for the New Century". En M. Kwiek (ed.), *The University, Globalization, Central Europe*; Frankfurt a/Main and New York: Peter Lang, 2003. Disponible en:
http://www.policy.hu/kwiek/State_Market.pdf

M. Kwiek, "The Social Functions of the University in the Context of the Changing State/Market Relations (the Global, European Union, and Accession Countries' Perspectives)". Issue Paper for the European Commission, Research Directorates General, High Level Expert Group Strata Project, "Developing Foresight for Higher Education/Research Relations Developing in the Perspective of the European Research Area (ERA)", Poznan 2002. Disponible en: http://www.gdnet.org/fulltext/kwiek.pdf

M. Kwiek, "The Nation-State, Globalization and the Modern Institution of the University", *Theoria. A Journal of Social and Political Theory* Nº 96, December 2000. Disponible en: http://www.policy.hu/kwiek/Theoria2000.pdf

[122] Ver por ejemplo M. Kwiek, "The State, the Market, and Higher Education...", op. cit., 2003. Asimismo, véase J. A. Douglass, "All Globalization is Local: Countervailing Forces and the Influence on Higher Education Markets"; CSHE, University of California, Berkeley, Research and Occasional Paper Series CSHE.1.05, January 2005. Disponible en: http://cshe.berkeley.edu/publications/publications.php?id=62

[123] Unesco-Educación, "Educación superior en una sociedad mundializada...", op. cit. 2004.

[124] Ver CAPA, "Credit Transfers – Uniformity in Recognition and Granting of Exemptions", 2005. Disponible en:
http://www.capa.edu.au/conferenceevents/2005_SCM/CreditTransfers.pdf
Ver asimismo:
OECD, *Education at a Glance 2006*; datos estadísticos on line, tabla C3.8. Disponible en: http://www.oecd.org/dataoecd/46/0/37368660.xls
ACE, "Issue Brief: Students on the Move: The Future of International Students in the United States", October 2006. Disponible en:
http://www.acenet.edu/AM/Template.cfm?Section=InfoCenter&CONTENTID=18573&TEMPLATE=/CM/ContentDisplay.cfm

del mundo a través de redes globales cada vez más flexibles e imbricadas[125]. Se internacionalizan las prácticas académicas a nivel institucional[126]. Los programas de pre y postgrado buscan convergencias conducentes hacia una relativa estandarización curricular[127], el establecimiento de sistemas de créditos de aprendizaje fácilmente comparables[128] y el reconocimiento mutuo de los diplomas educacionales[129]. La colaboración entre universidades y empresas transnacionales comienza a ser analizada como expresión de un emergente capitalismo académico a nivel global (ver más adelante el casillero 10). También los sistemas nacionales de aseguramiento de la calidad adoptan estándares comunes y crean redes internacionales para unificar criterios y favorecer la movilidad internacional de estudiantes y el reconocimiento de diplomas.

[125] Ver P. G. Altbach , "Centers and Peripheries in the Academic Profession: The Special Challenges of Developing Countries". En P. G. Altbach (ed.), *The Decline of the Guru: The Academic Profession in Developing and Middle-Income Countries.* Chestnut Hill, Ma: Center for International Higher Education, Boston College, 2002. Disponible en:
http://www.bc.edu/bc_org/avp/soe/cihe/pga/pdf/Centers_Peripheries_2002.pdf
Para una visión crítica, véase G. Rhoades and S. Slaughter, "Academic Capitalism in the New Economy: Challenges and Choices", June 2004. Disponible en:
http://www.aft.org/pubs-reports/american_academic/issues/june04/Rhoades.qxp.pdf

[126] Jane Knight, "Internationalization: Developing An Institutional Self-Portrait. Readings for EOTU Project"; Comparative International and Development Education Centre, Ontario Institute for Studies in Education, University of Toronto, Canada, November 2003. Disponible en: http://www.eotu.uiuc.edu/events/Illinoisnovfinal.pdf

[127] Véase Vv. Aa., *Reports on Trends and Learning Structures in European Higher Education* (I to IV). Disponible en:
http://www.aic.lv/ace/ace_disk/Bologna/Reports/index.htm#Trends

[128] Ver European University Association, "Credit Transfer and Accumulation – the Challenge for Institutions and Students: Conclusions and Recommendations for Action". EUA/Swiss Confederation Conference; ETH Zürich, 11/12 October 2002. Disponible en:
http://www.bologna-berlin2003.de/pdf/Tagung%20Zuerich.pdf

[129] OECD, *International Mobility of the Highly Skilled*; Paris: OECD, 2001. Disponible en:
http://www1.oecd.org/publications/e-book/9202011E.PDF.
Asimismo, véase D. Van Damme, "Higher Education in the Age of Globalisation: The Need for a New Regulatory Framework for Recognition, Quality Assurance and Accreditation. Introductory Paper for the Unesco Expert Meeting; Paris, 10-11 September 2001. Disponible en:
http://www.ntua.gr/dep/old/International/WTO/keynote_eng.doc
K. Nicolaïdis, "Globalization with Human Faces: Managed Mutual Recognition and the Free Movement of Professionals", 1996. Disponible en:
http://www.sant.ox.ac.uk/esc/knicolaidis/human_faces.pdf

Por último, surgen bloques regionales, como el espacio europeo[130] y el espacio iberoamericano de educación superior[131].

Como un derivado de estos movimientos hacia la conformación de un espacio global de la educación superior, aparecen por primera vez rankings mundiales de universidades[132] y, con ellos, se difunde una nueva imagen de la geopolítica internacional del conocimiento[133].

[130] European Comission, "Higher Education in Europe". Disponible en: http://ec.europa.eu/education/policies/educ/higher/higher_en.html
Ver además:
Cheps, "The European Higher Education and Research Landscape 2020", 2004. Disponible en: http://www.utwente.nl/cheps/documenten/lustrumscenarios2020.pdf

[131] Ver J. J.Brunner (coord.) *Educación superior en Iberoamerica: Informe 2007*. Santiago de Chile: Centro Interuniversitario de Desarrollo (Cinda), 2007.

[132] Los más conocidos son el del Institute of Higher Education Shanghai Jiao Tong University, cuya versión 2006 se encuentra disponible en http://ed.sjtu.edu.cn/ranking.htm, y The Times Higher Education Supplemente (THES) World University Rankings 2006, disponible en http://www.thes.co.uk/worldrankings/
Wikipedia dedica una de sus entradas a esta nueva generación de rankings globales; ver en: http://en.wikipedia.org/wiki/Academic_Ranking_of_World_Universities.
Para revisiones críticas puede consultarse:
A. Usher and M. Savino, *A World of Difference: A Global Survey of University League Tables*. Toronto, Ontario: Educational Policy Institute, 2006; disponible en: http://www.educationalpolicy.org/pdf/World-of-Difference-200602162.pdf
A. H. Goodall, "Should Top Universities Be Led by Top Researchers and Are They? A Citations Analysis". Forthcoming in the *Journal of Documentation*; volume 62, 2006. Diponible en: http://www.ilr.cornell.edu/cheri/wp/cheri_wp82.pdf
R. Florian, "Irreproducibility of the Results of the Shanghai Academic Ranking of World Universities"; *Ad Astra* 5, 2006. Disponible en: http://www.ad-astra.ro/journal/8/florian_shanghai_irreproducibility.pdf
D. D. Dill and M. Soo, "Academic Quality, League Tables, and Public Policy: A Cross-national Analysis of University Ranking Systems; *Higher Education* 49, 2005. Disponible en: http://www.studiekeuzeenranking.leidenuniv.nl/content_docs/dill_and_soo_r1202733481650 57.pdf
N. C. Liu and Y. Y.Cheng, "The Academic Ranking of World Universities"; *Higher Education in Europe*, vol. 30, Nº 2, July 2005. Disponible en: http://www.anrt.asso.fr/fr/pdf/Academic%20ranking%20of%20world%20universities.pdf
G. Moodie, "University Rankings"; Griffith University, 2005. Disponible en: http://www.griffith.edu.au/vc/staff/moodie/pdf/05atem3.pdf
G. Moodie, "What's Wrong with University Rankings". Paper presented to the Australasian Association for Institutional Research 2005 forum, Melbourne, 24 November 2005. Disponible en: http://www.griffith.edu.au/vc/staff/moodie/pdf/05atem4.pdf

[133] A este respecto, véase S. Marginson and M. van der Wende, op. cit. 2006.

Adicionalmente, las propias instituciones se proyectan fuera de sus fronteras nacionales a través de internet, sedes y filiales de ultramar y el franquiciamiento de proveedores locales, cuando no directamente mediante el comercio de servicios transnacionales de educación superior (ver más adelante el casillero 9), al mismo tiempo que deben hacer frente a la competencia de los nuevos proveedores (ver más adelante el casillero 8).

A la luz de estos nuevos fenómenos, diversos autores se preguntan si acaso no estamos frente a un verdadero cambio de marea en la conformación de la escena mundial de la educación superior. Hace ya una década, Peter Drucker declaró a las universidades como especie en extinción: "Las universidades", escribió en una frase mil veces citada, "no sobrevivirán. El futuro está fuera del campus tradicional, fuera de la tradicional sala de clases. La educación a distancia se acerca rápidamente"[134].

Efectivamente, conforme a algunos autores, el tiempo de los sistemas nacionales de educación superior –que como tales emergen a lo largo de los siglos XVII y XVIII– está llegando a su fin. Según señala Kwiek,

> estamos en un período de la historia en el cual la tradicional universidad moderna –inspirada filosóficamente, orientada hacia el Estado-nación y soportada por un Estado de bienestar– [...] ya no es aceptada de manera ciega y sin cuestionamientos ni cultural, ni social ni económicamente[135].

Otros autores, en cambio, adoptan una postura más matizada y no comparten el mismo juicio sobre la profundidad y el alcance que tendrían los fenómenos de la globalización en el ámbito de la educación superior. Por tanto, se ocupan más bien de mostrar las resistencias, adaptaciones y negociaciones que las instituciones ofrecen al nivel local y cómo diversos tipos de instituciones se verían afectadas por las fuerzas de la globalización, en particular las tradicionales instituciones públicas[136].

[134] P. Drucker, "I Got my Degree Through E-mail"; *Forbes*, June 16, 1997.

[135] M. Kwiek, op. cit., 2003, p. 34.

[136] Ver, por ejemplo, S. Slaughter and G. Rhoades, *Academic Capitalism and The New*

En efecto, se sostiene que estas últimas se hallarían sujetas a un conjunto de nuevas circunstancias con las cuales dificultosamente pueden lidiar: un creciente desbalance entre recursos disponibles y demandas de mercado; una mayor presión competitiva por parte de los nuevos proveedores nacionales e internacionales; el surgimiento de una "cultura de clientes" entre los estudiantes difícilmente compatible con la cultura y los valores de servicio público de las universidades tradicionales; el énfasis puesto en la flexibilidad y la innovación que choca con las rigideces del modelo burocrático, y el énfasis puesto en la permanencia y la estabilidad de las viejas estructuras universitarias; el comercialismo que invade a la educación superior y obliga a las universidades de investigación a convertirse en empresas de conocimiento; el conservatismo de los académicos de estas universidades, que se resiste tanto a proteger el propio nicho amenazado como a ampliar y diferenciar los servicios ofrecidos[137].

Economy. Markets, State, and Higher Education; Baltimore and London: The Johns Hopkins University Press, 2004. Ver además:
D. Bok, *Universities in the Marketplace: The Commercialization of Higher Education*; Princeton: Princeton University Press, 2003.
J. A. Douglass, "All Globalization is Local...", op. cit., 2005.
Para una visión más optimista del futuro de la universidad pública, véase S. Brint, "Can Public Research Universities Compete?; CSHE, University of California, Berkeley; Research & Occasional Paper Series: CSHE.17.06, November 2006. Disponible en:
http://cshe.berkeley.edu/publications/docs/ROP.Brint.17.06.pdf

[137] Sobre estos diversos tópicos véase:
S. Slaughter, "Academic Freedom and the Neoliberal State". Prepared for a book on academic freedom, edited by Philo Hutchenson, Johns Hopkins University Press (Draft), May 3, 2006. Disponible en:
http://www.uga.edu/ihe/pdfs/slaughter/2006acad_freed.pdf
S. Marginson, "Putting 'Public' Back Into The Public University"; *Thesis Eleven*, Nº 84, February 2006: 44-59. Disponible en:
http://www.education.monash.edu.au/centres/mcrie/docs/thesis-eleven-public-uni-2006.pdf
R. Wellen, "The University Student in a Reflexive Society: Consequences of Consumerism and Competition"; *Higher Education Perspectives*, vol. 1, Nº 2, 2005. Disponible en:
http://hep.oise.utoronto.ca/viewarticle.php?id=50&layout=html
J. J. Duderstadt, "The Future of the University in an Age of Knowledge"; JALN, volume 1, issue 2, August 1997. Disponible en:
http://www.aln.org/publications/jaln/v1n2/pdf/v1n2_duderstadt.pdf
P. J. Gumport, "Public Universities as Academic Workplaces"; National Center for Postsecondary Improvement, Stanford University, 1997. Disponible en:
http://www.stanford.edu/group/ncpi/documents/pdfs/1-01_publicuniversities.pdf

Frente al emergente mercado global de la educación superior, los estudios más recientes buscan determinar los efectos que aquél podría producir sobre las estructuras institucionales de los sistemas nacionales y en la geopolítica internacional del conocimiento.

Por ejemplo, Simon Marginson desarrolla lo que llama una "heurística *glonacal*" de la educación superior, bajo el supuesto de que en cada uno de los tres niveles que dan origen a este término –global, nacional y local– las fuerzas de la globalización interactúan, se cruzan y generan diversos efectos no lineales, a veces contradictorios, siempre en movimiento, dando lugar a complejos procesos de retroalimentación, en algunas ocasiones reforzamiento, y anulación o compensación en otras[138].

La aplicación de esta heurística –que constituye probablemente el esfuerzo más serio por conceptualizar las dinámicas de la globalización en el ámbito de la educación superior– lleva al autor a concluir que, igual como ocurre en los mercados locales, también el mercado global se estructura como una jerarquía segmentada. Éste tendría tres rasgos fundamentales:

> Primero, en él existen las mismas desigualdades y elementos de dominación/subordinación que caracterizan a la relación entre la educación superior de los países desarrollados y en desarrollo. Segundo, en él se manifiesta el poder económico, tecnológico, cultural y de conocimiento del idioma inglés, especialmente en el entorno globalizado. Y, tercero, en él se hace presente el notable poder hegemónico de Estados Unidos, el cual corre en paralelo con su incontrarrestable predominio en los sectores de las nuevas tecnologías de información y comunicación, en las industrias del cine, la televisión y la entretención, y en la esfera militar[139].

[138] Ver S. Marginson, "Competition and Markets in Higher Education: A 'Glonacal' Analysis"; *Policy Futures in Education,* volume 2, Nº 2, 2004. Disponible en: http://www.wwwords.co.uk/rss/abstract.asp?j=pfie&aid=1951
Ver además S. Marginson and G. Rhoades, "Beyond National States, Markets, and Systems of Higher Education: A Glonacal Agency Heuristic"; *Higher Education* 43: 281-309, 2002. Disponible en:
http://www.education.monash.edu.au/centres/mcrie/docs/recentjournalarticles/hed-2002-marginson-rhoades.pdf

[139] S. Marginson, "Competition and markets...", op. cit., 2004, p. 218.

El análisis propiamente del mercado global lo lleva luego a identificar cinco segmentos principales. El primero de ellos está compuesto por las universidades de elite de Estados Unidos y Reino Unido, cuyo prestigio descansa en la investigación, en su rol como escuelas mundiales de postgrado y el reconocimiento de su marca. El segundo segmento ubica a las universidades de investigación nacionales con capacidad de exportación, conformado por la mayoría de las instituciones de este tipo de Reino Unido, Canadá, Australia, Europa continental y Japón. Son de elite en su propio país, pero de un peso sólo relativo a nivel global. Muchas de ellas manejarían su oferta de postgrado como un negocio. El tercer segmento correspondería a las universidades docentes de exportación que operan comercialmente a nivel internacional ofreciendo una educación de menor costo y calidad. En el cuarto segmento se encontrarían las universidades de investigación que operan sólo dentro de su contexto nacional, con apenas alguna actividad transfronteriza. Y, en el último segmento, compuesto por el mayor número de instituciones, se hallarían las universidades nacionales y locales menores, confinadas a la competencia intrafronteriza, sin un rol fuera de este espacio[140].

En esta misma línea, Altbach[141] argumenta que la educación superior globalizada es un mundo altamente desigual, de centros y periferias; aquéllos localizados en el norte, éstas en el sur. Arriba, en un primer anillo, se hallarían situadas las universidades de investigación de Estados Unidos, un pequeño porcentaje (que estima en 3 por ciento) del total de las instituciones de educación superior de dicho país, pero que reciben un 80 por ciento de los fondos federales para investigación. Las universidades de clase mundial de los principales países europeos y de Japón ocuparían su lugar también en este primer anillo. Luego, como en una cascada de anillos, más próximos o más distantes unos de otros, se irían ordenando estratificadamente los sistemas nacionales de los

[140] Ver S. Marginson, "The Big Issues in Higher Education"; AVCC Senior Leadership Program, Mt Eliza, 15 February 2005 (presentación). Disponible en: http://www.education.monash.edu.au/centres/mcrie/docs/otherrecentpapers/avcc-150205.ppt

[141] Ver P. G. Altbach, "Globalization and the University: Realities in an Unequal World". En James J. F. Forest and P. G. Altbach (eds.), op. cit., 2006, chapter 8.

países desarrollados y, más abajo, los de los países en vías de desarrollo, cada uno de los cuales, dentro de sí, tiene esta misma estructura centro/periferia que va reproduciéndose ahora a nivel global.

Según señala este mismo autor, últimamente se habría vuelto más difícil acceder al estatus de institución de clase mundial; la razón: las barreras de entrada al primer anillo habrían aumentado. Esto se produciría por el enorme costo que entraña en la actualidad consolidar una institución de este tipo; es decir, una universidad de investigación con capacidad de trabajar en la frontera del conocimiento en muchas y diversas áreas de especialización[142].

Nuevos proveedores

En cambio, otra de las ramificaciones de los estudios sobre el mercado global de educación superior muestra la emergencia de instituciones que, bajo el ambiguo nombre de "nuevos proveedores", parecen proliferar en el actual escenario de la educación superior[143].

En su mayoría, aunque no exclusivamente, los nuevos proveedores son entidades privadas, con fines de lucro, que operan en mercados locales, nacionales o regionales, o en el mercado global de la educación superior, siendo una de sus características principales el hecho de que se desarrollan fuera de la tradición e ideología del servicio público universitario, sirviendo más bien propósitos explícita o implícitamente comerciales.

Dentro de esta categoría cabe una gran diversidad de proveedores. En primer lugar, universidades corporativas, muchas de ellas nacidas como *spin-offs* de empresas multinacionales que entrenan a su personal alrededor del mundo y ofrecen, además, programas de formación

[142] Ver P. G. Altbach, "The Costs and Benefits of World-Class Universities"; *Academe*, January-February 2004, volume 90, Nº 1. Disponible en:
http://www.aaup.org/publications/Academe/2004/04jf/04jftoc.htm

[143] Ver R. Middlehurst and S. Woodfield, "The Role of Transnational, Private, and For-Profit Provision in Meeting Global Demand for Tertiary Education: Mapping, Regulation and Impact". Report commissioned by the Commonwealth of Learning and Unesco, 2004. Disponible en:
http://portal.unesco.org/education/fr/file_download.php/d113589042bd922cbc37bc13fb73a64cINF6ETransnational+Summary+Report.pdf

a lo largo de la vida[144]. Vecinas a las anteriores, pero en una categoría distinta, están las universidades administradas por corporaciones educacionales, como las pertenecientes a Laureate Education, Inc.[145] o el Apollo Group, Inc.[146]. Las universidades virtuales forman parte también de este universo, ofreciendo programas universitarios convencionales –de pre y postgrado– haciendo uso del internet o de una combinación de tecnologías de información y comunicación[147]. En esta misma categoría se sitúan también los programas y servicios ofrecidos a distancia por universidades tradicionales, ya sea por su propia cuenta o mediante alianzas empresariales y de carácter comercial[148]. Asimismo, otras actividades con fines comerciales nacidas de las universidades tradicionales podrían considerarse dentro de la clasificación de nuevos proveedores. También las universidades privadas constituidas explícitamente con

[144] Ver M. Hirayama, R. Sho, Y. Matsuzuka, M. Kishida, "Research on Corporate Universities", Jilpt Research Report Nº 8, 2004. Disponible en:
http://www.jil.go.jp/english/documents/JILPTNo8.pdf
Ver además:
L. J. Waks, "In the Shadow of the Ruins: Globalization and the Rise of Corporate Universities"; *Policy Futures in Education,* volume 2, Nº 2, 2002. Disponible en:
http://www.wwwords.co.uk/pdf/viewpdf.asp?j=pfie&vol=2&issue=2&year=2004&article=5_Waks_PFIE_2_2_web&id=201.241.127.129
S. J. Prince C., "Corporate Universities – An Analytical Framework"; *The Journal of Management Development,* volume 21, Nº 10, 2002, pp. 794-811(18). Ver además:
D. R. Hearn, "Education in the Workplace: An Examination of Corporate University Models", 2001. Disponible en:
http://www.newfoundations.com/OrgTheory/Hearn721.html
[145] Ver sitio corporativo en http://www.laureate-inc.com/
[146] Ver sitio corporativo en http://www.apollogrp.edu/
[147] Ver S. Guri-Rosenblit, "Paradoxes and Dilemmas in Managing E-learning in Higher Education"; CSHE, University of California, Berkeley, Research & Occasional Paper Series: CSHE.7.03, July 2003. Disponible en:
http://cshe.berkeley.edu/publications/docs/ROP.Guri-Rosenblit.7.03.pdf
Asimismo, véase S. Brint, K. Paxton-Jorgenson and E. Vega, "University-Industry Relations in the Market for Online Courses and Degrees"; Center for Studies in Higher Education, University of California, Berkeley, Paper CSHE10-03, 2003. Disponible en:
http://repositories.cdlib.org/cgi/viewcontent.cgi?article=1021&context=cshe
[148] P. D. Eckel, M. F. Green and B. Affolter-Caine, "Curricular Joint Ventures: A New Chapter in US Cross-border Education?". *Policy Futures in Education,* volume 2, Nº 2, 2004. Disponible en:
http://www.wwwords.co.uk/pdf/viewpdf.asp?j=pfie&vol=2&issue=2&year=2004&article=6_Eckel_PFIE_2_2_web&id=201.241.127.129

fines de lucro, o que operan implícitamente como tales, deberían ser clasificadas aquí en la medida en que se orienten por el mercado y busquen generar un flujo continuo de ingresos para sus propietarios[149].

En suma, como señalan Kinsen y Levy[150], no existe por el momento un cuadro comprensivo de los nuevos proveedores, y su clasificación, para ser completa, necesitaría considerar un conjunto variado de factores, como la naturaleza de los servicios que ofrecen, el nivel de sus programas educacionales, su localización y mercados, las modalidades de provisión que emplean, su tamaño, sus formas de propiedad y gestión, el estatus de acreditación de que gozan, los tipos de diplomas que otorgan, las alianzas que establecen y las redes en que participan.

Comercio transfronterizo de servicios de educación superior

La concepción de la educación superior como un servicio globalmente transable ha dado origen, a su turno, a la noción de una "industria de la educación superior", que comienza a ser tratada como tal a nivel internacional, particularmente en las negociaciones del Acuerdo General sobre Comercio de Servicios (GATS, según su sigla inglesa), en el marco de la Organización Mundial de Comercio. Este nuevo desarrollo (casillero 9) refleja cabalmente la profundidad y el alcance que ha adquirido la imbricación de la educación superior con el comercio entre las nacio nes[151] al lado de otro servicios, por ejemplo financieros, de transporte

[149] Ver K. Kinser and D. C. Levy, "The For-Profit Sector: U.S. Patterns and International Echoes in Higher Education"; Prophe Working Paper Nº 5, February 2005. Disponible en:
http://www.albany.edu/dept/eaps/prophe/publication/paper/PROPHEWP05_files/PROPHEWP05.htm

[150] Ver K. Kinser and D. J. Levy, "For-Profit Higher Education: U.S.Tendencies, International Echoes". En James J. F. Forest and P. G. Altbach (eds.), op. cit., 2006, Capítulo 7.

[151] Ver J. Knight, "Higher Education Crossing Borders: A Guide to the Implications of the General Agreement on Trade in Services (GATS) for Cross-border Education". A Report prepared for the Commonwealth of Learning and Unesco, 2006. Disponible en: http://unesdoc.unesco.org/images/0014/001473/147363E.pdf
Ver asimismo algunos materiales básicos en Unesco, "Trade in Higher Education and GATS Basics". Disponible en:
http://www.unesco.org/education/studyingabroad/highlights/global_forum/gats_he/basics_he_trade_main.shtml

marítimo y aéreo y de telecomunicaciones.

La Unesco y la OCDE, en un documento elaborado conjuntamente, definen la educación superior transfronteriza como aquella que tiene lugar en situaciones donde

> un profesor, estudiante, programa, institución/proveedor o material didáctico cruza las fronteras jurisdiccionales de una nación. Puede incluir a la educación superior suministrada por proveedores públicos o privados y con o sin fines de lucro. Abarca una amplio espectro de modalidades en un continuo que corre entre la educación presencial (desde estudiantes que viajan al exterior hasta la localización de un campus nacional en el extranjero) y la educación a distancia (que puede emplear una variedad de tecnologías incluyendo *e-learning*)[152].

Desde el punto de vista del comercio internacional, el GATS distingue cuatro modelos básicos de provisión o suministro de servicios a través de los cuales ellos pueden ser comercializados. Como se aprecia en la tabla 2, estos cuatro modelos, aplicados a la educación superior, derivan en un complejo entramado de suministro de servicios transnacionales, cada uno de los cuales tiene desde ya definidas expresiones en el mercado global de la educación superior.

El GATS busca liberalizar el comercio transnacional de servicios de la educación superior, invitando a los países a remover las barreras que lo limitan o impiden.

Las universidades han respondido con cautela ante esta posibilidad, como se manifiesta en la "Joint Declaration on Higher Education and the General Agreement on Trade in Services"[153], suscrita por la Asociación de Universidades y Colleges del Canadá, el American Council on Education, la Asociación Europea de Universidades, y el Council for Higher Education Accreditation (CHEA), en septiembre de 2001.

[152] Unesco-OECD, "Guidelines for Quality Provision in Cross-border Higher Education"; Paris, 2005. Disponible en: http://www.unesco.org/education/guidelines_E.indd.pdf
[153] Disponible en: http://www.aucc.ca/_pdf/english/statements/2001/gats_10_25_e.pdf

Tabla 2. Modos de suministro de servicios de educación superior

Modo de suministro de acuerdo con el GATS	Definición GATS	Ejemplos en educación
Modo 1. Suministro transfronterizo	Provisión del servicio desde el territorio de un país miembro al territorio de otro. El servicio viaja, pero tanto el proveedor como el consumidor permanecen en su lugar de origen.	· Educación a distancia, e-learning · Instituciones de educación superiorvirtual · Software educacional · Entrenamiento corporativo provisto a través del uso de TIC
Modo 2. Consumo en el exterior	Suministro del servicio en el territorio de un país miembro a un consumidor de otro país. Viaja el consumidor.	· Estudiante viaja a un país distinto del suyo para seguir un curso y obtener un diploma
Modo 3. Presencia comercial	Suministro del servicio por un proveedor de un país miembro mediante su presencia comercial en el territorio de otro miembro. Equivale a la inversión extranjera directa.	· Campus satélite · Franquicia · Adquisición o fusión con institución local
Modo 4. Movimiento de personas naturales	Suministro del servicio por una persona de un país miembro a través de su presencia personal en el territorio de otro miembro. Comparable a la emigración o viaje de negocio del proveedor.	· Profesores e investigadores visitantes que trabajan en el exterior sobre una base temporal · Sabáticos en el exterior · Consultorías

Fuente: Elaboración propia sobre la base de J. Knight, op. cit., 2006.

Se manifiesta allí que la educación superior existe para servir al interés público y no puede ser tratada como una mercancía; que, dado este mandato público de las universidades, las autoridades nacionales tienen la obligación de mantener la regulación de la educación superior en los cuerpos nacionales competentes; que la exportación de educación debe complementar y no debilitar los esfuerzos de los países en desarrollo destinados a crear sus propios sistemas nacionales de educación superior; que la educación superior debe operar bajo reglas que aseguren su calidad y relevancia, y que ella difiere significativamente de otros servicios, todo lo cual lleva a los firmantes a proclamar que, estando a favor de remover obstáculos para el comercio internacional en la educación superior, ello debería continuar haciéndose a través de convenciones y acuerdos al margen del régimen comercial[154].

Como veremos más adelante, los debates en torno a estos asuntos constituyen, adicionalmente, una importante variable –y ramificación complementaria– dentro de la línea de estudios de escenarios prospectivos de la educación superior, que retomaremos al tratar el casillero 16.

Líneas de investigación sobre la organización del mercado universitario y el comportamiento de las universidades

Vimos anteriormente que estas líneas (casilleros 10 a 15) nacen de una filiación remota con el tipo de análisis desarrollado primero por Adam Smith en una de sus dos vertientes, por J. S. Mill y, más adelante, por T. Veblen. Sin embargo, su fundamento contemporáneo arranca principalmente de Burton Clark (casillero 3), cuya obra se halla en el trasfondo –como punto de partida o fuente de controversias– de muchas de las investigaciones que se reseñan a continuación.

[154] Para evaluaciones iniciales de los impactos que podría tener el GATS en el ámbito de la educación superior, véase A. Vlk, "Higher Education and Gats. Regulatory Consequences and Stakeholders' Responses"; tesis para optar al grado de doctor, Cheps, 2006. Disponible en: http://www.utwente.nl/cheps/documenten/thesisvlk.pdf
Ver asimismo C. Ziguras, "The Impact of the GATS on Transnational Tertiary Education: Comparing Experiences of New Zealand, Australia, Singapore and Malaysia"; *The Australian Educational Researcher*, volume 30, Nº 3, December 2003. Disponible en: http://www.aare.edu.au/aer/online/30030f.pdf

Capitalismo académico

Partimos aquí por la teoría del capitalismo académico, pues ofrece un puente natural entre los estudios del mercado global de la educación superior, que acabamos de recorrer, y el estudio de los procesos de *mercadización* a nivel nacional (casillero 11) y los análisis de orientación más micro referidos a la demanda y la oferta universitarias (casillero 12) y al comportamiento de las universidades en condiciones de mercado (casillero 13), hacia donde nos encaminaremos luego.

Debe señalarse de entrada que la argumentación sobre el "capitalismo académico" es altamente específica en cuanto se halla referida, principalmente, al caso de las universidades de investigación de Estados Unidos, aunque también se incluye en algunos análisis a universidades similares de los países desarrollados de habla inglesa. Se apoya ampliamente, por lo mismo, en la evolución experimentada en dichos países y universidades por las actividades de investigación y desarrollo, que no forman parte del foco principal de nuestro campo de análisis. Con todo, la teoría del capitalismo académico ofrece una perspectiva relevante para la conformación de este campo, como se verá de inmediato.

En efecto, ella gira en torno a la noción de los comportamientos de mercado que estarían asumiendo contemporáneamente las instituciones y sus agentes, académicos, administradores y estudiantes. Estos comportamientos se caracterizarían por hallarse referidos a la competencia por recursos (dinero) provenientes de fuentes externas, aunque la empresa universitaria mantenga una base de financiamiento público y su ideología de servicio público. De modo, pues, que la emergencia del capitalismo académico se hallaría relacionada

> con el crecimiento de los mercados globales, el desarrollo de políticas que favorecen la investigación aplicada, la declinación del subsidio gubernamental asignado a las universidades bajo la forma de un *block grant* [...] y el concomitante mayor involucramiento de los académicos con el mercado[155].

[155] S. Slaughter and L. L. Leslie, *Academic Capitalism. Politics, Policies and the Entrepreunerial University*; Baltimore and London: The Johns Hopkins University Press, 1999, p. 11.

En su versión más reciente[156], la teoría del capitalismo académico avanza un paso más y plantea el surgimiento, hacia fines del siglo XX, de algo que los autores –apoyándose conceptualmente en Foucault– denominan un nuevo "régimen de conocimiento/aprendizaje"; esto es, "nuevos circuitos de conocimiento, organizacionales intersticiales emergentes, redes que intermedian entre los sectores público y privado, capacidades extendidas de gerencia" que vinculan a las instituciones, al igual que a sus académicos, administradores y estudiantes, con la nueva economía, cuya base es precisamente la explotación del conocimiento técnico avanzado.

Puesto en términos esquemáticos, la teoría sostiene, pues, que estaríamos frente a un tránsito desde un régimen de conocimiento/aprendizaje que postula el conocimiento como un bien público (en acuerdo con la ética mertoniana de las ciencias) hacia un régimen que trata al conocimiento como un bien de apropiación privada cuyo valor se determina en el mercado[157]. Este tránsito no sustituye un régimen por otro, sino que, al menos por ahora, ambos coexisten, se intersectan y sobrelapan, uno en fase ascendente y el otro en declive[158].

En su ascensión, el régimen de conocimiento/aprendizaje del capitalismo académico empujaría a las universidades y sus agentes a asumir

[156] Ver S. Slaughter and G. Rhoades, *Academic Capitalism and the New Economy*, op. cit. 2004, cap. 1 (cita de pág. 15). Un resumen por los propios autores de su teoría se encuentra en G. Rhoades and S. Slaughter, "Academic Capitalism in the New Economy: Challenges and Choices"; *American Academic*, June 2004. Disponible en:
http://www.aft.org/pubs-reports/american_academic/issues/june04/Rhoades.qxp.pdf.
Para una destilación esquemática de los puntos principales del libro, ver S. Slaughter and G. Rhoades, "Academic capitalism and Schools of Education", 2004 (presentación). Disponible en:
http://www.coe.uga.edu/Sheila%20Slaughter%20Fall%20Faculty%20Meeting%209.22.06.pdf.
Para una revision crítica, ver R. Zemsky, "Commercializing the University"; *Issues in Science and Technology*, Spring 2005. Disponible en:
http://www.issues.org/21.3/br_zemsky.html

[157] Ver en esta misma línea, S. J. Ball, "Education For Sale! The Commodification of Everything?". The Annual Education Lecture 2004, Institute of Education, University of London, June 2004. Disponible en:
http://www.kcl.ac.uk/content/1/c6/01/75/88/lecture-ball.pdf

[158] S. Slaughter and G. Rhoades, *Academic Capitalism and the New Economy*, op. cit., 2004, p. 305.

cada vez más activamente comportamientos de mercado en todos los aspectos del trabajo académico, desde la investigación hasta la enseñanza, pasando por la administración de las instituciones.

Como resultado se estaría produciendo una reestructuración de las estratificaciones dentro y entre las universidades, en función de sus capacidades diferenciales para acceder a determinados segmentos del mercado estudiantil y a los flujos segmentados de recursos relacionados con productos, procesos y servicios de conocimiento que son capaces de generar.

También a la manera de Foucault, los autores buscan identificar los dispositivos que contribuirían a favorecer el surgimiento y desarrollo del nuevo régimen de conocimiento/aprendizaje, tales como específicas políticas neoliberales y neoconservadoras; la ideología de la competitividad global; las leyes de financiamiento estudiantil por la vía de créditos; las políticas y la legislación relativas al patentamiento de descubrimientos, la propiedad intelectual y los derechos de autor; las políticas en el campo de la tecnología informática; la profesionalización de la administración universitaria y la corporativización de las decisiones[159]; el uso de evaluaciones externas para reestructurar unidades académicas y producir reducciones de costo[160]; nuevas modalidades de enseñanza, la organización de los currículos en función de competencias de empleabilidad, el marketing estudiantil, etcétera, todos los cuales impulsarían hacia la *mercadización* y comercialización de las instituciones universitarias y el trabajo académico[161].

[159] Ver G. Rhoades, "Democracy and Capitalism, Academic Style: Governance in Contemporary Higher Education", 2003. Disponible en:
http://www.usc.edu/dept/chepa/gov/roundtable2003/rhoades.pdf

[160] Para un artículo clásico sobre la materia, anterior a la teoría del capitalismo académico, véase H. Willmott, "Commercialising Higher Education in the UK: The State, Industry and Peer Review". Revised version of a paper presented at the Higher Education Close-Up Conference, University of Central Lancashire, July 6-8 1998. Disponible en:
http://www.jbs.cam.ac.uk/people/senior_associates/pdfs/willmott_commercialising_higher.pdf

[161] Prescripciones para buscar alternativas dentro del ascendente capitalismo académico se encuentran en G. Rhoades, A. Maldonado-Maldonado, I. Ordorika, M. Velázquez, "Imagining *Alternativas* to Global, Corporate, New Economy Academic Capitalism"; *Policy Futures in Education*, volume 2, Nº 2, 2004. Disponible en:

En breve, los argumentos en torno al "capitalismo académico" enfocan, desde una perspectiva crítica y con pretensión de ofrecer una teoría comprensiva del fenómeno, el comportamiento crecientemente comercial o mercantil de las universidades de investigación de Estados Unidos, particularmente en el ámbito de la investigación aplicada, la transferencia de tecnología y la venta de servicios especializados de conocimiento.

Dinámicas de mercadización y mercados nacionales

Todo lo que llevamos dicho hasta aquí apunta al hecho de que, en el mundo globalizado, se encuentra en curso una serie de procesos que ponen a las universidades en situación de mercado. Es hora pues de precisar qué se debe entender en este contexto por *mercadización*.

Básicamente, se trata del proceso mediante el cual un gobierno –en un contexto nacional determinado– busca definir o redefinir las relaciones del Estado con el sistema de educación suprior, en particular con las universidades, trasladando el centro de gravedad en el espacio de coordinación (gráficamente representado por el triángulo de Burton Clark; véase el casillero 3) desde la propia esfera político-administrativa gubernamental hacia una esfera distinta, que se constituye en torno al principio de la competencia entre las instituciones.

Se trata, por consiguiente, y en primer lugar, no de un acto singular, sino de un proceso; esto es, de algo que ocurre en el tiempo a través de una sucesión de fases a lo largo de las cuales se producen cambios, negociaciones y ajustes mutuos entre los agentes que participan en el proceso.

Segundo, estos procesos son habitualmente iniciados por los gobiernos que, a través de iniciativas de diversa índole y mediante el uso de los instrumentos de política pública a su disposición –políticos, legislativos, administrativos, financieros, de información, de incentivos, etcétera[162]– cambian el marco de las relaciones hasta entonces existente

http://www.wwwords.co.uk/pdf/viewpdf.asp?j=pfie&vol=2&issue=2&year=2004&article=7_Rhoades_PFIE_2_2_web&id=201.241.127.129

[162] Ver M. Howlett, "Beyond Good and Evil in Policy Implementation: Instrument Mixes,

entre el Estado y el sistema de educación superior[163].

Tercero, los procesos de *mercadización* se hallan condicionados, en cada caso, por las circunstancias nacionales en que ellos tienen lugar[164]: desarrollo histórico del sistema de educación superior[165], marco institucional del Estado y funcionamiento del sistema político[166], objetivos buscados por el gobierno[167], relaciones de poder entre los agentes involucrados y negociaciones que se establecen entre ellos y sus resultados[168], etcétera.

Cuarto, el objetivo de estos procesos, más allá de las múltiples formas concretas que ellos adoptan en cada uno de los contextos nacionales y de los instrumentos de política pública elegidos para impulsarlos, posee un carácter eminentemente práctico (cualesquiera sean las justificaciones políticas, ideológicas o técnicas invocadas en su favor): introducir una nueva regla de funcionamiento de los sistemas de educación supe-

Implementation Styles, and Second Generation Theories of Policy Instrument Choice", 2004. Disponible en:
http://www.econ.usyd.edu.au/download.php?id=4141.
Ver asimismo: M. Howlett, "Managing the 'Hollow State': Procedural Policy Instruments and Modern Governance". Submitted to *Canadian Public Administration*, September 12, 1999. Revised and Re-submitted April 25, 2000. Final Version Submitted: September 25, 2000. Disponible en:
http://www.sfu.ca/mpp/pdf_news/CPA99.pdf

[163] Para un análisis ejemplar en esta línea, véase G. Harman, "A Perspective on a Decade of Change", s/f. Disponible en:
http://www.dest.gov.au/NR/rdonlyres/DAE83EE1-53A8-4AE5-9D2A-AC-11D4C78BCA/900/chapter1.pdf

[164] Ver análisis de casos nacionales en P. Teixeira, B. Jongbloed, D. D. Dill and A. Amaral (eds.), *Markets in Higher Education.Rhetoric or Reality?*; Dordrecht, The Netherlands: Kluwer Academic Publishers, 2004.
Asimismo, ver B. Jacobs and F. van der Ploeg, "Guide to Reform of Higher Education: A European Perspective". Prepared for the October 2005 Panel Meeting of Economic Policy, London. Disponible en: http://www.economic-policy.org/pdfs/vanderploeg_jacobs.pdf

[165] Ver J. J. Brunner y A. Tillett, "Chile". En J. J. F. Foster and P. G. Altbach, op. cit., 2006, capítulo 33. Para un análisis más general del surgimiento de los mercados, véase N. Fligstein, op. cit., 2003, capítulo 3.

[166] Ver J. J. Brunner, "Transformaciones de la universidad pública", op. cit., 2005.

[167] Ver los distintos estudios reunidos en P. Teixeira, B. Jongbloed, D. D. Dill and A. Amaral (eds.), op. cit., 2004.

[168] Para un ejemplo, ver K. de Wit, K. and J. C. Verhoeven, "Autonomy vs. Control: Quality Assurance and Governmental Policy in Flanders", *Education Policy Analysis Archives* 12 (71), 2004. Disponible en: http://epaa.asu.edu/epaa/v12n71/v12n71.pdf

rior según la cual la competencia entre las instituciones debe hacerse cargo de la coordinación de los sistemas a través de una creciente dinámica de autorregulación[169].

Bien miradas las cosas, se trata aquí, por tanto, de un doble desplazamiento en cuanto al vínculo Estado-sistema de educación superior. Por una lado, se desplaza el centro de gravedad de la coordinación de los sistemas. Por el otro, se desplaza también el eje de las regulaciones públicas. En efecto, bajo un esquema de *mercadización*, estas últimas se emplean tanto para crear o ampliar un mercado universitario como para regularlo, bajo el principio enunciado por Kay y Vickers: "Competencia donde sea posible; regulación donde sea necesaria"[170].

Desde el punto de vista del fin buscado, los gobiernos embarcados en impulsar procesos de *mercadización* tienen ante sí, por lo mismo, dos tareas fundamentales.

Por una parte, deben crear las condiciones que dan lugar a la emergencia y el funcionamiento de un "mercado de productores" (las instituciones de educación superior). Es decir, deben facilitar la entrada de nuevos agentes al sistema, asegurándoles la libertad para determinar sus productos y precios y el libre uso de sus recursos. Por el lado de los consumidores, deben garantizar la libertad de elegir entre los distintos proveedores y "productos".

Por otra parte, los gobiernos que operan frente a (y con) un mercado universitario más o menos desarrollado tienen que regular su operación y buscarán contrarrestar sus efectos indeseados y suplir sus fallas[171]. Deberán procurar que exista suficiente información sobre la calidad y el precio de los servicios ofrecidos, establecer dispositivos que

[169] R. King, "Analysing the Higher Education Regulatory State"; Centre for Analysis of Risk and Regulation, The London School of Economics and Political Science, Discussion Paper Nº 38, November 2006. Disponible en:
http://www.lse.ac.uk/collections/CARR/pdf/Disspaper38.pdf

[170] Ver J. Kay and J. S. Vickers, "Regulatory Reform in Britain", *Economic Policy*, 7, 1988. Asimismo, véase S. Cowan, "Regulatory Reform: Lessons from the UK"; 2001 Annual Forum at Misty Hills, Muldersdrift, 2001. Disponible en:
http://www.tips.org.za/f2001/cowan.pdf

[171] Véase E. Canton and R. Venniker, "Economics of Higher Education". En CHPS, *Higher Education Reform: Getting the Incentives Right*, op. cit., 2001, capítulo 2, especialmente 2.2.

aseguren la calidad de éstos, proteger los derechos de los consumidores y proveer asistencia financiera a aquellos que no están en condiciones de pagar un precio que, idealmente, debería cubrir el costo de los programas ofrecidos por las universidades.

Políticas de mercadización

Para introducir estos cambios, los gobiernos recurren habitualmente a una o más de tres principales políticas, cada una de las cuales ofrece un amplio espectro de opciones y posibilidades de acción:

i) Apertura del sistema de educación superior para facilitar el ingreso de nuevas instituciones privadas –y de "nuevos proveedores", en su caso– que, una vez establecidas o reconocidas, entran en competencia con los proveedores públicos (casillero 8).

ii) Sujeción de las instituciones públicas a un régimen de mercado administrado, o cuasimercado, a través de la aplicación de mecanismos de tipo mercado, particularmente para la asignación de los recursos del tesoro público (casilleros 5, 6 y 14).

iii) Regulación de la competencia resultante de las anteriores medidas con el objeto de contrarrestar efectos indeseados y suplir fallas de mercado o, en el otro extremo, para incentivar y ampliar una competencia considerada insuficiente.

Respecto de cada una de estas políticas conviene formular algunas precisiones a la luz de la literatura especializada.

En relación a las políticas destinadas a la creación de un mercado universitario por la vía de abrir el sistema, ellas suelen ser llamadas también políticas de "desregulación", en la medida en que apartan, debilitan o suprimen regulaciones preexistentes con el fin, precisamente, de generar competencia entre diversos tipos de proveedores; en particular, proveedores privados de educación superior[172].

[172] Ver D. C. Levy, "An Introductory Global Overview: The Private Fit to Salient Higher Education Tendencies"; Rophe Working Paper Nº 7, September 2006. Disponible en: http://www.albany.edu/dept/eaps/prophe/publication/paper/PROPHEWP07_files/PROPHEWP07.pdf.
Asimismo, véase H. N. Weiler, "States and Markets: Competing Paradigms for the Reform of Higher Education in Europe". This paper was originally prepared for delivery at

En tanto, las políticas que buscan sujetar a las universidades públicas a la regla de la competencia e introducirlas a un nuevo contexto de incentivos que altere su patrón tradicional de comportamiento suelen denominarse políticas de "privatización" (ver más adelante el casillero 14), en la medida en que ya bien privatizan su propiedad y formas de gestión, cosa que ocurre raramente[173], o, como sucede más frecuentemente, las fuerzan –mediante el uso de mecanismos de cuasimercado– a orientarse competitivamente y a adoptar, con este fin, nuevos comportamientos estratégicos[174]. En efecto, como señala un estudio, "el concepto de cuasimercado es un medio útil para categorizar algunas de las reformas más difundidas que se han empleado para introducir las fuerzas de mercado en sistemas con financiamiento público"[175].

Finalmente, el tema de los nuevos tipos de regulación aplicables a la educación superior en contextos de mercado da lugar también a un amplio abanico de opciones, como muestra bien Jongbloed[176]. En breve, postula que dichas regulaciones pueden dirigirse a la forma de estructurar el mercado universitario (acceso de proveedores/barreras de entrada; qué funciones pueden ellas desempeñar y servicios ofrecer y bajo qué condiciones, tamaño y localización, niveles de diferenciación, grados de integración vertical permitidos, perfiles de costo, etcétera); a las conductas de los proveedores en el mercado (fijación de precios, determinación del volumen de venta, localización de las ofertas, conductas

the Annual Meeting of the Comparative and International Education Society at Toronto on April 17, 1999. National Center for the Study of Privatization in Education, Teachers College, Columbia University, Occasional Paper Nº 16, March 2001. Disponible en: http://firgoa.usc.es/drupal/filestore2/download/4986/850_OP16.pdf

[173] Un ejemplo se encuentra en la medida adoptada por el gobierno de Kazajstán de permitir la participación de capitales privados en la propiedad un número limitado de universidades públicas, reteniendo el gobierno una parte de ella, con la idea de posteriormente optar por una privatización completa. Ver J. J.Brunner and A. Tillett, op. cit., 2007.

[174] Véase A. Gornitzka y Peter Maassen, "Hybrid Steering Approaches with Respect to European Higher Education", *Higher Education Policy* 13, 2000. Disponible en: http://www.palgrave-journals.com/hep/journal/v13/n3/pdf/8390152a.pdf

[175] D. D. Dill, P. Texeira, B. Jongbloed and A. Amaral, "Conclusion". En P. Teixeira, B. Jongbloed, D. D. Dill and A. Amaral (eds.), 2004, op. cit., p. 331.

[176] Ver B. Jongbloed, "Regulation and Competition in Higher Education". En P. Teixeira, B. Jongbloed, D. D. Dill and A. Amaral (eds.), 2004, op. cit., pp. 99-104.

relativas a insumos y servicios, etcétera), y, en tercer lugar, a las reglas a las que deben sujetarse las instituciones (obligaciones de informar, aprobación de nuevos programas, normas de acreditación, etcétera)[177].

Diversidad de mercados

Los procesos de *mercadización*, sin embargo, resultan más complejos de lo que llevamos dicho. En efecto, ellos ocurren sólo analíticamente en referencia a un mercado singular, el mercado universitario, pero en la práctica se expresan a través de diversos mercados, como muestra el casillero 11 de nuestro *Diagrama base*.

De entrada está el mercado de programas de pregrado –el más habitualmente estudiado[178] y el que aquí más interesa–, pero que es sólo uno de los mercados educacionales de referencia para las universidades, al lado del mercado de programas de postgrado profesionales, el mercado de grados avanzados de investigación[179], de formación continua, de educación virtual o a distancia[180], de servicios de entrenamiento para empresas, etcétera.

Desde el punto de vista de las instituciones (productoras), hay un segundo mercado relevante: el de los bienes y servicios de conocimiento ligados a las funciones de investigación, consultoría y servicios especia-

[177] Ver D. D. Dill, "Allowing the Market to Rule: The Case of the United States"; Public Policy for Academic Quality, (Background Paper), 2002. Disponible en:
http://www.unc.edu/ppaq/docs/HEQ_03.pdf

178 Ver P. Teixeira, B. Jongbloed, D. D. Dill and A. Amaral (eds.), op. cit., 2004. Para una visión adicional de este mercado y sus recientes evoluciones, véase R. G. Ehrenberg, "The Perfect Storm and the Privatization of Public Higher Education"; *Change,* November 2005. Disponible en: http://www.epi.elps.vt.edu/Perspectives/cheri77.pdf

[179] Ver P. G. Altbach, "Doctoral Education: Present Realities and Future Trends"; *College and University Journal,* vol. 80, Nº 2, Fall 2004. Disponible en:
http://www.bc.edu/bc_org/avp/soe/cihe/publications/pub_pdf/Doctoral_education.pdf

[180] Ver T. Bates, "Charting the Evolution of Lifelong Learning and Distance Higher Education: The Role of Research", 2005. Disponible en:
http://www.col.org/colweb/webdav/site/myjahiasite/shared/docs/PSeries_LLLDHE_CH11.pdf
Ver además:
M. A. Peters, "Higher Education, Development, and the Learning Economy", 2005. Disponible en:
http://www.col.org/colweb/webdav/site/myjahiasite/shared/docs/PSeries_LLLDHE_CH11.pdf

lizados de conocimiento que las universidades desarrollan[181].

Ligados a los anteriores aparecen además, desde el punto de vista de los insumos, los mercados estudiantil y de académicos[182] y, con creciente importancia, los mercados de recursos (recursos fiscales asignados para docencia e investigación vía mecanismos de cuasimercado o mercados administrados, y recursos privados provenientes de alumnos y sus familias, donantes o por pago de servicios)[183]. Adicionalmente, desde el lado de los resultados o "productos", encontramos el mercado de prestigios institucionales, sobre el cual habremos de volver posteriormente con detalle y, en estrecha vinculación con las funciones educativas de las universidades, el mercado laboral de ocupaciones técnicas y profesionales.

Cada uno de estos mercados presenta estructuras distintivas, diferentes formas de regulación y, también, diferentes grados de competencia[184]. Pueden tener mayor o menor madurez y alcance, y aspectos variables de localismo o globalización; guardan entre sí distintos tipos de relaciones e interactúan de diversas formas y, para mayor complejidad, suelen presentar además, dentro de ellos, diversos grados de segmentación, tal como ocurre, por ejemplo, con el mercado de programas de pregrado entre las diferentes áreas de conocimiento, tipos de carrera

[181] Véase V. L. Meek, "Market Coordination, Research Management and the Future of Higher Education in the Post-Industrial Era". Unesco Forum Occasional Paper Series Paper Nº 5, 2003. Disponible en:
http://portal.unesco.org/education/en/file_download.php/a7ae1510561a789d20c16a06b177b566Lynn+Meek+.pdf
Ver además R. R. Nelson, "The Market Economy, and the Scientific Commons, August 2003. Disponible en:
http://141.211.44.51/centersandprograms/olin/papers/Winter%202006/nelson.pdf

[182] Para una visión comparativa a nivel internacional, véase P. G. Altbach (ed.), *The Changing Academic Workplace: Comparative Perspectives*, 2000. Disponible en:
http://www.bc.edu/bc_org/avp/soe/cihe/publications/pub_pdf/academicworkplace.pdf

[183] Ver la bibliografía citada anteriormente al momento del análisis del casillero 6. Véase asimismo D. Dolenec, "Marketization in Higher Education Policy: An Analysis of Higher Education Funding Policy Reforms in Western Europe between 1980 and 2000", 2005. Disponible en:
http://www.revija-socijalna-politika.com/ojs2/index.php/rsp/article/viewFile/100/106

[184] Para un análisis en esta línea, ver R. Geiger, "Market Coordination of Higher Education: The United States". En P. Teixeira, B. Jongbloed, D. D. Dill and A. Amaral (eds.), op. cit., 2004

y "bandas" o segmentos de calidad[185].

En suma, se espera que los mercados en que se desenvuelve la educación superior, tanto internos como externos a este sistema, se ajusten automáticamente (autorregulación) en interrelación con el sistema político-burocrático (las intervenciones públicas) y con la participación corporativa de la profesión académica, en especial su vértice compuesto por la "oligarquía académica", según la expresión de B. R. Clark.

Los procesos de coordinación (de mercado) se caracterizan por ser no coercitivos y por operar mediante adaptaciones mutuas de los agentes a través de la competencia[186]. Ésta, a su vez, adopta rasgos distintivos en los principales mercados: *mercados de estudiantes* con sus diversos segmentos (de pregrado en áreas profesionales o de formación general; de postgrado profesionalizante, como en el caso de los programas de MBA y conducentes a maestrías y postítulos profesionales; de doctorado); *mercados de posiciones académicas* (estables y temporales; para investigadores, docentes/investigadores y docentes; de jornada completa, parcial o por horas); *mercados de recursos* (de aranceles, de créditos estudiantiles, de donaciones, de venta de productos y servicios de conocimiento, y de recursos públicos, donde las instituciones disputan ahora, de forma crecientemente competitiva, recursos fiscales asignados mediante mecanismos de tipo mercado), y *mercados de prestigios institucionales*, donde la moneda de curso legal son los prestigios asociados al personal académico, los estudiantes y las propias universidades[187].

Voces críticas

La literatura crítica frente a los procesos de *mercadización*, particularmente en América Latina y los países en vías de desarrollo[188], se cen-

[185] Para una visión de conjunto, ver D. D. Dill et al., "Conclusions", op. cit., 2004, especialmente pp. 328-330.

[186] Ver C. E. Lindblom, *The Market System*; New Haven and London: Yale University Press, 2001.

[187] Para un análisis detallado del funcionamiento de diversos mercados de la educación superior en Estados Unidos, ver R. Geiger, *Knowledge and Money. Research Universities and the Paradox of the Marketplace*. Stanford, California: Stanford University Press, 2004.

[188] Para una amplia selección de "voces críticas", véase J. J. Brunner and A. Tillett, "El mercado avanza sobre la educación superior...", op. cit, 2005, sección 1.2.

tra, precisamente, en los dos sectores de desplazamientos discutidos anteriormente: i) desde el financiamiento público asegurado para las instituciones por la vía del presupuesto fiscal hacia el uso de mecanismos de tipo mercado para la asignación de estos recursos, y ii) desde la provisión "libre" (subsidiada) del servicio educacional hacia esquemas de cofinanciamiento o financiamiento compartido de los costos de dicho servicio[189].

Los puntos relevantes de esta crítica pueden resumirse así[190]:

a) El sometimiento de la educación superior a un régimen que le impone exigencias de eficiencia, efectividad y *value for money* a través de métodos externos de aseguramiento de la calidad y otros medios de *accountability*[191].

b) Montos declinantes de fondos públicos para subsidiar aranceles y el costo de los servicios, conjuntamente con el requerimiento de satisfacer una creciente demanda por educación superior con una menor inversión pública[192].

c) El requerimiento de conducir las universidades públicas conforme a principios o métodos propios de la gestión privada y el predominio de

[189] La literatura crítica producida en los países desarrollados, especialmente en Estados Unidos, Inglaterra y Australia, considera usualmente dos vertientes adicionales. Por una parte, la crítica del "capitalismo académico" (ver la bibliografía que acompaña la discusión del casillero 10), además de J. Washburn, *University Inc. The Corporate Corruption of Higher Education*; NewYork: Basic Books, 2005, y, por la otra parte, la crítica hacia la comercialización de la educación superior dentro del emergente mercado global (ver la bibliografía que acompaña el análisis del casillero 7).

[190] Ver M. Mollis, "Latin American Identities in Transition: A Diagnosis of Argentine and Brazilian Universities". En R. Rhoads and C. A. Torres (eds.), *The University, Sate, and Market. The Political Economy of Globalization in the Americas;* Stanford, California: Stanford University Press, 2006. Adicionalmente, ver A. Boron, "Reforming the Reforms: Transformation and Crisis in Latin American and Caribbean Universities". En Rhoads, R. and C. A. Torres (eds.), op. cit., 2006. Asimismo, F. López Segrera y A. Maldonado (coords.), *Educación superior latinoamericana y organismos internacionales. Un análisis crítico*; Cali, Colombia: Universidad de San Buenaventura, 2002.

[191] Sobre este último aspecto, ver, por ejemplo, M. Trow, "Trust, Markets and Accountability in Higher Education: A Comparative Perspective", 1996. Disponible en: http://gspp.berkeley.edu/people/faculty/emeritus/trustdos.MAT_finalnew.pdf

[192] Para un análisis reciente de este punto en el caso de Estados Unidos, ver C. Lyall and K. R. Sell, *The True Genius of America at Risk. Are We Losing our Public Universities to De Facto Privatization?*; American Council on Education – Praeger Series on Higher Education, 2006.

enfoques empresariales y *manageriales* en la educación superior[193].

d) La demanda por diversificar las fuentes de ingresos de las instituciones junto con la contracción de la responsabilidad primordial del Estado en relación a la educación pública[194].

e) La privatización de la educación superior, ya bien a través de la externalización de servicios o, incluso, áreas de estudio, o bien mediante la promoción de la competencia entre las instituciones públicas[195].

f) Reformas curriculares orientadas a responder a los mercados, énfasis en la investigación aplicada y el vínculo de las universidades con las empresas, y mayor preocupación por los asuntos de propiedad intelectual y la priorización de la investigación conducente al desarrollo y comercialización de productos[196].

El espectro crítico incluye, adicionalmente, una variedad de otros tópicos. En el orden más general, la crítica de la ideología y las políticas neoliberales aplicadas a la educación superior[197]; las críticas relaciona-

[193] Retomaremos este aspecto más adelante en el análisis de los casilleros 13 y 14.

[194] Para un análisis muy citado de este aspecto, ver F. Newman, L. Couturier y J. Scurry, *The Future of Higher Education. Rethoric, Reality, and the Risks of the Markets*; San Francisco: Jossey-Bass, 2004.

[195] Ver J. B. G. Tilak, "Are We Marching Towards Laissez-faireism in Higher Education Development?", 1993. Disponible en:
http://www.unesco.org/iau/conferences/SaoPaulo/confsaopaulo7.rtf

[196] Ver a este respecto J. Engell and A. Dangerfield, *Saving Higher Education in the Age of Money*; Charlottesville: University of Virginia Press, 2005. Asimismo, R. Geiger, *Knowledge and Money...*, op. cit., 2004; y H. Etzkowitz, A. Webster, and P. Healey, *Capitalizing Knowledge. New Intersections of Industry and Academia*; New York: State University of New York Press, 1998.

[197] Véase a este respecto:
R. Rhoads y C. A. Torres (eds.), op. cit., 2006.
H. A. Giroux, "Higher Education Under Siege: "Implications for Public Intellectuals"; *Thought and Action*, Spring 2006. Disponible en:
http://www2.nea.org/he/heta06/images/2006pg63.pdf
G. Neave, "Mr Prometheus – unbound, Shackled or Released on Parole? Being Certain Adumbrations on the Marvellously Changing Relationship between Government and Higher Education in Western Europe". Fulbright Brainstorms 2004 – New Trends in Higher Education. Disponible en:
http://www.ccla.pt/brainstorms/release1.0/pdf/09_GuyNeave.pdf
K. Lynch, "Neo-Liberalism, Marketisation and Higher Education: Equality Considerations". En Higher Education Authority (HEA), Conference Proceedings Achieving Equity of Access to Higher Education: Setting an Agenda for Action in Ireland, 2004. Disponible en:

das con la erosión o pérdida del concepto de bien público que tradicionalmente ha envuelto –y proporcionado sustento económico y legitimidad– a las funciones de la educación superior[198]; el análisis crítico del mercado y de los procesos de *mercadización* como formas fallidas de integración de los sistemas de educación superior[199]; y la crítica de los mercados como arreglos conducentes (inevitablemente) a efectos perversos en el plano de la equidad del acceso, la calidad del servicio y el propio rol que las universidades desempeñan en la sociedad[200].

En el plano de los asuntos más específicos, las críticas son múltiples y se hallan referidas a cuestiones como la minimización del rol del Estado en el ámbito de la educación superior[201]; la erosión de la cultura demo-

http://www.hea.ie/uploads/pdf/Access%20Conference%20Proceedings.pdf
J. B. G. Tilak, "Are We Marching Towards Laissez-faireism in Higher Education Development?", 2004. Disponible en:
http://www.unesco.org/iau/conferences/SaoPaulo/confsaopaulo7.rtf
R. Arocena, "Higher Education Reforms and Development Problems in Latin America"; *Educ. Soc.* [online]. 2004, vol. 25, Nº 88. Disponible en:
http://www.scielo.br/scielo.php?pid=S0101-73302004000300013&script=sci_arttext&tlng=es
L. Levidow, "Marketizing Higher Education: Neoliberal Strategies and Counter-Strategies", 2001. Disponible en:
http://eserver.org/clogic/4-1/levidow.html
A. Robinson and S. Tormey, "New Labour's Neoliberal *Gleichschaltung*: The Case of Higher Education", s/f. Disponible en:
http://homepage.ntlworld.com/simon.tormey/articles/New%20Labour%20HE%20White%20Paper.pdf

198 Ver D. D. Dill, "The Public Good, the Public Interest, and Public Higher Education". Paper prepared for the Conference Recapturing the "Public" in "Public Higher Education or Blurring the Boundaries: The Changing Dynamics Between Public and Private Higher Education", April 2005. Disponible en:
http://www.unc.edu/ppaq/docs/PublicvsPrivate.pdf. Ver asimismo Newman, Couturier y Scurry, op. cit. 2004.

199 Ver, por ejemplo, D. Schugurensky, "The Political Economy of Higher Education in the Time of Global Markets". En R. Rhoads and C. A. Torres (eds.), op. cit., 2006. Más adelante se vuelve sobre este tema con mayor detalle.

200 Ver R. M. Zemsky, "The Dog that Doesn't Bark: Why Markets Neither Limit Prices nor Promote Educational Quality". En J. Burke and Associates, *Achieving Accountability in Higher Education. Balancing Public, Academic, and Marketplace Demands*; San Francisco: Jossey-Bass, 2005. Asimismo, A. Amaral, A. Magalhaes, "On Markets, Autonomy and Regulation: The Janus Head Revisited"; *Higher Education Policy* 14, 2001. Disponible en: http://www.palgrave-journals.com/hep/journal/v14/n1/pdf/8390166a.pdf

201 Ver J. B. G. Tilak, "Are We Marching Towards Laissez-faireism...", op. cit., 2004. Ver

crático-colegial de las universidades públicas[202]; la proliferación de instituciones privadas de educación superior y, en particular, de aquellas con fines de lucro[203]; el deterioro de las áreas de estudio e investigación más alejadas del mercado, como las artes y humanidades[204]; la transformación de la profesión académica por la adopción de esquemas de pago por productos y mediante incentivos[205], etcétera.

además: A. Gornitzka, P. Maassen, "Hybrid steering approaches...", op. cit, 2003.
[202] Ver S. Marginson, "National and Global Competition in Higher Education". *The Australian Educational Researcher*, volume 31, Nº 2, 2004. Disponible en:
http://www.aare.edu.au/aer/online/40020b.pdf
Ver asimismo R. Birnbaum, *Management Fads in Higher Education*; San Francisco: Jossey-Bass, 2001.
[203] Véase T. Bailey, N. Badway, P. Gumport, "For-Profit Higher Education and Community Colleges", 2001. Disponible en:
http://www.stanford.edu/group/ncpi/documents/pdfs/forprofitandcc.pdf
Asimismo, ver J. B .G. Tilak, op. cit., 2004.
F. Newman, "Saving Higher Education's Soul"; The Futures Project, September 2000. Disponible en: http://www.utwente.nl/cheps/documenten/susu3soul.pdf
Henry A. Giroux, "Selling Out Higher Education", *Policy Futures in Education*, volume 1, Nº 1, 2003. Disponible en:
http://www.wwwords.co.uk/pdf/viewpdf.asp?j=pfie&vol=1&issue=1&year=2003&article=a10_Giroux_PFIE_1_1&id=83.40.175.48
G. C. Winston, "For-Profit Higher Education: Godzilla or Chicken Little?"; Williams Project for the Economics of Higher Education, 1998. Disponible en:
http://www.williams.edu/wpehe/DPs/DP-49.pdf
[204] Ver J. Engell and A. Dangerfield, op. cit., 2005.
[205] Ver P. G. Altbach (ed.), *The Decline of the Guru: The Academic Profession in Developing and Middle-Income Countries*; London: Palgrave Macmillan, 2003.
Véase además:
J. S. Levin, "Faculty Work: Tensions between Educational and Economic Values (College Faculty)", Journal of Higher Education, January 2006. Disponible en:
http://www.accessmylibrary.com/coms2/summary_0286-15127364_ITM
E. M. Bensimon, and I. Ordorika, "Mexico's Estímulos: Faculty Compensation Based on Piecework". En R. Rhoads and C. A. Torres (eds.), op. cit., 2006.
S. Araujo, "Evaluación, incentivos a la actividad investigadora y trabajo académico. Legados, marcas y horizontes". En P. Krotch (org.) *La universidad cautiva*; La Plata: Colección Diagnos, 2002.

La línea de investigación de la microeconomía de la oferta y la demanda en el mercado universitario de programas de pregrado

Al abordar el estudio de esta línea (casillero 12), clave en nuestro campo de análisis, conviene recordar que la "economía de mercado" de la educación superior tiene características especiales. Por un lado, se halla condicionada por las políticas y los arreglos institucionales que fijan el marco para su desarrollo. Por el otro, se manifiesta a través de un conjunto sueltamente acoplado de diferentes mercados, internamente segmentados, complejamente interrelacionados y, además, geográficamente distribuidos (a nivel local, provincial o regional, nacional, internacional y transnacional o global). Adicionalmente, el mercado que aquí interesa –el de programas de enseñanza de pregrado– se estructura de distintas maneras según áreas de conocimiento (disciplinas académicas, profesiones y especialidades) y según sus variables relaciones con el mercado de las ocupaciones profesionales y técnicas.

La competencia por prestigio

En medio de este complejo entramado de mercados, la *competencia por prestigio* sería la regla que guía el comportamiento de las instituciones[206]. El análisis económico y el análisis sociológico convergen en este punto, dado que, en la práctica, "las universidades procuran de un lado prestigio académico y social y, del otro, capacidad económica e ingresos"[207].

Efectivamente, la explicación económica muestra que el mercado de educación superior es fuertemente jerárquico y se halla compuesto por un tipo especialísimo de "firmas" (empresas "donativo-comerciales-sin fines de lucro" las llama Hansmann[208] para el caso norteamericano),

[206] Aunque no referido al mercado universitario, un texto fundamental para el análisis de los mercados como un mecanismo social que señaliza el estatus (prestigio) de los productores es Joel M. Podolny, *Status Signals. A Sociological Study of Market Competition*. Princeton and Oxford: Princeton University Press, 2005.

[207] S. Marginson, "Australian Higher Education: National and Global Markets". En Teixeira, P., B. Jongbloed, D. D. Dill and A. Amaral (eds.), op. cit., 2004, p. 209.

[208] Ver H. B. Hansmann, "The Role of Nonprofit Enterprise", *Yale Law Journal*, 89 (5),

que poseen: i) recursos provenientes de fuentes no convencionales, los cuales alteran el rol de los ingresos por ventas y la determinación de precios[209]; ii) un proceso de producción inusual donde la calidad del principal "insumo" (los estudiantes) es a la vez parte del "producto" que la universidad vende[210], y iii) una misión condicionada por valores y, por tanto, con un objetivo distinto de la maximización de utilidades, donde lo que se busca es maximizar el prestigio por encima de la ganancia[211].

Las instituciones compiten en este mercado ocupando posiciones diferenciadas inicialmente por su dotación acumulada de subsidios o "donaciones" (piénsese, más bien, en el "public endowment" del cual hablaba Adam Smith, integrado tanto por donaciones privadas como por aportes públicos) y por lo que este "capital" puede comprar[212]. La jerarquía resultante de esta diferenciación inicial de capitales institucionales se proyecta luego –como por cascadas– a la calidad institucional, la calidad de los estudiantes, la magnitud de la demanda, la selectividad que la institución puede imponer en sus procesos de admisión de nuevos alumnos y la mayor calidad de los estudiantes que admite, en un círculo de retroalimentación virtuosa. De manera tal que,

April 1980. Asimismo, H. B. Hansmann, "Why Do Universities Have Endowments?"; *The Journal of Legal Studies*, vol. 19, Nº 1, January 1990.

[209] Ver G. C. Winston, "Economic Stratification and Hierarchy among U.S. Colleges and Universities"; Williams Project on the Economics of Higher Education, Williams College, Discussion Paper Nº 58, 2000. Disponible en: http://www.williams.edu/wpehe/DPs/DP-58.pdf

[210] Ver M. Rothschild and L. White, "The University in the Marketplace: Some Insights and Puzzles". En C. R. Belfield and H. M. Levin (eds.), *The Economics of Higher Education*, The International Library of Critical Writings in Economics; Cheltenham, UK: An Elgar Reference Collection, 2003.

[211] Ver G. C. Winston, "Toward a Theory of Tuition: Prices, Peer Wages, and Competition in Higher Education"; Williams Project on the Economics of Higher Education, Williams College, Discussion Paper Nº 65, 2003. Disponible en: http://www.williams.edu/wpehe/DPs/DP-65.pdf
Para una discusión del mismo punto en el caso de las universidades de Estados Unidos, véase D. A. Garvin, *The Economics of University Behavior*, New York: Academic Press, 1980.

[212] Ver G. C. Winston, "Economic Stratification and Hierarchy...", op. cit., 2000.

> con instituciones puestas en circunstancias altamente diferenciadas, la naturaleza posicional de gran parte del éxito académico y el rol de la emulación, el estatus y el prestigio relativo se tornan especialmente importantes en motivar el comportamiento institucional[213].

A su turno, esta diferenciación inicial, mantenida en el tiempo a través del efecto cascada, crea altas barreras de entrada a los segmentos superiores del mercado, al mismo tiempo que limita la movilidad institucional ascendente dentro de la jerarquía de las instituciones. Estaríamos pues frente a un mercado posicional jerárquico con tendencias inherentes a la estabilidad[214].

El análisis sociológico aborda desde otro ángulo este mismo fenómeno y muestra que la competencia dentro de los mercados de educación superior es, ante todo, de carácter posicional, en un doble sentido: las instituciones compiten por los consumidores más preferidos y los consumidores por acceder a las instituciones más preferidas. Dicho en otras palabras: la competencia es por oportunidades escasas, distribuidas jerárquicamente, para acceder a las ventajas o los beneficios sociales asociados al prestigio de los certificados expedidos por las universidades. Como señala Marginson[215], se trata de una competencia por estatus,

[213] G. C. Winston, "Subsidies, Hierarchy and Peers...", op. cit. (1999). En C. R. Belfield and H. M. Levin, op. cit., 2003, p. 702.

[214] Asunto distinto es si este mercado, llegado a su punto de equilibrio, se comporta eficientemente. C. M. Hoxbey argumenta que, al menos en el caso de Estados Unidos, el mercado de la enseñanza en el nivel del bachillerato habría alcanzado durante los últimos años su punto de equilibrio, en la misma medida en que el alumno promedio está hoy en mejor situación porque los insumos educacionales han aumentado más en el sector del mercado que sirve a los estudiantes con altos puntajes en la prueba de selección (SAT) de lo que han caído en el sector que atiende a los alumnos con bajos puntajes. Ver C. M. Hoxby, "The Return to Attending a More Selective College: 1960 to the Present", 2001. Disponible en:
http://www.economics.harvard.edu/faculty/hoxby/papers/whole.pdf
Además, C. M. Hoxby, "The Effects of Geographic Integration and Increasing Competition in the Market for College Education", 2003. Disponible en:
http://www.economics.harvard.edu/faculty/hoxby/papers/exp_tuit.pdf
Para un análisis crítico de los argumentos de Hoxby, ver D. D. Dill, "Allowing the Market to Rule...", op. cit., 2002.

[215] Véase S. Marginson, "Australian Higher Education: National and Global Markets", op. cit. 2004. Asimismo, S. Marginson, "Competition and Markets in Higher Education: a

que puede darse incluso en ausencia de un intercambio de mercado. Los estudiantes compiten por oportunidades prestigiosas (instituciones con alta reputación, fuertemente selectivas y por ende con insumos –pares– de alta calidad), en tanto que las universidades lo hacen por su estatus como proveedores (su posición en la jerarquía reputacional), que se deriva del hecho de educar a la elite académica y social, de su desempeño en el campo de la investigación y del prestigio del personal académico obtenido a través de publicaciones y *scholarship*.

En las dos vertientes –económica y sociológica– la literatura coincide en señalar que los precios en el mercado de la educación superior no son precios de eficiencia, sino que se hallan sujetos a un conjunto sistemático de distorsiones. Más aun, un gran problema para analizar la coordinación de mercado en la educación de pregrado proviene, precisamente, de la naturaleza arbitraria de los precios[216].

En efecto, las universidades reciben (en grados variables) subsidios, gozan de exenciones tributarias, sus gastos de capital se cubren habitualmente con donaciones y/o aportes públicos, y los alumnos reciben ayudas bajo la forma de becas, créditos y otros apoyos económicos.

Adicionalmente, como vimos, los propios alumnos constituyen un insumo para la función de producción de las instituciones y, en el mercado donde compiten las universidades de mayor prestigio, ellos son "comprados" por las instituciones mediante la negociación (a la baja) de los aranceles y la provisión de diversas facilidades y entretenciones, las cuales muchas veces carecen de impacto sobre la calidad académica[217]. Según Geiger, "todos estos subsidios permiten a la educación superior cobrar precios por debajo de los costos"[218], a la vez que ofrecer (al menos en el caso de las universidades más prestigiosas) una educación de calidad basada en la sobrecalificación del personal académico, la generación de conocimiento a través de la investigación y las sinergias que produce una institución de múltiples propósitos, todo esto con los con-

'Glonacal' Analysis", op. cit., 2004.

216 R. Geiger, "Market Coordination of Higher Education: the United States", op. cit., 2004, p. 173.

217 A este respecto, ver D. Bok, op. cit., 2004.

218 R. Geiger, *Knowledge and Money...*, op. cit., 2004, p. 12.

siguientes beneficios no solamente para los alumnos favorecidos, sino también para la sociedad en su conjunto.

Desde el punto de vista del análisis microeconómico, las transacciones en el mercado de estudiantes de pregrado, como sugerimos antes, tienen la peculiaridad de vincular en un solo acto dos mercados: el de "insumos" (calidad de los estudiantes) y el de "productos" (servicios educacionales). La consecuencia de esto, explica Winston[219], es que en estas condiciones las "firmas" se preocupan de seleccionar a los estudiantes a los cuales desean ofrecer oportunidades de admisión, puesto que la venta del servicio educacional es, simultáneamente, la adquisición de un importante insumo para la producción de dicho servicio. Las universidades selectivas necesitan "comprar" alumnos de calidad en dicho mercado y podrán hacerlo según sea su capacidad de subsidiar a estos alumnos, recurriendo a los ingresos que les proporciona su patrimonio acumulado (*public endowment*). Para esto fijarán, en general, un precio del arancel por debajo del costo promedio del servicio educacional ofrecido y, en particular, ofrecerán un precio aun más bajo a aquellos alumnos que desean especialmente atraer (pago por el *efecto-de-pares* que cada alumno de calidad admitido produce para todo el resto de los alumnos y para la universidad)[220]. De ello resulta que el arancel efectivamente cobrado al alumno es el arancel nominalmente declarado menos el descuento general y el descuento particular establecido como premio para la captación de alumnos de calidad[221].

¿Cómo opera entonces, según este esquema, la competencia desde el lado de las universidades que salen al encuentro del mercado de alumnos de calidad y desde el lado de los estudiantes que salen a la búsqueda del mercado de servicios educacionales de mayor prestigio?

Los alumnos aparecen puestos en una fila, ordenados según su calidad (medida por algún tipo de prueba de selección) frente a las instituciones alineadas según el monto de beneficios que están en condiciones

[219] Ver G. C. Winston, "Toward a Theory of Tuition...", op. cit., 2003.

[220] Sobre el efecto de pares en este contexto de argumentación, véanse los dos trabajos de C. M. Hoxbey citados anteriormente (nota 214).

[221] Para un análisis aplicado, véase R. G. Ehrenberg, *Tuition Rising. Why College Cost so Much*; Cambridge, Massachusetts: Harvard University Press, 2002.

de ofrecer a los alumnos; es decir, el salario por *efecto-de-pares* que están dispuestas a pagar. A partir de ahí opera un proceso de cascada:

> Todos los alumnos buscarían ingresar en la escuela con más alto salario-de-pares, la cual completaría su selección con los alumnos de mayor calidad entre sus pares. Los demás estudiantes harían fila para ser admitidos en la segunda institución de salario-de-pares más alto, la que admitiría a los mejores de ellos, dejando a aquellos aún postergados en la necesidad de formar una nueva fila para postular a la universidad situada en el tercer lugar en la oferta de salario-de-pares más altos. Y así por delante hasta que los alumnos ya no tienen oferta de escuelas o las escuelas demanda de alumnos. El resultado sería, pues, uno de ajuste entre los mejores alumnos y las escuelas con los mejores salarios-de-pares [y] la competencia sería por calidad de pares. El éxito de una escuela en esta competencia dependería del tamaño del subsidio pagado a los estudiantes, en relación al de otras escuelas[222].

En cambio, a medida que se desciende en la jerarquía de las instituciones –jerarquía de prestigio y de capacidad relativa de "comprar" alumnos de calidad–, la competencia adquiere un sentido distinto y se transforma, básicamente, en competencia por matrícula y no por calidad. En la parte más baja del mercado, las universidades ya no pueden preocuparse de a quién ofrecen su servicio, sino que deben actuar con una política de puertas abiertas y competirán simplemente por captar alumnos y satisfacer su demanda por educación superior. Aunque la literatura raramente lo señala, puede conjeturarse que también en este mercado existe un "pago" por alumno, mediante una serie de descuentos y subsidios otorgados por las instituciones que reducen el valor nominal de los aranceles en beneficio de la captación de un mayor número de alumnos.

En suma, se sostiene que la microeconomía de las universidades es "extraña" e "inusual", para emplear dos términos comúnmente utilizados en estos análisis. Y ello no sólo debido a la particular naturaleza de

[222] G. Winston, "Toward a Theory of Tuition...", op. cit., 2003, p. 11.

las universidades como instituciones de conocimiento[223] e instituciones "donativo-comerciales-sin fines de lucro"[224], sino, además, debido a las especiales características de esta "industria" y sus mercados multidimensionalmente segmentados y jerarquizados[225], a la dificultad de determinar los costos de las "firmas"[226] y a las características especiales de la competencia en este ámbito. En efecto,

> cada una de las instituciones *selectivas* [el énfasis es nuestro] se encuentra envuelta en el equivalente a una carrera armamentista de gastos[227] para mejorar su calidad absoluta y mejorar su posición re-

[223] Sobre la naturaleza de las universidades como organizaciones de conocimiento, ver B. R. Clark, *The Higher Education System...*, op. cit., cap. 1, y R. Geiger, *Knowledge and Money...*, op. cit., 2004, cap. 1. Para un análisis del concepto clarkiano de las universidades como instituciones de conocimiento y su posible aplicación en el contexto latinoamericano, ver J. J. Brunner, "Notas para una teoría del cambio en los sistemas de educación superior", Flacso, Documento de Trabajo 381, 1988.

[224] Ver H. B. Hansmann, op. cit., 1980, y op. cit., 1990. Además, R. G. Ehrenberg, *Tuition Rising...*, op. cit., 2002, cap. 3.

[225] Basta ver la variedad de términos con que se califican estos mercados: *positional markets, hierarchical markets, status markets, trust markets, winner-take-all markets, peer quality markets.*

[226] Sobre la determinación de costos en las universidades, ver R. Geiger, *Knowledge and Money...*, op. cit., 2004, capítulo 2; G. C. Winston, "Toward a Theory of Tuition...", op. cit., 2003; R. G. Ehrenberg, *Tuition Rising...*, op. cit., 2002, capítulo 1; M. Getz and J. J. Siegfried (1991) "Costs and Productivity in American Colleges and Universities". En C. T. Clotfelter, R. G. Eherenberg, M. Getz and J. J. Siegfried, *Economic Challenges in Higher Education*. Chicago: The University of Chicago Press, 1991.

[227] La noción de una "carrera armamentista" ha ganado amplia difusión en la literatura especializada. Winston sitúa esta metáfora en el contexto de su teoría sobre la competencia en la educación superior de la siguiente forma: "El mercado de estudiantes de pregrado posee muchas similitudes con una carrera armamentista. La posición relativa de una escuela –relativa a otras escuelas– determina su capacidad de atraer estudiantes y estudiantes de calidad. A su turno, dicha posición se halla determinada, en gran medida, por el tamaño de los subsidios ofrecidos a sus estudiantes (o, su equivalente, cuánto sus estudiantes deben pagar por un dólar de educación). Escuelas con alto poder de subsidio son las que más gastan por un dólar de arancel, de manera tal que esa "oferta" atrae a los estudiantes de más calidad. Para cambiar su posición una escuela debe gastar más o cobrar menos y tener los recursos necesarios para respaldar esa decisión. La carrera armamentista posicional sugiere por qué la competencia de una escuela situada más abajo en la jerarquía fuerza más efectivamente una respuesta [de la institución incumbente] que la competencia desde arriba y por qué es típico de la educación superior que los costos crezcan para reposicionarse, pero los precios no caigan". G. C. Winston, "The Positional Arms Race In Higher Education; Williams Project on the Economics of Higher Educa-

lativa en el orden de prelación de prestigios (o, al menos, para no verla disminuida). Consecuentemente, ninguna institución decidirá unilateralmente reducir sus tasas de crecimiento o gasto, pues con ello arriesgaría reducir su prestigio [...]. Una institución que unilateralmente redujese su tasa de crecimiento o, aun más drásticamente, su nivel de gasto, pagaría caro por ello en los *ratings* de los años siguientes[228].

Análisis críticos

La organización de la educación superior bajo principios de mercado, en particular el funcionamiento macroeconómico del mercado de enseñanza de pregrado, ha dado lugar –igual como ocurre con los procesos de *mercadización*– a una abundante literatura crítica, cuyos orígenes pueden trazarse, como vimos, por lo menos hasta J. S. Mill a mediados del siglo XIX y, en el caso de Estados Unidos, hasta T. Veblen a comienzos del siglo XX. ¿Qué nuevos elementos encontramos en la literatura más reciente? Desde el punto de vista que aquí interesa, ellos provienen de vertientes que corren en sentidos contrarios.

Falla de mercado: asimetrías de información

En primera instancia encontramos las críticas fundadas en la noción de "fallas de mercado"[229], que, aplicadas al análisis de los mercados de la educación superior, han sido resumidas de la siguiente manera:

tion, Williams College, Discussion Paper Nº 54, 2000. Disponible en: http://www.williams.edu/wpehe/DPs/DP-54.pdf

228 R. G. Ehrenberg, *Tuition Rising...*, op.cit., 2002, p.278.

229 Para una revision de la literatura sobre fallas de coordinación y fallas de mercado en particular, ver K. Hoff y J. E. Stiglitz, "Modern Economic Theory and Development"; The World Bank, 2001. Disponible en: http://www.worldbank.org/research/bios/khoff/hoff-stiglitz-frontiers%20of%20dev%20ec.pdf

Ver además J. E. Stiglitz, "The Invisible Hand and Modern Welfare Economics"; NBER Working Paper Nº 3.641, March 1991. Disponible en: http://www.nber.org/papers/w3641.pdf

Para una aplicación al caso de los mercados de educación superior, ver W. Duczmal, *The Rise of Private Higher Education in Poland: Policies, Markets and Strategies*; Entschede: Center for Higher Education and Policy Studies (Cheps), 2006. Disponible en: http://www.utwente.nl/cheps/documenten/thesisduczmal.pdf

> Las universidades tienden a valorizar a los académicos por encima de todo, lo que inhibe realizar ganancias de productividad basadas en el uso de tecnologías. Honran los "derechos de propiedad" de los académicos, lo que les impide crecer por sustitución. No resisten el *mission drift*, que lleva a los académicos a reemplazar la docencia por la investigación, en detrimento de los estudiantes. Subinvierten en la provisión de información sobre la calidad de la educación, lo que fuerza al mercado a depender de sustitutos, los cuales sirven más el interés de los proveedores que de los consumidores. [...] Lo más grave de todo, las insuficiencias de información impiden que la mano invisible del mercado produzca incentivos para el mejoramiento de la calidad. Estamos atrapados en un círculo vicioso que provoca una carrera armamentista en el gasto sin relación con el valor educacional agregado. Esto fomenta el *mission drift* que, por su lado, inhibe los mejoramientos de calidad[230].

La falla de mercado en la provisión de la enseñanza de pregrado debida a la desigual distribución de la información es un tema extensamente tratado en la literatura de nuestro campo de análisis[231].

Se sostiene, en efecto, que en el caso de los "bienes de experiencia", como sucede con la enseñanza de pregrado, la información sobre la calidad del servicio juega un rol crucial para asegurar una eficiente competencia de mercado. Sin embargo, se observa que las instituciones raramente informan sobre lo que efectivamente ocurre con sus alumnos entre el momento en que se matriculan y se gradúan[232]. Tampoco existe adecuada información sobre los resultados del aprendizaje (el capital humano realmente adquirido)[233], ni sobre el desempeño de los

[230] W. F. Massy, "Markets in higher education...", op. cit., 2004, p. 31.

[231] Desde distintas perspectivas, véase por ejemplo M. Abott, "An economic analysis...", op. cit., 2005; D. D. Dill, "An Institutional Perspective...", op. cit., 2003; D. D. Dill, "Allowing the Market to Rule...", op. cit., 2003; D. Breneman, B. Pusser, S. Turner, "The Contemporary Provision of For-profit Higher Education: Mapping the Competitive Market", 2000 (Draft version). Disponible en:
http://www.georgetown.edu/faculty/irvinem/CCTP737/Sources/Breneman-UVA-For-Profit-Entry-2000.pdf

[232] Ver Massy, "Markets in Highewr Education...", op. cit., 2004, p. 29.

[233] Ver D. D. Dill and M. Soo, "Transparency and Quality in Higher Education Markets", op. cit., 2004, p. 63.

graduados al incorporarse al mercado laboral. Bajo estas condiciones el consumidor de educación superior tampoco puede informarse sobre el costo de los programas académicos ni sobre el valor agregado educacional. Todo esto "introduce la posibilidad de que los proveedores cobren aranceles y luego provean una calidad insuficiente"[234]. Y lleva, en consecuencia, a que el mercado emplee sustitutos –principalmente el prestigio de las instituciones– para evaluar la calidad de los servicios que ofrecen, bajo el supuesto, en este caso, de que el prestigio institucional, y de los diplomas expedidos, señaliza calidad en el mercado laboral. Esta dinámica, a su vez, tiende a reforzar la competencia por prestigio entre las instituciones y refuerza la estratificación del mercado de la enseñanza de pregrado de acuerdo a criterios de selectividad y estatus. Según señala Podolny,

> mientras mayor es la incertidumbre de los participantes en un mercado respecto de la calidad subyacente de los productores y sus productos, mayor será su dependencia en este mercado respecto del estatus del productor para hacer inferencias sobre esa calidad[235].

Fallas institucionales: la falta de mercado

En cambio, suele prestarse menos atención, y por eso dedicamos aquí a esta vertiente un mayor espacio, a las críticas surgidas desde el lado de las "fallas institucionales", que serían provocadas no por excesos del mercado (a la Veblen), sino, al contrario, por una insuficiente incorporación de las reglas y prácticas del mercado a la educación superior.

El argumento central de este enfoque fue desarrollado inicialmente por Buchanan y Devletouglu[236], quienes sostienen que, en un modelo económico de universidades subsidiadas, éstas tenderán inevitablemente a comportarse ineficientemente, debido a que los contribuyentes no ejercen control sobre el uso de los recursos que aportan, los estudiantes son consumidores que no pagan por el servicio que reciben, y

[234] E. Canton and R. Venniker, "Economics of Higher Education", op. cit., 2001, p. 41.
[235] K. M. Podolny, *Status Signals*, op. cit, 2005, p. 18.
[236] Ver J. M. Buchanon and N. E. Devletoglou, *Academic Anarchy*; New York: Basic Books, 1970.

el control de las corporaciones reside en académicos y administradores que no venden el servicio que producen. Bajo estas condiciones, las universidades se sustraerían de la disciplina del mercado y generarían un conjunto de ineficiencias.

Este mismo enfoque ha sido retomado y ampliado recientemente por Vedder[237], quien atribuye las fallas institucionales de las universidades a cuatro factores: i) presencia de proveedores externos de recursos (*third party providers*), ii) ausencia de disciplina de mercado, iii) competencia inefectiva de precios, y iv) regulaciones gubernamentales. En conjunto, estos factores incidirían en la ineficiencia de las universidades y explicarían su constante aumento de costos.

La presencia de proveedores externos de recursos (subsidios públicos y donaciones privadas) aumenta la demanda por estudios superiores y permite a las instituciones elevar los aranceles e incrementar sus ingresos al mismo tiempo que reduce la resistencia de los participantes primarios en el proceso, los alumnos y sus padres. Particularmente, el continuo incremento de los fondos externos para financiar becas y créditos produciría un círculo vicioso –bajo la forma de una espiral de costos– donde las instituciones aumentan sus precios que son respaldados por mayores recursos disponibles de crédito y becas, lo cual aumenta la demanda y permite a las universidades aumentar los precios, y así por delante. Este círculo no se podría romper mientras no se deje de expandir la provisión de recursos externos en respuesta al aumento de costos; es decir, mientras no se desplace el costo hacia el estudiante-consumidor, tornándolo así más sensible a los precios.

La falta de disciplina de mercado bajo la cual operan las universidades (salvo cuando se trata de instituciones con fines de lucro) debilita los incentivos para que los agentes se comporten eficientemente, reduzcan costos o aumenten sus ingresos por la vía de ofrecer mejores servicios. Más bien, los incentivos funcionarían en la dirección de reducir la productividad y la eficiencia. Las autoridades universitarias se preocuparían exclusivamente de aumentar su participación en el presu-

[237] Véase R. Vedder, *Going Broke by Degree. Why College Cost Too Much*; Washington, D. C.: The AEI Press, 2004.

puesto, dado que la disposición sobre mayores recursos significa mayor poder y mejores condiciones para desarrollar las funciones a su cargo. En breve, en comparación con firmas privadas con fines de lucro, en el caso de las universidades "la disciplina del mercado para promover crecimientos de productividad y mejoramiento de productos es muy limitada"[238].

También la competencia por precios sería inefectiva en el caso de la educación superior, aunque las universidades compitan entre sí. ¿Por qué? Porque, al final del día, las universidades compiten a base de descuentos sobre el valor de los aranceles netos y no sobre éstos, practicando, como vimos antes, una intensa discriminación de precios entre sus alumnos. Luego, en vez de obtener ventajas en el mercado por medio de efectivas reducciones de precios, reduciendo costos, las universidades, en cambio, pueden aumentar costos y mantener sus precios o incrementarlos por debajo de aquéllos, haciendo una adecuada gestión de los procesos de admisión y recurriendo a los recursos provistos por terceros.

Por último, señala Vedder, las regulaciones gubernamentales imponen costos adicionales a las universidades (especialmente a las públicas) al sujetarlas a un régimen de reglas y requerimientos que las obligan a gastar más en función del cumplimiento de normas laborales, estándares, reglamentos medioambientales y reglas de administración, al mismo tiempo que les imponen formas de gobierno y gestión que contribuyen (aunque sea marginalmente) a desempeñarse de manera poco eficiente en el mercado.

En conclusión, bajo esta óptica las universidades presentan *fallas institucionales* por el hecho de actuar en un entorno de mercado insuficiente, que es completamente diferente al entorno de mercado en que compiten las firmas privadas:

> La naturaleza sin fines de lucro de las universidades significa que no existe una medida clara, no ambigua, de su éxito. No existe en ellas la pasión por reducir costos o incrementar ingresos a través del mejo-

[238] Ibíd., p. 29.

> ramiento de productos que provee la disciplina del mercado. A diferencia del sector privado, donde aquellas medidas se reflejan en la última línea del balance (*bottom line*), los empleados aquí tienen pocos incentivos para reducir costos. No hay una última línea de balance en la educación superior. Se agrega a esto el hecho de que terceras partes pagan la mayor parte de la cuenta, reduciendo la sensibilidad al precio de los consumidores. Por esto, las universidades compiten menos vigorosamente por precios. Los incrementos de costo y la declinación de la productividad se ven agravados adicionalmente por las mayores regulaciones gubernamentales[239].

Frente a este diagnóstico, el autor propone un conjunto de medidas correctivas en dos planos.

En un plano general, discute la posibilidad de alterar el entorno en que operan las universidades para sujetarlas, efectivamente, a la disciplina del mercado. La solución aquí vendría –poco sorprendentemente– de adoptar un esquema generalizado de *vouchers*, trasladando drásticamente los subsidios desde la oferta (las instituciones) a la demanda (los estudiantes), incluidos los subsidios para investigación, lo cual traería aparejado, además, un progresivo debilitamiento de las diferencias entre universidades públicas y privadas.

En el plano interno de las instituciones, y bajo el supuesto de que las universidades seguirían actuando más o menos en el mismo entorno que hoy lo hacen, éstas deberían ser estimuladas –mediante una reducción de los subsidios que reciben– a adoptar medidas tales como reducir los costos instruccionales por la vía de aumentar la razón alumnos por profesor; eliminar o reducir las posiciones académicas de por vida (*tenure*); aumentar el número de profesores adjuntos de tiempo parcial y el empleo de tecnologías capital-intensivas en la docencia; eliminar o fusionar programas de alto costo y bajo rendimiento, como ocurre en el caso de programas de doctorado con escasos alumnos; reducir la burocracia superior y el personal de apoyo; externalizar y privatizar servicios. Asimismo deberían, complementariamente, adoptar medidas encaminadas a aumentar la productividad, como reducir la deserción

[239] Ibíd., p. 37.

estudiantil, incorporar modalidades de gobierno y gestión que aumenten la eficiencia de los procesos de decisión, y emplear esquemas de pago para los profesores basados en indicadores de desempeño y medición de resultados.

Competencia posicional y estratificación académica y social

También resulta interesante apreciar cómo algunos elementos de los análisis de Mill y Veblen han sido reformulados y ampliados para dar cuenta de las condiciones contemporáneas de funcionamiento de los mercados universitarios.

Marginson, en sus estudios sobre las reformas de mercado aplicadas en Australia, es quizás quien mejor refleja y expresa esta evolución[240]. El núcleo de su análisis sugiere que, en un mundo de competencia posicional, el mercado de educación superior se segmenta inevitablemente y las instituciones situadas a lo largo de la jerarquía de estatus –de arriba hasta abajo– deben necesariamente adoptar estrategias diferentes para mantener (o mejorar) su posición.

Arriba, en la cúspide de la jerarquía, las instituciones de elite, las más selectivas, deben preocuparse únicamente por retener su liderazgo. Su objetivo no es

> aumentar la producción para satisfacer plenamente la demanda, como haría una firma capitalista, pues el centro de gravedad de su meta final no es extender su participación de mercado, ni siquiera maximizar sus ingresos. Es, simplemente, la preferencia de los consumidores, estatus social y académico (especialmente en el área de la investigación), que les ayuda a mantener su propio estatus social[241].

De este modo, el propio dinamismo de la competencia posicional refuerza la posición de las universidades de elite, otorgando gran estabilidad a la cúspide de la jerarquía. Las universidades más antiguas, que han logrado un mayor capital de investigación y reputación en el

[240] Ver S. Marginson, "Australian Higher Education: National and Global Markets", op. cit., 2004.

[241] Ibíd., p. 210.

tiempo, tienen obvias ventajas. Ellas no necesitan ni mostrarse particularmente innovativas ni demostrar su calidad docente, que se reproduce automáticamente (como capital simbólico, independientemente de su valor real) dada su posición en la escala jerárquica.

A su turno, si la política pública intensifica el uso de los mecanismos de tipo mercado en la educación superior, por ejemplo acentuando el rol de los precios o reduciendo los subsidios públicos, la asignación de los recursos tenderá también a estratificarse, favoreciendo a las universidades de mayor estatus, pues en la medida en que éstas atraen a los mejores alumnos, habitualmente provenientes de las familias más acomodadas, las reformas de mercado acentuarán el nexo entre ellas y las universidades más selectivas. "Los mercados de educación superior son un juego complementario en el cual la jerarquía de estudiantes/familias es sincronizada con la jerarquía de las universidades, y en el cual las elecciones individuales de mercado se determinan por objetivos de estatus"[242]. A esto se agrega el hecho de que solamente estas instituciones de elite –una vez que se introducen las reformas de mercado– están en condiciones de empresarializar rápida y rentablemente una parte de sus actividades, sobre la base del capital de investigación que han acumulado.

Al contrario, sólo en la parte baja de la jerarquía, y en sus zonas intermedias, sería posible observar, a lo largo del tiempo, algún movimiento en la jerarquía social de las instituciones. Sin embargo, aquí las universidades enfrentan la dificultad de obtener reconocimiento para sus mejores programas, dado que en un mercado posicional la calidad se equipara con instituciones de elite. Esto torna prácticamente imposible que instituciones situadas en la parte baja de la jerarquía puedan ascender a su cúspide. La movilidad ascendente queda limitada así a ciertos segmentos de la escala.

De ese modo, la competencia favorecida por las políticas de mercado tendería inevitablemente a segmentar el mercado en torno a diferentes agrupaciones de instituciones (submercados), creando en torno a ellos barreras o cierres que restringen los efectos de la propia competencia.

[242] Ibíd.

En suma, en un mercado posicional, "la inversión en bienes de estatus [...] inevitablemente genera frustración individual y un costo social hundido. Y estos resultados empeoran con el tiempo"[243]. Marginson ilustra este argumento recurriendo a lo que denomina el ultracompetitivo sistema educacional coreano, donde se estima que los padres gastan el equivalente a 3,2 por ciento del PIB anualmente en tutorías privadas para sus hijos, con el propósito de asegurarles el ingreso a los mejores colegios y universidades del país. Sin embargo, sostiene, estas inversiones en beneficio privado no pueden lograr su objetivo y finalmente se anulan entre sí.

¿Por qué en un mercado posicional este tipo de inversiones se anula entre sí? Por la propia lógica de funcionamiento de este mercado a nivel nacional. En efecto, en un mercado de este tipo, por definición, el número de bienes de estatus es limitado, igual como es limitado el número de instituciones productoras de (alto) estatus. Su número no puede ser ampliado sin disminuir su valor de prestigio. "Cuando una educación exclusiva se vuelve más ampliamente disponible, cesa de ser exclusiva"[244]. Más bien, las reformas de mercado, al acentuar los aspectos económicos de las transacciones que ocurren en la educación superior, tienden a reforzar también la estratificación económica de la jerarquía social e institucional.

En este contexto, el argumento de Marginson sostiene que la *mercadización* de la educación superior constituye una "doble regresión" desde el punto de vista de la equidad social. De un lado, el funcionamiento de un mercado posicional exacerba la estratificación y la desigualdad, a la vez que la naturaliza. Del otro, su progresiva estabilización y consolidación desnaturaliza cualquiera intervención de política pública. La idea de que reformas de este tipo traen consigo una competencia más abierta por acceder al círculo de alto estatus, alega el autor, no es más que un espejismo, pues al final la competencia posicional sigue siendo

[243] S. Marginson, "Competition and Markets in Higher Education: A 'Glonacal' Analysis", op. cit., 2004, p. 190.
[244] S. Marginson, "Australian Higher Education: Nacional and Global Markets", op. cit., p. 210.

de suma cero. Ya lo vimos. El número de posiciones de alto estatus no cambia porque aumenta el número de vacantes en el sistema. Al contrario, sólo intensifica la competencia por ingresar a las universidades de elite, otorgándoles a éstas mayor espacio de maniobra. En conclusión, lo que el mercado de educación superior traería consigo es, ante todo, una mayor segmentación académico-social de las instituciones junto con una estratificación económica más acentuada. En estas circunstancias cambian también las motivaciones que determinan los comportamientos institucionales y las opciones abiertas a cada una según su localización en la jerarquía.

> Si *pueden* optar a operar como productoras de alto estatus, prestigioso y exclusivo, *siempre* lo harán [los énfasis son del original], caso en el cual las instituciones estarán conducidas por la adquisición y la reproducción del estatus social, y tenderán a ver los aumentos de ingresos como un medio para su propia reproducción y un signo de su prestigio, más que como un fin en sí mismo. Si no tienen otra opción, las instituciones contendientes se transformarán en "fábricas de entrenamiento" en el piso de la jerarquía institucional, donde no hay estatus que se pueda encontrar ni crear, y el aumento de ingresos se convierte en un fin en sí mismo, por mucho que las instituciones sueñen en convertirse en jugadores serios en la competencia por estatus. Aquí los puestos de estudio ofrecidos no son escasos y la competencia entre consumidores por acceder a ellos es débil. En el mejor de los casos, los estudiantes se hallarán focalizados en la adquisición de conocimientos y destrezas como un fin en sí, puesto que no están en condiciones de invertir en la coproducción de bienes de estatus valiosos[245].

La lógica del mercado de prestigios académicos

Para completar esta sección conviene volver al inicio de ella y mencionar lo siguiente: que algunos de los análisis económicos más sofisticados del comportamiento económico de las instituciones (como los de G. Winston comentados con anterioridad), incluso si han surgido desde

[245] S. Marginson, "Competition and Markets in Higher Education: a 'Glonacal' Analysis", op. cit., 2004, p. 197.

el enfoque neoclásico de corriente principal, convergen con el análisis sociológico en la importancia atribuida a la competencia posicional.

En efecto, si nos atenemos solamente a los aspectos de la competencia en el mercado de educación superior y sus consecuencias, vemos que el análisis neoclásico desarrollado por Garvin[246] se asemeja bastante al de la literatura sociológica que hemos venido revisando, aunque sin el sesgo crítico característico de una parte de aquélla. Su punto de arranque es la constatación de que las universidades no son firmas maximizadoras de utilidades, lo cual explica que cobren aranceles por debajo de sus costos. A su turno, el exceso de demanda –la fila de postulantes que buscan ser admitidos– y los subsidios que reciben las universidades las aíslan parcialmente de las fuerzas del mercado, aunque no inhiben la realización de un análisis de mercado de ellas.

En este contexto, ¿cómo debería entenderse el comportamiento de individuos e instituciones que actúan en función de satisfacer sus propios intereses? Garvin sugiere que el comportamiento de las universidades necesita explicarse a partir del interés propio de los individuos que adoptan las decisiones institucionales y de la competencia entre instituciones. El interés de los administradores y académicos es el prestigio de su institución, que eleva su valor de mercado y la reputación de todos aquellos asociados a ella. El prestigio jugaría así un importante rol en la competencia, más aun que la calidad, pues, de hecho, son las reputaciones institucionales las que atraen a los potenciales estudiantes y definen sus preferencias.

Luego, el prestigio sería la base de las reputaciones. ¿Cómo se construye el prestigio en el mercado de la educación superior? Los elementos que contribuirían a producirlo son la existencia y extensión de los programas de postgrado, cuya base es la investigación académica, y la calidad de los profesores y estudiantes, elementos que se hallan todos relacionados entre sí. Las reputaciones institucionales resultantes de esta suerte de producción de prestigios desde la base de conocimiento de la universidad (donde las publicaciones juegan un papel decisivo) determinarían en seguida los comportamientos de las instituciones.

[246] Véase D. A. Garvin, *The Economics of University Behavior*, op. cit., 1980.

Así, por ejemplo, las instituciones más reputadas podrían expandir su área geográfica de mercado; reducir la elasticidad de la demanda por admisión, al mismo tiempo que incrementan el valor de sus aranceles sin perder la calidad de sus estudiantes; atraer a los mejores doctores jóvenes y obtener donaciones y recursos adicionales para aumentar la base de financiamiento de la universidad y desarrollar aun más la investigación.

Las líneas de investigación sobre efectos del mercado en el comportamiento y adaptación de las instituciones

Llegamos aquí, con el casillero 13 y sus ramificaciones hacia los casilleros 14 y 15 de nuestro *Diagrama base*, prácticamente al final de este recorrido de las líneas que dan origen al campo de análisis del mercado universitario.

Efectivamente, como hemos visto a lo largo de este estudio, las universidades se desenvuelven ahora en un entorno que las obliga a adaptarse y cambiar.

En un trabajo de revisión y síntesis de la literatura pertinente, Gumport y Sporn[247] concluyen que el nuevo entorno les demanda, simultáneamente, resolver problemas de costo, calidad, efectividad y acceso. El desafío consistiría por lo tanto, en última instancia, en cómo adaptarse a un contexto que en su momento Clark calificó como "turbulento"[248]: los sistemas nacionales de educación superior ya no pueden retornar al estado de equilibrio anterior ni alcanzar un nuevo estadio de equilibrio; las universidades, tanto públicas como privadas, habrían ingresado a una época de transformaciones cuyo fin no se avizora en el horizonte. "La encrucijada reside en un hecho simple", concluye: "las demandas ejercidas sobre las universidades exceden su capacidad de respuesta"[249].

[247] Ver P. Gumport and B. Sporn, "Institutional Adaptation: Demands for Management Reform and University Administration". National Center for Postsecondary Improvement, Stanford University, 1999. Disponible en:
http://www.stanford.edu/group/ncpi/documents/pdfs/1-07_adaptation.pdf

[248] Ver B. R. Clark, *Creating Entrepreneurial Universities. Organizational Pathways of Transformation*; Oxford: IAU Press – Pergamon, 1998.

[249] Ibíd., p. 129.

En estas condiciones, ¿cómo buscan las instituciones adaptarse a la nueva situación, caracterizada por una mayor presión de demanda proveniente de una base más diversificada de alumnos; requerimientos cambiantes y cada vez más diferenciados del mercado de ocupaciones; una multiplicidad de partes interesadas con expectativas divergentes; demandas de las economías nacionales que necesitan construir su competitividad explotando para ello la plataforma de conocimiento universitario; recursos públicos declinantes y creciente competencia?

Desde el punto de vista de las universidades, la respuesta es: producir todos aquellos cambios necesarios para aumentar sus *capacidades de adaptación*[250], no sólo en el plano de las funciones académicas, sino además, y muy principalmente, en el ámbito de sus capacidades de gobierno y gestión[251].

La nueva gobernabilidad

Al discutir la naturaleza y orientación de estos cambios, la literatura especializada se centra particularmente en torno al fenómeno que en inglés se denomina *managerialism* y que aquí, con otro neologismo, traduciremos como *managerialismo* (casillero 14).

¿De qué se trata? Básicamente, de un enfoque de gestión centrado en el desempeño institucional, de modo de elevar la capacidad para competir en el mercado y adaptarse a las exigencias del nuevo entorno, a través de una enérgica reconfiguración interna de las universidades (gobierno y gestión) inspirada (en el caso de las universidades públicas)

[250] En contra de esta idea, Gumport sostiene que "la cuestión de si acaso una organización *puede* o no responder debe estar precedida por la pregunta de si acaso *debe* responder a cualquier demanda proveniente de la relación de recursos de la cual depende. Pues, de lo contrario, podría ocurrir que emerja una organización enteramente distinta" [los énfasis están en el original]. P. Gumport, "Academia Restructuring: Organizational Change and Institutional Imperatives". *Higher Education* 39, 2000, pp. 85-86. Disponible en: http://www.stanford.edu/~gumport/publications/Gumport2000ARHigherEdRestructuring.pdf
Para un revisión de los enfoques de adaptación en la literatura organizacional, ver P. Gumport y B. Sporn, op. cit., 1999, pp. 17-28.

[251] Para una bibliografía ecléctica sobre *management* de universidades, véase J. Lombardi, "Managing Universities. An Eclectic Bibliography on Universities", 2005. Disponible en: http://thecenter.ufl.edu/edu05bib.html

en los principios del *new public management* (NPM)[252].

Algunos ven en el *managerialismo*, esencialmente, poco más que una emanación surgida del neoliberalismo: una "ideología viajera", como ha sido llamada por su rápida difusión alrededor del mundo, cuyos valores y supuestos implícitos serían la superioridad de los contextos de mercado sobre las regulaciones públicas, la mayor eficiencia de las empresas y organizaciones afines al mercado que sus contrapartes públicas, y la mayor capacidad adaptativa de aquellas organizaciones[253].

En cambio, si las cosas se aprecian desde el punto de vista del enfoque o la doctrina del NPM, el *managerialismo* aparece como un conjunto de medidas de reforma del gobierno y la gestión internos de las universidades que ha alcanzado amplia difusión en diversas partes del mundo. Es necesario, por tanto, comenzar por los principios que articulan las propuestas del NPM. Keating y Shand proporcionan una apretada y frecuentemente citada síntesis[254]:

a) Foco en los resultados en términos de eficiencia, efectividad, calidad del servicio e impacto; es decir, si los beneficiarios realmente ganan algo.

b) Un ambiente descentralizado de gestión que complemente mejor la autoridad con la responsabilidad, de manera que las decisiones sobre asignación de recursos y la provisión del servicio se ubiquen más cerca del punto de entrega del servicio y permitan una mayor retroalimentación de parte de los clientes y otras partes interesadas.

[252] La literatura sobre el NPM es extensa. Para una visión autoritativa, ver C. Hood, "Institutions, Blame Avoidance and Negativity Bias: Where Public Management Reform Meets the 'Blame Culture' ". Paper for CMPO Conference on 'Public Organisation and the New Public Management', 19th March 2004, Royal Fort House, University of Bristol (First Fraft). Disponible en:
http://bristol.ac.uk/Depts/CMPO/events/workshops/publicorg/hood.pdf
Para una revisión de la teoría y su aplicación, véase C. Pollitt y G. Bouckaert, Public Management Reform: A Comparative Analysis; Oxford: Oxford University Press, 2004.

[253] Ver A. Amaral, A. Magalhaes and R. Santiago "The Rise of Academic Managerialism in Portugal". En A. Amaral, V. L. Meek and I. M. Larsen (eds.), *The Higher Education Managerial Revolution?*; Dordrecht: Kluwer Academic Publishers, 2003. Asimismo, V. L. Meek, "Introduction". En A. Amaral, V. L. Meek and I. M. Larsen (eds.), op. cit., 2003.

[254] Ver Keating, M. S. and D. A. Shand (1998), Public Management Reform and Economic and Social Development; Paris: OECD, 1998, p. 13.

c) Mayor énfasis en una provisión dirigida hacia las opciones de los clientes a través de la creación de entornos competitivos dentro de las organizaciones del sector público y con la participación de competidores no gubernamentales.

d) La flexibilidad necesaria para explorar alternativas más costo-efectivas para la provisión pública directa o las regulaciones, incluyendo el uso de instrumentos de mercado como tarifas a los usuarios, *vouchers* y venta de derechos de propiedad.

e) Responsabilización por resultados (*accountability*) y por la creación de adecuados procedimientos, antes que conformidad con un conjunto particular de reglas y, adicionalmente, un cambio de enfoque desde la evitación a la gestión del riesgo.

La aplicación de estos principios a la educación superior, en particular a las universidades, está dando lugar a variados y sustanciales cambios en el gobierno y la gestión de estas instituciones, como muestran, por ejemplo, los estudios editados por Amaral, Meek y Larsen referidos a los sistemas de Australia, Brasil, Finlandia, Francia, Holanda, Reino Unido, Noruega, Portugal y Sudáfrica[255].

Tendencias comunes

¿Puede probarse que estos cambios apuntan, gruesamente, en ciertas direcciones comunes, como cabría esperar de su común enfoque de base?

La literatura y la evidencia disponibles permiten responder afirmativamente, aunque sólo a condición de mantener un relativo nivel de generalidad, abstrayéndose de la multifacética, compleja y continuamente cambiante naturaleza de estas reformas según se aplican en cada

[255] Ver A. Amaral, V. L. Meek and I. M. Larsen (eds.), op. cit., 2003. Además, véase B. Sporn, "Governance and Administration: Organizacional and Structural Trenes", en J. J. F. Forest and P. G. Altbach, op. cit., 2006, vol. 2, capítulo 9. Para el caso de los países nórdicos, ver, además, Fägerlind, I. and G. Strömqvist (eds.), *Reforming Higher Education in Nordic Countries*, op. cit., 2005. Para el caso australiano, ver también M. Jodie, "Higher Education - Nowhere to Hide From the Winds of Change: A Review of Literature on Universities Coping With Their Environment"; Centro Universitario per la Valutazione e il Controllo (Cresco), Università Degli Studi Di Siena, Working Paper Nº 5, ottobre 2004. Disponible en: http://www.cresco.unisi.it/wp/wp5.pdf

contexto nacional y, más acentuadamente aun, en cada universidad.

Por lo pronto, Sporn ofrece un buen resumen de las tendencias que estarían adoptando estos cambios: i) reforzamiento de los cargos ejecutivos superiores de las universidades; ii) cambios en el organismo de más alta dirección, los *boards* o juntas directivas; iii) adopción de nuevas estructuras de decisión; iv) medidas que promueven la *accountability*, la evaluación y el control de calidad; y v) reingeniería de la gestión financiera de las universidades[256]. En lo que sigue, usaremos este conveniente esquema para sintetizar algunos de los desarrollos del *managerialismo universitario* y las cuestiones que ellos plantean.

Las posiciones ejecutivas superiores de las universidades –que en el caso de Estados Unidos han sido tradicionalmente más fuertes (Meek 2003)[257]– comienzan ahora a reforzarse en diversos otros sistemas nacionales de educación superior, en parte debido a una disminución de los controles impuestos por los gobiernos nacionales y, en parte también, como respuesta a la necesidad de elevar la capacidad de conducción y adaptación de las instituciones[258]. Los rectores, hasta ayer elegidos por el senado académico o los claustros de profesores, son ahora frecuentemente designados por las juntas directivas, al mismo tiempo que se los dota de mayores atribuciones. También aumenta el poder de los vicerrectores, decanos y jefes de departamentos. Por ejemplo, Marginson, dando cuenta de un estudio sobre cambios ocurridos en la administración de las universidades australianas, señala:

[256] Ver B. Sporn, "Convergence or Divergence in International Higher Education Policy: Lessons from Europe", 2003. Disponible en:
http://www.educause.edu/ir/library/pdf/FFPFP0305.pdf

[257] Con todo, también allí se proponen diferentes medidas para reforzar y/o reformar el gobierno de las universidades. Ver C. Kerr, "Shock Wave II: An Introduction to the Twenty-First Century". En S. Brint (ed.), *The Future of the City of Intellect. The Changing American University*; Stanford, California: Stanford University Press, 2002, pp. 13-15. Sobre la discusión contemporánea de estos asuntos en Estados Unidos, ver R. G. Eherenberg (ed.), *Governing Academia*; Ithaca and London: Cornell University Press, 2004. Asimismo, W. G. Tierney (ed.), *Competing Conceptions of Academic Governance. Negotiating the Perfect Storm.* Baltimore and London: The Johns Hopkins University Press, 2004.

[258] Ver B. Sporn, "Governance and Administration...", op. cit, 2006.

> El propósito y las operaciones universitarias son ahora definidos a través de formas fuertes de control ejecutivo, en las cuales gerentes-líderes asumen el rol de planificadores estratégicos y se ocupan de la reingeniería, guiados por misiones institucionales de estilo corporación privada[259].

En la misma dirección, De Boer señala que "en comparación con el pasado, las universidades están siendo rediseñadas en torno a estructuras de mando con creciente poder de los ejecutivos y una clara administración de línea"[260].

Variados sistemas alrededor del mundo están dando lugar, además, a la aparición (o reorganización) de juntas directivas de gobierno que, en parte, sustituyen el rol tradicional del senado académico. Estos órganos se integran usualmente con miembros del sector público y privado, en número parecido o superior a los representantes académicos, y ejercen las funciones de alta dirección de la universidad, supervisión de su marcha y control de los ejecutivos superiores. Entre sus atribuciones se hallan la de designar al rector, aprobar los planes estratégicos y presupuestos, y actuar como intermediario en relación con el gobierno y la sociedad.

En Australia estos órganos han sido movidos desde una posición básicamente representativa hacia una posición que se asemeja más a la de una junta corporativa. En varios países de Europa han incorporado representantes de los principales agentes externos y han pasado a ocupar un lugar central, como ocurre en Holanda y Reino Unido[261].

El caso de Holanda es particularmente interesante. En efecto, la reforma del gobierno y la gestión de las universidades, iniciada en 1997, se propuso explícitamente superar un conjunto de "fallas institucionales" que, según el gobierno, se hallaban localizadas en las estructuras y procedimientos de dirección y gestión universitarias. Con este fin se

[259] S. Marginson, "The Enterprise University comes to Australia", op. cit., 1999, p. 4.
[260] H. de Boer, "Who is Afraid of Red, Yellow and Blue? The Colorful World of Management Reforms". En A. Amaral, V. L. Meek and I. M. Larsen (eds.), op. cit., 2003, p. 91.
[261] Ver U. Felt, "University Autonomy in Europe: Changing Paradigms In Higher Education Policy", 2002. Disponible en: http://eua.uni-graz.at/Ulrike_Felt.pdf

dictó el Acta de Modernización del Gobierno Universitario, cuyos objetivos eran: i) fortalecer las posiciones ejecutivas frente a la posición de los consejos tanto a nivel central como de las facultades; ii) transformar los consejos universitarios y de los académicos en organismos consultivos para estudiantes y personal no académico; iii) producir una integración entre las estructuras de gobierno y gestión; iv) incrementar el poder de decisión de los decanos a nivel de las facultades; y v) crear un nuevo órgano de gobierno, la junta de supervisión comparable a un *board of trustees*[262].

Asimismo, bajo la presión del nuevo entorno competitivo y la influencia del NPM, han empezado a generarse nuevas estructuras de decisión, centradas en el desempeño, en la eficiencia y en una más rápida capacidad de reacción por parte de las universidades. También en este punto el modelo de decisiones colegial-democrático[263] comienza a ser revisado[264].

En particular, se rediseñan los procesos de decisión y asignación de recursos, tornándolos más parecidos a aquellos empleados por las empresas. En todos los frentes de la organización universitaria se pasa de un sistema de decisiones largamente negociadas sobre una "cancha resbalosa" (al estilo de las anarquías organizadas[265]) a un sistema gestionado. De hecho, según observa De Boer, los órganos de decisión colegial –asambleas, consejos y comités que reflejan el consenso de los académicos– se transforman en su mayoría en órganos consultivos o asesores, sin poder efectivo de decisión, por lo tanto[266].

El desplazamiento del modelo colegial de gobierno universitario por uno *managerial*[267] es quizás una de las manifestaciones más resistidas

[262] V. L. Meek, "Introduction", op. cit., 2003, p. 22.
[263] Sobre esta forma de gobierno universitario, ver B. R. Clark, op. cit., 1983, cap. IV.
[264] Ver R. Birnbaum, "The End of Shared Governance: Looking Ahead or Looking Back", July 2003. Disponible en:
http://www.usc.edu/dept/chepa/gov/roundtable2003/birnbaum.pdf
Ver además R. G. Eherenberg (ed.), *Governing Academia*, op. cit., 2004.
[265] Ver J. March and J. P. Olsen, *Ambiguity and Choice in Organizations*; Bergen: Universitetsforlaget, 1987, capítulo 6.
[266] Ver H. de Boer, "Who is afraid...", op. cit., 2003, p. 91.
[267] Sobre esta forma de gobierno, ver R. Deem (1998), "New Managerialism in Higher

y criticadas de las reformas inspiradas por el enfoque del NPM. No sorprende que así sea, pues en la práctica representa una significativa transformación de la cultura organizacional de las universidades (públicas) y un cambio, también, en la identidad de los actores y en las relaciones de poder entre ellos[268].

Control de calidad

El nuevo contexto en que están produciéndose estos cambios incluye, adicionalmente, una fuerte demanda de responsabilización pública (*accountability*) de las instituciones por su desempeño y resultados, y una creciente presión evaluativa[269], originada tanto desde fuera, por las regulaciones gubernamentales y el ambiente competitivo, como desde dentro, por la implementación del *managerialismo*. De hecho, Williams considera que los modelos de gestión de la calidad surgen en la educación superior como un "producto de la ideología de mercado de los años ochenta y del *managerialismo* que lo acompaña"[270], idea compartida por Rosa y Amaral[271].

En general, las demandas por control de calidad a que ahora se encuentran sujetas las universidades incluyen varios de los siguientes requerimientos (o todos): que las universidades se conformen con procesos externamente administrados de evaluación de calidad; que desarrollen procesos internos de autoevaluación conducidos a la luz de criterios y estándares elaborados externamente; que, con propósitos de acreditación, se ajusten a estándares más específicos definidos por la

Education; The Management of Performance and Cultures", *International Studies in the Sociology of Education* 8 (1) 47-70. Ver asimismo: R. Deem, "Globalisation, New Managerialism, Academic Capitalism and Entrepreneurism in Universities: Is the Local Dimension Still Important?", *Comparative Education* 37 (1), 2001, y U. Felt, op. cit., 2002.

[268] Ver G. Rhoades, "Democracy and Capitalism, Academic Style...", op. cit., 2003.

[269] Ver J. Burke and Associates, *Achieving Accountability in Higher Education*, op. cit., 2005. También M. Trow, "Trust, Markets and Accountability in Higher Education...", op. cit., 1996.

[270] G. Williams, "Total Quality Management: Panacea or Placebo?, *Higher Education*, 25, 1993, p. 229.

[271] Ver M. J. Rosa and A. Amaral, "A Self-Assessment of Higher Education Institutions from the Perspective of the EFQM Excellence Model", 2005. Disponible en: http://www.fup.pt/admin/cipes/docs/eventos/Rosa&Amaral.pdf

autoridad acreditativa; que cuenten con una estrategia institucional y con procesos transparentes de gestión de calidad; que existan vínculos –directos o indirectos– entre las evaluaciones de calidad y la asignación de recursos; que adopten sistemáticamente estándares de desempeño en dominios como enseñanza, investigación, costo-efectividad, *value for money*, infraestructura e insumos, satisfacción de los estudiantes, generación de ingresos, etcétera[272].

Como bien resume Felt, los aspectos de gestión y medición de la calidad de procesos y productos universitarios constituyen ahora un aspecto esencial de los nuevos arreglos de gobierno y administración de las instituciones y, cabe añadir, también, del nuevo tipo de relaciones entre las universidades y sistemas de educación superior con los gobiernos nacionales[273].

Por su lado, los procesos de mercadización introducen presiones adicionales, al desplazar la evaluación de la calidad de las instituciones, a lo menos parcialmente, desde la esfera pública hacia la competencia por alumnos y prestigios en el mercado de la enseñanza de pregrado[274]. Aquí una de las manifestaciones más nítidas es la adopción y difusión de rankings nacionales de universidades, ya bien promovidos por los gobiernos o, más habitualmente, como resultado de iniciativas privadas[275].

272 Ver J. Davies, "Cultural Change in Universities in the Context of Strategic and Quality Initiatives", 2000. Disponible en:
http://www.eua.be/eua/jsp/en/upload/Strategic_Manag_Uni_institutional_Devlpt.1069322397877.pdf

273 Ver U. Felt, op. cit., 2002. Además:
G. Haug, "Quality Assurance/Accreditation in the Emerging European Higher Education Area: A Possible Scenario for the Future", *European Journal of Education*, 38 (3), 2003.
P. Maassen, "Shifts in Governance Arrangements: An Interpretation of the Introduction of New Management Structures in Higher Education". En Amaral, A., V. L. Meek and I. M. Larsen (eds.), op. cit., 2003.
G. Neave and F. A. van Vught, *Government and Higher Education Relationships Across Three Continents. The Winds of Change*; Oxford: IAU Press – Pergamon, 1994.

274 Ver M. Trow, "Trust, Market and Accountability...", op. cit., 1996. Véase asimismo D. D. Dill, "Allowing the Market to Rile...", op. cit., 2003.

275 Ver D. D. Dill and M. Soo, "Academic Quality, League Tables, and Public Policy: A Cross-national Analysis of University Ranking Systems", *Higher Education* 49, 2005. Disponible en:
http://www.studiekeuzeenranking.leidenuniv.nl/content_docs/dill_and_soo_r1202733481650 57.pdf

Privatización

El impacto del enfoque *managerialista* sobre la gestión financiera de las universidades es probablemente el área donde ya se observan cambios más generalizados y una mayor experimentación, y donde surgen, de seguro, sus efectos más duraderos en el largo plazo. Para las universidades constituye un motivo de de malestar. Como ha dicho la revista *The Economist*, "nunca las universidades se han sentido más miserables. Están escasas de recursos. El micro-*management* de los gobiernos es intruso y contradictorio. Y la competencia las fuerza a hacer lo que no les gusta"[276].

En general, los cambios analizados por la literatura tienen que ver, por un lado, con las nuevas modalidades que adopta el financiamiento gubernamental de las instituciones públicas –en la dirección de los esquemas de becas y créditos estudiantiles (casillero 5)[277], en cuanto al financiamiento de la enseñanza[278] y de la investigación académica (casi-

Los autores proporcionan aquí, además, un detallado análisis de los rankings universitarios empleados en Australia, Reino Unido, Canadá y Estados Unidos con el propósito de entregar información al mercado sobre la posición relativa de las instituciones en una jerarquía de estatus/calidad. Además evalúan estos rankings en relación a cinco variables: validez, cobertura de dimensiones, comprensibilidad, relevancia y funcionalidad, concluyendo que todos ellos muestran importantes debilidades. Sobre el tema de los rankings universitarios a nivel nacional, véase adicionalmente:
E. T. Pascarella, T. Cruceb, P. D. Umbacha, G. C. Wolniaka, G. D. Kuh et al., "Institutional Selectivity and Good Practices in Undergraduate Education: How Strong is the Link?", 2004. Disponible en:
http://www.wabash.edu/cila/docs/INSTITUTIONAL%20SELECTIVITY%20AND%20GOOD%20PRACTICES%20IN%20UNDERGRADU.pdf
J. Monks, R. G. Ehrenberg, "The Impact of US News and World Report College Rankings on Admission Outcomes and Pricing Decisions at Selective Private Institutions"; NBER Working Paper Nº W7227, July 1999. Disponible en:
http://papers.nber.org/papers/W7227

[276] *The Economist*, 26 julio 2003: pp. 33-34.

[277] Ver la literatura reseñada anteriormente con ocasión del análisis del casillero 5. Asimismo, las publicaciones del sitio Ichefap (2006), The International Comparative Higher Education Finance and Accessibility Project. Disponible en:
http://www.gse.buffalo.edu/org/inthigheredfinance/index.html

[278] Ver la literatura reseñada anteriormente con ocasión del análisis del casillero 6. En particular: F. Kaiser, H. Vossensteyn, and J. Koelman (eds.), op. cit., 2002, y Cheps, "Higher Education Reform: Getting the Incentives Right", op. cit., 2002.

llero 6)[279]– y, por el otro lado, con la gestión presupuestaria interna[280] y la necesidad de obtener y administrar recursos provenientes de fuentes externas adicionales, particularmente la comercialización de la investigación (casilleros 7, 9 y 10)[281].

Ya tuvimos oportunidad de revisar la principal literatura sobre este tópico en lo que interesa para el campo de análisis del mercado universitario (casillero 6). Es necesario, ahora, profundizar en algunas dimensiones relacionadas con los efectos que los nuevos mecanismos y prácticas del financiamiento de la educación superior tienen sobre el comportamiento organizacional y la adaptación de las instituciones.

A fines de la década pasada, Johnstone resumía de la siguiente forma el curso de las reformas en este ámbito[282]: decía que la necesidad en que se encontraban las universidades de

> complementar ingresos gubernamentales con ingresos no gubernamentales representa un traslado de la carga de los costos de la educación superior desde el "contribuyente general" o "ciudadano general" [...] a los padres y estudiantes en primer lugar, pero también a donantes filantrópicos y compradores de servicios universitarios[283].

Según sostienen los críticos de los procesos de *mercadización* y del *managerialismo*, el desplazamiento de este eje supone un cambio radical en la visión hasta ahora predominante de la educación superior como bien público y servicio institucional, para ser, si no reemplazada, al menos "contaminada" por una visión de la educación superior como una industria (casillero 9)[284], una inversión individualmente rentable

279 Ver OECD, *Governance of Public Research*; Paris: OECD, 2003. Adicionalmente, E. Hazelkorn, *University Research Management. Developing Research in New Institutions*; Paris: OECD, 2005.

280 Ver R. G. Ehrenberg, *Tuition Rising...*", op. cit., 2002, capítulos 2 y 6.

281 Ver la literatura reseñada anteriormente con ocasión del análisis del casillero 10.

282 Ver B. Johnstone, "Worldwide Reforms in the Financing and Management of Higher Education", op. cit., 1998 (revised 2001).

283 Ibíd., p. 9.

284 Ver P. Gumport, "Academia Restructuring...", op. cit., 2000.

(casilleros 4 y 5)[285] o una actividad semicomercial en los límites del mercado (casillero 10)[286].

El traslado parcial de los costos de la educación superior a los estudiantes y sus familias, a través del cobro de aranceles y el apoyo a los alumnos de menores recursos mediante esquemas de créditos y becas (casillero 5), suele ser visto como uno de los principales medios, al mismo tiempo que manifestación, de *privatización* de la educación superior y como una fuente (actual o potencial) de inequidad. Tanto las diversas razones que llevan a los gobiernos y/o a las instituciones a adoptar políticas de este tipo[287], como los argumentos económicos, de bienestar social y de equidad que justifican su adopción[288], no necesitan reiterarse aquí. Basta señalar que este tipo de política efectivamente hace parte de los procesos de *mercadización,* al tiempo que manifiesta una decisión gubernamental destinada a reducir costos fiscales, o bien un resultado de las estrategias desplegadas por las propias instituciones para ampliar su base y modalidades de captación de ingresos. En última instancia, representa un movimiento del financiamiento universitario desde la oferta institucional hacia la demanda estudiantil, que trae aparejada una intensificación de la competencia entre las instituciones.

De hecho, diversos autores conceptualizan el carácter multifacético de la *mercadización* analizando en este punto la variedad de fenómenos de *privatización* a que aquél da lugar en el ámbito de la educación superior. Por ejemplo, Jones define la privatización como un aspecto del cambiante balance general de actividades, patrocinios e influencias públicos y privados a favor de estos últimos[289]. Históricamente, sostiene,

[285] Ver la literatura reseñada anteriormente con ocasión del análisis de los casilleros 2 y 4. Además, C. R. Belfield and H. M. Levin (eds.), op. cit., 2003, part I.

[286] Ver S. Slaughter and G. Rhoades, *Academic Capitalism...,* op. cit., 2004.

[287] Ver la literatura reseñada anteriormente con ocasión del análisis del casillero 5. En particular, B. Johnstone "Higher Educational Accessibility and Financial Viability: The Role of Student Loans", 2005. Disponible en: http://www.gse.buffalo.edu/org/inthigheredfinance/Publications/publications_HED_Accessibility_Viability_Student_Loans.pdf

[288] Ver N. Barr, "Higher Education Funding", *Oxford Review of Economic Policy,* vol. 20, 2, 2004.

[289] Ver D. R. Jones, "Privatization". En B. R. Clark and G. Neave (eds.), op. cit., vol. 2, 1992, pp. 1445-1453.

en el ámbito de las primeras universidades europeas y hasta bien avanzado su desarrollo, no existía la distinción público/privada tal como hoy la conocemos[290]. Su origen se ubicaría en el siglo XIX, en Estados Unidos[291]. En cambio, en la actualidad dicha distinción ocupa un lugar central en muchos sistemas y adopta, al mismo tiempo, variadas formas.

Los fenómenos de *privatización* abarcan, en efecto, desde la creación de mercados para la educación superior hasta la transformación del balance público/privado en aspectos específicos como pueden ser el cobro de aranceles, el financiamiento de las universidades, su gestión y la aparición de instituciones privadas, con y sin fines de lucro. Nos encontramos aquí, pues, frente a unos fenómenos complejos[292]. Al respecto, Johnstone, quien define la privatización como la tendencia de los sistemas y sus instituciones (públicas y privadas) a asumir características y normas operacionales usualmente asociadas con el funcionamiento de la empresa privada[293], sugiere concebir lo público/privado en la educación superior no como una dicotomía excluyente sino como un continuo a lo largo de varias dimensiones distintas pero relacionadas entre sí. De allí resulta un cuadro mucho más matizado de las situaciones de privatización en que se pueden encontrar diferentes sistemas o instituciones, según se representa en la tabla 3.

[290] Se retoma este argumento en J. J. Brunner, "Transformaciones de la universidad pública", *Revista de Sociología*, Universidad de Chile, N° 19, 2005, que en una versión ampliada se incluye en la parte 2 de este estudio.
[291] Ver, por ejemplo, P. D. Eckel and J. E. King. "United States". En J. J. F. Forest and P. G. Altbach, op. cit., 2006. Asimismo, ver J. Thelen, *A History of American Higher Education*; Baltimore and London: The Johns Hopkins University Press, 2004, y B. Stadtman, "United States". En B. R. Clark and G. Neave (eds.), op. cit., vol. 1, 1992.
[292] Para una discusión del carácter mixto, ambiguo y complejo de la relación público/privada en la educación superior, bajo la óptica de la producción de bienes públicos y privados en los mercados (tanto a nivel nacional como internacional), ver S. Marginson Marginson, "National and Global Competition in Higher Education", op. cit., 2004.
[293] Ver D. B. Johnstone, "Privatization in and of Higher Education in the US", 1999. Disponible en: http://www.gse.buffalo.edu/FAS/Johnston/privatization.html

Tabla 3. Situaciones de privatización

Dimensiones	Público + Continuo de privatización [mayor privatización →]			Privado +
Misión o propósito	Sirve una misión pública clara según lo determinado por el Estado o el cuerpo académico.	La misión es pública y privada, según lo definido por el cuerpo académico.	La misión consiste principalmente en responder a los intereses privados de los alumnos, en particular sus intereses vocacionales.	La misión sirve intereses privados de estudiantes, clientes y dueños.
Propiedad	Pública: puede ser alterada o aun cancelada por el Estado.	Corporación pública o entidad legal.	Privada no lucrativa: clara responsabilidad pública.	Privada comercial (*for profit*).
Fuente de ingreso	Todo fiscal o ingreso público.	Principalmente público pero con aranceles o financiamiento compartido.	Principalmente privado, pero con apoyo público a estudiantes que lo necesitan.	Todo privado: exclusiva o principalmente dependiente del arancel.
Control por el gobierno	Alto control del Estado, como en una agencia pública o ministerio.	Sujeto a control público pero menos que otras agencias del Estado.	Alto grado de autonomía; control limitado a la supervisión.	Controles limitados sólo a aquellos aplicables a cualquier negocio.
Normas de gestión	Normas académicas; gobierno colegiado, antiautoritarismo.	Normas académicas, pero aceptación de la necesidad de una gerencia eficaz.	Limitada sujeción a normas académicas; alto control de la gerencia.	Funciona como un negocio; normas de la gerencia.

Fuente: B. Johnstone (1999). http://www.gse.buffalo.edu/FAS/Johnston/privatization.html

Mercados administrados o cuasimercados

Sin embargo, miradas las cosas desde el punto de vista de los cambios de la gestión financiera interna de las universidades (particularmente las públicas), aparece como más importante el impacto que sobre ellas tienen los nuevos modelos, mecanismos e instrumentos gubernamentales para la asignación de los recursos fiscales. Algunos autores abordan este aspecto bajo la noción de "mercados administrados" por el Estado[294] o "cuasimercados" en la educación superior[295].

¿Cómo se crean estos mercados? En pocas palabras, mediante el empleo por parte de los gobiernos del instrumento de la hacienda pública para forzar a las universidades (públicas) a competir en un sistema que se asemeja a un mercado. De hecho,

> lo que comúnmente se entiende por fuerzas de mercado en la educación superior no son mercados puros en ningún sentido de la palabra. Mientras los gobiernos continúen financiando a las instituciones y subsidiando a los estudiantes, las instituciones operarán, en el mejor de los casos, en un entorno de cuasimercado[296].

Como sea, en el nuevo contexto ellas deben comportarse "como si" se desenvolvieran en un contexto de mercado y, por esta razón, desplegar sus actividades adaptándose a la regla de la competencia. Por ejemplo, (véase el casillero 6), deben suscribir –bajo una u otra modalidad– contratos de desempeño con el gobierno[297] y/o ajustar sus operaciones y

[294] Ver M. Shattock, *Managing Successful Universities*; Maidenhead, England: Society for Research into Higher Education & Open University Press, 2003.

[295] Véase H. Glennerster, "Quasi-Markets for Education?, *The Economic Journal*, vol. 101, Nº 408, 1991. Ver además:
I. Benczes, "Quasi-market Financing in Higher Education: The Case of Great Britain", 1998. Disponible en: http://www.uni-corvinus.hu/benczes/HeduGB_English.pdf
D. D. Dill, "Higher Education Markets and Public Policy", *Higher Education Policy*, volume 10, Nº 3-4, September 1997.

[296] The National Center for Public Policy and Higher Education, "Purposes, Policies, Performance in Higher Education and the Fulfillment of a State's Public Agenda", 2003. Disponible en: http://www.highereducation.org/reports/aiheps/AIHEPS.pdf

[297] Ver J. Salmi and A. M. Hauptman, "Innovations in Tertiary Education Financing: A Comparative Evaluation of Allocation Mechanisms"; The World Bank, Education Working Paper Series, Nº 4, September 2006. Disponible en:

procesos presupuestarios a las diversas fórmulas diseñadas por los gobiernos para asignar recursos a la enseñanza e investigación universitaria; deben crecientemente cubrir una parte de los costos del servicio educacional de pregrado mediante el cobro de aranceles y, adicionalmente, obtener recursos a través de la comercialización de la investigación (el "capitalismo académico" a que nos referimos antes) y la venta ampliada de servicios educacionales no tradicionales, como educación continua, educación virtual a distancia, educación internacional y educación corporativa.

El caso de Finlandia constituye un buen ejemplo de esta tendencia. Siendo un sistema básicamente conducido y financiado por el gobierno, éste, sin embargo, ha impulsado, dentro de los principios del NPM aplicado a la educación superior, una profunda reforma que combina una mayor autonomía de gobierno y gestión para las instituciones, por un lado, y mayores exigencias de desempeño, resultados y *accountability*, por el otro. Según resume un autor,

> el gobierno de las universidades se basa [ahora] en una gestión por resultados/desempeño, donde hay metas colectivamente definidas, los recursos se asignan para implementar dichas metas y el desempeño se mide en términos de resultados. Los contratos de resultados entre las universidades y el ministerio son públicos y tienen una duración de tres años. Estos acuerdos pueden interpretarse como un compromiso entre sistemas centralizados y regulados y sistemas descentralizados y desregulados de conducción; no son tan vinculantes y detallados como es propio de aquéllos ni tan sueltos y flexibles como serían éstos[298].

http://siteresources.worldbank.org/EDUCATION/Resources/278200-1099079877269/547664-1099079956815/Innovations_TertiaryEd_Financing.pdf
Véase además A. M. García de Fanelli, *Universidad, organización e incentivos*, op. cit., 2005.
Para el caso de Francia, véase C. Musselin, "The Role of Ideas in the Emergence of Convergent. Higher Education Policies in Europe: The Case of France", 1999. Disponible en: http://www.ces.fas.harvard.edu/publications/docs/pdfs/Musselin.pdf
Para el caso de Chile, ver K. Thorn, L. Holm-Nielsen, and J. S. Jeppesen, "Approaches to Results-Based Funding in Tertiary Education: Identifying Finance Reform Options for Chile", 2004. Disponible en: http://www.bcentral.cl/esp/estpub/articulos/jel_y/467.htm

[298] A. Salminen, "New Public Management and Finnish Public Sector Organisations: The Case of Universities". En A. Amaral, V. L. Meek and I. M. Larsen (eds.), op. cit., 2003, p. 64.

Todos estos cambios han afectado también la gestión financiera de las instituciones. Como indica Shattock, dentro de un entorno competitivo la gestión financiera de las universidades inevitablemente entra en tensión, sea que ésta venga producida por un "mercado administrado" o por la necesidad de competir comercialmente en el mercado de recursos privados[299]. Según este autor –ex *registrar* de asuntos económicos y administrativos de la exitosa Universidad de Warwick[300]–, las mejores prácticas financieras dentro de esta nueva economía mixta sugieren que las instituciones, en lo tocante a la búsqueda, obtención y manejo de recursos generados comercialmente, necesitan: i) monitorear de manera continua los flujos de ingreso por este concepto con la misma atención que lo haría una empresa; ii) invertir y reinvertir constantemente dichos recursos, operando a la manera como lo haría un capitalista de riesgo, de modo de mantener su ventaja competitiva; iii) desarrollar políticas de precios como parte de la estrategia de negocios de la institución; iv) considerar la integración vertical de sus actividades comerciales antes que su externalización, puesto que la universidad es una institución multipropósito y frecuentemente la creación de valor proviene de las sinergias entre diversas actividades; v) compartir los ingresos obtenidos y los excedentes así generados entre la universidad a nivel central y sus departamentos; vi) mantener la confianza de los académicos en el proceso de obtener recursos en el mercado, evitando que esta actividad sea vista como una estratagema que choca con los valores académicos o perjudica las funciones centrales de la universidad; y vii) desarrollar capacidades y profesionalizar la gestión de estos procesos comerciales tanto a nivel central como de departamentos y facultades.

Debates sobre los efectos de la mercadización

La aparente comercialización de las universidades, de una parte, y su deriva *managerialista*, de la otra, aspectos ambos íntimamente conectados con los procesos de *mercadización* de la educación superior, son

299 Ver M. Shattock, *Managing Successful Universities*, op. cit., 2003, p. 42.

300 Sobre el caso de la Universidad de Warwick y su exitosa transformación, ver una selección de textos en Brunner y Tillett, op. cit., 2005, sección 2.8.ii.

objeto de un amplio debate, en particular en Estados Unidos, donde los dos aspectos se hallan, probablemente, también más avanzados. Del lado de la pendiente comercial, el debate se centra especialmente en los efectos que sobre la investigación académica produciría su creciente orientación utilitaria –hacia la industria, hacia productos y hacia la transferencia tecnológica–, orientación que amenazaría con alterar el carácter de bien público de la producción universitaria[301], deteriorar la *ética mertoniana* de las comunidades científicas[302] y restringir la autonomía de las universidades en sus procesos de descubrimiento y difusión del nuevo conocimiento. Diferente es la evaluación a que arriban otros autores, como Geiger:

> Las contribuciones económicas de la investigación académica han sido un notable logro de las universidades en la era presente. Más aun, los efectos de la coordinación de mercado sobre esta porción [académica] del mercado de investigación, a pesar de los temores, han hecho poco por desestabilizar la empresa más amplia de la investigación. Una razón es el predominio de los estándares académicos impuestos por un mercado administrado de la investigación. Otra es la prominencia de las tecnologías de investigación, que permite a los científicos universitarios dedicarse a la investigación básica con una alta probabilidad de relevancia económica posterior[303].

Del lado de la pendiente *managerialista*, la discusión gira en torno a la naturaleza de las organizaciones académicas y la posibilidad y efectos de someterlas a técnicas de administración trasladadas desde el mundo de los negocios. Según concluye Birnbaum luego de un detallado análisis de la pasajera adopción y del subsiguiente abandono por parte de las universidades de dichas técnicas (entendidas como modas)[304] –presupuesto por programa, gestión por objetivos, presupuesto de base cero, planificación estratégica, *benchmarking*, gestión de calidad total/mejo-

[301] Ver J. Washburn, op. cit., 2005.
[302] Ver S. Slaughter and G. Rhoades, *Academic Capitalism...*, op. cit., 2004, pp. 75-77 y 113-114.
[303] R. Geiger, *Knowledge and Money...*, op. cit., 2004, p. 264.
[304] Ver R. Birnbaum, *Management Fads...*, op. cit., 2001, especialmente los capítulos 2 y 3.

ramiento continuo de calidad, reingeniería de procesos, administración por centros de costo o de responsabilidad, etcétera–, aunque ninguna de ellas produjo un desastre institucional, habrían contribuido, sin embargo, a impulsar tres tendencias mayores de cambio en la educación superior durante los últimos cincuenta años.

Primero, el debilitamiento de las universidades como instituciones, al deteriorar su cultura organizacional y los símbolos e identidades asociados a ella. Segundo, el decaimiento de la gestión académica, al sustituir su base pragmática, de continuas adaptaciones y ajustes incrementales, por la importación de modelos abstractos que descontextualizan los problemas a resolver y tornan más difícil su manejo. Y, tercero, la erosión de la narrativa sobre la educación superior, al hacer aparecer a las universidades como ineficientes por un déficit de gestión y hacer creer que ellas podrían mejorar su eficiencia meramente por la incorporación de las más recientes técnicas de administración de negocios[305].

Por el contrario, Williams, en su análisis de los efectos de la *mercadización* en la educación superior inglesa[306], concluye que entre éstos destacan: i) una mayor eficiencia de las universidades al menos medida por la mayoría de los indicadores cuantitativos, y ii) cambios radicales en los arreglos de la gestión universitaria. ¿Cómo se manifestaría este último aspecto? Básicamente, por el hecho de que muchas universidades inglesas son hoy "grandes empresas comerciales" y necesitan, por lo mismo, al menos en parte, ser conducidas como tales. En efecto,

> las universidades inglesas han comenzado a experimentar el crecimiento de estilos empresariales de gestión. El premio al éxito financiero dentro de ellas ha empezado a aumentar y las sanciones al fracaso en este ámbito se han vuelto más severas. Un indicador es el incremento de la brecha salarial entre aquellos en la cúspide de la jerarquía académica y aquellos en la base. Los salarios de los rectores (*vice-chancellors*) han aumentado mucho más rápidamente que el promedio de los salarios académicos durante los últimos diez

[305] Ibíd., pp. 218-228.
[306] Ver G. Williams, "The Higher Education Market in the United Kingdom", op. cit., 2004, p. 258.

años. En el otro lado del espectro ha habido un amplio incremento del personal de jornada parcial y de contratos temporales, muchos de cuyos integrantes tienen bajos sueldos y escasas perspectivas de carrera[307].

Una consecuencia, entonces, es que la mayor eficiencia alcanzada por las universidades se habría logrado, entre otros factores, al costo de introducir prácticas de gestión del personal académico que cambian significativamente el estatus, la identidad y las prácticas de la propia profesión académica[308]. El balance de poder, entretanto, se estaría desplazando desde los académicos hacia los gerentes académicos[309].

Párrafo aparte merece un tercer aspecto que junto a los dos anteriores –comercialización de la investigación y *managerialismo*– forma parte del debate contemporáneo respecto de los efectos de la *mercadización* sobre la gestión de las universidades. Se trata, en este caso, del marketing de servicios educacionales en el mercado de la enseñanza de pregrado. Kirp proporciona un detallado análisis de las estrategias empleadas por las universidades de Estados Unidos para aumentar su capacidad de atraer, matricular y retener alumnos, hasta el nivel de convertir la gestión de la admisión en un punto focal de las nuevas prácticas de conducción y gestión institucionales[310]. No es que estas prácticas sean nuevas en el mercado de dicho país. Se ha dicho, por ejemplo, que Harvard distribuía folletos de promoción para reclutar a sus alumnos ya en 1643. Bok comenta que en el siglo XIX, "en un esfuerzo por atraer estudiantes, instituciones como las universidades de Columbia y Chicago publicitaban activamente sus

[307] Ibíd., p. 263. Para el caso australiano, véase M. Jodie, op. cit., 2004.

[308] Ver G. Rhoades, "Democracy and Capitalism, Academic Style...", op. cit., 2003. Asimismo, R. G. Ehrenberg, *Tuition Risin...*, op. cit., 2002, capítulo IV.

[309] Ver S. Slaughter y L. L. Leslie, "Expanding and Elaborating the Concept of Academic Capitalism", *Organization*, vol. 8, Nº 2, 2001, pp. 154-61. Además, R. Deem, "The Knowledge Worker, the Academic Manager and the Contemporary UK University: New and Old Forms of Public Management?", *Financial Accountability and Management*, vol. 20, Nº 2, 2004, pp. 107-128. Asimismo, P. Gumport, "Academic Restructuring", op. cit., 2000; S. Slaughter and G. Rhoades, *Academic Capitalism...*, op. cit., 2004, cap. 8.

[310] Ver D. Kirp, *Shakespeare, Einstein, and the Bottom Line. The Marketing of Higher Education*; Cambridge, Massachusetts: Harvard University Press, 2003.

servicios y contrataban vendedores viajeros"[311].

Lo que habría cambiado es la magnitud, intensidad y sofisticación de estas actividades, al incorporarse al nuevo estilo empresarial y transformarse en una pieza vital de los modelos de negocio de las universidades. Clotfelter señala que ya no se trata sólo de hacer publicidad directa, sino de moldear las decisiones institucionales sobre diseño, venta y promoción de sus servicios con la vista puesta en el mercado. La promoción incluye ahora visitas de los encargados de admisión a colegios secundarios y programas vespertinos, invitación a estudiantes potenciales a participar en jornadas de fines de semana en el campus, mailing directo a posibles candidatos aprovechando las tecnologías de información y los antecedentes que proporcionan extensas bases de datos que pueden adquirirse en el mercado[312]. Slaughter y Rhoades proporcionan un exhaustivo análisis de las estrategias y prácticas de marketing empleadas hoy por las universidades de Estados Unidos, desde la comercialización del deporte universitario hasta la explotación de la propia marca, contratos exclusivos para promover marcas comerciales ajenas en el campus, uso comercial del espacio público universitario, etcétera[313]. Frank agrega que hoy no basta ya con sólo invertir en los procesos de reclutamiento de alumnos, sino que es necesario, además, gastar en retenerlos, ofreciéndoles variadas ventajas de entretención, deportes, habitación, comida y tecnológías[314]. Vedder estima que las instituciones con fines de lucro podrían estar gastando hasta un 20 por ciento de sus ingresos en publicidad de distinto tipo y las instituciones sin fines de lucro hasta un 10 por ciento[315]. Ehrenberg conjetura que las universidades privadas más selectivas de Estados Unidos gastan hasta 1.700 dólares por estudiante, y 2.500 los *colleges* que no se benefician de las mismas eco-

[311] D. Bok, op. cit., 2003, p. 81.

[312] Ver C. T. Clotfelter, "Explaining the Demand". En C. T. Clotfelter, R. G. Eherenberg, M. Getz, and J. J. Siegfried, *Economic Challenges in Higher Education*; Chicago: The University of Chicago Press, 1991, p. 86.

[313] Ver S. Slaughter and G. Rhoades, *Academic Capitalism...*, op. cit., 2004; capítulo 10.

[314] Ver R. H. Frank, "Higher Education: The Ultimate Winner-Take-All Market?", 1999. Disponible en: http://inequality.cornell.edu/publications/working_papers/RobertFrank1.pdf (1999: 10-11).

[315] Ver R. Vedder, op. cit., 2004, p. 156.

nomías de escala que las universidades, en los procesos de reclutamiento, admisión y matriculación de sus alumnos[316]. Newman, Couturier y Scurry observan que las prácticas de marketing ya no se reducen sólo a Estados Unidos, pues habrían empezado a emerger ahora también en países de Europa[317]. En Chile, el gasto en publicidad de las universidades y demás instituciones de educación superior pasó a ser el tercero más alto entre todas las industrias el año 2005[318]. Como podía preverse, en estas circunstancias el debate ha tendido a concentrarse en torno a los límites de este tipo de actividad comercial[319] y su impacto sobre la tradicional concepción de bien público de la educación superior.

Universidades emprendedoras

A las organizaciones más exitosas en su camino de adaptación al nuevo entorno Clark las denomina *universidades emprendedoras*[320], noción en torno a la cual se ha venido desarrollando toda una línea de investigación durante los últimos años (casillero 15)[321].

[316] Ver R. G. Ehrenberg, *Tuition Rising..*, op. cit., 2002, p. 73.

[317] Ver F. Newman, L. Couturier, J. Scurry, *The Future of Higher Education...*, op. cit., 2004. Citan el caso de las universidades públicas italianas. Al respecto ver S. Boffo, "Universities and Marketing Mass Communication in Italy, *Higher Education Policy*, December 2004, volume 17, Nº 4.
http://www.palgrave-journals.com/hep/journal/v17/n4/full/8300063a.html

[318] Sólo superado en monto por la publicidad de las grandes tiendas y la industria de la telefonía. Ver *El Mercurio*, "Economía y Negocios", 20 de enero de 2006, sobre la base de información de Megatime.

[319] Ver, por ejemplo, D. Bok, op. cit., 2003, caps. 9 y 10. Ver asimismo P. Meller, "La universidad y el mercado", 2004 (versión preliminar). Disponible en:
http://www.cea-uchile.cl/pags/seminarios/papers/universidad.pdf

[320] Ver R. B. Clark, *Creating Entrepreneurial Universities...*, op. cit., 1998. Además, B. R. Clark, *Sustaining Change in Universities*. Maidenhead, England: Society for Research into Higher Education and Open University Press, 2004. Para una versión sintética, véase B. R. Clark, "The Entrepreneurial University: New Foundations for Collegiality, Autonomy, and Achievement", *Higher Education Management*, vol. 13, Nº 2, 2001. Disponible en: http://www.bri.uqam.ca/Planification/I-Role_UQAM/Entrepeneurial_University.pdf

[321] Aunque el término "universidades emprendedoras" fue utilizado antes –ver, por ejemplo, H. Etzkowitz, "Entrepreneurial Scientists and Entrepreneurial Universities in American Academic Science", *Minerva*, Summer-Autumn, 21 (2-3), 1983, la línea de investigación que se integra al campo de análisis del mercado universitario se despliega con posterioridad a 1998, en diversos estudios. Puede consultarse una selección en J. J. Brunner y A. Tillett, op. cit., 2005, Sección 2.8. Ver además:

No se trata, como piensan algunos, de un nuevo modelo o "idea" de universidad, ni tampoco de una propuesta normativa, destinada a incrementar el *manageralismo* de su gestión. Se trata, más bien, de la caracterización de un tipo de universidades que durante los años noventa habrían enfrentado exitosamente los procesos de *mercadización* y de adaptación al nuevo entorno mediante la adopción de cambios que les permitieron elevar sus capacidades de respuesta y acelerar su trayectoria adaptativa.

D. Kirby, "Creating Entrepreneurial Universities in the UK: Applying Entrepreneurship Theory to Practice", *The Journal of Technology Transfer*, 2006, vol. 31, issue 5, pp. 599-603.
P. Temple, "What does 'The Entrepreneurial University' Now Mean in Europe?. SRHE Conference, Brighton, December 2006. Disponible en:
http://www.srhe.ac.uk/conference2006/downloads/abstracts/temple.p.doc
M. Jacob, M. Lundqvist, and H. Hellsmark, "Entrepreneurial Transformations in the Swedish University System: The Case of Chalmers University of Technology", *Research Policy*, 32, 2003.
R. Deem, "Globalisation, New Managerialism, Academic Capitalism and Entrepreneurialism in Universities: Is the Local Dimension Still Important?", *Comparative Education*, 37 (1), 2001.
Hans Pechar, Thomas Pfeffer, John Pratt, "Promoting Innovation and Entrepreneurialism in the *Fachhochschulen* in Austria", *Higher Education Management*, vol. 13, Nº 1, 2001. Disponible en: http://www.iff.ac.at/hofo/pdf/iff_pfeffer_2001.pdf
M. Gallagher, "The Emergence of Entrepreneurial Public Universities in Australia". Paper presented at the IMHE General Conference of the OECD, Paris, September 2000. Disponible en: http://www.dest.gov.au/archive/highered/occpaper/00e/00e.pdf
Para el caso de Chile, ver A. Bernasconi, "University Entrepreneurship in a Developing Country: The Case of the P. Universidad Catolica de Chile, 1985-2000", *Higher Education*, 50 (2), 2005.
Para una revision bibliográfica, véase M. Guerrero Cano, "A Literature Review on Entrepreneurial Universities: An Institutional Approach", Departamento Economía de la Empresa, Facultad de Ciencias Económicas y Empresariales, Universitat Autònoma de Barcelona, 2006. Disponible en:
http://selene.uab.es/dep-economia-empresa/Jornadas/Papers/2006/Maribel.pdf
Para una revisión bibliográfica de la literatura sobre universidades emprendedoras desde el punto de vista de la ciencia y la tecnología, ver F. T. Rothaermel, S. D. Agung, and L. Jiang, "University Entrepreneurship: A Taxonomy of the Literature", December 16, 2006. Forthcoming in D. S. Siegel, M. Wright, and A. Lockett (eds.), "The Rise of Entrepreneurial Activity at Universities: Organizational and Societal Implications"; Special Issue of *Industrial and Corporate Change*. Disponible en:
http://mgt.gatech.edu/directory/rothaermel/files/07ICC.pdf

Realineamientos organizacionales exitosos

Inicialmente, la investigación de Clark se focalizó en cinco factores que combinadamente, de acuerdo con los estudios de casos realizados por él en Europa[322], habrían permitido a un grupo de universidades realizar un "realineamiento organizacional" y así transformarse en instituciones de adaptación exitosa. Posteriormente amplió su estudio incluyendo universidades de otras regiones del mundo y buscó identificar los principios de comportamiento que, en general, habían permitido a todas estas organizaciones iniciar y luego mantener una exitosa trayectoria de cambio y adaptación[323].

¿Cuáles son, entonces, los factores que según Clark habrían hecho posible la emergencia de las universidades emprendedoras?

Primero, la existencia de un *núcleo de conducción fortalecido* en cada una de estas instituciones que aumenta su capacidad sistémica de conducirse a sí misma. Básicamente, este núcleo consistiría en agentes que trabajan para generar recursos para la institución en su conjunto, ampliando y diversificando la base de ingresos de la universidad. En cada una de ellas, el surgimiento y la consolidación de este núcleo se producen en distintos momentos y de diferentes formas, no pudiendo confundirse, por lo mismo, con ninguna teoría específica del liderazgo universitario, ni tampoco con tendencias hacia una mayor centralización o descentralización. Más bien, señala Clark, en cada caso se produce una combinación local única de ambas, centralización y descentralización. En general, se constata la aparición de líneas de autoridad más fuertes y una mayor presión por *accountability* sobre los individuos y grupos. Sobre todo, empero, a partir de la acción de este núcleo se produce una progresiva fusión de valores académicos y *manageriales*, sin formar dos troncos separados dentro de la organización.

Segundo, aparece una *periferia de desarrollo mejorada*, consistente en una diversidad de centros de investigación y otras instancias de interfase entre la universidad, la economía y la sociedad, conjuntamente con las unidades de gestión que se encargan de promoverlas. Este anillo

[322] Ver B. R. Clark, op. cit., 1998.
[323] Ver B. R. Clark, op. cit., 2004.

genera múltiples actividades de investigación y educación contratadas y consultorías, habitualmente (pero no exclusivamente) bajo la forma de iniciativas que caben dentro del modo 2 de producción de conocimientos (transdisciplinario, orientado hacia la solución de problemas externamente definidos, ejecutado a través de grupos de tareas o de proyecto, cuyos resultados tenderán a ser evaluados por las distintas partes interesadas y no sólo a través de la evaluación de publicaciones académicas sujetas a la revisión de pares)[324].

Tercero, la construcción de una *base de financiamiento discrecional* mediante una diversificación de las fuentes de ingreso, de manera de ampliar la capacidad de la universidad para asignar subsidios cruzados y redistribuir recursos internamente. Ante la permanente presión hacia arriba de los costos y el estancamiento o disminución de los recursos fiscales, una universidad puede someterse pasivamente a la trayectoria que siguen las asignaciones gubernamentales o reaccionar activamente para desarrollar nuevas líneas de financiamiento. La universidad emprendedora sale a buscar nuevos proveedores de recursos que puedan compartir sus costos crecientes. Sólo de esta manera gana para sí un mayor espacio de maniobra. Un portafolio ampliado de flujos de ingreso aumenta los recursos totales a la vez que hace posible compensar pérdidas aquí con ganancias allá. Permite a la organización construir reservas, tomar préstamos e impulsar innovaciones. En breve, la diversidad de fuentes de financiamiento es una precondición de adaptabilidad. Una estrategia para la obtención de este fin ha sido resumida de la siguiente forma:

> La estrategia es relativamente simple. Aliente a todos los sectores de la universidad a mirar hacia fuera en la búsqueda de posibles oportunidades; establezca arreglos de participación en las ganancias que

[324] Ver H. Nowotny, P. Scott, and M. Gibbons, *Re-Thinking Science, Knowledge and the Public in an Era of Uncertainty*; Cambridge, Oxford and Malden: Polity Press, 2001. Adicionalmente, M. Gibbons, "Higher Education Relevance in the 21st Century"; The World Bank, 1998. Disponible en:
http://web.worldbank.org/WBSITE/EXTERNAL/TOPICS/EXTEDUCATION 0,,contentMDK:20442088 menuPK:282405 pagePK:148956 piPK:216618 theSitePK: 282386,00.html

> estimule a cada sector a maximizar sus ingresos/línea final de balance (*bottom line*); instale mecanismos de gestión que no confundan las virtudes académicas con las virtudes financieras y que puedan asumir riesgos[325].

Cuarto, un *territorio central estimulado*, de manera que los departamentos académicos con menos posibilidades de diversificar sus ingresos no se queden rezagados o sean marginados del esfuerzo de realineamiento organizacional. El proceso de transformación no se detiene en los departamentos de ingeniería y ciencias y de administración de negocios, que habitualmente son los primeros en moverse en la nueva dirección. Por el contrario, en una universidad de adaptación exitosa "un departamento tradicional detrás de otro descubre el valor educacional, y también económico, de transformarse en una unidad emprendedora"[326], para lo cual resulta imprescindible que puedan combinar los estándares académicos de la disciplina con una visión hacia fuera, hacia las oportunidades de mercado. Si, en cambio, la producción de servicios educacionales en estas áreas es vista por otros académicos del campo como una venta de bienes de escaso valor, destinada a ir mercado abajo, entonces la reputación departamental podría dañarse y la unidad entrar en un círculo vicioso de menor reclutamiento de estudiantes y atracción de buenos profesores y la consiguiente disminución de prestigio.

Quinto, la difusión dentro de la universidad de las *ideas y creencias emprendedoras*, hasta llegar a articular una nueva cultura organizacional y transformarse en un nuevo signo de identidad y orgullo institucionales. Se trata, señala Clark, de la parte más compleja del proceso, según pudo constatar en los estudios de caso. La nueva autocomprensión de la organización no nace de una gran idea –una misión declarada, por ejemplo– ni necesariamente de un líder fuerte. Al contrario, emerge

[325] Sir Brian Follett, Vice-Chancellor (1992-2000), University of Warwick. Citado en B. R. Clark, "Sustainability at Warwick: A Paradigmatic Case". En B. R. Clark, op. cit., 2004. Capítulo disponible en:
http://www.mcgraw-hill.co.uk/openup/chapters/0335215904.pdf

[326] B. R. Clark, op. cit., 1998, p. 142.

como resultado de un complejo proceso, donde una idea institucional innovadora va conectando con otras ideas, éstas son experimentadas y se transforman en estructuras y procesos, y prueban su efectividad adaptativa hasta convertirse, poco a poco, en creencias; es decir, una visión compartida, incluso una leyenda que explica y ennoblece la trayectoria recorrida. En suma,

> la respuesta emprendedora ofrece una fórmula para el desarrollo institucional que pone la autonomía [de la universidad] sobre una base autodefinida: diversificar el ingreso para incrementar los recursos financieros, proveer de dinero adicional y reducir la dependencia gubernamental; desarrollar nuevas unidades fuera de los departamentos tradicionales para incorporar nuevas relaciones con el entorno y nuevos modos de pensamiento y educación; convencer a los departamentos de retaguardia que también ellos pueden valerse por sí mismos, captar dinero, elegir activamente entre especialidades y adoptar una fisonomía emprendedora; desplegar un conjunto de creencias compartidas que guíen y racionalicen los cambios estructurales que proveen a la organización de una mayor capacidad de respuesta, y construir una unidad central de conducción capaz de hacer elecciones importantes que ayuden a focalizar la institución[327].

Culturas académicas versus empresarialización

El enfoque *clarkiano* de las universidades emprendedoras ha encontrado amplio eco[328], pero ha suscitado, también, planteamientos críticos. Por ejemplo, Marginson, a la luz de la evidencia recogida en Australia, señala los siguientes límites –para el caso de dicho país– en cuanto al desarrollo de estas organizaciones-empresas[329]:

327 Ibíd., p. 147.

328 Por ejemplo, el tema de las universidades emprendedoras se ha convertido en un tópico dentro de los estudios y debates de la OCDE. Véase Institutional Management in Higher Education (IMHE), *Higher Education Management and Policy*, volume 17, issue 3 - Special issue on entrepreneurship, Paris: OECD, 2005.
Ver además la bibliografía citada en la nota 250.

329 Ver S. Marginson, "The Enterprise University comes to Australia". En AARE (ed.), *Global Issues and Local Effects: The Challenge for Educational Reform*; AARE, 1999. Disponible en: http://www.aare.edu.au/99pap/mar99470.htm
Ver además:

a) Sus líderes estarían demasiado lejos de las instituciones que gobiernan, al mismo tiempo que se espera demasiado de ellos. Al final del día, ellos carecen de las redes de soporte necesarias en la base departamental de su universidad y su desempeño se limita a la acción gerencial.

b) Con frecuencia la universidad-empresa parece sortear o confrontar a las culturas académicas antes que "trabajar a través de ellas". Aumenta el número de profesores de jornada parcial y la importancia de los profesionales no académicos en posiciones administrativas, mientras que los académicos permanentes juegan un rol menor.

c) Adicionalmente, el fortalecimiento de un núcleo central de capacidad estratégica, de respuesta rápida y de distribución de recursos discrecionales se hace al costo de restar dinamismo a las culturas académicas. Éstas se hallan sometidas a una continua supervigilancia y creciente estandarización, al mismo momento que son forzadas a focalizarse en programas de corto plazo.

d) Como resultado de todo lo anterior, la comunidad institucional interna de la universidad-empresa se debilita; sus líderes orgánicos pierden poder, las relaciones externas crecen en detrimento de las internas y se tiende al isomorfismo; es decir, a la imitación de modelos genéricos

D. Perry and F. Gaffikin, "Discourses and Visions in the US Campus"; CU2 Working Paper, 2005. Disponible en:
http://www.qub.ac.uk/ep/research/cu2/data/wp-perry-gaffikin-01.pdf

H. N. Weiler, "Die unternehmerische Universität im Wettbewerb". Vortrag anlässlich eines Gesprächs zur Universität der Zukunft der Wirtschaftsuniversität Wien und der Investkredit Bank AG in Wien, 14. April 2005. Disponible en:
http://www.stanford.edu/~weiler/Texts05/Wien_Vortrag_045.pdf

G. Mautner, "The Entrepreneurial University: A Discursive Profile of a Higher Education Buzzword"; Vienna University of Economics and Business Administration, 2003 (draft). Disponible en:
http://smealsearch2.psu.edu/cache/papers/Business/674/http:zSzzSzwww.wu-wien.ac.at zSzinstzSzenglishzSzentrepreneurialuni_FINAL.pdf/paper-currently-under-review.pdf/

H. Meyer, "Universal, Entrepreneurial and Soulless? The New University as a Contested Institution"; *Comparative Education Review*, 46 (3), 2002.

R. Deem, "Managing Contemporary UK Universities – Manager-academics and New Managerialism"; *Academia Leadership. The Online Journal*, vol. 1, issue 3, 2001. Disponible en:
http://www.academicleadership.org/volume1/issue3/articles/rosemarydeem.html

tomados de otras universidades.

e) Como producto del isomorfismo, la identidad de la universidad decae, disminuyen las confianzas internas y la organización pierde la capacidad de innovar.

En suma,

> la aplicación de reformas genéricas a las universidades tiende a debilitar su control sobre las condiciones que hacen posible una mejor educación e investigación, a menos que los sistemas organizacionales reformados se anclen en culturas académicas fuertes[330].

Línea de escenarios futuros de la educación superior

La conformación del campo de análisis de los mercados universitarios se completa aquí con un breve levantamiento de los indicios que ofrece la literatura sobre los escenarios futuros de la educación superior[331]. ¿Por qué incluir esta línea? Básicamente, porque, como se verá de inmediato, la mayoría de los análisis prospectivos asumen, como una pieza fundamental de sus proyecciones, el factor de la *mercadización* (casillero 11), particularmente bajo sus expresiones de mercado global (casillero 7), nuevos proveedores (casillero 8) y comercio transfronterizo de servicios de educación superior (casillero 9).

[330] Ibíd., p. 11.

[331] Abordamos en esta parte exclusivamente los escenarios a nivel de sistema, sin referencia a los análisis del futuro de las instituciones universitarias como tales, que también tienen cierto desarrollo, particularmente en torno al papel que podrían llegar a jugar las nuevas tecnologías de información y comunicación en la provisión de las funciones docentes y de investigación. Véase por ejemplo:
Daniel E. Atkins, "University Futures and New Technologies: Possibilities and Issues"; OECD/CERI Experts Meetings on "University Futures and New Technologies". Discussion Paper, 2005. Disponible en: http://www.oecd.org/dataoecd/50/43/36758866.pdf
Arthur E. Levine, "The Future of Colleges: 9 Inevitable Changes", *The Chronicle of Higher Education*, October 27, 2000. Disponible en:
http://chronicle.com/weekly/v47/i09/09b01001.htm
James J. Duderstadt, "The Future of the University in an Age of Knowledge", op. cit., 1997.

Escenarios OCDE

La mejor ilustración de esta hipótesis interpretativa se encuentra sin duda en los varios ejercicios de prospectiva que se vienen realizando en el marco del proyecto CERI-University Futures de la OCDE[332].

Dicho muy esquemáticamente, estos estudios[333] articulan los escenarios futuros, en lo esencial, en torno a dos ejes principales: primero, la amplitud reconocida (nacionalmente) de proveedores de educación superior y, segundo, la amplitud de la participación educacional. El primer eje se refiere por tanto al rango de la oferta y el segundo a la composición de la demanda, como se representa en el diagrama que aparece en la próxima página. En éste, el eje de la oferta corre horizontalmente entre un polo de provisión restringida de diplomas y un polo de provisión ampliada, esto es, amplia en volumen y diversidad. La composición de la demanda se ubica en el eje vertical, desplegándose

[332] Ver el sitio del proyecto en:
http://www.oecd.org/document/18/0,2340,en_2649_34859749_31245522_1_1_1_1,00.html

[333] Véase:
S. Vincent-Lancrin, "Six Scenarios for Universities"; OECD/CERI Experts Meeting on "University Futures and New Technologies" - Discussion Paper, 2004. This is an excerpt of a paper by (OECD/CERI) titled "Building Futures Scenarios for Universities and Higher Education. An International Approach". Disponible en:
http://www.oecd.org/dataoecd/50/46/36758932.pdf
S. Vincent-Lancrin, "Building Futures Scenarios for Universities and Higher Education: An International Approach". This article has been published in *Policy Futures in Education* 2 (2) 2004. Disponible en:
http://www.csvs.cz/projekty/2005_oecd/workshop/Building%20Future.doc
K. Larsen and S. Vincent-Lancrin, "International Trade in Educational Services: Good or Bad?"; Forthcoming in *Higher Education and Management Policy*, 14 (3), december 2002. Disponible en:
http://www.aic.lv/ace/ace_disk/Bologna/Bol_semin/Oth_conf/UNESCO_GF1/ref4_oecd_eng.pdf
R. Miller, "The Future of the Tertiary Education Sector: Scenarios for a Learning Society". Prepared for the OECD/Japanese Seminar on the Future of Universities, Tokyo, December 11-12, 2003. Disponible en:
http://www.mext.go.jp/a_menu/kokusai/forum/04022701/004/001.pdf
J. M. M. Ritzen, "Scenarios for Higher Education, 2020 or When Will China Invade Iran?". Keynote address at OECD Ministerial Meeting June 27th, Athens – Greece, 2006. Disponible en: http://www.oecd.org/dataoecd/25/33/37051349.pdf
OECD-CERI, "Four Futures Scenarios for Higher Education". Meeting of OECD Education Ministers, "Higher Education: Quality, Wquity and Efficiency", Athens, 27-28 June 2006. Disponible en: http://www.oecd.org/dataoecd/30/5/36960598.pdf

entre un polo donde la gran mayoría de alumnos de educación superior (digamos, un 80 por ciento al menos) pertenece al grupo de edad de entre 18 y 23 años y busca una educación terciaria inicial, y un polo donde un 50 por ciento al menos de los alumnos son personas en torno a 40 años o más que buscan alguna forma de educación a lo largo de su vida, sea ésta de nivel terciario, de especialización, reciclamiento, de postgrado, o una forma de consumo en uso del tiempo libre.

Diagrama. Seis posibles escenarios para los sistemas universitarios

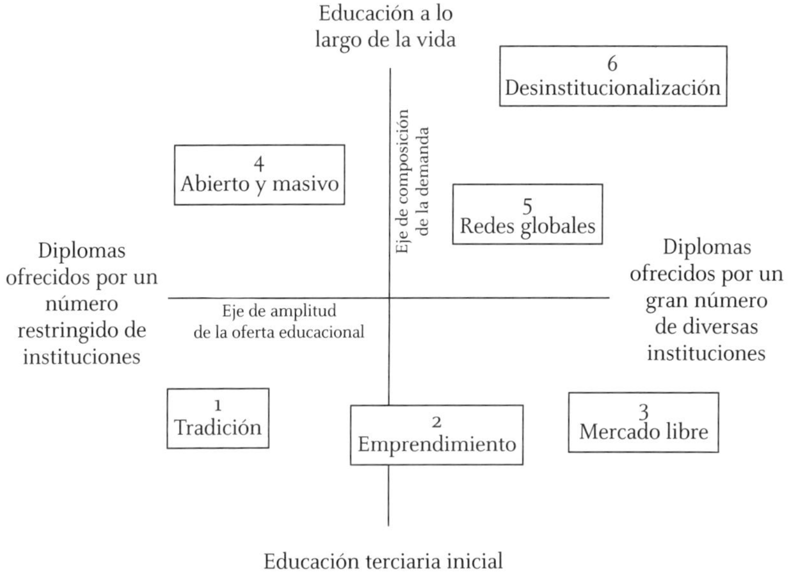

Fuente: S. Vincente-Lancrin, op. cit., 2004.

Para arribar a los escenarios representados dentro del diagrama y localizarlos en el espacio definido por los ejes fundamentales, los estudios de la OCDE agregan un grupo adicional de variables: de financiamiento, integración o desacoplamiento de las funciones universitarias, nivel de internacionalización de las instituciones, estatuto de los académicos e instituciones, y rol que cumplen las nuevas tecnologías de información y comunicación.

De la combinación de este conjunto de variables resulta entonces la caracterización de los seis escenarios, tal como se muestra en la siguiente matriz.

Matriz. Seis escenarios para el futuro de las universidades

	Escenario	1	2	3	4	5	6
1	a. Educación inicial/mayoría alumnos jóvenes	x	x	x			
	b. Abierto/aprendizaje a lo largo de la vida/todas las edades				x	x	x
2	a. Financiamiento público predominante	x					–
	b. Financiamiento mixto		x		x		–
	c. Financiamiento privado predominante			x		x	–
3	a. Docencia + investigación (*: fuerte en investigación)	x	x(*)				
	b. Predominantemente docente				x	x	
	c. Especialización según misiones			x			x
4	a. Foco nacional predominante	x			x		
	b. Importancia del foco internacional		x	x		x	x
5	a. Estatus homogéneo de académicos e instituciones	x			x		–
	b. Polarización de estatus de académicos e instituciones		x	x		x	–
6	a. Rol bajo de e-learning y TICs	x					
	b. Rol alto de e-learning y TICs		x	x	x	x	x

Fuente: S. Vincente-Lancrin, op. cit., 2004.
–: indeterminado.

Escenarios de mercado

Pues bien, si se considera ahora separadamente cada uno de los seis escenarios identificados, se verá que cinco de ellos (escenarios 2 al 6) tienen componentes significativos de mercado, sea por el lado de la presencia de proveedores privados (tradicionales y/o nuevos), como ocurre en los casos de los escenarios 3, 4, 5 y 6; sea por el lado del financiamiento privado, como sucede en los escenarios 2 al 6 (predominante en dos; mixto en dos), o bien por el lado de la orientación hacia el mercado de las instituciones, rasgo que caracteriza a los escenarios 2, 3, 4, 5 y 6.

El escenario llamado "tradicional", en tanto, cuya caracterización se deduce de la columna 1 de la matriz, y que los estudios de la OCDE proyectan como la mantención en el tiempo del tipo de universidades hoy día predominante en Europa continental, difícilmente puede ser entendido –ni en su actualidad presente ni en sus posibles futuros– como ajeno al impacto de los procesos de *mercadización*.

En efecto, según hemos podido constatar a lo largo de este estudio, también el modelo europeo continental de organización de la educación superior está hoy sometido a una creciente presión de las fuerzas de mercado, sea bajo la forma de mercados administrados o cuasimercados (casilleros 6 y 14) y/o por la necesidad en que se encuentran las instituciones de integrarse competitivamente al emergente mercado global de la educación superior (casillero 7)[334].

[334] Respecto de la discusión europeo-continental sobre la necesidad de integrar a sus universidades al paradigma de la globalización y mejorar su competitividad internacional, véase S. Marginson and M. van Der Wende, op. cit., 2006, capítulo 7. Ver además:
J. K. Witte, "Change of Degrees and Degrees of Change. Comparing Adaptations of European Higher Education Systems in the Context of the Bologna Process". Dissertation to obtain the doctor's degree at the University of Twente, July 2006. Disponible en: http://www.che.de/downloads/C6JW144_final.pdf
U. Felt in collaboration with Michaela Glanz, "Revisiting the Research–Teaching Nexus in a Post-Humboldtian Environment"; Department of Social Studies of Science, University of Vienna, 2006. Disponible en: http://www.ionio.gr/microsites/css/2006/docs/2006/teaching_nexus.doc
H. de Wit, "Incentives to Enhance Quality and Attractiveness". Conference Enabling European Higher Education To Make Its Full Contribution to the Knowledge Economy and Society; Centre Albert Borschette, Brussels, 10 February 2005. Disponible en: http://ec.europa.eu/education/policies/2010/doc/conference2005/plenary_hans-de-wit_paper.pdf

De modo tal que resulta posible, en una segunda lectura, interpretar los escenarios de futuro de la educación superior, tal como vienen siendo desarrollados por la OCDE, básicamente como variaciones en torno al tema del creciente influjo que se espera tendrán las fuerzas del mercado en este sector y su impacto sobre el comportamiento de las universidades.

Así queda de manifiesto, por lo demás, al analizar una reciente versión del ejercicio prospectivo desarrollado por la OCDE y que fue presentado en la reunión de ministros de Educación de los países miembros celebrada en Atenas, en junio del 2006. Allí se plantean cuatro escenarios de futuro, construidos esta vez tomando como ejes principales la mayor o menor extensión que pudieran alcanzar los procesos de globalización de la educación superior y de internacionalización de las universidades, por un lado, y, por el otro, el rol más o menos intenso que tendrían las nuevas tecnologías de información y comunicación en la provisión de los servicios de educación superior y en la colaboración/competencia en el ámbito de la investigación académica[335].

En suma, incluir la línea de indagación sobre escenarios futuros de la educación superior como parte del campo de análisis de los mercados universitarios resulta no sólo justificado, sino que, además, subraya la creciente importancia que, a la luz de la mayoría de estos escenarios imaginados, se espera adquieran los procesos de mercadización.

T. Nokkala, "Knowledge Society/Knowledge Economy Discourse in Internationalisation of Higher Education. A Case Study in Governmentality". Knowledge and Politics Conference, Bergen, Norway 18-20 May 2005, Second Euredocs Conference, Bergen, Norway 20-21 May 2005. Disponible en:
http://euredocs.sciences-po.fr/en/conference/2005/Nokkala.pdf
F. A. van Vught, "Closing the European Knowledge Gap? Challenges for the European Universities of the Twenty-first Century". En J. Duderstadt & L. Weber (eds.) *Reinventing the Research University*; London, Paris, Geneva: Economica, 2004. Disponible en:
http://www.innovatieplatform.nl/assets/binaries/bibliotheek/dyn_kennisketen/vught_role.pdf

[335] Ver OECD-CERI, "Four Futures Scenarios for Higher Education", op. cit., 2006.

Conclusión

¿Es cierto, como sostienen Martínez y Richardson en un artículo publicado a comienzos del siglo XXI, que "hoy hay más especialistas escribiendo sobre el mercado [de la educación superior], pero [que] la comprensión del mismo es más difusa que nunca antes?"[336]. Según muestra este estudio, la primera parte de esta aseveración es indiscutible. Una tenue línea de investigación, iniciada por Adam Smith, se ha tornado todo un campo de análisis con una copiosa producción de información y conocimiento. En cambio, la presunción de que esta mayor producción en nada ha contribuido a la comprensión de esta cuestión carece a nuestro juicio de fundamento.

El propósito de este capítulo, que cierra la primera parte de nuestro estudio, es argumentar que en torno a la "cuestión del mercado" de la educación superior se ha generado un nuevo campo de análisis, el cual proporciona un poderoso aparato conceptual para la comprensión de dicha cuestión.

El campo de análisis

De los indicios de la literatura especializada recogidos a lo largo de la lectura sistemática de nuestro *Diagrama base*, se desprende que existe no sólo una producción cada vez más cuantiosa en torno a la "cuestión del mercado" en la educación superior, sino que ella configura un nuevo campo de análisis, con contornos relativamente definidos, dentro del área (cuasidisciplinaria) de estudios sobre este sector.

Este campo se constituye como una red de conocimientos –textos y autores– que desde diferentes líneas convergen en torno a dicha cuestión en tanto objeto de investigación y, como veremos luego, también en cuanto objeto de políticas públicas.

Tiene este campo, por lo mismo, una estructura temática, ubicándose en la intersección entre varias disciplinas o subdisciplinas (particularmente la economía y la sociología aplicadas a la educación superior) y

[336] M. Martínez and D. Richardson, "A View of the Market through Studies of Policy and Governance, 2002 (Working Draft). Disponible en: http://www.usc.edu/dept/chepa/gov/rf2002/martinez.pdf

varios enfoques (principalmente el enfoque organizacional, de economía política, y de políticas y administración públicas). De allí, también, que su entramado conceptual subyacente se halle en permanente tensión; no sólo por la diversidad de líneas de investigación que lo constituyen, sino, además, por la variedad de perspectivas de análisis que ellas aportan, cada una con sus propios lenguajes teóricos y metodológicos.

Además, su objeto de estudio es abordado desde dos lados distintos. Por una parte, desde la vocación científica o de intereses académicos (disciplinarios y de enfoques); por la otra, desde el diseño, la implementación y evaluación de políticas públicas. Luego, además de la tensión de enfoques académicos subyacente al campo, nos encontramos adicionalmente con una tensión entre intereses cognitivos y estilos intelectuales dispares, que utilizan dos diferentes modos de producción de conocimiento.

Trátase, en pocas palabras, de la distinción entre los modos de producción "uno" y "dos" (MP1 y MP2) que la literatura ha acuñado para diferenciar entre las prácticas de producción, comunicación, circulación y evaluación del conocimiento académico-disciplinario (MP1) de aquellas que generan conocimiento en diversos otros contextos sociales, particularmente en el contexto de la industria y del gobierno, en diversas "arenas sociales" –mercados, redes de consultores, organismos no gubernamentales, movimientos sociales, etcétera– y, crecientemente, también en organizaciones internacionales y algunas universidades que gradualmente incorporan prácticas del tipo modo 2 de producción de conocimiento dentro de sus propias actividades[337].

Las características del MP2 aparecen bien resumidas en el siguiente pasaje:

[337] Véase Michael Gibbons, Camille Limoges, Helga Nowotny, Simon Schwartzman, Peter Scott and Martin Trow, *The New Production of Knowledge: The Dynamics of Science and Research in Contemporary Societies. London:* Sage, 1994. Además, ver M. Gibbons, "Higher Education Relevance in the 21st Century", 1998. Disponible en: http://web.worldbank.org/WBSITE/EXTERNAL/TOPICS/EXTEDUCATION 0,,contentMDK:20442088~menuPK:282405~pagePK:148956~piPK:216618~theSitePK:282386,00.html

> Primero, el modo 2 de producción de conocimiento trasciende las fronteras disciplinarias. Va más allá también que la inter y la transdisciplinariedad. [...] Segundo, el MP2 expande el número de actores de investigación o conocimiento. [...] Otros actores, antes subestimados como meros "difusores", "arbitradores" o "usuarios" de resultados de investigación, se hallan ahora más activamente envueltos en su "producción" (categoría esta última que se ha ampliado y vuelto más ambigua). Tercero, [...] un espectro mucho mayor de actividades sociales, económicas e incluso culturales posee ahora un componente de "investigación"[338].

Asimismo, las prácticas de comunicación y las formas de validación del conocimiento difieren sustancialmente entre ambos modos de producción. Para decirlo nada más que de manera indicial, mientras el MP1 se mueve en el círculo de la ética weberiano-mertoniana del desinterés, la objetividad, el reconocimiento por los pares, y el carácter de bien público de las ciencias académicas, el MP2, en cambio, moviliza los intereses del contexto en que opera, se compromete con la solución de problemas prácticos de la sociedad, se comunica por distintos medios con diversas audiencias (expertas y no), y el conocimiento producido bajo sus reglas se valida no sólo ni principalmente por los pares, sino en una esfera pública más amplia de participantes[339] y, en ocasiones, también en la esfera del mercado.

En suma, estamos frente a un campo mixto cuya organización social y epistémica difiere en cuanto a su naturaleza, división del trabajo, procedimientos de producción de conocimientos, organización de los practicantes y formas de comunicación e interrelación, de un subcampo puramente disciplinario definido, por ejemplo, a la manera de Fligestein a propósito del emergente campo académico de la nueva sociología económica[340].

En efecto, nuestro campo está más cerca del MP2, pero contiene también un núcleo transversal (es decir, que cruza por todos los casilleros

338 H. Nowotny, P. Scott and M. Gibbons, *Re-Thinking Science...*, op. cit., 2004, p. 89.

339 Ver M. Gibbons, op. cit., 1998.

340 Ver nota 14.

de nuestro *Diagrama base*) de conocimientos generados bajo el MP1. Algunos autores, como se vio en la sección inicial de esta primera parte (ver la sección "La constitución del campo de análisis"), lamentan este hecho y se quejan de la débil delimitación que existiría entre investigadores y expertos, pues daría lugar a contribuciones que no se ajustan a las formas convencionales de la academia ni al conocimiento basado en la investigación[341]. Por el contrario, para otros, entre quienes se cuentan los autores de este volumen, esta baja delimitación, y la mayor facilidad de interacción entre investigadores y expertos, constituye una de las características más interesantes del campo y uno de sus principales factores dinámicos.

Como sea, el desarrollo del campo, empujado por ambos modos de producción de conocimiento, da cuenta del interés que la "cuestión del mercado" ha alcanzado tanto en el ámbito académico como para el diseño y la formulación de políticas públicas en este sector. Independientemente de cuáles sean las causas y los motivos que se invoquen para explicar o justificar este fenómeno –y los hay de muy diversa índole, según se vio–, es un hecho que el avance bajo diferentes formas de los procesos de *mercadización* (casillero 11) ha terminado por concitar el interés de la academia, al mismo tiempo que refleja el rol central que las políticas de mercado ocupan en el repertorio de los gobiernos alrededor del mundo.

De haber ocupado una posición relativamente marginal en el área de estudios de la educación superior, la "cuestión del mercado" ha pasado a tener una posición cada vez más central. De haber estado confinada hasta comienzos de los años setenta en un reducido grupo de investigadores de Estados Unidos, durante la última década el interés por abordarla se ha difundido rápidamente –y con ello vienen la multiplicación y el poblamiento de las líneas de investigación–, expandiéndose, como por círculos concéntricos, primero hasta formar un segundo anillo, el de los países anglosajones desarrollados (Reino Unido, Australia, Canadá); luego hacia un grupo de países europeo-occidentales (Holanda en primer lugar, Portugal, los países nórdicos, Alemania), que integran

[341] Ver nota 21.

un tercer círculo, para extenderse finalmente hasta un cuarto círculo, donde se incorpora un variado conjunto de países, comoo Sudáfrica, China, Corea, Hong Kong, Nueva Zelanda y Polonia. Al mismo tiempo que se iban constituyendo estos círculos concéntricos, también varios organismos internacionales –en particular el Banco Mundial, la OCDE y la Unesco– y diversas agencias gubernamentales de los países nombrados en los dos primeros círculos contribuyeron poderosamente a la configuración y la producción del campo, típicamente a través de actividades propias del modo 2 de producción de conocimientos.

América Latina ha permanecido fuera de este desarrollo, aunque hay unos pocos investigadores, instituciones y publicaciones que muestran una incipiente actividad[342]. Una de las razones que explican esta ausencia es el hecho de que el campo se comunica en inglés y sus centros más activos se encuentran en el norte. Una segunda razón, de orden más estructural, es el escaso desarrollo que en la región tienen, en general, los estudios sobre educación superior. A esto debe agregarse el hecho de que, seguramente, la mayoría de los pocos investigadores que trabajan en esta área se identifican fuertemente con las tradiciones y prácticas de la universidad pública latinoamericana, cuando no tienen allí su hogar institucional, posición desde la cual es probable que los fenómenos de mercadización sean vistos o bien como un objeto de investigación carente de suficiente prestigio académico o, de cualquier forma, como un objeto ideológicamente contaminado respecto del cual conviene mantenerse a distancia[343].

342 Una simple búsqueda en Google Académico realizada sobre los términos "mercado + educación + superior" (sólo archivos pdf) arroja alrededor de un millón de documentos, pero una simple revisión de los cien primeros permite constatar: i) que pocos se refieren a la "cuestión del mercado" como ella se halla delineada dentro del campo de análisis; ii) los artículos con una mínima relación, a lo menos temática, con los casilleros de nuestro *Diagrama base* se refieren limitadamente al fenómeno del mercado global, nuevos acreedores, procedimientos de control de calidad y financiamiento de las universidades; iii) sin embargo, una somera evaluación de las citas contenidas en estos artículos no arroja ni un patrón de cocitaciones (luego, no forman parte de un flujo de conocimiento internamente interrelacionado), ni tampoco se relacionan hacia fuera con el cuerpo de textos y autores que integran el campo de análisis tal como aquí se ha configurado.

343 Todo lo cual resulta paradojal si se considera que América Latina es una de las regiones donde los procesos de *mercadización* comenzaron más temprano y donde han

En suma, nuestra revisión de la literatura especializada sobre la "cuestión del mercado" en la educación superior muestra que ella ha ido estructurando un nuevo campo de análisis, que se organiza en torno a un conjunto de líneas de investigación relativamente bien definidas, que posee una naturaleza mixta desde el punto de vista de sus modos de producción de conocimiento y que esta mixtura genera tensiones productivas para los participantes en este campo. A fin de cuentas, podemos concluir que alrededor de esta "cuestión" existen ahora redes internacionales de conocimiento con un entramado de textos, autores y prácticas de cocitación suficientemente densas como para reconocer sus dinámicas académicas, y con un entramado de argumentos, debates y enunciados suficientemente entrelazados como para identificar una agenda de política pública, también ella, con contornos relativamente bien definidos.

Estructura conceptual

Al margen de la rica y variada producción de estudios provenientes del campo recién identificado, persiste la pregunta sobre qué grado de clarificación conceptual se ha ganado durante los últimos años. ¿Es efectivo que nuestra comprensión de los fenómenos de *mercadización* se halla estancada o, incluso peor, que resulta más difusa que nunca antes, como sugieren Martínez y Richardson?

Este informe no sustenta tan negativa visión. Por lo pronto, se ha ganado un sólido punto de arranque para los estudios del campo: que la "cuestión del mercado" en la educación superior no puede ser abordada provechosamente con independencia del entorno económico, social, político y cultural dentro del cual los mercados se hallan alojados (*embedded*)[344]. Para decirlo en los términos del desarrollo de nuestro cam-

adquirido, también, mayor envergadura y múltiples y diversas formas de aparición. Se trata, pues, de un laboratorio natural para nuestro campo de análisis.

[344] El argumento del alojamiento (*embeddedness argument*) sostiene precisamente que "los comportamientos y las instituciones a ser analizados se hallan tan constreñidos por las relaciones sociales en curso que modelarlos como independientes es un gravoso malentendido". M. Granovetter, "Economic Action and Social Strcuture: The Problem of Embeddednes", en M. Granovetter and R. Swedberg (eds.), *The Sociology of Economic*

po, ya no es posible volver atrás del triángulo de Clark (casillero 3).

En efecto, de ahí en adelante cualquier esfuerzo destinado a comprender el funcionamiento de este mercado necesita partir de su relación –a lo menos– con la esfera gubernamental (las políticas públicas y regulaciones administrativas del Soberano, como lo llama Adam Smith) y considerar el comportamiento de las propias organizaciones académicas. Esta imagen es típicamente la de un mercado de productores y puede útilmente ser desarrollada, como hacen explícita o implícitamente la mayoría de los analistas de nuestro campo, desde el enfoque de las organizaciones industriales.

Desde esta perspectiva, puede sostenerse esquemáticamente que el *desempeño* de las "firmas" –en este caso, las organizaciones o instituciones universitarias– resulta de su *comportamiento* en el mercado, el cual proporciona la *estructura* en que aquéllas actúan. Por su lado, la estructura del mercado es el resultado del *marco institucional* y las *reglas del juego* propios de cada *contexto* nacional. A lo largo de estas distantas instancias intervienen continuamente las *políticas y regulaciones públicas* que adopta la autoridad.

La lógica general de este modelo –conocido como modelo estructura-comportamiento-desempeño[345]–, "claramente refleja supuestos económicos sobre la competencia de mercado. Supone que el marco general de normas y leyes influencia el grado de competencia en un mercado y que esta competencia, por su parte, influye sobre el comportamiento y el desempeño" de los agentes[346].

Life. Cambridge, MA: Westview Press, 2001, p. 51. Este argumento, que puede parecer de suyo evidente, sin embargo tiene poderosas consecuencias; entre otras, pone en tela de juicio la utilidad del paradigma propio de la economía clásica y neoclásica de la competencia perfecta en mercados idealizados, y cuestiona la idea de que los mercados realmente existentes son algo así como distorsiones empíricas de ese modelo ideal. Para un mayor desarrollo, ver N. Fligstein, *The Architecture of Markets. An Economic Sociology of Twenty-First-Century Capitalist Societies*; Princeton and Oxford: Princeton University Press, 2002.

345 Ver F. M. Scherer and D. Ross, *Industrial Market Structure and Economic Performance*. Boston: Houghton Mifflin, 1990.

346 D. D. Dill, "Allowing the market to rule...", op. cit., 2003, p. 4.

Pues bien, al aplicar este modelo al funcionamiento de los mercados de educación superior[347], utilizando para ello el conocimiento ganado por nuestro campo de análisis, se obtiene la siguiente representación gráfica.

Diagrama resultante. Política pública, mercados universitarios y comportamientos organizacionales

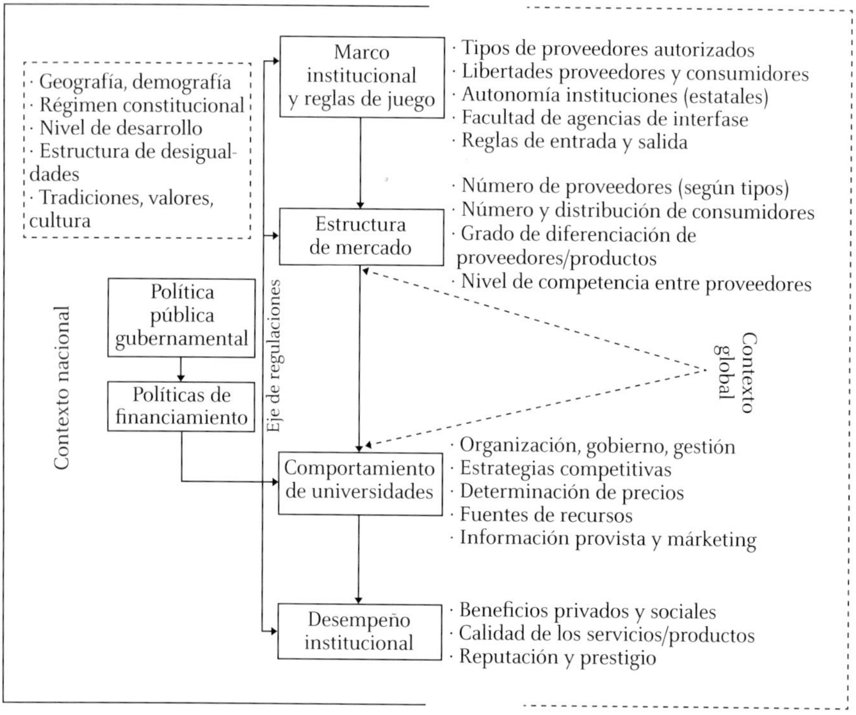

[347] Como hacen explícitamente, por ejemplo, B. Jongbloed, "Regulation and competition...", op. cit., 2004, y D. D. Dill, en el artículo citado en la nota anterior.

Sin entrar a repetir lo dicho hasta aquí, es necesario sin embargo proporcionar algunas especificaciones sobre este diagrama.

Llamamos a esta representación *Diagrama resultante* para subrayar su relación subyacente con el *Diagrama base* presentado inicialmente, el cual, como se recordará, tenía por objeto ofrecer un mapa del campo de análisis de los mercados universitarios; particularmente, el mercado de la enseñanza de pregrado. Postulamos que es posible leer ambos diagramas como si fuesen un mismo texto expresado en dos lenguajes diferentes; topográfico el primero, de estructura conceptual el segundo.

En cuanto a su orientación más general, el *Diagrama resultante* asume íntegramente el argumento sobre el alojamiento (*embeddedness*) de los mercados universitarios, situando gráficamente en su trasfondo y entorno las condiciones de *contexto* que inciden sobre sus aspectos de estructura, comportamiento y desempeño.

Por el lado del contexto nacional destacan los factores de geografía, demografía y régimen político-constitucional, todos los cuales tienen implicancias tanto para la conformación de los mercados como para la actuación de los gobiernos. Se subrayan, además, otros factores macroscópicos, como el nivel de desarrollo del país; la estructura de desigualdades en la sociedad, que luego se expresa en la distribución de los capitales económico, social y cultural y en las relaciones de poder; y la particular conformación cultural de la nación. Asimismo, el diagrama subraya fuertemente el rol de la política gubernamental, asunto al que hemos de volver en un instante.

Por el lado del contexto global, que aparece aquí como un factor que potencialmente puede incidir sobre la estructura del mercado local y el comportamiento de las organizaciones, cabría considerar en cada caso sus efectos "glonacales", para insistir en el término acuñado por Marginson (esto es, global-nacional-local; ver el casillero 8); la presencia en el mercado nacional de "nuevos proveedores" (casillero 8) y su efecto sobre la competencia, así como el comercio transfronterizo de servicios de educación superior (casillero 9), la conformación de espacios regionales y los demás elementos propios del proceso de globalización que pueden afectar ya bien la estructura del mercado nacional o, más importante, el comportamiento de las universidades (por ejemplo, estrategias de internacionalización, participación en redes globales, alianzas de distinto tipo, impacto en ellas de los rankings globales, movilidad internacional de estudiantes y profesores, etcétera).

En seguida, el *Diagrama resultante* se adscribe plenamente al argumento de la prioridad de las políticas en la estructuración de los mercados, a través de la fijación de su marco institucional y la determinación de las reglas de juego. Esta prioridad no es sólo conceptual, sino que también refleja una prelación en el orden de los procesos históricos. Por elemental que sea su forma, tan pronto aparecen los primeros mercados urbanos que Braudel llamó "regulares", de inmediato "las autoridades de la ciudad [toman] firmemente en consideración su organización y supervisión"[348]. Los mercados son una creación de la política. Su "arquitectura", como señala Fligstein, es siempre el producto de intervenciones gubernamentales. En el caso de los mercados universitarios, este vínculo de dependencia entre política pública y mercado, entre coordinación estatal y coordinación producida por la competencia, es de suyo evidente, como muestra ampliamente la literatura revisada sobre procesos de *mercadización* (casillero 11)[349].

348 F. Braudel, op. cit., vol. 2, p. 10.

349 Ver P. Teixeira, B. Jongbloed, D. D. Dill and A. Amaral (eds.), op. cit., especialmente para los casos de Australia, Estados Unidos, Reino Unido, Holanda y Portugal. Ver J. J. F. Forest and P. H. Altbach, op .cit., 2006, especialmente para los casos de Australia, China, Corea, Estados Unidos, Reino Unido, Holanda, Indonesia, Japón, Rusia y Polonia. Para el caso de Chile, ver Brunner, J. J. and A. Tillett (2006) "Chile", op. cit., 2006, y J. J. Brunner, "From State to Market Coordination", *Higher Education Policy*, vol. 10, Nº 3/4, December 1997. Para el caso de Corea, ver Sunwoong Kim and Ju-Ho Lee, "Hierarchy and Market Competition in South Korea's Higher Education Sector"; KDI School Working Paper Series, March 2003. Disponible en:
http://papers.ssrn.com/sol3/Delivery.cfm/SSRN_ID504842_code353188.pdf?abstractid=504842&mirid=1
Para el caso de Polonia, ver adicionalmente W. Duczmal, *The Rise of Private Higher Education in Poland: Policies, Markets and Strategies*; Entschede: Center for Higher Education and Policy Studies (Cheps), 2006. Disponible en:
http://www.utwente.nl/cheps/documenten/thesisduczmal.pdf
Para los casos de Kazajstán, Kirguistán, Tayikistán y Uzbekistán, véase A. Tillett and J. J. Brunner, "Higher Education in Central Asia...", op. cit., 2007.

Sea que un gobierno proceda a "privatizar" gradualmente determinados aspectos del sistema de educación superior o que decida, en un sistema predominantemente público, crear un mercado administrado; sea que proceda abruptamente a imponer la *mercadización* del sistema o, al contrario, se proponga regular el comportamiento de las organizaciones en el mercado; sea que estimule a las universidades a exportar servicios de educación superior o que abra el mercado interno a "nuevos proveedores" asentados más allá de sus fronteras nacionales, en cualesquiera de estos casos actúa ya bien al nivel de las reglas de juego del sistema y su marco institucional, o bien –a lo largo del "eje de regulaciones"– directamente sobre la estructura del mercado y el comportamiento de las organizaciones.

En el orden institucional y de reglas de juego, las intervenciones gubernamentales suelen tener un carácter constituyente de los mercados. Definen, por ejemplo, el tipo de proveedores que legítimamente podrán participar en él y las reglas de base a que deberán sujetar sus actuaciones. Esto tiene especial importancia para las instituciones privadas y para el acceso de "nuevos proveedores" al mercado nacional. Asimismo, la autoridad pública debe establecer, y luego podrá regular, las libertades de los proveedores y consumidores, que operan como condiciones de posibilidad para el funcionamiento de este mercado.

Mediante las políticas de financiamiento del sistema, los gobiernos están en condiciones de influir directamente sobre el comportamiento de las instituciones (como vimos al revisar la literatura del campo en el casillero 6), o bien de introducir regulaciones que inciden sobre la estructura del mercado. Por ejemplo, al otorgar créditos estudiantiles subsidiados y becas (casillero 5), el gobierno puede ampliar el número de consumidores; al crear incentivos especiales para estudiar en determinados programas académicos, puede actuar sobre la demanda y, al mismo tiempo, señalizar prioridades y preferencias de desarrollo a los proveedores. Crecientemente, a medida que el centro de gravedad de la coordinación de los sistemas se desplaza desde la esfera político-administrativa a la del mercado, también el uso de los recursos fiscales tiende a orientarse más hacia los resultados y a imponer metas de desempeño a las instituciones.

En el ámbito de la estructura del mercado, las regulaciones gubernamentales son esenciales para definir los alcances y la intensidad de la competencia. La autorización para crear nuevas instituciones privadas, por ejemplo, traerá generalmente como consecuencia un aumento de la competencia; pero la fijación del precio de los aranceles, o de límites geográficos o académicos para la oferta de programas académicos, tenderá a reducirla.

En otro nivel del análisis, el *Diagrama resultante* asume el principio de la economía de las organizaciones industriales según el cual el comportamiento de las "firmas" se halla fuertemente condicionado por la estructura del mercado, la que a su vez puede ser afectada de diferentes maneras por políticas y regulaciones públicas. Cuáles sean las estrategias competitivas que adopten las organizaciones en el mercado, qué precios determinen para sus servicios y productos de conocimiento, cómo obtengan los recursos necesarios para cubrir sus costos y, más en general, cuáles formas de gobierno y gestión institucionales adopten (casilleros 13, 14 y 15), son todos elementos que, teniendo una base en la trayectoria previa de las organizaciones, al mismo tiempo se configuran como una respuesta frente al mercado.

Como vimos en su momento, desde Adam Smith en adelante este vínculo de adaptación evolutiva de las "firmas" con respecto al mercado se topa, en el caso de las universidades, con su especial estatuto público/privado y, por el lado de los mercados, con su carácter estratificado y de competencia posicional por alumnos, recursos y prestigio.

En cuanto al comportamiento de estas organizaciones, suele afirmarse que en el caso de aquellas con fines de lucro no hay mayor dificultad para aplicar el análisis económico estándar, pues se trata de "firmas" cuyo objetivo, a la manera de cualquier otra empresa comercial, es maximizar sus utilidades. "Más formalmente, esto significa que podemos esperar de estas instituciones [...] que ellas elijan a su personal académico y demás insumos para producir un determinado nivel de *output* u oferta de cursos al más bajo costo posible"[350].

[350] Véase B. Pusser and S. E. Turner, "The Challenge of Convergence: Nonprofit and

En cambio, el problema para la teoría económica se produce al momento de definir la función maximizadora de las instituciones sin fines de lucro, sean éstas públicas o privadas. La respuesta convencional es que ellas buscarían maximizar los fines estatuidos en su misión, o bien, como se formula en otras ocasiones, maximizar dichos fines dentro de las restricciones que impone la supervivencia de la institución en el mercado[351]. Estas instituciones diferirán, por tanto, en cuanto al énfasis que otorgan a la calidad versus la cantidad, la producción de bienes públicos o privados y el balance entre investigación y docencia[352].

Frente a este argumento se ha hecho notar que la misión de las organizaciones donativo-comerciales-sin fines de lucro (ver nota 208) es habitualmente difícil de definir; por lo general conjuga fines diversos, algunos de los cuales son difícilmente observables y sólo puede reconocerse su valor más adelante (como ocurre con la calidad de la educación obtenida, que es un "bien de experiencia"), y las instituciones producen una mezcla de beneficios privados y sociales (casillero 4) que no son fáciles de identificar y medir. Esto último plantea un problema a los gobiernos al momento de decidir qué, cuánto y cómo subsidiar las diferentes funciones que desarrollan las universidades (casilleros 6 y 14).

A su turno, todo esto se refleja, finalmente, sobre el último nivel del *Diagrama resultante*; el nivel del desempeño de las organizaciones y sus beneficios para la sociedad. Éste es, sin duda, uno de los temas de mayor controversia en nuestro campo de análisis, tanto desde el punto de vista académico como de la formulación de políticas públicas.

Por lo pronto, hay un asunto técnico envuelto en esta discusión: el de la medición del desempeño de instituciones sin fines de lucro y con fines múltiples que se coordinan a través del mercado. Además, hay envuelto un asunto político-cultural más complejo: cómo determinar si

For-profit Governance in Higher Education" (draft), 2002. Paper prepared for the annual meeting of the Cornell Higher Education Research Institute, Ithaca, New York, June 2002, p. 5. Disponible en:
http://www.ilr.cornell.edu/cheri/conf/chericonf2002/chericonf2002_09.pdf

351 Véase R. Zemsky, G. R. Wegner, and W. F. Massy, *Remaking the American University. Market-Smart and Mission-Centred*; New Brunswick, New Jersery, and London: Rutgers University Press, 2005, especialmente el capítulo 4, pp. 57-60.

352 B. Pusser and S. E. Turner, "The Challenge of Convergence...", op. cit., p. 6.

dicha forma de coordinación produce los beneficios esperados para la sociedad en su conjunto.

El primer aspecto es abordado –a nivel internacional– mediante una seria de indicadores como aquellos publicados anualmente por la OCDE (*Education at a Glance*) para los países miembros y, a partir del año 2006, complementariamente por la Unesco para los países participantes en el proyecto World Education Indicators. Los más habitualmente utilizados son las tasas de participación en la educación terciaria; el porcentaje de titulación en este nivel; la evolución de las tasas de desempleo para las personas con educación superior; las tasas internas de retorno privado, fiscal y social para individuos que han obtenido un título profesional o un grado avanzado de investigación; y el rendimiento de la educación superior para el crecimiento económico y la cohesión social.

En cuanto al debate sobre los beneficios sociales esperados de las universidades, se plantea primero la cuestión de cómo evaluar su desempeño y, en seguida, de cómo determinar si éste se halla alineado con el interés público.

En relación a la primera cuestión, las asimetrías de información y demás fallas de coordinación que produce el mercado tornan especialmente agudo el debate sobre las intervenciones y regulaciones que el Soberano necesita disponer para superar aquellas imperfecciones, sin disminuir las ventajas que traen consigo la autorregulación y la competencia. La definición de obligaciones legales de informar, la adopción de reglas más exigentes de *accountability* y el diseño de sistemas de aseguramiento de la calidad son parte del instrumental que los gobiernos utilizan para este efecto.

En cuanto a las controversias sobre si el mercado favorece o inhibe el alineamiento de las instituciones con sus fines públicos, ellas sólo podrían ser dirimidas mediante la indagación de diferentes situaciones nacionales de mercado universitario, y en un marco de comparación que considere también las ventajas y desventajas de los sistemas coordinados por medios políticos y burocráticos. Como sea, existe una amplia literatura que previene sobre los "riesgos del mercado" en la educación superior y sobre la posibilidad, como vimos, de que ésta pierda su alma al entregarla al tráfico comercial[353].

En cambio, la línea de indagación sobre el comportamiento y los resultados de los sistemas de educación superior estructurados como mercados –o con una presencia significativa de elementos de mercado– apenas se encuentra en formación. Sólo durante los últimos años han empezado a aparecer estudios empíricos y publicaciones de reflexión teórica que avanzan en dicha dirección[354].

Hacia allá apuntan también las restantes partes de este volumen, referidas al contexto chileno de educación superior; una de orientación más conceptual (parte 2), las otras dos (partes 3 y 4) basadas en el análisis de información sobre el funcionamiento del mercado de educación superior en Chile.

[353] La mejor expresión de esta corriente se halla en F. Newman, L. Couturier, J. Scurry, *The Future of Higher Education...*, op. cit., 2004. En general, sobre la relación entre educación y comercio, el texto "*Endowments*", de J. S. Mill, sigue siendo, seguramente, uno de los alegatos más poderosos. Ver nota 55.

[354] Véanse los artículos de W. F. Massy, D. D. Dill and M. Soo, B. Jongbloed y G. Johnes, así como los capítulos de introducción y conclusión, en P. Teixeira, B. Jongloed, D. D. Dill and A. Amaral (eds), op. cit., 2004. Ver asimismo D. D. Dill, "Will Market Competition Assure Academic Quality? An Analysis of the UK and US Experience" (draft), 2005. Disponible en: http://www.fup.pt/admin/cipes/docs/eventos/Dill.pdf
Además, los trabajos citados anteriormente de G. Winston y C. Hoxbey, los cuales pueden más fácilmente ser identificados en la bibliografía.

Parte II

El mercado universitario: dos enfoques de observación

Introducción

La segunda parte de este estudio sigue en la huella de la primera. Ofrece dos enfoques de observación –desde la perspectiva de la "cuestión del mercado"– sobre diversos aspectos de la educación superior en el contexto latinoamericano. Por un lado, desarrolla un análisis conceptual del mercado universitario chileno; por otro, aborda la dinámica público/privado en la educación superior y señala algunos de los desafíos que los procesos de *mercadización* plantean a las universidades estatales en América Latina.

El capítulo referido al análisis del mercado de la educación superior en Chile busca responder a dos preguntas precisas: i) ¿dónde se halla situada la educación superior chilena desde el punto de vista de la economía política comparada de los sistemas?, y ii) ¿cómo funciona el mercado universitario en Chile y qué efectos podrían derivarse de su interacción con el mercado laboral para las profesiones que las universidades contribuyen decisivamente a formar?

A su turno, en el capítulo dedicado a las universidades estatales nos interrogamos sobre las nuevas condiciones en que ellas se desenvuelven y exploramos diversas dimensiones del fenómeno que llamaremos *privatismo* y cómo éste afecta a dichas instituciones.

Ambos capítulos desarrollan y buscan profundizar algunas de las líneas de investigación que componen el campo de análisis del mercado universitario.

En el primer caso se aplican al estudio de los fenómenos del *privatismo* y la *mercadización* (casilleros 11 y 14) en el sistema universitario chileno; en particular, a las regulaciones de este mercado (casillero 6 y sección final de la parte anterior), la microeconomía de la demanda y la oferta de programas de pregrado (casillero 12), y a los efectos del mercado sobre el comportamiento estratégicos de las instituciones (casillero 14) y la formación de capital humano (casillero 4).

En el caso de las universidades estatales, el ejercicio se centra en el desarrollo histórico de las categorías de lo público y lo privado en la educación superior y los cambios que ellas experimentan, particularmente a la luz de las nuevas circunstancias del financiamiento público de las instituciones (casillero 6) y los procesos de *privatismo* en curso (casillero 14). En este contexto se intenta identificar los nuevos desafíos que enfrentan las universidades estatales y los modos en que ellos son abordardos (o no) en América Latina.

En los dos casos se trata de exploraciones temático-conceptuales que preparan el paso, materializado en las siguientes dos partes, hacia el estudio del mercado universitario chileno en términos del posicionamiento estratégico de las organizaciones (parte III) y de las percepciones y opiniones que la elite académica manifiesta en relación al funcionamiento del sistema en condiciones de mercado (parte IV).

A. Privatismo y mercadización en la educación superior chilena

La economía política comparada de los sistemas

Buscamos responder aquí a dos preguntas: ¿dónde se ubica la educación superior chilena en el mundo desde el punto de vista de la *economía política*[355] de los sistemas? Y, en este marco, ¿cómo se comporta el *mercado universitario*[356] de la enseñanza de pregrado y qué efectos sociales derivan de su interacción con el mercado ocupacional de las profesiones?

Privatismo

Dos variables cuantitativas sirven para caracterizar, en una primera aproximación, la economía política de los sistemas de educación superior en el contexto internacional comparado. Por un lado, el nivel relativo de *privatismo de la matrícula*; esto es, el porcentaje de alumnos que en cada uno de los sistemas se halla matriculado en instituciones privadas, sean ellas independientes o dependientes del financiamiento estatal. Por el otro, el nivel de *privatismo de los recursos* que sirven para financiar las instituciones; esto es, el porcentaje del gasto total de los países en educación superior que corresponde a fuentes privadas.

Si cruzamos ambas dimensiones como escalas de menor a mayor grado de *privatismo*[357], podemos levantar un mapa bidimensional de los sistemas que revela –a través de los cuadrantes resultantes– una interesante topografía de sistemas nacionales (ver gráfico 1).

[355] Sobre el enfoque de economía política de los sistemas de educación superior, ver A. H. Halsey, "Political Economy". En B. R. Clark and G. Neave, op. cit., 1992, vol. 3.

[356] Sobre el desarrollo del concepto y las teorías del mercado universitario, ver la primer parte de este informe.

[357] Preferimos el uso de este neologismo, que significa el grado en que algo (en este caso, matrícula y recursos) es privado, en lugar del término "privatización", más habitual pero cargado de múltiples y confusas connotaciones.

Gráfico 1. Ubicación de los sistemas nacionales de educación superior en dos dimensiones de privatismo

(Porcentaje del total de recursos gastados en educación superior proveniente de fuentes privadas y porcentaje de matrícula en instituciones privadas dentro del total de la matrícula que cursa programas de niveles 5 y 6 de la CINE 1997)

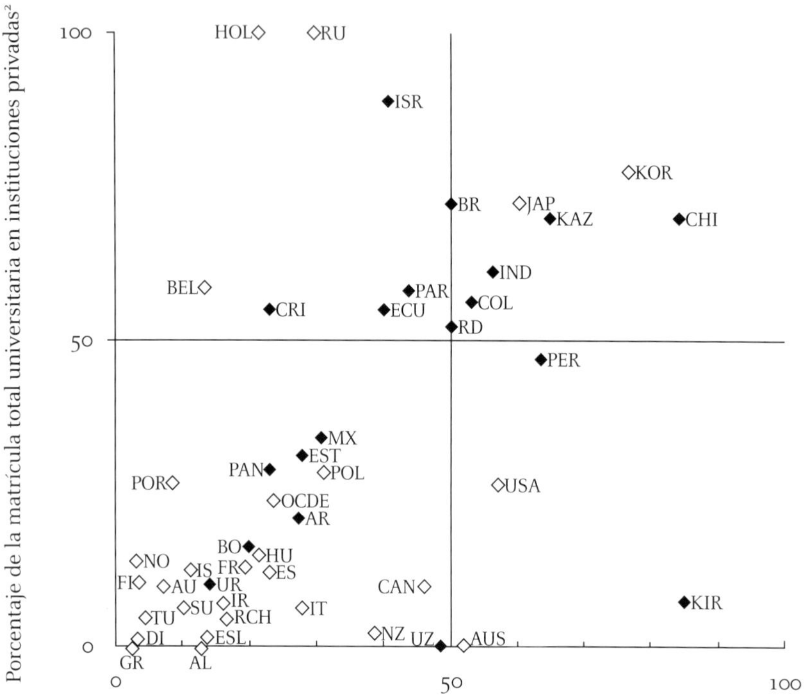

Fuente: OECD, *Education at a Glance 2006* para los países miembros de la organización y Chile e Israel. Demás países, Unesco, *Global Education Digest 2006*; J. J. Brunner (coord.), *Educación superior en Iberoamérica: Informe 2007*, op. cit., y diversas fuentes nacionales.

[1] Fuentes privadas corresponden a hogares y entidades privadas de negocios y sin fines de lucro.

[2] Instituciones privadas son aquellas controladas y gestionadas por entidades no gubernamentales o cuyos organismos de gobierno están compuestos mayoritariamente por miembros no elegidos por agencias gubernamentales. Pueden ser independientes (i. e., aquellas cuyos ingresos institucionales provienen en menos de un 50 por ciento de agencias gubernamentales) o dependientes (i. e., aquellas cuyos ingresos institucionales provienen en más de un 50 por ciento de agencias gubernamentales). Ingresos institucionales son aquellos que financian las actividades

educacionales básicas de las instituciones. Para estas definiciones, ver OECD, *Education Trends in Perspective. Analysis of the World Education Indicators*, 2005 edition. Paris: OECD and Unesco Institute for Statistics.
Leyendas: AL (Alemania), AR (Argentina), AUS (Australia), AU (Austria), BEL (Bélgica), BR (Brasil), CAN (Canadá), CHI (Chile), COL (Colombia), CRI (Costa Rica), KOR (Corea), DI (Dinamarca), ECU (Ecuador), ES (España), ESL (Eslovaquia), EST (Estonia), FI (Finlandia), FR (Francia), GR (Grecia), HOL (Holanda), HU (Hungría), IND (Indonesia), IR (Irlanda), IS (Islandia), ISR (Israel), IT (Italia), JAP (Japón), KAZ (Kazajstán), KIR (Kirguistán), MX (México), NO (Noruega), NZ (Nueva Zelanda), PAN (Panamá), PAR (Paraguay), PER (Perú), POL (Polonia), POR (Portugal), RCH (República Checa), RD (República Dominicana), RU (Reino Unido), SU (Suecia), TU (Turquía), UR (Uruguay), USA (Estados Unidos), UZB (Uzbekistán).
Los países con rombos blancos son miembros de la OCDE.

Como muestra este gráfico, Chile está ubicado en el cuadrante de más intenso *privatismo* (el cuadrante noreste) al lado de Corea, Japón, Kazajstán, Indonesia y Colombia. Todos estos sistemas se caracterizan, en efecto, por tener una participación de matrícula privada que supera el 50 por ciento del total de la matrícula en programas académicos de nivel 5A y nivel 6 del CINE 1997[358], y por obtener más del 50 por ciento de sus recursos de fuentes privadas, esto es, de los alumnos y sus familias en primer lugar, y de otras fuentes no gubernamentales.

En cambio, los países de la OCDE aparecen en su mayoría aglomerados en el extremo opuesto, en la parte inferior del cuadrante suroeste, o sea, el de menor nivel de *privatismo*, cuadrante en cuyo centro está situado también el "país" ficticio OCDE, representado por las cifras promedio del conjunto de los miembros de dicha organización.

Hay, además, dos cuadrantes adicionales.

En el cuadrante sureste, los sistemas dependen en más de un 50 por ciento de su gasto total de fuentes privadas –como ocurre en los casos de Australia, Kirguistán, Estados Unidos y Perú–, pero su matrícula privada se mantiene por debajo del umbral del 50 por ciento y tiene diferentes características en los distintos países. Por ejemplo, en Australia no hay universidades privadas ni independientes ni dependientes del financiamiento fiscal (pero sí instituciones no universitarias de este tipo). Sin embargo, a partir de los años noventa los alumnos

[358] Ver Unesco, Clasificación Internacional Normalizada de la Educación (CINE 1997). Disponible en: http://www.uis.unesco.org/TEMPLATE/pdf/isced/ISCED_E.pdf

pagan un arancel en las universidades públicas bajo el esquema denominado HECS, que combina el pago por parte de los estudiantes con créditos contingentes a sus ingresos futuros. En promedio, alrededor de un 30 por ciento de los ingresos de estas instituciones proviene de los recursos obtenidos por este concepto, en proporciones relativamente similares de parte de alumnos nacionales y extranjeros[359]. En Kirguistán, en cambio, aunque hay unas pocas universidades privadas, la gran mayoría de los alumnos se encuentra registrada en instituciones públicas, donde una parte significativa de ellos paga por el servicio docente, mientras sólo una minoría estudia con cargo al Estado[360]. En el caso de Estados Unidos, aunque la mayoría de los alumnos está matriculada en instituciones públicas, todos pagan un arancel de matrícula, y aquellos que concurren a instituciones privadas, especialmente a las de mayor prestigio, pagan aranceles extraordinariamente altos[361]. Por su lado, el sistema peruano se aproxima a aquellos con más alto privatismo en el cuadrante superior derecho, contando con un vigoroso sector de instituciones privadas, un número de las cuales se ocupa de absorber demandas en un mercado que hace tiempo ya se ha masificado[362].

Por último, en el cuadrante noroeste se ubican aquellos sistemas nacionales que operan con una alta proporción de alumnos en institu-

[359] Ver H. Vossesteyn and E. Canton, "Tuition Fees and Accessibility: The Australian HECS", en Cheps, op. cit, 2001. Ver asimismo S. Marginson, "Dynamics of National and Global Competition in Higher Education", *Higher Education* 52, 2006. Disponible en: http://www.education.monash.edu.au/centres/mcrie/docs/hed-2006-national-and-global-competition.pdf

[360] Ver J. J. Brunner y A. Tillett, "Higher Education in Central Asia...", op. cit., 2007.

[361] Ver Eckel, P. D. y King, J. E., "United States". En Forest, J. J. F. y P. G. Altbach (eds.), op. cit., 2006, volumen 2.

Ver asimismo E. Canton and H. Vossensteyn, "Deregulation of Higher Education: Tuition Fee Differentiation and Selectivity in the US", en Cheps, op. cit., 2001.

[362] Ver "Informe nacional" de Perú en J. J. Brunner (coord.), *Informe educación euperior en Iberoamérica*, op. cit., 2007. Para una visión más general, ver C. Rama, "La tercera reforma de la educación euperior en América Latina", 2005. Disponible en: http://www.iesalc.unesco.org.ve/gestion/pdfs%20de%20RAMA/Art%C3%ADculo%20-%20Las%203%20Reformas%20de%20la%20Educaci%C3%B3n%20%20Superior%20en%20AL.pdf

Asimismo, véase L. Yarzábal, "Impactos del neoliberalismo sobre la educación superior en América Latina", Cipedes, Nº 1(12), marzo 2001. Disponible en: http://firgoa.usc.es/drupal/filestore2/download/25502/NeoliberalismoES_AL-CIPEDES.pdf

ciones privadas independientes y/o dependientes pero cuyos recursos provienen en su mayoría del tesoro público. Este grupo es presidido por los sistemas del Reino Unido y Holanda, donde, en ambos casos, todas las universidades gozan del estatuto de instituciones privadas dependientes; esto es, se gestionan a la manera de corporaciones privadas sin fines de lucro, con un estatuto especial de autonomía, pero financiadas en su totalidad o en lo principal mediante recursos fiscales[363]. Con todo, el Reino Unido ha introducido últimamente una política de recuperación de costos o financiamiento compartido, de acuerdo a la cual todos los alumnos deben pagar un arancel hasta un techo fijado por la autoridad[364]. La situación de Bélgica e Israel se asemeja a los dos casos anteriores, pues los alumnos que aparecen aquí como de matrícula privada se hallan inscritos en Bélgica exclusivamente en instituciones privadas dependientes del financiamiento del gobierno, y, en el caso de Israel, del total de la matrícula, un 78 por ciento está en instituciones de este tipo y sólo un 10 por ciento en instituciones privadas independientes[365].

En cambio, en el caso de los países latinoamericanos[366] que ocupan un lugar en este cuadrante, incluyendo también a Brasil[367] y República Dominicana[368], la matrícula privada corresponde únicamente a estudiantes matriculados en instituciones privadas independientes, que son de diferentes tipos[369] pero tienen en común la no obtención de

[363] Para Holanda, ver E. de Weert, "The Netherlands" en J. J. F. Forest and P. G. Altbach, op. cit., 2006, capítulo 47. Para el Reino Unido, ver M. Shattock, "Great Britain", en ídem ant.

[364] Para una discusión del caso inglés, véase N. Barr, "Financing Higher Education in the UK: The 2003 White Paper"; House of Commons Education and Skills Committee, Post-16 student support, session 2002-03. Disponible en: http://econ.lse.ac.uk/staff/nb/Barr_Selcom030311.pdf

[365] Para la clasificación de las instituciones y la matrícula en los países nombrados en este párrafo, ver OECD, *Education at a Glance 2006*, op. cit., 2006, tabla C2.3, p. 279.

[366] Ver las referencias a los textos más generales de la nota 7. Asimismo, J. J. Brunner (coord.) *Informe educación superior en Iberoamérica*, op. cit., 2007.

[367] Ver "Informe nacional" de Brasil en J. J. Brunner (coord.), *Informe educación superior en Iberoamérica*, op. cit., 2007.

[368] Ver "Informe nacional" de República Dominicana en J. J. Brunner (coord.), *Informe educación superior en Iberoamérica*, op. cit., 2007.

[369] Ver D. C. Levy, *Higher Education and the State in Latin America. Private Challenges to Public Dominance*; Chicago and London: The University of Chicago Press, 1986. Para

subsidios regulares del Estado. Éste, en cambio, contribuye decisivamente al financiamiento de las universidades públicas, que habitualmente no cobran aranceles de matrícula.

Mercadización

Podría postularse que los sistemas con un alto nivel de privatismo de los recursos y la matrícula tenderán habitualmente a coordinar sus actividades a través del mercado. Esto es, las instituciones compiten por alumnos, recursos y prestigio, mientras las políticas gubernamentales intervienen *a distancia*[370] con el fin de regular este mercado y, en ocasiones, para impulsar la diferenciación y especialización de los sistemas a través de la asignación selectiva de recursos en favor de determinadas instituciones, como ocurre en los casos de Corea[371], Japón[372] y Chile.[373]

un análisis reciente del desarrollo de la educación superior privada a nivel global, véase D. C. Levy, "The Unanticipated Explosion: Private Higher Education's Global Surge", *Comparative Education Review*, vol. 50, Nº 2., 2006. Disponible en:
http://www.journals.uchicago.edu/CER/journal/issues/v50n2/500202/500202.web.pdf

[370] Sobre el concepto de guiar y regular los sistemas de educación superior "a distancia", ver: J. Huisman, "An Ecology of Higher Education: Changing Climates, Changing Organisations?", Keynote address to the Annual Conference on Higher Education, Oslo, Norway, January 17, 2006. Disponible en:
http://odin.dep.no/filarkiv/270387/innlegg_huisman.pdf
L. Lazzeretti and E. Tavoletti, "Governance Shifts in Higher Education: A Cross-national Comparison", *European Educational Research Journal*, volume 5, Nº 1, 2006.
G. Neave, "Mr. Prometheus – Unbound, Shackled or Released on Parole?", op. cit., 2004.
W. Kickert, "Steering at a Distance: A New Paradigm of Public Governance in Dutch Higher Education", *Governance* 8 (1), 1995.
G. Neave and F. van Vught, *Prometheus Bound: The Changing Relationship between Government and Higher Eeducation in Western Europe*; Oxford: Pergamon Press, 1991.

[371] Véase S. Kim and J. H. Lee, "Hierarchy and Market Competition in South Korea's Higher Education Sector", op. cit., 2003.

[372] Véase A. Yonezawa, "Japan", en J. J. F. Forest and P. G. Altbach, op. cit., 2006, capítulo 43. Asimismo, T. Kobayashi, "Japan", en B. R. Clark and G. Neave (eds.), 1992, volumen 1.

[373] Ver J. J. Brunner and A. Tillett, "Chile", en J. J. F. Forest and P. G. Altbach, op. cit., 2006, capítulo 33. Asimismo, J. J. Brunner, G. Elacqua, A. Tillett, J. Bonnefoy, S. González, P. Pacheco y F. Salazar, *Guiar el mercado. Informe sobre la educación superior en Chile*; Santiago de Chile: Universidad Adolfo Ibáñez, 2005. Disponible en:
http://mt.educarchile.cl/mt/jjbrunner/archives/2005/08/nuevo_libro.html
Para los casos de Indonesia y Paraguay, ver:
Indonesia, M. K. Tadjudin, "Indonesia", en J. J. F. Forest and P. G. Altbach, op. cit., 2006, capítulo 39.

Kazajstán es un caso de particular interés. Envuelto en un proceso de acelerada transición desde una economía centralmente dirigida hacia una economía de mercado, el gobierno busca alinear al sistema de educación superior con las nuevas condiciones económico-políticas mediante un conjunto de medidas de privatización. No sólo ha autorizado la creación de instituciones privadas (hoy representan 112 de las 180 instituciones reconocidas oficialmente), sino que además ha impulsado la transformación de un grupo de universidades públicas en sociedades por acciones[374], en las cuales el Estado mantiene una participación que se anticipa será decreciente en el tiempo hasta desaparecer por completo. A su turno, el gobierno viene reduciendo drásticamente sus aportes directos a las instituciones, habiendo comenzado, a partir del año 2006, a garantizar créditos estudiantiles con base comercial, los que deberán transformarse en el futuro en la principal fuente de ingreso de las universidades.

En los restantes países ubicados en el cuadrante noreste de nuestro gráfico –Indonesia y Colombia[375]– el *privatismo* de la matrícula y los recursos corre en paralelo con intensos procesos de *mercadización*, en un contexto donde los respectivos gobiernos entregan la expansión de sus respectivos sistemas a las fuerzas del mercado y alientan con este fin, por diferentes medios, el surgimiento y la expansión de un sector de instituciones privadas.

Con todo, en cada uno de estos países con un alto grado de *privatismo*, la *mercadización* adquiere rasgos nacionales distintivos, producto

Paraguay: J. M. Martin, "Financiamiento de la educación superior en Paraguay", 2004. Disponible en:
http://www.iesalc.unesco.org.ve/programas/Financiamiento/FinanciamientoParaguay.pdf

[374] Tipo de sociedad que combina las características de la sociedad anónima y de la sociedad colectiva. Está compuesta por acciones, siendo éstas transferibles, pero la responsabilidad de los accionistas es ilimitada.

[375] Ver "Informe nacional" de Colombia, en J. J. Brunner (coord.), *Informe educación superior en Iberoamérica*, op. cit., 2007. Ver asimismo The World Bank, *Tertiary Education in Colombia: Paving the Way for Reform*; Washington, D. C.: The World Nank, 2003. Disponible en:
http://www-wds.worldbank.org/external/default/WDSContentServer/WDSP/IB/2003/07/26/000094946_03071204032944/Rendered/PDF/multiopage.pdf

del alojamiento (*embeddedness*) de sus mercados de educación superior dentro de las condiciones propias de contexto –nivel de desarrollo, régimen político, estructura social, conformación cultural, trayectoria de los sistemas, etcétera– y debido a las políticas y regulaciones que, en cada caso, adoptan los gobiernos.

En los demás países, ubicados en los restantes tres cuadrantes, los procesos de *mercadización* asumen también una gran variedad de formas, siguiendo la misma doble regla enunciada. La dependencia de las condiciones de contexto es obvia. No lo es, en cambio, el influjo de las políticas, las que en los estudios comparados suelen ser presentadas a veces como si todas ellas –por hallarse orientadas hacia objetivos similares– tendrían también los mismos contenidos, modos de implementación y efectos. Sin embargo, nada está más lejos de la realidad.

Tómese como ejemplo ilustrativo el cuadrante suroeste del gráfico 1, aquel con un menor grado de *privatismo*, el cual, en algunos casos, llega prácticamente a cero en las dos variables pertinentes (i. e., Grecia y Dinamarca). ¿Significa acaso que los sistemas nacionales ubicados en esta posición se hallan completamente ajenos a la "cuestión del mercado" y aislados de las tendencias globales hacia la *mercadización* de la educación superior?

Para responder a esta pregunta hay que distinguir aquí, gruesamente, tres situaciones.

En primer lugar, aparece en este cuadrante un grupo de países cuyos gobiernos –que son los principales financistas de los sistemas– utilizan intensamente los instrumentos de asignación presupuestaria para crear "mercados administrativos" e inducir grados variables de competencia entre las instituciones públicas, con el fin de alcanzar objetivos como el incremento de la eficiencia de éstas o el mejoramiento de su competitividad en el mercado global. Tal es el caso, por ejemplo, de Dinamarca, Noruega y, en general, los países nórdicos[376]. Lo mismo vale para los

[376] Véase para estos países, I. Fägerlind and G. Strömqvist (eds.), *Reforming Higher Education in the Nordic Countries...*, op. cit., 2004. Asimismo, A. Kalpazidou-Schmidt, "Higher Education in Scandinavia", en J. J. F. Forest and P. G. Altbach, op. cit., 2006, capítulo 27. Para el caso de Dinamarca, ver además E. Canton and P. van der Meer, "Public Funding of Higher Education: The Danish Taximeter-model", en Cheps, op. cit, 2001.

casos de Nueva Zelanda y Canadá y, en el cuadrante vecino hacia el este, para Australia. En todos ellos los sistemas se hallan sometidos a fuertes presiones de sus gobiernos, mediante la aplicación de mecanismos de tipo mercado, para adoptar comportamientos, e incluso formas de organización, que les permitan elevar su desempeño, mejorar la productividad, diversificar sus fuentes de ingreso, innovar y responder con mayor rapidez y flexibilidad a las cambiantes condiciones de su entorno[377].

Distinto, en cambio, es el caso de otros países situados dentro del cuadrante suroeste, como Grecia, Turquía y Uruguay, donde los sistemas nacionales se mantienen básicamente dentro del patrón tradicional de relaciones con el gobierno y prevalece, por tanto, una forma de coordinación político-burocrática, combinada con una fuerte presencia de los intereses corporativos de las instituciones y los académicos de las universidades públicas. Estos sistemas mantienen con más o menos éxito altas barreras de entrada para nuevos competidores y, en general, los gobiernos no utilizan mecanismos de tipo mercado para la asignación de los recursos ni promueven la desregulación del sistema[378].

377 Para el caso de Canadá, ver G. A. Jones, "Canada", en J. J. F. Forest and P. Altbach, op. cit., 2006, capítulo 32. Para Nueva Zelandia, véase Ministry for Tertiary Education, New Zealand, "Tertiary Education Strategy 2007-12. Incorporating Statement of Tertiary Education Priorities 2008–10", 2006. Disponible en:
http://www.minedu.govt.nz/web/downloadable/dl11727_v1/tes-2007-12-incorp-step-2008-10.pdf
Asimismo, ver:
M. McLaughlin, "Tertiary Education Policy in New Zealand"; Fulbright, New Zealand, 2003. Disponible en: http://www.fulbright.org.nz/voices/axford/mclaughlinm.html
N. Barr, "Higher Education Funding", *LSE Research On Line*, 2004. Disponible en:
http://eprints.lse.ac.uk/archive/00000288/01/Barr_2004a_OXREP040429.pdf

378 Para el caso de Grecia, ver M. S. Mitsopoulos and T. Pelagidis, "State Monopoly in Higher Education as a Rent Seeking Industry", 2006. Disponible en:
http://papers.ssrn.com/sol3/Delivery.cfm/SSRN_ID890541_code491805.pdf?abstractid=890541&mirid=1
En Turquía existe un grupo de universidades privadas pero con una baja participación en la matrícula total. El presupuesto de las universidades estatales tiene un componente no mayor a 4 por ciento de ingresos provenientes del cobro de aranceles. Véase H. Simsek, "Turkey", en J. J. F. Forest and P. Altbach, op. cit., 2006, vol. 2, capítulo 54.
Sobre las recientes evoluciones del sistema uruguayo, véase "Informe nacional" de Uruguay, en J. J. Brunner (coord.), *Informe educación superior en Iberoamérica*, op. cit., 2007. Además, A. Chiancone, L. Veiga y F. Borraz, "Diversificación de las fuentes de financiamiento de las instituciones universitarias". Trabajo preparado para el seminario

Un tercer grupo de países, entre lo que se encuentran Argentina, Panamá y México por el lado latinoamericano, y Polonia y Portugal del área OCDE, experimentan procesos relativamente intensos de *mercadización*, los cuales sin embargo no han alcanzado todavía el umbral del 50 por ciento en ninguna de las dos variables fundamentales. Los respectivos gobiernos, a ambos lados del Atlántico, persiguen objetivos distintos al fomentar, o dejar crecer, el sector privado, pero enfrentan decisiones similares en lo relativo a si limitar o estimular el crecimiento de este sector, a cómo asegurar que sus ofertas sean de calidad y, al mismo tiempo, a cómo evitar que los crecientes niveles de *privatismo* generen efectos negativos de equidad en el acceso a la educación superior[379].

También dentro del cuadrante noroeste es posible distinguir dos situaciones claramente distintas. Primero, la de aquellos países como Holanda y Reino Unido, que, como vimos, definen a todas sus instituciones universitarias como de gestión privada pero con financiamiento

"Caminos de la educación Superior", realizado el 5 y el 6 de abril de 2006 en Montevideo, Uruguay, coorganizado por el Instituto Superior para la Educación Superior en América Latina y el Caribe (Iesalc-Unesco) y el Consejo de Rectores de Universidades, de Uruguay. Disponible en:
http://www.iesalc.unesco.org.ve/pruebaobservatorio/documentos%20pdf/seminario%20uruguay%205%20y%206%20de%20marzo/diversificacion%20de%20las%20fuentes%20financieras.pdf

[379] Para Argentina, ver "Informe nacional" de Argentina, en J. J. Brunner (coord.), *Informe educación superior en Iberoamérica*, op. cit., 2007.
Para el caso de Panamá, ver "Informe nacional" de Panamá, en J. J. Brunner (coord.), *Informe educación superior en Iberoamérica*, op. cit., 2007.
Para el caso de México, ver J. J. Brunner, P. Santiago, C. García Guadilla, J. Gerlach, and L. Velho, "Thematic Review of Tertiary Education – *Mexico*". Country Note. Organisation for Economic Co-operation and Development, Directorate for Education, Education and Training Policy Division, November 2006. Disponible en:
http://www.oecd.org/dataoecd/22/49/37746196.pdf
Ver asimismo "Informe nacional" de México, en J. J. Brunner (coord.), *Informe educación superior en Iberoamérica*, op. cit., 2007.
Para el caso de Portugal, véase A. Amaral y P. Teixeira, "The Rise and Fall of the Private Sector in Portuguese Higher Education", *Higher Education Policy* 13, 2000. Disponible en: http://www.palgrave-journals.com/hep/journal/v13/n3/pdf/8390151a.pdf
Asimismo, A. M. Dima, "Higher Education in Portugal"; Cheps – Higher Education Monitor, Country Report, February 2005. Disponible en:
http://www.utwente.nl/cheps/documenten/portugal.pdf
Para el caso de Polonia, W. Duczmal, *The Rise of Private Higher Education in Poland...*, op. cit, 2006.

público, otorgándoles grados mayores de autonomía de los que gozaban en la segunda mitad del siglo XX, al tiempo que las someten a una fuerte presión a través de los instrumentos de política pública, especialmente de financiamiento, evaluación, *accountability* y aquellos destinados a elevar el desempeño de las universidades en el ámbito de la investigación nacional asociada a la industria y la competitividad en el mercado global del conocimiento. A esta situación se asimilan también Bélgica e Israel, naturalmente que con políticas y efectos que en cada caso responden a las condiciones de contexto nacional.

En seguida, dentro del mismo cuadrante, se encuentra un grupo de países latinoamericanos –que incluye a Costa Rica, Ecuador, Paraguay[380] y, en el límite con el cuadrante de más alto privatismo, a República Dominicana y Brasil– en todos los cuales el *privatismo* de la matrícula es avanzado y el de los recursos se halla también en tren de acercarse hasta el umbral del 50 por ciento, como desde ya ocurre en Brasil y República Dominicana. A diferencia, sin embargo, de lo que ocurre con los sistemas del área OCDE situados en esta posición, los gobiernos latinoamericanos aplican respecto a las instituciones de educación superior un doble *laissez faire*. Por un lado financian a las universidades públicas sin sujetarlas a mayores controles de comportamiento y desempeño y, por el otro, dejan crecer desreguladamente al sector privado, con el resultado de que, como ocurre también en otras partes de la región latinoamericana, los sistemas adquieren un claro carácter bimodal. Desde el punto de vista del análisis del mercado, se trata pues en estos casos de

380 Para el caso de Costa Rica, ver "Informe nacional" de Costa Rica en J. J. Brunner (coord.), *Informe educación superior en Iberoamérica*, op. cit., 2007.
Para el caso de Ecuador, ver Universidad Internacional del Ecuador, "Información general ampliada: la educación superior universitaria privada en el Ecuador"; Documento para Unesco-Iesalc, 2005/2006, 2005. Disponible en:
http://www.iesalc.unesco.org.ve/programas/Privada/Informe%20Superior%20Privada-Ecuador.pdf
Para el caso de Paraguay, ver E. V. Cáceres Rojas, M. T. Gaona , S. Aguilera y S. Volpe Ríos, "Educación superior privada en Paraguay"; Iesalc-Unesco, Programa Observatorio de la Educación Superior Universitaria Privada en Latinoamérica y el Caribe, Junio de 2005. Disponible en:
http://www.iesalc.unesco.org.ve/programas/Privada/Informe%20Educaci%C3%B3n%20Privada%20-%20Paraguay.pdf

un mercado parcial o limitado que coexiste con un sector público, el cual se desarrolla bajo el patronazgo financiero del Estado. Ambas partes del sistema tienen en común el hecho de que las instituciones que los componen actúan con altos grados de independencia frente al gobierno.

Mercadización en la educación superior chilena

Considerando las dos variables empleadas en el gráfico 1, Chile aparece incluido en el grupo de países cuyos sistemas muestran un mayor grado de *privatismo*. Puede sostenerse, además, que también los procesos de *mercadización* se hallan aquí en fase avanzada de desarrollo[381].

Esto es producto, en parte, de su temprana instalación en el sistema, a partir de 1980, y de las políticas y regulaciones impulsadas por los gobiernos, a partir de 1990. Aquí nos ocuparemos de tres tipos de políticas que son relevantes para este estudio. Primero, aquellas usadas para definir las regulaciones que tocan a la estructura del mercado universitario, el comportamiento de las instituciones y su desempeño. Segundo, aquellas que han introducido un conjunto de regulaciones encaminadas a asegurar el control de calidad de los servicios educacionales ofrecidos en el mercado. Y, tercero, las políticas de financiamiento gubernamental de la educación superior. En estos tres casos se procurará ofrecer nada más que una visión sinóptica, la cual puede complementarse con la lectura de los textos citados.

La política de regulaciones del mercado

Podemos aquí utilizar la grilla conceptual introducida en la sección final de la parte I, sobre las regulaciones que estructuran el mercado universitario, aquellas referidas al comportamiento de la organizaciones y, en tercer término, las que regulan su desempeño, tal como se presenta en el siguiente cuadro.

[381] Ver J. J. Brunner et al., *Guiar el mercado...*, op. cit., 2005.

Cuadro sinóptico de regulaciones del mercado universitario en Chile

Estructura del mercado	Comportamiento organizacional	Desempeño
1. Reglas de entrada 1.1. Existe libertad para crear universidades privadas consagrada en la Constitución y regulada por la Ley Orgánica Constitucional de Enseñanza (LOCE). 1.2. Ellas gozan de personalidad jurídica por el solo hecho de depositar sus estatutos en el Ministerio de Educación. 1.3. Deben constituirse como personas jurídicas sin fines de lucro. 1.4. Una vez aprobado su proyecto institucional y satisfechas las condiciones básicas de personal académico, infraestructura y solvencia financiera para ofrecer como mínimo un programa académico de Nivel 5A, el Consejo Superior de Educación (CSE, organismo independiente del gobierno), ellas obtienen su reconocimiento oficial y pueden operar. 1.5. Las nuevas universidades quedan sujetas por un período mínimo de 6 años, prorrogable por otros 5, a la supervisión del CSE, el que debe sancionar la creación de cualquier programa o sede adicional que desee establecer el proveedor. 1.6. Cumplido el plazo indicado, el CSE debe otorgar a la universidad su plena autonomía o	**1. Precio** Las universidades privadas, igual que las públicas, determinan libremente el precio de sus servicios (aranceles y tasas). **2. Cantidad** 2.1. Las universidades públicas y privadas deciden libremente el número de vacantes que desean ofrecer anualmente. 2.2. Tampoco hay límites en cuanto al número de graduados que se forman en las diferentes carreras. **3. Calidad** Existe un sistema nacional de aseguramiento de la calidad, al que concurren voluntariamente las universidades públicas y privadas y sus programas. Sólo es obligatoria la acreditación de las carreras de medicina y pedagogía (ver más adelante). **4. Capacidad y organización** 4.1. No hay exigencias legales respecto del número y tipo de personal académico y demás condiciones de funcionamiento. 4.2. Las universidades privadas deciden libremente su régimen de organización, gobierno y gestión.	**1. Accountability** 1.1. No hay exigencias legales de informar ni indicadores nacionales de desempeño. 1.2. Las universidades públicas, en cambio, se hallan sujetas al control de legalidad de sus actos y deben informar sus balances al Mineduc. 1.3. No hay exámenes nacionales externos durante los estudios ni al finalizar los estudios. 1.4. No hay exámenes de habilitación profesional; el título otorgado por la universidad es condición suficiente para el ejercicio profesional. 1.5. Las universidades de todo tipo son libres para invertir en el mercado publicitario. **2. Resultados** Los resultados de la actuación de las universidades públicas y privadas son evaluados exclusivamente por el mercado.

Estructura del Mercado	Comportamiento organizacional	Desempeño
solicitar al Mineduc la revocación de su reconocimiento oficial y la cancelación de su personalidad jurídica. 1.7. No existe limitación para el ingreso de "nuevos proveedores" extranjeros al sistema. Para operar directamente en Chile, necesitan cumplir los mismos requisitos que una nueva universidad privada. **2. Reglas de salida** A petición del CSE, el Mineduc puede cancelar la personalidad jurídica de una universidad plenamente autónoma si no cumple sus objetivos estatutarios, realiza acciones penadas por la ley o deja de otorgar títulos profesionales de Nivel 5A. **3. Competencia** 3.1. Las universidades privadas autónomas gozan de libertad para definir su oferta de programas y crear sedes dentro y fuera del país. 3.2. Pueden cubrir todo el espectro de títulos y grados, sin limitación. 3.3. Son libres para diferenciar sus servicios y otorgar los títulos y grados que estimen convenientes. 3.4. Las universidades privadas pueden establecer alianzas, fusionarse y transarse en el mercado. 3.5. Actúan con libertad en los mercados de insumos:		

Estructura del Mercado	Comportamiento organizacional	Desempeño
admisión de alumnos, contratación de académicos, financiamiento. 3.6. Tanto las universidades públicas como las privadas pueden establecer convenios de todo tipo con instituciones extranjeras. **4. Subsidios** 4.1. Mientras que las universidades privadas tradicionales reciben de parte del Estado el mismo tratamiento en subsidios que las universidades estatales, las universidades privadas nuevas (post 1990) no reciben aportes directos del Estado. 4.2. Pueden participar marginalmente en algunos programas financiados por el gobierno. 4.3. Sus alumnos tienen acceso a créditos con aval del Estado y garantía de las propias universidades mientras duran sus estudios.		

El cuadro muestra la existencia de un mercado con bajas reglas de entrada y pocas restricciones estructurales. No hay exigencias de desempeño ni obligaciones de *accountability* e información. La competencia es intensa desde el momento en que las universidades estatales (al igual que las privadas tradicionales y las de ellas derivadas[382]) son fi-

[382] Usaremos en adelante estas denominaciones para distinguir a las universidades habitualmente llamadas "del Consejo de Rectores". Este grupo institucional está compuesto por las universidades estatales, las universidades privadas tradicionales, preexistentes al año 1980, y las que se derivaron de la reorganización de la Pontificia Universidad Católica de Chile, dando origen a tres universidades católicas en regiones. Todo este grupo se caracteriza por recibir un subsidio directo anual del Estado y beneficiarse de los demás

nanciadas sólo parcialmente por el Estado y por tanto deben conseguir en el mercado, al igual que las nuevas universidades privadas[383], sus alumnos, recursos adicionales y prestigio.

Las fuerzas de la oferta y la demanda regulan cantidades (por ejemplo, de vacantes, programas y sedes) y el precio de los aranceles[384] y, en general, crean las oportunidades o ponen los límites para las estrategias institucionales. No hay topes mínimos o máximos para la admisión de alumnos y la producción de graduados. Las instituciones gozan de completa libertad para enseñar e investigar y manejan discrecionalmente sus recursos (con algunos controles administrativos en el caso de las universidades estatales). Eligen asimismo sus formas de gobierno y gestión, y contratan a su personal, académico y no académico, en los respectivos mercados laborales.

Las intervenciones del gobierno se dirigen, principalmente, a crear un marco de incentivos a través de regulaciones de orden estructural, las que habitualmente son preferidas, pues se consideran más efectivas y costoeficientes que las regulaciones de comportamientos organizacionales, que usualmente entrañan mayores costos de transacción y, debido a la asimetría de información, crean problemas para su seguimiento y control.

Dicho en otras palabras, el gobierno confía el desarrollo del sistema, en lo básico, al mercado, encargándose de regular sus condiciones estructurales y empleando, adicionalmente, dos series de instrumentos para intervenir sobre los comportamientos y el desempeño de las organizaciones: por un lado, la serie de instrumentos dirigidos al control "a la distancia" de la calidad y, por el otro, la serie de herramientas para la asignación de los subsidios fiscales.

instrumentos de financiamiento público de la educación superior, en general con exclusión de las demás instituciones (privadas) universitarias y no universitarias.

[383] Universidades creadas con posterioridad al año 1980 que, luego de un proceso de supervisión, alcanzan su plena autonomía. No reciben aporte directo del Estado y sólo participan marginalmente en los demás instrumentos de financiamiento público de la educación superior.

[384] El gobierno determina "aranceles de referencia" con el objeto de señalizar a las universidades el monto de los créditos estudiantiles que está dispuesto a financiar.

En suma, el mercado chileno aparece al análisis como altamente competitivo y abriendo un amplio espacio para la autorregulación de los agentes institucionales.

Políticas de control de calidad

¿Por qué, entonces, no se entrega a las fuerzas de la oferta y la demanda la autorregulación de la calidad de los procesos y productos en este mercado? Como se vio en la primera parte, ello se debe a la existencia de asimetrías de información que, en este ámbito, causan una falla de mercado.

En efecto, la educación es un "bien de experiencia"[385] –es decir, aquel en que el consumidor no puede conocer anticipadamente ni inspeccionar fácilmente su calidad–, lo que genera en este mercado un problema de asimetría de información y conduce a que el consumidor (el estudiante) encuentre dificultades para hacer una elección racional y el proveedor pueda incurrir en comportamientos engañosos. Ya J. S. Mill había anticipado esta situación:

> Cuando la ignorancia del consumidor es grande, el motivo comercial actúa mucho más poderosamente en la dirección de competir unos con otros en las artes del engaño y el autoelogio que por el mérito[386].

A lo anterior se agregan varios otros factores que la literatura identifica como obstáculos para la autorregulación de la calidad en el mercado de la educación superior, como la resistencia de las instituciones a informar sobre el valor agregado de sus servicios; el hecho de que

[385] Sobre la naturaleza y características de estos bienes en el contexto que aquí interesa, véase E. P. Franck and B. Schönfelder, "On the Role of Competition in Higher Education – Uses and Abuses of the Economic Metaphor"; *Schmalenbach Business Review*, vol. 52, July 2000. Disponible en:
http://www.vhb.de/sbr/pdfarchive/einzelne_pdf/sbr_2000_july-214-237.pdf
Ver asimismo A. Animesh, V. Ramachandran, and S. Viswanathan, "Quality Uncertainty And Adverse Selection In Sponsored Search Markets"; NET Institute, Working Paper Nº 05-27, October 2005. Disponible en: http://www.netinst.org/Siva.pdf

[386] J. S. Mill, "Endowments", op. cit., p. 625.

en las universidades de mayor prestigio los investigadores carecen de incentivos para participar activamente en la enseñanza de pregrado; la dificultad que tiene medir la calidad de la educación impartida y, más aun, la experiencia de aprendizaje de los alumnos; la erosión de los mecanismos tradicionales de autocontrol de la profesión académica como resultado del proceso de masificación, el cual ha forzado a las universidades a contratar personal por hora para "producir docencia" de una manera cuasi industrial, profesores itinerantes que se mueven de una universidad a la siguiente ofreciendo su servicio; la falta de interés que suele existir entre los directivos y administradores universitarios respecto de la calidad de la formación de pregrado; la circunstancia de que actualmente parece existir poca colaboración entre los profesores para reflexionar sobre sus prácticas de enseñanza y mejorarlas, etcétera.

En estas condiciones, el mercado crea sus propios sistemas de señales indirectas y simbólicas, basados habitualmente en la posición que las instituciones ocupan en una escala de prestigio, los cuales deben operar como sustitutos de la información faltante. La subsiguiente publicación de rankings de universidades elaborados por algunos medios de comunicación refuerzan este sistema de señales indirectas, con una serie de efectos ambiguos que la literatura ahora último recién empieza a estudiar[387].

Los gobiernos, por su parte, se ven impelidos a actuar, particularmente en sistemas con altos grados de *privatismo* y *mercadización*, con el fin de evitar el fraude de los diplomas y reducir los costos que para los consumidores entraña buscar información en este mercado asimétrico, que perjudica en especial a aquellos jóvenes –usualmente de menores recursos socioeconómicos y culturales– que no pertenecen a redes con alta densidad de información sobre las características intrínsecas del sistema institucional de la educación superior.

Las políticas de regulación implementadas en Chile a partir del año 1990 han ido creando, de manera incremental, un sistema de aseguramiento de la calidad, que partió con las funciones de supervisión

387 Véase los artículos contenidos en Vv. Aa., "Los rankings de universidades", *Revista Calidad de la Educación*, N° 25, diciembre 2006.

y licenciamiento de las nuevas universidades privadas descritas en el anterior cuadro sinóptico, las cuales luego se ampliaron mediante procedimientos experimentales de acreditación de programas de pre y postgrado hasta alcanzar, el año 2006, su plena instalación mediante la aprobación de la ley (Nº 20.129) que establece un sistema de aseguramiento de la calidad de la educación superior chilena. Este sistema contempla básicamente cuatro funciones:

- De información, la que tendrá por objeto la identificación, recolección y difusión de los antecedentes necesarios para la gestión del sistema e información al público.
- De licenciamiento de nuevas instituciones privadas, que seguirá siendo ejercida por el Consejo Superior de Educación.
- De acreditación institucional, que consistirá en el proceso de análisis de los mecanismos existentes al interior de las instituciones autónomas de educación superior para asegurar su calidad, considerando tanto la existencia de dichos mecanismos como su aplicación y resultados.
- De acreditación de carreras o programas, que consistirá en el proceso de verificación de la calidad de las carreras o programas ofrecidos por las instituciones autónomas de educación superior, en función de sus propósitos declarados y de los criterios establecidos por las respectivas comunidades académicas y profesionales.

La operación de un sistema de aseguramiento de la calidad con las funciones indicadas no agota sin embargo el conjunto de procedimiento que regulan en este aspecto el mercado universitario en Chile. Para obtener un visión sinóptica de cuáles son estos mecanismos, puede utilizarse un triángulo de Clark modificado, en cuyo espacio se localizan estos procedimientos, ordenándolos de abajo hacia arriba según sus niveles crecientes de coerción y, en sentido horizontal, por su grado mayor o menor de proximidad respecto de los lados del triángulo que relacionan al Estado con el mercado y con las instituciones, y a éstas con el mercado (gráfico 2).

Gráfico 2. Funciones de control de calidad en el sistema de educación superior chileno

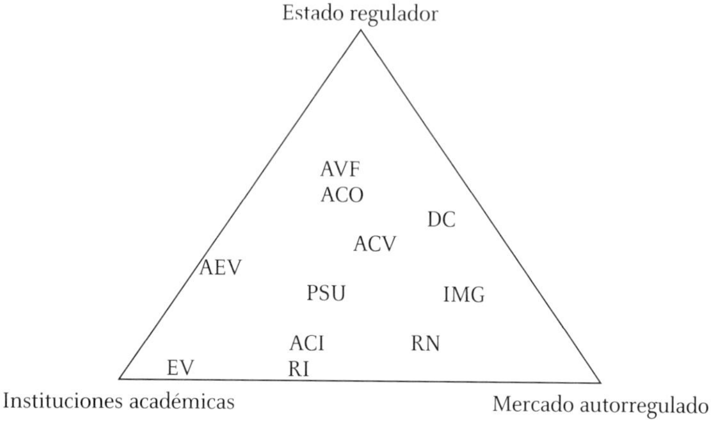

Leyendas: EV (evaluación interna del personal docente), RI (rankings internacionales), ACI (acreditación voluntaria con agencias internacionales), RN (rankings nacionales de prestigio), PSU (pruebas de selección universitarias); IMG (información sobre mercado de graduados), AEV (autoevaluación); ACV (acreditación nacional voluntaria), DC (defensa del consumidor), ACO (acreditación nacional obligatoria), AVF (acreditación vinculada a financiamiento público).

La hipótesis más lógica de plantear es que en un sistema como el chileno, con altos grados de *privatismo* y extensos procesos de *mercadización*, los mecanismos empleados por el gobierno para regular la calidad del servicio educacional provisto al mercado por las instituciones académicas tenderán a ser, en general, "blandos" –es decir, con un bajo componente de coercitividad– y de tipo mercado, es decir, basados más en incentivos a la competencia que en el ejercicio de la autoridad político-administrativa del Estado.

¿Se verifica esta hipótesis en la práctica? Para partir por lo más obvio, el ángulo superior, donde cabrían los dispositivos más "duros" e imperativos, aparece vacío, mientras que la mayoría de los mecanismos se ubican en la parte media y baja del triángulo, más próximos, por ende, a la operación autorregulada del mercado y a la autorregulación de las propias instituciones.

La evaluación interna del personal académico (EV), ejercida por los pares o por medio de encuestas de satisfacción administradas a los alumnos, o como parte de las rutinas de la gestión académica, constituye un instrumento que interesa principalmente a la propia corporación, cuyo uso efectivo como medio de control de calidad depende, por lo mismo, principalmente de las propias organizaciones y, en buena medida, de su cultura interna. En general, a diferencia de lo que ocurre en el ámbito de la investigación con sus mecanismos de control por pares ejercidos a la hora de la presentación de resultados y, principalmente, con la intervención de jurados en las revistas académicas, en el ámbito de la docencia no hay una tradición de evaluación por pares. Más bien, las universidades descansan en encuestas que recogen la evaluación de los cursos por parte de los alumnos y/o en el juicio administrativo de las autoridades de departamentos, carreras o escuelas. Se trata pues de un mecanismo que, en ausencia de una fuerte cultura de calidad institucional, sólo puede jugar un papel menor.

Los rankings internacionales (RI), que han empezado a aparecer en años recientes, y a los cuales nos referimos anteriormente como una de las expresiones del mercado global, tienen en Chile un interés limitado, debido al escaso número de universidades que aparecen allí mencionadas; no más de tres o cuatro en uno u otro año y en uno u otro ranking. Su influencia es por lo mismo escasa, particularmente en el mercado de la enseñanza de pregrado, en la medida en que estos rankings, con excepción del publicado anualmente por el *Times Higher Education Supplement*, descansan exclusiva o casi exclusivamente en variables que miden el desempeño de las universidades en el área de la investigación y la producción de conocimiento científico internacionalmente registrado. Con todo, sirve a algunas universidades chilenas para señalizar prestigio en sus campañas de marketing y para cohesionar la cultura institucional en torno a metas de estatus internacional.

Además, hay líneas más especializadas de rankings internacionales, como ocurre en el caso de los programas de MBA, que sí parecen tener cierto impacto sobre la gestión de los mismos, entre otras cosas porque este mercado de especialidad tiende a tener, también, un mayor grado de internacionalización en cuanto a la movilidad de los estudiantes y académicos y al uso de los diplomas en los respectivos mercados laborales de personal de gerencia.

También en algunas áreas profesionales, por ejemplo de las ingenierías y la arquitectura, ha existido interés por parte de algunos programas de acreditarse ante agencias internacionales, básicamente con propósitos de mejoramiento de su calidad y con un ojo puesto en las condiciones de la competencia.

Es probable, asimismo, que algunas universidades busquen acreditarse como tales ante agencias internacionales, con el fin de adquirir ventajas competitivas en el mercado y de obtener información relevante para sus propios procesos de planeamiento estratégico.

En cambio, los rankings nacionales (RN) producidos por algunos medios de comunicación han adquirido progresivamente mayor relevancia, a pesar de su todavía débil construcción, fallas de concepción y diseño y escasa transparencia en cuanto a las metodologías empleadas. Cumplen una evidente función de señalizar prestigio institucional y contribuyen por ende a crear reputaciones en el mercado[388].

La prueba de selección universitaria (PSU) puede considerarse como un medio indirecto de control de calidad por un doble concepto. Primero, porque permite a las universidades más competitivas seleccionar los alumnos-insumos de más alta calidad (medida por esta prueba) y, con ello, incrementar el factor efecto de pares en sus procesos de enseñanza. En seguida, porque permite a los medios de comunicación construir expeditamente rankings de selectividad de las universidades, basados en el porcentaje de alumnos con más alto puntaje que ingresan a cada institución o a diferentes carreras y dar a conocer los "puntajes de corte" bajo los cuales una institución no toma más alumnos en el mercado. Es, ciertamente, un medio pro competencia, aunque restringido al grupo de universidades más selectivas o a las carreras con mayor demanda por parte de alumnos con alto rendimiento. Naturalmente, por estos

[388] Ver los artículos mencionados en nota de más arriba, contenidos en "Los rankings de universidades", *Revista Calidad de la Educación*, N° 25, diciembre 2006.

conceptos, es además un componente importante del prestigio relativo de las instituciones y sus programas.

La información sobre el mercado de graduados (IMG), que en Chile proporciona el Ministerio de Educación a través del sitio www.futurolaboral.cl, puede llegar a ser un poderoso instrumento "blando" para orientar la demanda estudiantil y la oferta de programas y para evaluar –sea públicamente o al interior de las universidades– la calidad de las instituciones en función de la inserción y trayectoria laboral de sus graduados. Por el momento, se trata sin embargo de un instrumento generalista, que sólo proporciona agregadamente información pública sobre las remuneraciones promedio, y la dispersión salarial, de los graduados en más de cien carreras profesionales y técnicas, después de dos y cinco años de haber completado sus estudios.

La realización de procesos de autoevaluación por parte de programas, unidades o servicios académicos e instituciones completas (AEV) ha adquirido carta de ciudadanía en el sistema, impulsada en primerísimo lugar como condición para participar, posteriormente, en procesos de acreditación. En efecto, para poder participar en estos procesos se requiere haber cumplido previamente esta primera etapa como una parte integral del propio procedimiento de acreditación. También ha recibido un fuerte impulso del lado de la prédica internacional, que subraya la importancia de instalar una "cultura de la evaluación" en las universidades como factor fundamental para una gestión de calidad.

El sistema de acreditación voluntaria (ACV) con que se ha venido experimentando durante los últimos años, y que ahora ha sido consagrado por ley, es sin duda el principal medio de control de calidad con que cuenta el sistema de educación superior. Si se lo mira en detalle, en su evolución y potencial futuro, se debe concluir que ha sido diseñado para acompañar a las fuerzas del mercado en su función de coordinación del sistema, no para sustituirlas. Es administrado por una agencia independiente del gobierno, tiene carácter voluntario y se basa en procesos conducidos por pares académicos. Hasta aquí los procedimientos usados han sido exitosos en el ámbito de la acreditación de instituciones, las cuales en su mayoría se han sometido al proceso. En cambio, han avanzado sólo lenta y parcialmente en el ámbito de la acreditación de los programas de pregrado, la gran mayoría de los cuales hasta el presente no ha solicitado la acreditación. Por último, estos procedimientos han sido altamente eficaces en el caso de los programas de doctorado, los que no sólo por razón de su prestigio científico sino también por consideraciones de tipo económico –vinculadas a la obtención de becas para sus alumnos– buscan afanosamente ser evaluados y acreditados.

Las normas de defensa del consumidor (DC), aunque se han establecido para regular situaciones que pudieran afectar a los estudiantes o candidatos a estudiar en universidades privadas, parecen tener poca utilización todavía y no representan por tanto un dispositivo importante dentro del cuadro general del control de calidad.

La ley de aseguramiento de la calidad aprobada recientemente, apartándose en este punto del principio de voluntariedad de la acreditación, definió la obligatoriedad de la acreditación, en un plazo determinado, para todos los programas conducentes al título de médico cirujano y al título de profesor, en cualquiera de sus especialidades. En el primer caso, la propia profesión médica venía reclamando esta imposición, como una manera de elevar las barreras de entrada al mercado y para evitar un deterioro de los estándares de formación profesional que sentía amenazados por la creación de múltiples nuevas facultades de medicina. En el segundo caso, el continuo debate público sobre el desempeño de los docentes de enseñanza básica y media creó la oportunidad y gatilló la decisión. Es éste el único mecanismo impositivo que hasta ahora ha creado el régimen de regulaciones de la calidad, confirmándose más como una excepción que como una regla.

Por último, aunque no reviste directamente un carácter impositivo, la acreditación vinculada al financiamiento (AVF) –esto es, exigida por la ley o la política gubernamental como condición de elegibilidad para que los alumnos de una universidad puedan acceder a créditos estudiantiles subsidiados o con aval del Estado– constituye un buen ejemplo de regulación que utilizan las fuerzas del mercado en beneficio del interés público. Así, el gobierno obtiene, sin obligar, que la gran mayoría de las universidades concurra voluntaria pero inducidamente a acreditar sus estándares de calidad, al mismo tiempo que resguarda el derecho de los estudiantes en cuanto consumidores y el buen uso de los dineros fiscales en favor de los ciudadanos contribuyentes.

En suma, el triángulo de las funciones de control de calidad muestra que, efectivamente, el sistema descansa para este efecto principalmente en las fuerzas autorreguladores del mercado, con una baja intervención directa de la autoridad pública, que, cuando interviene, lo hace más bien a la distancia y mediante el uso de dispositivos que no interfieren la competencia, al tiempo que procuran evitar lo que Mill percibía como un riesgo del motivo comercial en la educación.

Política de financiamiento del sistema

Como se vio en la primera parte de este volumen, y que luego retomamos al discutir la ubicación de diversos sistemas nacionales en los cuadrantes del *privatismo*, las políticas y los procesos de *mercadización* encuentran una de sus principales manifestaciones a través de la forma como los gobiernos organizan el financiamiento de los sistemas y, más específicamente, de los instrumentos que emplean para asignar los subsidios públicos a la educación superior.

Se recordará que la literatura especializada identifica esquemáticamente cuatro modelos básicos de asignación de recursos públicos a las instituciones de educación superior, según si el financiamiento gubernamental se orienta hacia los insumos o los resultados, y según si su asignación utiliza una modalidad centralizada (regulada) o descentralizada (de tipo mercado). Empleando el mismo esquema y su representación gráfica utilizados previamente[389], podemos analizar ahora los diferentes instrumentos de financiamiento universitario utilizados por la política de educación superior en Chile.

[389] Ver parte I, subsección "El financiamiento de las instituciones".

Gráfico 3. Chile: modalidades e instrumentos de asignación de recursos fiscales a la universidades.

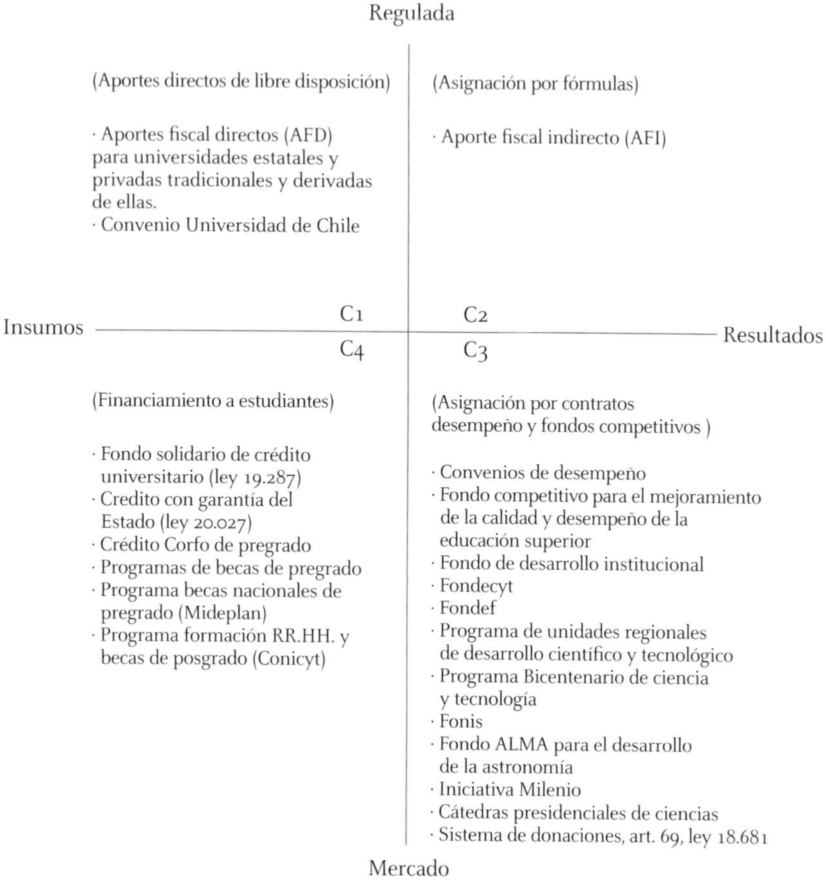

Como puede apreciarse en este gráfico, la política gubernamental emplea en Chile todas las modalidades básicas disponibles y una combinación de instrumentos en cada modalidad.

Utiliza la modalidad de la contribución en bloque (*lump sum budget* o *block grant*) bajo la forma del AFD (aporte fiscal directo) –C1– que se asigna sobre la base de criterios históricos a las universidades estatales y privadas antiguas y derivadas de ellas, representando alrededor de un 34 por ciento de las asignaciones totales del Estado para educación superior y ciencia y tecnología. En este mismo cuadrante emplea además un instrumento de asignación que suele ser llamado "categorial", en el sentido de que se dirige a una categoría de instituciones definidas de acuerdo a algún criterio especial y que no entraña un proceso competitivo para su asignación. Es el caso de los recursos transferidos anualmente a la Universidad de Chile como principal institución estatal, para el cumplimiento de tareas de interés nacional. Representa una cifra levemente superior al 2 por ciento del gasto anual del Estado en la educación superior.

Por medio de la aplicación de una fórmula (C2) que considera variables de desempeño y resultados, se asigna a las universidades antes mencionadas un 5 por ciento del AFD[390]; es decir, algo menos del 2 por ciento del total de la contribución estatal a las universidades.

Asimismo, dentro de C2 se asigna una cantidad del 6 por ciento del total de los recursos destinados a las universidades mediante el AFI (aporte fiscal indirecto), que favorece a todas aquellas universidades, sin distinción de si son estatales o privadas, que en su nueva matrícula de cada año inscriben alumnos provenientes de entre los 27.500 mejores puntajes de la prueba de selección universitaria (PSU). La fórmula de cálculo considera el número de estos alumnos inscritos según su puntaje obtenido, a efecto de lo cual son agrupados en cinco franjas con ponderación decreciente del valor del subsidio a medida que disminuyen los altos puntajes.

Las políticas de gobierno hacen uso también de contratos de desempeño (*performance contracts*)[391] y fondos competitivos (C3); los primeros de preferencia para financiar programas de desarrollo y construc-

[390] Para una descripción y análisis de este instrumento de financiamiento, ver A. Bernasconi y F. Rojas, *Informe sobre la educación superior en Chile: 1980-2003*; Santiago de Chile: Editorial Universitaria, 2004.

[391] En otros países suelen llamarse también *development contracts, higher education pact, target agreements, contractual agreement, development program funding*. Ver F. Strehl, S. Reisinger y M. Kalatschan, "Funding Systems...", op. cit., 2006, p. 5.

ción de capacidades, y los segundos para financiar proyectos de investigación. En la primera modalidad destacan los Convenios de Desempeño para el Desarrollo de Áreas Prioritarias y el Fondo Competitivo para el Mejoramiento de la Calidad y Desempeño de la Educación Superior, los cuales tienen por objetivo financiar, mediante concursos, proyectos destinados a la inversión en infraestructura académica y mejoramiento de áreas prioritarias de desarrollo en las universidades estatales, privadas tradicionales y derivadas de ellas. Asimismo, sobresale el Fondo de Desarrollo Institucional, fondo concursable para el financiamiento de proyectos específicos de infraestructura académica y/o administrativa en estas universidades.

También forman parte de este cuadrante (C3) los diversos fondos, programas e iniciativas –todos ellos basados en concursos de proyectos que son evaluados por pares– mediante los cuales el gobierno asigna los recursos destinados a investigación científico-tecnológica y formación avanzada de postgrado, cuyos principales beneficiarios son las universidades, en particular aquellas con mayor capacidad en este ámbito[392].

Aproximadamente un 26 por ciento del gasto público total en educación superior se canaliza a través de los distintos programas de Conicyt y los fondos para desarrollo institucional[393].

Un 3 por ciento adicional ingresa a las universidades como aportes a través del sistema de Donaciones a la Educación Superior, reglamentado por el artículo 69 de la ley 18.681, mecanismo que permite a las empresas realizar aportes que reciben un beneficio tributario de hasta un 50 por ciento del monto donado, que es la cifra que aquí se ha estimado como contribución gubernamental.

Por último, en el cuadrante 4 (C4), el gobierno utiliza distintas modalidades para asignar ayudas estudiantiles, las cuales representan alrededor del 27 por ciento del total de los recursos asignados anualmente

[392] Antecedentes sobre cada uno de ellos se encuentran en Comisión Nacional de Ciencia y tecnología (Conicyt), en http://www.conicyt.cl/. Para aquellos administrados por Mideplan, ver Iniciativa Científica Milenio en http://www.mideplan.cl/milenio/index.php, y para becas de postgrado administradas por ese ministerio, http://www.becasmideplan.cl/

[393] Véanse diversos análisis a este respecto en Mecesup: http://www.mecesup.cl/publicaciones.html.

a las universidades. El Fondo Solidario de Crédito Universitario realiza aportes a los Fondos Solidarios de Crédito Universitario de las universidades estatales y privadas tradicionales y derivadas de ellas para el otorgamiento de créditos a los estudiantes para el pago de aranceles, distribuidos en virtud de antecedentes socioeconómicos. El crédito con garantía del Estado (ley 20.027) está dirigido a postulantes de cualquier universidad de escasos recursos económicos y que cumplen con los méritos académicos mínimos exigidos. Las garantías del préstamo son entregadas por la institución de educación superior donde estudia el alumno y por el Estado, que es garante del crédito desde el momento que el alumo se gradúa hasta el momento de la total extinción del mismo.

El Crédito Corfo para Estudios de Pregrado permite a los estudiantes chilenos y extranjeros residentes financiar a largo plazo la realización de estudios de pregrado en el país, a través de créditos otorgados por bancos comerciales con recursos de la Corporación de Fomento de la Producción (Corfo). El crédito está orientado a familias de ingresos medios que puedan avalar el préstamo ante el respectivo banco.

Además, el gobierno financia un conjunto de programas de becas de distinto tipo y alcance, tanto en el nivel de pregrado como de postgrado[394].

Para completar el cuadro sobre las políticas de financiamiento del sistema universitario, es necesario introducir la variable más importante, la del pago de aranceles por parte de los alumnos y sus familias, ya sea directamente o mediante su financiamiento por alguna forma de préstamo. Este pago representa más del 90 por ciento de los ingresos anuales en el caso de las universidades privadas y, en promedio, alrededor de un tercio del ingreso en el caso de las universidades estatales y privadas tradicionales y derivadas de ellas.

En suma, dada su estructura de alto *privatismo* en el contexto internacional comparado (gráfico 1), la mayor parte de los recursos que ingresan al sistema proviene de las familias y de los propios alumnos.

[394] Ver descripción de los distintos programas de becas de pregrado en: http://www.ayudasestudiantiles.cl/WCM/connect/AES/Inicio?CACHE=NONE&CONTENTCACHE=NONE&CONNECTORCACHE=NONE.

De hecho, si tomamos una selección de países similar a la incluida en el gráfico 1, puede apreciarse que Chile ocupa el primer lugar en cuanto a la participación del gasto privado en el total del gasto en educación superior (columna 1 de la tabla 1), por un lado, y, por el otro, el primer lugar también en cuanto al porcentaje de este gasto proveniente de los hogares (columna 2), los cuales, a su turno, reciben una baja proporción de subsidio público (columna 4) por la vía de becas, créditos y otras transferencias cuyo destino final son las instituciones proveedoras del servicio.

Tabla 1. Gasto privado en educación superior, participación del gasto de los hogares y otras entidades privadas y proporción del gasto privado que es subsidiado por el gobierno

(Países ordenados de mayor a menor proporción del gasto privado en instituciones de educación superior, IES, como porcentaje del gasto total en IES)

	Proporción relativa del gasto privado en IES (como % del gasto total en IES)	**Gasto de los hogares (como % del gasto total en IES)**	**Gasto de otras entidades privadas (como % del gasto total en IES)**	**Gasto privado (% del cual es subsidiado)**
Chile	84,2	83,3	0,9	2,5
Corea	76,8	56,7	20,2	0,7
Japón	60,3	60,3	x	si
EE.UU.	57,2	36,7	20,4	si
Australia	52,0	34,8	17,2	0,9
Israel	40,7	29,6	11,1	5,6
Canadá	43,6	20,6	23,0	0,9
N. Zelanda	38,5	38,5	si	si
Polonia	31,0	31,0	si	si
México	30,9	30,4	0,5	0,8
R. Unido	29,8	18,5	11,2	0,6
Italia	27,9	18,9	9,0	4,5
OCDE	23,6			1,5
España	23,1	19,4	3,7	2,0

Hungría	21,5	5,3	16,2	n
Holanda	21,4	11,5	9,9	1,5
Francia	18,7	11,8	6,9	2,3
R. Checa	16,7	7,3	9,4	si
Irlanda	16,2	14,7	1,5	4,2
Eslovaquia	13,8	6,0	7,8	si
Bélgica	13,3	8,8	4,5	4,7
Alemania	12,9	x	x	n
Islandia	11,3	11,3	si	n
Suecia	11,0	n	1,4	na
Portugal	8,5	8,5	si	si
Austria	7,3	5,9	1,4	1,6
Turquía	4,8	4,8	si	si
Finlandia	3,6	x	x	n
Dinamarca	3,3	3,3	n	si
Noruega	3,3	3,3	si	si
Grecia	2,6	0,4	2,2	si

Fuente: OECD, *Education at a Glance 2006*; tabla B2.2b.
si: sin información.
n: cifra no significativa, cercana a cero.
na: categoría no aplicable.
x: incluido en otra columna.
[1] Incluye subsidios públicos a estudiantes, familias y otras entidades privadas que usan los receptores para pagos a las instituciones de educación superior, como becas de matrícula, créditos estudiantiles subsidiados y subsidios a la tasa de interés para entidades privadas que otorgan préstamos estudiantiles. No incluye subsidios directos a instituciones privadas (independientes o dependientes).

Esta última característica del sistema chileno refuerza todavía más su tipificación no sólo como un sistema que posee un alto grado de *privatismo,* sino que, además, como uno que se halla en una fase avanzada de *mercadización.* En efecto, dada la organización de la economía política del sistema, el significativo aporte de recursos privados y el uso intensivo de instrumentos de tipo mercado para asignar recursos públicos a las universidades, prevalece un esquema descentralizado de oferta, con un gobierno que actúa a la distancia.

El sistema, propiamente, se conforma entonces a partir de la competencia por alumnos, recursos y prestigio, sin una coordinación planificada desde el centro a través de los dispositivos político-burocráticos del gobierno. Más bien, la autoridad pública fomenta la competencia, al mismo tiempo que regula sus efectos en función de objetivos de *equidad* (créditos estudiantiles, por ejemplo[395]), *calidad* (exigencias de información y acreditación[396]) y de *desarrollo de capacidades* (a través de la asignación competitiva de recursos a las instituciones[397] y para la investigación[398]).

Las universidades, a su turno, buscan adaptarse[399] a este entorno de mercado y de regulaciones, desplegando con este propósito estrategias cuyo análisis –y el de sus efectos– son el objeto de las siguientes secciones.

[395] Ver O. Larrañaga, "Elementos para una reforma del sistema de crédito estudiantil en Chile"; Departamento de Economía, Facultad de Ciencias Económicas y Administrativas, Universidad de Chile, Documento de Trabajo Nº 189, 2002. Disponible en:
http://www.navarro.cl/educacion/Documentos/Credito%20Fiscal%20Larra%F1aga.pdf
A. Leiva, "El crédito estudiantil como herramienta de financiamiento universitario", *Revista Chilena de Administración Pública*, N° 141, 2002. Disponible en:
http://www.inap.uchile.cl/gobierno/pdfrevista/6/10.pdf

[396] Ver J. J. Brunner, "Políticas y mercados de educación superior: necesidades de información". En J. J. Brunner y P. Meller (compiladores), *Oferta y demanda de profesionales y técnicos en Chile*. Santiago de Chile: RIL Editores, 2004.

[397] Ver Mecsup, "Gestión de proyectos de pregrado del fondo competitivo en las universidades", 2002. Disponible en:
http://www.mecesup.cl/mecesup1/difusion/seminario/uno.pdf
Además, R. Reich, "Academic Innovation Fund", s/f. Disponible en:
http://mt.educarchile.cl/mt/jjbrunner/archives/Managemnt_paper.pdf
R. Reich, "Academic Innovation Fund. Project Evaluation Management", s/f. Disponible en: http://mt.educarchile.cl/mt/jjbrunner/archives/ProposalReview.pdf

[398] Ver J. Allende, J. Babul, S. Martínez, T. Ureta (eds.), *Análisis y proyecciones de la ciencia chilena 2005*; Santiago de Chile: Academia Chilena de Ciencias, Consejo de Sociedades Científicas de Chile, Programa Bicentenario de Ciencia y Tecnología – Conicyt, 2005, capítulo 5. Disponible en:
http://www.academia-ciencias.cl/index.php?module=noticias&task=show_new&id=7

[399] El enfoque de la educación superior como sistemas abiertos que se adaptan con mayor o menor éxito a su entorno externo ha sido desarrollado por B. Sporn, *Adaptive University Structures*; London and Philadelphia: Jessica Kingsley Publishers, *Higher Education Policy Series* 54, 1999.

Organización del mercado universitario

Como se vio en la primera parte, la *naturaleza de la competencia* en el mercado de la educación superior se halla determinada por la *dotación inicial* de las instituciones al ingresar al mercado y su posterior evolución; por su ubicación en una *escala de reputaciones* (en parte determinada por sus dotaciones iniciales), y por las *estrategias institucionales* en los mercados relevantes[400].

Al momento de ingresar al mercado, la *dotación inicial* de las universidades consiste, esencialmente, en su *capital histórico*, compuesto por los subsidios e ingresos acumulados a lo largo de su existencia y transformados en su plataforma de capacidades; su *capital humano* (académicos, administradores y personal); su *capital social* (relaciones y normas que rigen a la comunidad institucional, le otorgan su identidad y la vinculan *hacia fuera* con grupos sociales y organizaciones), y su *capital reputacional* (producto del prestigio de sus académicos; de la composición interna de sus funciones, i. e. el *mix* de docencia de pregrado y postgrado e investigación; la cobertura y prestigio académico y social de las áreas disciplinarias que cubren; el nivel selectivo –académico y social– de sus alumnos, y de la trayectoria reputacional de las instituciones[401]).

Bajo este parámetro las universidades antiguas, preexistentes a la implantación de un sistema de mercado, poseen en Chile una ventaja competitiva inicial, como ocurre con las llamadas *universidades tra-*

[400] Mercados relevantes se refieren aquí a aquellos donde dos o más universidades compiten por estudiantes. Pueden tener base geográfica, corresponder a un segmento social, referirse a determinadas áreas de conocimiento o profesiones, o estar definidos por diferentes combinaciones de estas variables. En cambio, en este artículo no consideramos otros mercados fundamentales, como el de académicos (que sólo mencionaremos al pasar) y el mercado de producción y comercialización de productos de investigación. Ver Brunner et al., op. cit., 2005.

[401] De la capacidad de las universidades para valorizar estos diferentes capitales en los mercados relevantes depende, en gran medida, su reputación institucional. Es decir, la construcción social de reputaciones institucionales puede explicarse como un caso particular de aplicación de la *regla bourdiana* sobre la convertibilidad de los diversos capitales en diferentes campos o mercados. Para un análisis de esta regla en el contexto de la obra de P. Bourdieu, ver C. Calhoun, "Habitus, Field, and Capital: The Question of Historical Specifity". En Calhoun, C., E. LiPuma and M. Postone (eds.), *Bourdieu: Critical Perspectives*; Chicago: The University of Chicago Press, 1993.

dicionales. En seguida se sitúan las universidades que se crean en el mercado a partir de estructuras previamente existentes, como sucede en el caso chileno con las *universidades derivadas.* Y finalmente, en posición de desventaja inicial relativa, se hallan las *nuevas universidades privadas* creadas junto con, o después de, la instauración del mercado. Estas últimas, en efecto, carecen de capital histórico y al comienzo, por lo mismo, son altamente dependientes de su capital humano y su capital social, cuya combinación determina su potencial de crecimiento reputacional.

La *escala de reputaciones* en que se encuentran situadas las universidades al momento de ingresar al mercado refleja nada más que sus dotaciones iniciales. En cambio, a medida que pasa el tiempo, las universidades compiten por incrementar su reputación sobre la base del prestigio social y académico de sus alumnos y profesores, la combinación de áreas de conocimiento y funciones que desarrollan, la calidad de sus servicios, el incremento de su capital social y el éxito en la generación de ingresos.

Bajo este parámetro, las universidades con una mayor dotación inicial, producto de su trayectoria previa, tenderán a situarse, y a competir, en la parte superior de la escala reputacional[402]. Opera aquí un *efecto mateo* no sólo al interior de las comunidades académicas sino también en el mercado de prestigios institucionales. Efectivamente, el estatus de las instituciones y sus miembros tiende a aumentar el retorno a las demostraciones pasadas de calidad reputacional. Por el contrario, las instituciones nuevas deben habitualmente competir en los espacios intermedios y bajos del mercado de estudiantes y académicos, con la desventaja adicional de carecer de un capital histórico. A lo anterior se suma el hecho, igual como se ha observado en el caso de las empresas, de que las demostraciones de calidad por parte de los competidores de baja reputación poseen menos visibilidad e impacto que demostraciones similares de las instituciones de alto estatus[403].

[402] Ver W. G. Gordon, "Economic Stratification and Hierarchy among U.S. Colleges and Universities", op. cit., 2000.
[403] Ver J. Podolny, *Status Signals...*, op. cit., 2006, p. 107.

A su turno, las *estrategias institucionales* se acomodan a las desiguales condiciones de la competencia generadas por las diferencias en las dotaciones acumuladas por cada universidad y la posición que ellas ocupan en la escala de reputaciones. El mercado se fragmenta horizontalmente (en función de espacios de mercado de base geográfica y de las áreas de conocimiento que cubren las instituciones) y se segmenta verticalmente (por escalonamiento reputacional), dando lugar a estrategias jerárquicamente organizadas. En la dimensión horizontal las instituciones compiten por cantidad o *volumen*; en la dimensión vertical, por *prestigio* que opera como una señal de calidad en el mercado. De aquí resultan cuatro *estrategias básicas*, tal como se representa esquemáticamente en el gráfico 4.

Gráfico 4. Estrategias institucionales básicas en el mercado universitario

Volumen \ Prestigio	+	–
–	Estrategias de nicho especializado	Estrategias de subsistencia
+	Estrategias de mantención de reputaciones por vías de calidad de los insumos	Estrategias de volumen en los segmentos inferiores del mercado

Las *estrategias de alto estatus y bajo volumen* tienden a ser asumidas por instituciones de nicho especializado, ya sea por su cobertura concentrada de áreas del saber y profesiones[404] o por su reclutamiento selectivo –social y académico– de alumnos. Las instituciones que siguen

[404] En cuyo caso su estatus reputacional se hallará condicionado, además, por el prestigio de las profesiones impartidas.

este último tipo de estrategias (de nicho social y académicamente selectivo) tienden a ser, frecuentemente, instituciones formadoras de elite (o que aspiran a serlo) y asumen una marcada impronta ideológica[405].

Las *estrategias de alto volumen relativo y alto estatus* pueden ser ejercidas únicamente por instituciones situadas en la parte alta de la escala reputacional, cuya selectividad les permite crecer al mismo tiempo que mantienen o incrementan su calidad[406].

Las *estrategias de alto volumen y bajo estatus relativo*, en cambio, son propias de instituciones que compiten en la parte inferior del mercado estudiantil, donde no hay prestigio que ganar ni crear, y donde, por lo mismo, prima la preocupación por la escala de operaciones y no por la escala de reputaciones.

Las instituciones de *escaso volumen y estatus* son las más débiles del sistema y están forzadas a desarrollar estrategias de subsistencia, desde el momento en que actúan en los márgenes del mercado, bajo constante amenaza de no lograr un volumen suficiente para sustentar sus operaciones. Son vulnerables a las ofertas de adquisición por parte de rivales más fuertes y al juicio negativo de las agencias de acreditación.

Dinámicas del mercado universitario

Bajo la peculiar forma de organización que adopta el mercado universitario de la enseñanza de pregrado, la competencia por estudiantes es el principal motor del sistema. En este contexto produce tres fenómenos típicos, cuyo análisis para el caso chileno recién se halla en sus

[405] Lo anterior se deriva de su función formativa de elites. En efecto, las instituciones deben movilizar un proyecto educacional dotado de una fuerte identidad (religioso-denominacional, empresarial, regional, de corte profesionalizante, etcétera), pues es sobre la base de estas *distinciones* que se reclutan los miembros de los grupos de elite. Dicho de otra forma, en el caso de estas instituciones el componente *capital social* adquiere, necesariamente, un papel sobresaliente.

[406] Calidad se refiere aquí a un valor socialmente percibido como tal, el cual surge de la posición de los productores en la escala de reputaciones y de la evaluación de sus productos en el mercado. Véase H. C. White, *Markets from Networks. Socioeconomic Models of Production*; Princeton and Oxford: Princeton University Press, 2002, pp. 14-15 y capítulo 4. Las instituciones ubicadas en este casillero enfrentan típicamente un *trade off* entre calidad y volumen.

comienzos[407]. Primero, una constante *expansión segmentada* del mercado por la vía de la creación de nuevas vacantes, programas y sedes; segundo, una *estratificación escalonada* del mercado en función de los niveles de selectividad (académica y social) que logran sustentar los competidores en el mercado, y, tercero, una *diferenciación del valor* (económico y de prestigio) de los títulos profesionales emitidos por las universidades para acceder al mercado laboral.

La *expansión segmentada* resulta del efecto combinado entre las estrategias de oferta de las instituciones –es un mercado de productores–, por un lado, y, por el otro, de la evolución de la demanda por certificados o credenciales necesarias para entrar al mercado de ocupaciones profesionales.

Del lado de la oferta, el mercado se expande, primariamente, por las *estrategias de volumen* que emplean las instituciones situadas en los segmentos menos selectivos de la escala reputacional (casillero inferior derecho del gráfico 4). En efecto, estas instituciones[408] aumentaron su participación en la matrícula nueva total de pregrado de un 37 por ciento a un 55 por ciento entre los años 1999 y 2005[409]. Este mismo grupo de universidades lidera también el crecimiento de la matrícula en *programas especiales* y el crecimiento del número de *sedes* localizadas en mercados regionales diferentes de aquel en que se encuentra su sede principal.

Las instituciones de mayor selectividad y de selectividad intermedia también contribuyen a la expansión del mercado, aunque en me-

[407] Ver J. J. Brunner et al., *Guiar el mercado...*, op. cit., 2005. Asimismo, J. J. Brunner and A. Tillett, "Chile", en J. J. F. Forest and P. G. Altbach, op. cit., 2006. También en la literatura internacional comparada este fenómeno recién comienza a ser estudiado. Véase el estudio del campo de análisis en la parte I de este informe y la colección de artículos en P. Teixeira, B. Jongbloed, D. Dill and A. Amaral (eds.), *Markets in Higher Education...*, op. cit., 2004.

[408] Se trata de las instituciones que conforman las categorías VII y VIII de la tipología de universidades desarrollada por Brunner et al., *Guiar el mercado...*, op. cit., 2005, pp. 192-202, a las cuales aquí se han agregado tres más, todas ellas con un nivel de selectividad inferior a 20 por ciento, como se registra en el gráfico 5, más adelante.

[409] Calculado sobre la base de la información provista por *Índices* de los años 2000 y 2006.

nor medida y por ende con pérdida de su peso relativo en el total de la matrícula nueva, lo que torna todavía más aguda la segmentación. ¿Cómo así? En un sistema esencialmente reputacional, el movimiento expansivo de la matrícula se desagrega en cascada[410], dando lugar a una *estratificación escalonada* en función de las estrategias de selección de alumnos que las instituciones están en condiciones de sustentar según su posición en la escala.

En la parte superior de ésta, las universidades con máxima selectividad –aquellas que captan a los mejores alumnos ordenados en una *escala de puntuación académica*– copan en primer lugar su oferta, compitiendo entre sí, principalmente, en términos de su *identidad de marca reputacional* y de los beneficios que están en condiciones de ofrecer a los postulantes. Incluso, estas universidades restringen el ingreso de alumnos (vía altos *puntajes de corte*) en orden a poder seleccionar por calidad. ¿Por qué? Porque en la industria de la educación superior opera lo que Winston y otros llaman una "tecnología del insumo-cliente"[411]. En efecto, quienes compran el servicio (i. e., los alumnos) proporcionan a la institución, al mismo tiempo, un insumo fundamental para su proceso de producción, bajo la forma del *efecto de pares*[412].

A continuación, las universidades que siguen en orden descendente en la escala reputacional entran en competencia por los alumnos situados inmediatamente por debajo en la escala de puntuación académica. Y así sucesivamente a medida que la cascada va cayendo, hasta que la oferta de vacantes se agota o la demanda de ellas se halla completamente satisfecha. Dado que en el sistema universitario en su conjunto la oferta de vacantes supera anualmente la demanda por cupos[413], ocu-

[410] Ver G. C. Winston, "The Positional Arms Race...", op. cit. 2000.
[411] Ver M. Rothschild and L. White, "The University in the Marketplace...", op. cit., 2003.
[412] Éste refleja el hecho de que la educación de un alumno tiende a ser mejor mientras más alta es la calidad de sus compañeros con los cuales se educa. Véase:
D. J. Zimmerman, D. Rosenblum, P. Hillman, "Institutional Ethos, Peers and Individual Outcomes", 2004. Disponible en: http://www.williams.edu/wpehe/DPs/DP-68.pdf
G. C. Winston and D. J. Zimmerman, "Peer Effects in Higher Education", 2003. Disponible en: http://www.williams.edu/wpehe/DPs/DP-64.pdf
G. C. Winston, "Toward a Theory of Tuition...", op. cit., 2003.
[413] Efectivamente, hasta ahora el número de vacantes de pregrado ofrecido por el sub-

rre que un grupo de universidades no está en condiciones de rechazar postulantes; más bien estas instituciones deben salir, agresivamente, a buscar la demanda a través de la creación de nuevos programas, la penetración en mercados regionales y locales, y la captación de alumnos no tradicionales.

El movimiento en cascada de la matrícula nueva de primer año a lo largo de la escala reputacional (medida en este caso por el *grado de selectividad* de las universidades chilenas) puede representarse gráficamente como se muestra en la página siguiente (gráfico 5).

sistema universitario en su conjunto ha sido sistemáticamente superior al número de cupos efectivamente empleados, como muestran las estadísticas de *Índices* para los años 2002 a 2006. De hecho, la oferta de vacantes superó la demanda (medida como matrícula de primer año) en 30 por ciento los años 2002 y 2003; en 36 por ciento el año 2004; en 42 por ciento el año 2005 y en 57 por ciento el año 2006. Nos encontramos, por tanto, frente a un *mercado de compradores* con características peculiares: ni la oferta se ajusta a la demanda (esto es, la capacidad no utilizada es independiente del ciclo económico), ni los precios se ajustan a la baja (al contrario, los aranceles se incrementan cada año con independencia de los costos de producción).

Gráfico 5. Distribución en cascada de la nueva matrícula por nivel de selectividad de las universidades chilenas, 2005

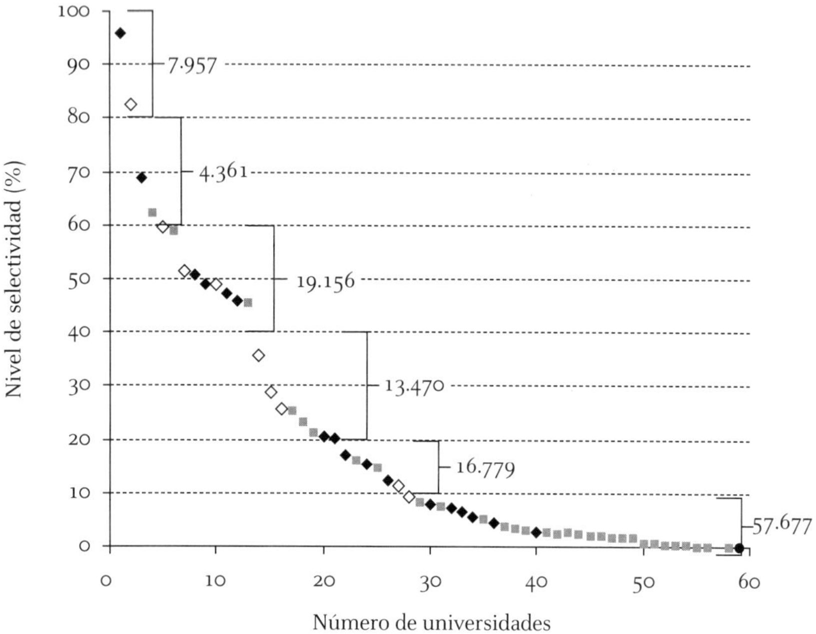

Fuente: Elaboración propia sobre la base de información Mineduc, División de Educación Superior.

◆ Universidades estatales
◇ Universidades privadas tradicionales y derivadas de ellas
▪ Universidades privadas nuevas
● Una universidad privada sin información

Este gráfico indica la posición ocupada por cada una de las universidades chilenas en una escala de selectividad de seis tramos, según el porcentaje que representan los alumnos con mejores puntajes en la PSU dentro la matrícula nueva total de cada institución el año 2005. Las cifras incluidas dentro del gráfico muestran el número de la matrícula nueva total que reúnen las instituciones ubicadas en cada uno de los tramos.

Aquellas universidades con el máximo nivel de selectividad (selectividad *muy alta*, superior a un 80 por ciento) inscriben un 6,6 por ciento de la matrícula nueva, pero atraen a un 26,2 por ciento de los alumnos con mejores puntajes. Las siguientes dos universidades, situadas en un rango de selectividad *alta* de entre 60 y 79,99 por ciento, matriculan un 3,6 por ciento de los nuevos alumnos y un 10,8 por ciento de los que ostentan los mejores puntajes. Las universidades de selectividad *media-alta* (40 a 59,99 por ciento) inscriben un 15,9 por ciento de la matrícula nueva y un 36 por ciento de los mejores alumnos de la generación. Las universidades de selectividad *media* dan cuenta de un 11,4 por ciento de la matrícula nueva total y de un 12,4 por ciento de los mejores alumnos. En el tramo de las universidades de selectividad *media-baja* se agrupa un 14 por ciento de los alumnos nuevos y un 9,1 por ciento de los mejores alumnos. Finalmente, en las universidades de selectividad *baja* o *nula* (entre 9,99 y 0 por ciento) se halla matriculado un 48 por ciento de los nuevos alumnos y un 5,5 por ciento de aquellos con mejores puntajes. En suma, del total de 120.275 alumnos que accedió a las universidades chilenas el año 2005, un 81 por ciento registró su matrícula en universidades con un nivel de selectividad de 50 por ciento o menos. Sólo en ocho universidades la matrícula nueva total del año 2005 estaba compuesta por más de un 50 por ciento de estudiantes ubicados entre los 27.123 mejores puntajes.

A la expansión segmentada y la estratificación escalonada del mercado de pregrado se liga, por último, un tercer fenómeno por el lado del vínculo entre oferta de graduados y demandas de mercado laboral. Este vínculo se establece por medio de los certificados profesionales o *credenciales* expedidos por las universidades. Las credenciales operan básicamente como una *señal* en el mercado laboral, sea que se considere que ellas señalizan el nivel de capital humano adquirido por los individuos o bien el estatus de las instituciones certificadoras, lo que parece más sugerente y, de cualquier forma, no resulta excluyente respecto de la anterior hipótesis[414]. La diferente reputación de las instituciones (generada por el prestigio de sus académicos, el nivel selectivo de sus

[414] Ver sobre esto, en la parte I, la discusión de la literatura en torno al casillero 4.

alumnos y su trayectoria reputacional) se transmite a las credenciales de sus graduados. Según esta visión, hay por tanto diferentes tipos y niveles de credenciales que actúan como diferentes denominaciones de valor del medio de intercambio (credenciales) para adquirir ocupaciones[415].

En mercados que experimentan una rápida expansión segmentada y poseen una intensa estratificación escalonada de las instituciones formativas –precisamente el caso de Chile (gráfico 5)–, los efectos de señalización de los certificados profesionales adquieren especial relevancia. En esta dirección puede leerse el estudio de Rappaport, Benavente y Meller, el cual, sin identificar universidades específicas, muestra, para diferentes grupos de instituciones y carreras profesionales, un grado significativo de variación en el valor económico de las credenciales[416]. Podría avanzarse la hipótesis de que dichas diferencias de valor son atribuibles, al menos en parte importante, a la jerarquía reputacional-selectiva de las instituciones que las emiten. Mirado el mismo fenómeno desde el lado del mercado laboral, las credenciales producirían la señal necesaria para los procesos de clasificación y selección de los postulantes a puestos de trabajo de diferente jerarquía. Volveremos sobre esto en un momento.

Por ahora podemos cerrar esta sección con la siguiente pregunta: ¿existe alguna relación entre el grado de selectividad de las universidades y su prestigio tal como se percibe socialmente?

Según una encuesta realizada el año 2006 sobre prestigio de las universidades entre altos ejecutivos del sector público y privado, las instituciones que en ambos extremos gozan de menor y mayor prestigio corresponden, efectivamente, a aquellas con los niveles más bajos y altos de selectividad, respectivamente. Además, la tendencia general es clara: a mayor nivel de selectividad, mayor prestigio. Hay, sin embargo, instituciones que aparecen favorecidas o perjudicadas en esta

[415] Ver D. Davis, "Credentialism", op. cit., 1992.

[416] Ver D. Rappaport, J. M. Benavente y P. Meller, "Rankings de universidades chilenas según los ingresos de sus titulados". Banco Central de Chile, Documento de Trabajo, N° 306, 2004. Disponible en: http://www.bcentral.cl/esp/estpub/estudios/dtbc/pdf/dtbc306.pdf

Gráfico 6. Nivel de selectividad y prestigio de las universidades, 2006

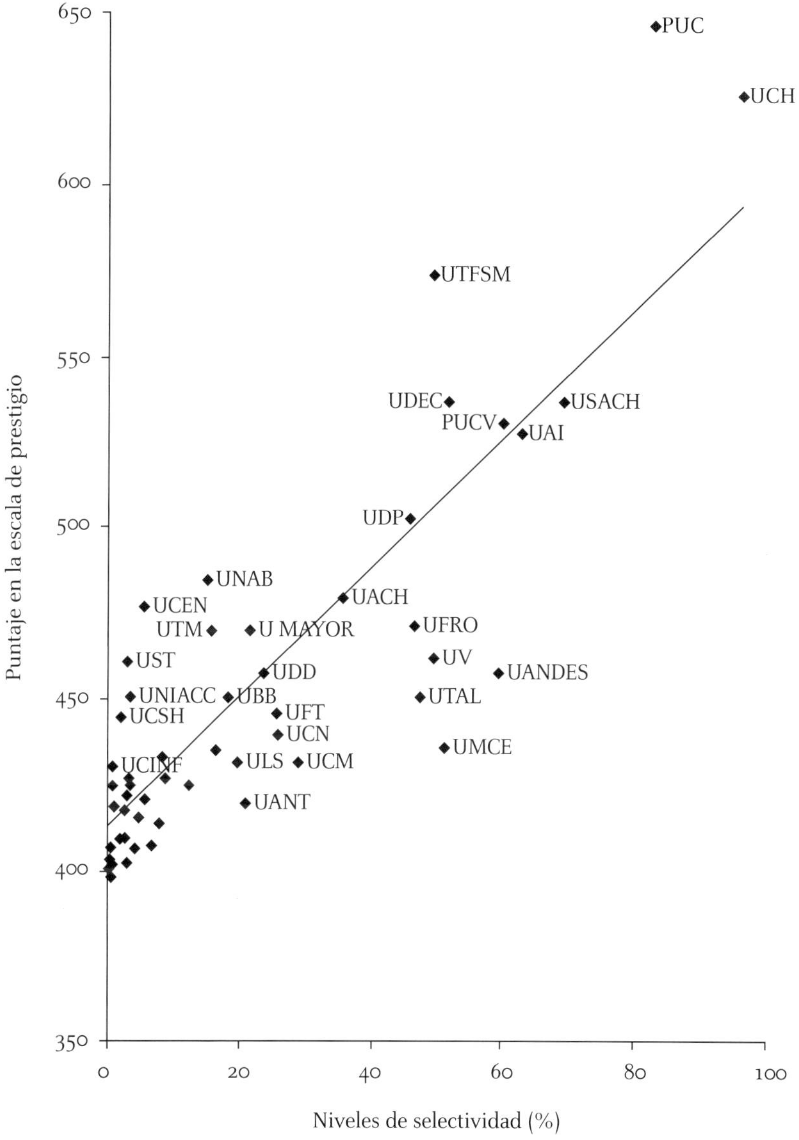

Fuente: Elaboración propia sobre la base de Mineduc, División de Educación Superior, para la información sobre selectividad, y encuesta publicada por la revista *Qué Pasa*, noviembre 2006. Ver claves de los nombres de las universidades en la tabla 1 de la sección III.A.

correlación. Tienden a ser favorecidas en la escala de percepción de prestigio, respecto de su nivel de selectividad, varias universidades antiguas y con una identidad reputacional relativamente bien establecida y algunas universidades privadas nuevas de mayor tamaño y/o con una intensa exposición al mercado a través de su publicidad en los medios de comunicación. En cambio, se ven perjudicadas varias universidades estatales de carácter regional y algunas privadas que todavía no han logrado transmitir al mercado su nivel relativo de "calidad" señalizada a través del nivel de selectividad o que, por otras razones, no han logrado tener éxito en este mercado reputacional (gráfico 6).

Efectos sociales

¿Qué efectos sociales (es decir, de desempeño del sistema) producen en Chile las dinámicas del mercado recién descritas?

Por lo pronto, el dinamismo expansivo del mercado, a pesar de su carácter estratificado y segmentado, incorpora a alumnos provenientes de todo tipo de hogares, incluyendo aquellos situados en el 60 por ciento inferior de la distribución del ingreso. De hecho, el índice de desigualdad 20/20[417] ha mejorado significativamente entre los años 1990 y 2003.A partir del gráfico 7 se obtiene que este indice pasó de un 9,1 en 1990 a un 5,1 el 2003. Esta democratización social del subsistema universitario es producto de la *masificación del acceso,* hecha posible especialmente por el surgimiento de un grupo de universidades (públicas algunas pocas, privadas en su mayoría) de alto o mediano volumen de matrícula y bajo o nulo nivel selectivo.

Gráfico 7. Cobertura educación superior por quintil de ingreso, 1990 y 2003 (en porcentaje)

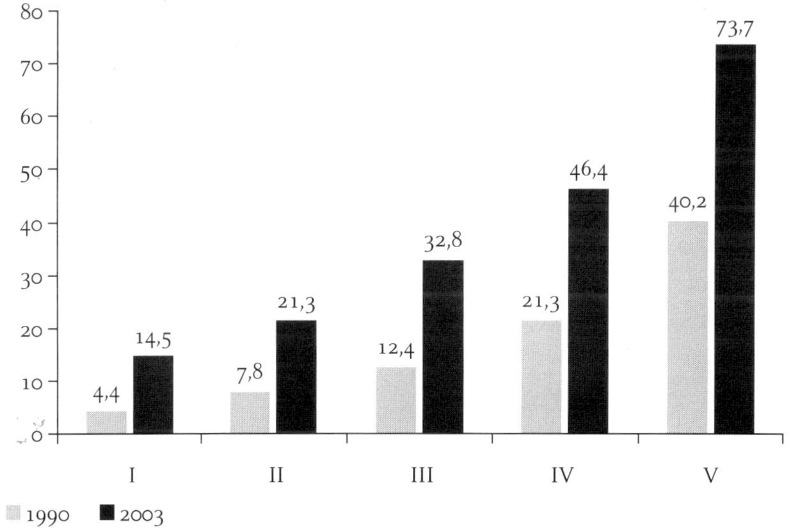

Fuente: Encuestas Casen 1990 y 2003.

[417] El índice 20/20 expresa el número de veces que la cobertura del 20 por ciento más rico de la población (quintil V) contiene la cobertura del 20 por ciento más pobre (quintil I).

Lo anterior no evita, sin embargo, que la *selección en cascada* de los postulantes genere una pronunciada estratificación socioeconómica de las carreras formativas de los estudiantes. Al contrario: bajo estas condiciones ella se ve acentuada. En efecto, como señala un autor, "los mercados de educación superior son un juego complementario en el cual la jerarquía de estudiantes/familias es sincronizada con la jerarquía de las universidades y en el cual las elecciones individuales de mercado se determinan por objetivos de estatus"[418].

La sincronización tiene lugar en el momento de la selección académica para ingresar a los estudios superiores, selección que en el caso de Chile apenas encubre el hecho de que ella es, simultáneamente, un proceso de *selección social*, como se manifiesta nítidamente en la distribución de los puntajes de ingreso. Estos últimos, a su vez, se hallan estrechamente asociados al ingreso familiar de los postulantes (tabla 2) y a sus trayectorias escolares previas, las cuales, a su turno, están fuertemente condicionadas por el estatus socioeconómico de los hogares de los alumnos[419].

[418] Ver S. Marginson, "Australian Higher Education...", op. cit., 2004, p. 210.

[419] Ver J. J. Brunner, G. Elacqua, S. González, A. M. Montoya, F. Salazar, *Calidad de la educación. Claves para el debate*; Santiago de Chile: Universidad Adolfo Ibáñez y RIL Editores, 2006. Véase además:
J. J. Brunner, "Educación en Chile: el peso de las desigualdades", en Vv. Aa., *Conferencias presidenciales de humanidades*; Santiago de Chile: Presidencia de la República, 2005.
OECD, *Revisión de políticas nacionales de educación: Chile*; París: OECD, 2004.
J. J. Brunner y G. Elacqua, *Informe de capital humano en Chile*. Santiago de Chile: Universidad Adolfo Ibáñez, La Araucana y Percada, 2003. Disponible en:
http://www.uai.cl/p4_home/site/asocfile/ASOCFILE120030528134519.pdf

Tabla 2. Distribución de alumnos según puntaje promedio de lenguaje y matemática en la PSU y tramo de ingreso del grupo familiar, 2006

	Tramo 1	Tramo 2	Tramo 3	Tramo 4
Ingreso grupo familiar (en $)	0 a 278.000	278.001 a 834.000	834.001 a 1.400.000	1.400.001 o más
Total alumnos	127.728	57.482	12.527	13.318
Menos de 450	43,20	20,8	10,4	5,4
450 - 600	49,02	56,5	46,8	34,2
600,5 - 700	7,18	20,0	34,6	43,7
Más de 700	0,64	2,8	8,3	16,7

Fuente: DAEM, Resultados de rendición de pruebas - Proceso de admisión 2007. Disponible en: http://www.demre.cl/text/pdf/Presentacion_prensa08_enero_2007.pdf

Esta triple vinculación *hacia atrás* que subyace al proceso de selección universitaria –desde la escala de puntuación académica hacia la estructura socialmente segmentada de las trayectorias escolares, hacia el origen socioeconómico de los alumnos que ingresan a las diferentes universidades– revela que la estratificación socioacadémica de las instituciones es, al mismo tiempo, un filtro de estratificación socioeconómica de los alumnos. Lo anterior puede apreciarse, en una aproximación gruesa, por la forma como se distribuyen los alumnos según el nivel socioeconómico de sus familias entre distintos tipos de instituciones (universidades e instituciones no universitarias de educación superior); ver gráfico 8.

Gráfico 8. Distribución de los alumnos de educación superior por tipo de institución y según el nivel socioeconómico de las familias de origen

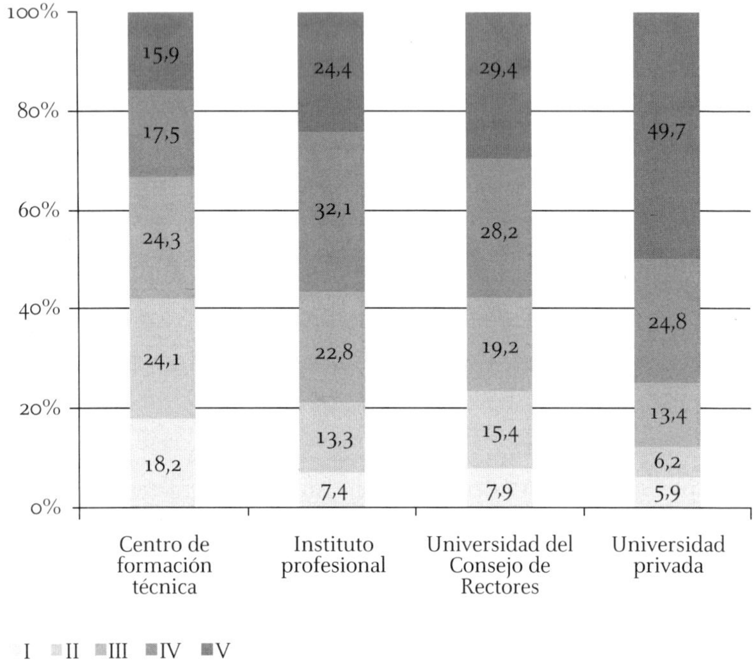

Fuente: Elaboración propia sobre la base de resultados de la encuesta Casen, 2003.

Una manera diferente de apreciar el mismo fenómeno es ver cómo se distribuyen los alumnos de un mismo quintil de ingresos del hogar entre los distintos tipos de instituciones de educación superior (gráfico 9).

Gráfico 9. Distribución de los alumnos por origen socioeconómico y según tipo de instituciones de educación superior, 2003

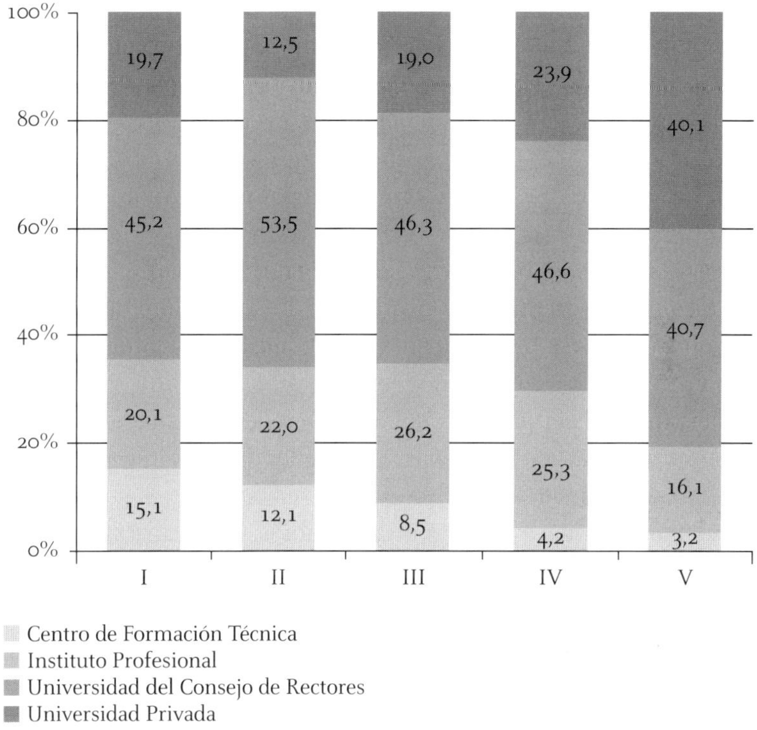

Fuente: Elaboración propia sobre la base de resultados de la encuesta Casen, 2003.

Decíamos recién que se trata de aproximaciones todavía gruesas, pues, para efectos de un análisis más minucioso como el que aquí se necesitaría hacer, sería imprescindible contar con los datos sobre distribución de los alumnos según el ingreso familiar para cada una de las universidades separadamente, información que no está públicamente disponible.

De cualquier modo, los dos gráficos anteriores y la tabla 2 permiten conjeturar, sin mucho riesgo, que aquellos postulantes con mayor capital cultural transmitido por el hogar y con mayor capital escolar acumulado a lo largo de la trayectoria K-12 –los *herederos* de Bourdieu y Passeron (2003)– tenderán a acceder también a las instituciones de mayor reputación, contribuyendo a realzar (como "insumos" y por efecto de pares) la señal de calidad que éstas emiten según su posición en la escala reputacional. Más tarde, *hacia delante*, la misma triple vinculación, ahora reforzada por la pertenencia a una institución reputada, se traducirá en una capitalización ventajosa adicional de las credenciales obtenidas por los graduados, facilitando su acceso al mercado laboral y una movilidad *patrocinada*[420] hacia ocupaciones de prestigio.

Dado el efecto cascada en la selección de los alumnos que ingresan a las universidades, este mismo proceso –con su triple vinculación subyacente– se repetirá estratificadamente *hacia abajo*, a lo largo de la escala descendente en que se hallan situadas las instituciones desde el punto de vista de sus niveles de selectividad.

Todo esto lleva a pensar que también las credenciales obtenidas por los alumnos se hallan estratificadas socioacadémicamente, según sea el nivel de prestigio de la institución que las emite; es decir, su nivel de selectividad académico-social. En otras palabras, la adquisición de credenciales funciona como un vector de *discriminación social* a través del vínculo que se establece entre el hogar, la institución educacional (escolar y universitaria a la cual asiste la persona) y el mercado ocupacional, cuya jerarquía de ocupaciones supone procesos similares de selección y filtro ejercidos en función de las credenciales de los candidatos y su capital social[421].

De hecho, como muestran Torche y Wormald, en Chile la expansión de las oportunidades educacionales ha sido aprovechada diferencialmente por los diversos segmentos sociales.

[420] Sobre las distintas formas de movilidad ligadas a la educación y, en particular, la movilidad patrocinada, ver R. H. Turner , "Modes of Social Ascent through Education: Sponsored and Contest Mobility", en A. H. Halsey, J. Floud, and C. A. Anderson (eds.), *Education, Economy, and Society*; New York, London: The Free Press and Collier-Macmillan Limited, 1961.

[421] Ver Collins, R., *The Credential Society*; New York: Academic Press, 1979.

> Los más beneficiados son aquellos que han accedido a la educación postsecundaria, lo que les ha permitido mantenerse o ingresar a la parte alta de la jerarquía social. En una proporción significativa este logro educativo está relacionado con la herencia educativa de sus padres. Ésta es probablemente una de las razones tras la desigualdad observada en los niveles de escolaridad a la que acceden los miembros de las diversas clases sociales. En particular, de la importante diferencia que se observa en el nivel promedio que alcanzan los integrantes de la clase alta de servicio en comparación con el resto de los miembros de la estructura social[422].

En el mismo sentido apuntan algunos hallazgos de Núñez y colaboradores. En efecto, Núñez y Gutiérrez encuentran evidencia de brechas de salario del orden de 30-40 por ciento entre universitarios provenientes de estratos altos versus aquellos que pertenecen a estratos medios y medios bajos, una vez controladas las diferencias en diversas determinantes de la productividad laboral[423]. Asimismo, muestran que entre personas de igual rendimiento académico (en la misma carrera e institución), aquellos que provienen de comunas acomodadas se reconocen a sí mismos como de clase alta, estudiaron en colegios de elite y tienen apellidos asociados a la elite, y son remunerados significativamente por encima de quienes no tienen estas características en el mercado de trabajo. De allí, asimismo, la relativa estabilidad de las posiciones altas. Por su parte, Núñez y Risco concluyen que mientras en Chile la probabilidad de permanecer en el quintil más rico es de 50 por ciento, en otros países este valor es muy inferior, del orden de 20 a 30 por ciento[424]. Sin duda, uno de los factores que contribuye a esta *estabilidad de*

[422] Torche, F. y G. Wormald, "Estratificación y movilidad social en Chile: entre la adscripción y el logro"; Comisión Económica para América Latina (Cepal), Santiago de Chile, 2004, p. 70.

[423] Ver Núñez y J. R. Gutiérrez, "Classism, Discrimination and Meritocrascy in the Labor Market: The Case of Chile", *Econometric Society 2004 Latin American Meetings 308m Econometric Society*. Disponible en: http://ideas.repec.org/p/ecm/latm04/308.html

[424] Ver Nuñez, J. y C. Risco, "Movilidad intergeneracional del ingreso en Chile"; Expansiva, *En Foco*, N° 58, 2005. Disponible en:
http://www.fundacionpobreza.cl/Biblioteca/Archivos/Bajar.asp?Carpeta=Movilidad%20social&Archivo=movilidad%20intergeneracional.pdf

estatus es el vínculo hogar, trayectoria escolar y académica, y ocupaciones prestigiosas. Sin embargo, los mismos autores reportan un mayor nivel de *movilidad intergeneracional* para las cohortes más jóvenes de los estratos medios y bajos. Ello se refleja en el hecho de que alrededor de un tercio de las personas de entre 24 y 35 años que accedió a la educación superior proviene de hogares cuyos padres sólo alcanzaron niveles primarios de escolaridad[425]. Esto implica que la reproducción de las posiciones de alto estatus no es incompatible con la movilidad en los segmentos bajos e intermedios. Según señalan varios autores, la mayor movilidad social se produciría en aquellas cohortes que han invertido en credenciales durante parte de los años ochenta y noventa, lo cual resulta coherente con la expansión de los niveles de escolaridad durante este mismo período.

Credencialismo y su efecto sobre las profesiones

El *credencialismo*[426] tiene importantes efectos sobre la estructura de las profesiones. Se acepten o no las tesis de la "inflación de credenciales", de las "crisis de las credenciales" o de la "enfermedad de los diplomas"[427], resulta imposible eludir el hecho de que la progresiva masificación estratificada de los certificados educacionales –impulsada desde el lado de la oferta por las estrategias expansivas de las universidades y desde el lado de la demanda por las exigencias de mayor escolarización no sólo para las ocupaciones intensivas en conocimiento– genera una suerte de *pirámide de credenciales*, con un agudo vértice y un progresivo ensanchamiento hacia la base. Lo que sucede con las credenciales en la parte inferior de la pirámide es un fenómeno poco estudiado, aunque puede razonablemente esgrimirse la hipótesis de que allí su valor específico de señalización en el mercado laboral tiende hacia cero.

Desde el punto de vista de la profesionalización de ciertas prácticas/ocupaciones de conocimiento que suponen un extenso período de

[425] Ver Torche, F. y G. Wormald, "Estratificación y movilidad...", op. cit., 2004, p. 70.
[426] Ver D. Davis, "Credentialism", op. cit., 1992.
[427] Véase R. Collins, "Credential Inflation and the Future of Universities", en S. Brint (ed.), *The Future of the City of Intellect...*, op. cit., 2002; R. Collins, *The Credential Society...*, op. cit., 1979; R. Dore, *The Diploma Disease...*, op. cit., 1976.

entrenamiento formal, puede conjeturarse que allí, en la parte baja de la pirámide, lo que sucede ahora es un gradual proceso de *desprofesionalización* de ciertas profesiones; dicho de otra forma, que en ese espacio las profesiones más pobladas y con una estructura etaria más joven[428] tienden a convertirse en *semiprofesiones*[429], cuyos servicios se hallan depreciados en el mercado, pudiendo dar lugar a empleos precarios, alta rotación de puestos, subempleo o desempleo de personas (especialmente jóvenes) en posesión de títulos universitarios[430].

La ocurrencia de esta situación podría amenazar lo que Sarfatti Larson denomina la "promesa profesional" de un alto estatus social, pues, para los grupos que se encuentran en ella, la educación profesional y los puestos de trabajo que ocupan ya no aseguran el acceso a los estándares de vida propios de la clase media alta. De esta forma, concluye la autora, un rasgo inherente a la profesionalización, el de transformar recursos escasos de conocimiento y destrezas en un sistema de recompensas sociales y económicas en el mercado laboral, desaparece[431]. Efectivamente, da paso a un tipo de actividades donde hay una amplia oferta de personal extensamente entrenado, pero cuyas ocupaciones no gozan ya de las características propias de las profesiones modernas: control

[428] La información sobre carreras más pobladas y con mayor presencia de jóvenes se encuentra en el sitio Futuro Laboral: www.futurolaboral.cl

[429] Se trata, sin embargo, de un enfoque bien diferente al empleado por los autores compilados en Etzioni. En efecto, las semiprofesiones estudiadas en los años sesenta se caracterizaban como profesiones incompletas, pero en vías de llegar allí (caso de profesoras, enfermeras, bibliotecarias, etcétera; en suma, ocupaciones con un alto grado de feminización). Al contario, aquí empleamos el término precisamente en sentido opuesto: como profesiones que, en sus segmentos más masificados y con practicantes portadores de certificados de bajo estatus, experimentan un proceso de desprofesionalización. Véase A. Etzioni, *The Semi-Professions and their Organisation.* New York: Free Press, 1969.

[430] Esto podría explicar dos fenómenos que aparecen en análisis recientes del mercado laboral chileno. Primero, se ha sugerido que para aquellos individuos con alta educación y baja experiencia existirían, a la vez, un incremento del desempleo y una caída del empleo. Segundo, se ha sugerido que con posterioridad al año 2000 la tasa de retorno privado a la educación superior habría comenzado a caer. Ver C. Sapelli, "Desempleo y capital humano". Santiago de Chile: Expansiva, *En Foco* N° 51, 2005. Disponible en: http://www.expansiva.cl/en_foco/documentos/29062005121212.pdf

[431] Ver M. Sarfatti-Larson, *The Rise of Professionalism*; Berkeley, Los Angeles, London: University of California Press, 1977, p. 52.

sobre competencias valoradas, autonomía laboral, bajo grado de compromiso con rutinas repetitivas, elevado estatus relativo a otras ocupaciones, estabilidad en el trabajo, reconocimiento social y económico, un proyecto ético de servicio vocacional, fuerte sentido de logro personal y una ideología meritocrática del estatus adquirido: la famosa "carrera abierta al talento". Al faltar estos atributos, las profesiones en cuestión se desprofesionalizan en la base de la pirámide, tornándose precarias allí también sus ocupaciones.

Al interior de estas profesiones amenazadas cabría esperar una progresiva desagregación del cuerpo de practicantes profesionales por tipo de educación y valor diferencial de sus credenciales. Hacia el vértice de la pirámide las personas buscarán reforzar su profesionalización, aumentando y mejorando sus credenciales mediante cursos de especialización y la obtención de nuevos certificados, la realización de estadías en el extranjero, la participación en redes y organizaciones profesionales de prestigio, y la afiliación con instituciones y grupos que administran poder simbólico. En la parte baja, por el contrario, tenderá a producirse una erosión de las identidades profesionales y se multiplicará el número de practicantes con un débil poder para señalizar sus credenciales en el mercado laboral y para reclamar el reconocimiento social y económico asociado al estatus profesional. Al medio, los profesionales deberán empeñarse por sostener un estatus incierto, evitando deslizarse hacia la desprofesionalización, al mismo tiempo que ven crecer la dispersión de los salarios dentro de su mismo sector ocupacional y profesión[432].

Ajustes entre mercados universitario y profesional

¿Qué podemos concluir de este análisis? Por lo pronto, que la economía política del mercado universitario chileno, conjuntamente con los cambios en la estructura ocupacional y la difusión de una cultura de oportunidades y elecciones individuales, genera múltiples y contradictorios efectos en la sociedad. Al masificarse el acceso a las credenciales profesionales, se redistribuye también su valor económico y, en la parte

[432] De aquí se deduce un conjunto de hipótesis que deberán ser verificadas en el curso de futuras investigaciones.

baja de la pirámide, se desvalorizan sus prerrogativas y prestigio, debilitándose su poder de señalización en el mercado ocupacional. La reproducción social de los *herederos* limita el acceso meritocrático a las elites, al mismo tiempo que el continuo aumento de los certificados profesionales de menor estatus estimula la movilidad intergeneracional en los espacios intermedios y bajos de la estratificación social. Esto, a su vez, alimenta la demanda por acceso a la universidad. Con ello crece también el número de personal profesional que se gradúa, especialmente de instituciones no selectivas, lo cual trae consigo como consecuencia –en algunos segmentos de las profesiones más pobladas– efectos de desprofesionalización, precarizándose un número creciente de empleos ocupados por profesionales.

En definitiva, puede postularse que las transformaciones en curso dentro de los mercados universitario y profesional reflejan un movimiento más general de la sociedad chilena: el tránsito desde estructuras universitarias y profesionales elitistas con sostén público hacia estructuras masivas con sostén privado, tránsito que en Chile acompaña y expresa el surgimiento de una *sociedad democrática de mercado*[433]. Al interior de ésta se consolida un sistema de educación superior en avanzada fase de *privatismo* y *mercadización* y emerge una ordenación de ocupaciones profesionales jerárquicamente segmentada y caracterizada por bandas más bien angostas de movilidad laboral.

Las universidades, antiguamente veneradas como comunidades intelectuales dedicadas a la formación de un selecto grupo de profesionales, igual que las profesiones asentadas sobre sus tradiciones y privilegios, pierden en estas condiciones su aureola y se ven forzadas a competir para adaptarse a los nuevos entornos en que desenvuelven sus actividades. En unas y otras se expresan fuerzas de cambio que ni las universidades ni las profesiones pueden controlar, lo cual pone en tensión sus estructuras corporativas y debilita su poder en la sociedad.

[433] Ver J. J. Brunner, "Con ojos desapasionados... (ensayo sobre la cultura en el mercado)", en Va.Aa., *La cultura durante el período de la transición a la democracia*; Santiago de Chile: Consejo Nacional de la Cultura y las Artes, 2006. Disponible en: http://mt.educarchile.cl/mt/jjbrunner/archives/2005/11/con_ojos_desapa.html

En adelante, el rol de las universidades tenderá a girar crecientemente en torno a la producción y distribución social de credenciales[434], mientras que las profesiones deberán hacer frente a la inflación de certificados, buscando contrarrestar y acomodar la desprofesionalización que las amenazan por la base. Unas y otras se hallan atrapadas en el torbellino atmosférico del mercado y descubren, en este proceso, que el piso bajo sus pies ha empezado a agitarse por su cuenta. Con preocupación advierten, como ha dicho alguien, que ahora incluso la eternidad dura menos que antes[435].

[434] Con excepción del pequeño número de ellas que cumplen, adicionalmente, la función de producir y transferir conocimientos avanzados. En el futuro, sin embargo, éstas necesitarán competir, y serán medidas, en el emergente mercado global de la ciencia académica. Ver a este respecto S. Marginson, "Competition and Markets in Higher Education: A 'Glonacal' Analysis", op .cit., 2004.

[435] La cita exacta dice: "Hasta la eternidad duraba más antes" y corresponde al poeta Stanislav Jerzy Lec.

B. Transformación de la universidad pública

La sensación de que el piso ha empezado a agitarse por su cuenta, y de que la "cuestión del mercado" está invadiendo todos los ámbitos de la educación superior, es sentida con mayor fuerza en las universidades estatales de todo el mundo, en particular en América Latina. En efecto, en ninguna otra parte de los sistemas de enseñanza superior las identidades tradicionales –de las instituciones y los académicos– se perciben tan amenazadas como en aquellas.

Todas las universidades son públicas

Partamos, pues, por el principio de esta historia: desde su nebuloso origen, las universidades –como agentes que proporcionan la formación más avanzada de su tiempo– han sido, todas ellas, públicas por reconocimiento y por efecto.

Por reconocimiento, porque, independientemente de la autoridad que las reconocía o fundaba como un *studium generale* –se tratara de Federico I o los reyes de Castilla y León, de los papas Alejandro III o Inocencio IV, o de una comuna o municipio, como solía ocurrir en las ciudades más ricas del norte de Italia–, en cualquier caso, por este acto fundacional, quedaban instaladas en la esfera pública. Dejaban de ser una mera corporación de sujetos privados para transformarse en una entidad con una carta o estatuto público, una *universitas magistrorum et scholarium*.

Por efecto, porque, al ser introducidas en el reino de lo público, eran dotadas de un conjunto de privilegios, fueros, inmunidades y derechos que, a su vez, producían consecuencias de orden general en la sociedad.

Por lo pronto, y casi nunca de manera pacífica sino conflictivamente, estas corporaciones obtenían, y luego buscaban consolidar, un importante grado de autonomía. Esto es, adquirían el derecho a actuar como un cuerpo institucional frente al mundo externo, a controlar el reclutamiento de sus miembros –profesores y estudiantes–, a dictar sus propias regulaciones internas y a aplicarlas jurisdiccionalmente[436].

En seguida, se hacían del derecho exclusivo de enseñar cursos conducentes a un grado académico y de expedir los correspondientes diplomas, los que irían adquiriendo una valoración social cada vez mayor. Los profesores universitarios, por su parte, obtenían la facultad de enseñar –la *licentia docendi*– o, incluso, bajo autorización papal, la *licentia ubique docendi*, el derecho de ejercer la docencia en cualquier lugar de la cristiandad. A su turno, las corporaciones adquirían el derecho de examinar y certificar los estudios realizados por sus alumnos, concediéndoles, al concluir su carrera en un *collegium*, el *baccalarius artium* o, en caso de continuar estudios especializados en las facultades, la *licentia docendi*, que los habilitaba además para enseñar[437]. (El doctorado, en cambio, era originalmente algo distinto: la solemne instalación en una cátedra de enseñanza).

También, junto con su carta de fundación, las universidades conseguían una serie de otras prerrogativas, como la facultad de gobernarse, ya bien que la autoridad fuera conferida a los maestros, como en el modelo París-Oxford, o la tuvieran los estudiantes, como en Bolonia, donde ellos contrataban y pagaban a sus profesores; o el derecho a estructurar sus facultades, que habitualmente eran cuatro (de artes, derecho, teología y medicina), así como sus cursos y lecciones. Además, sus miembros recibían ciertos privilegios bajo la forma de exenciones de orden tributario, del servicio militar y el trabajo forzado; inmunidades jurisdiccionales, y derechos pecuniarios y de apelación[438].

Entre todas estas prerrogativas, la de mayor efecto público, al menos en el largo plazo, fue la facultad de conferir grados académicos reconocidos en los principales ámbitos de la sociedad: la corte y la administración de los asuntos del reino, la carrera eclesiástica, el campo jurídico

[436] Ver W. Rüegg, "Themes", en H. de Ridder-Symoens (ed.), *A History of the University in Europe. Universities in the Middle Ages*, op. cit., 1992. Ver asimismo J. Verger, "Patterns", en ibíd. ant., y A. Gieysztor, "Management and Resources", en ibíd. ant. También J. Le Goff, *Los intelectuales en la Edad Media*, op. cit., 1986.
[437] Ver R. C. Schwinges, "Student Education, Student Life", en H. de Ridder-Symoens (ed.), *A History of the University in Europe*, op. cit., 1992.
[438] Ver A. Gieysztor, "Management and Resources", op. cit., 1992.

(incluyendo las regulaciones comerciales) y de los tribunales de justicia, y el ejercicio de la medicina.

Es evidente que, al comienzo, la obtención de un certificado universitario apenas servía para estabilizar las posiciones heredadas dentro del orden social de la época. Sólo más adelante la regla adscriptiva entraría en competencia con el principio del logro académico. Con todo, al recibir el monopolio sobre la expedición de los grados académicos reconocidos, la universidad había hecho su principal y más duradera conquista, que posteriormente sería ampliada con la facultad exclusiva de formar para ciertas profesiones o, incluso, habilitar para su ejercicio[439].

En torno a este filón se desarrollará, a lo largo de los siglos, el carácter eminentemente público de la universidad. Lo que aquí llamamos la universidad pública por efecto.

Las universidades públicas se hacen estatales

¿Cuándo comienza a cambiar esta situación? Probablemente con el gran cisma de la Iglesia cristiana de occidente, a fines del siglo XIV, que culmina en las puertas de la iglesia de la Universidad de Wittenberg, donde Martín Lutero clava su proclama el año 1517[440].

Con la ruptura de la cristiandad "universal" se desarrollan también los sentimientos nacionales y aparecen los primeros elementos de los Estados-naciones, poniéndose término así a las pretensiones universalistas del antiguo orden universitario. En adelante se fundarán universidades nacionales, que nacen con la impronta política de su territorio e idioma (los historiadores mencionan habitualmente el ejemplo de la Universidad de Praga como la primera de este tipo), mientras las universidades antiguas irán identificándose, o serán forzadas a hacerlo, con el Estado (la monarquías nacionales), como ocurrió en Francia.

De ese momento en adelante las universidades europeas entran a

[439] Ver P. Moraw, "Careers of Graduates", en H. de Ridder-Symoens, op. cit., 1992.

[440] Ver W, Rüegg, op. cit., 1992; J. Verger, op. cit., 1992; H. Perkin, "History of Universities", en P. G. Altbach (ed.), *International Higher Education. An Encyclopedia*; New York and London: Garland Publishing Inc., 1991, volume 1, y H. Perkin, "The Historical Perspective", en B. R. Clark (ed.), *Perspectives on Higher Education. Eight Disciplinary and Comparative Views*, op. cit., 1987.

jugar un papel fundamental en la armadura de los Estados nacionales, y lo público de la universidad europea comienza a ser subsumido dentro de la esfera, más limitada, de lo estatal. Al decir de Le Goff, "las grandes universidades se convierten en potencias políticas, desempeñan un papel activo, a veces de primer plano, en las luchas entre los Estados"[441].

Esta importante transformación de lo público en estatal se halla ya plenamente asentada cuando la vieja universidad alemana de Halle es cerrada por Napoleón. Sus autoridades recurren al rey Federico Guillermo III, solicitándole la restauración de la universidad en otro lugar. Responde el rey: "¡Esto es justo! ¡Esto es lo correcto! El Estado debe reemplazar a través de la fuerza intelectual lo que ha perdido en poder material"[442]. Se da así un paso decisivo: el Estado identifica a la universidad como parte de su poder y ésta pasa a depender de aquél para desplegar en plenitud su fuerza intelectual.

Por lo demás, si así pudiese simplificarse la historia, de esta anécdota real nace una de las invenciones más poderosas de la época moderna, que hoy conocemos como *research university*[443]. En efecto, derrotado en Jena, el rey Federico Guillermo III encarga a Wilhelm von Humboldt llevar a cabo una reforma del sistema educacional prusiano y diseñar las bases de una nueva universidad en Berlín. A partir de allí emergerá el modelo de la "universidad humboldtiana", basada en el triple principio de la unidad entre investigación y docencia, la libertad de enseñanza y el autogobierno universitario. Más tarde, dicho modelo serviría de inspiración, aunque de manera indirecta y con variados vericuetos, a las mejores universidades de Estados Unidos y Japón; aquellas, precisamente, que reúnen, bajo un mismo techo, la docencia en sus formas más avanzadas y la investigación científica y humanística en su sentido más amplio y riguroso.

[441] Le Goff, op. cit., 1986, p. 132.
[442] Citado en H. Perkin, op. cit., 1987, p. 34.
[443] Ver B. R. Clark, *Places of Inquiry. Research and Advanced Education in Modern Universities*; Berkeley: University of California Press, 1995.

Del Estado como patrón al mecenazgo estatal

Con la nacionalización de la universidad se produce un cambio adicional, de grandes proporciones y particular impacto para el análisis de nuestro tema. Ella pasa a ser sostenida, exclusiva o principalísimamente, por los recursos provenientes de la hacienda pública. Lo público-estatal realiza así un nuevo giro que hace descender las cosas, digamos así, de la política a la economía. En adelante la universidad pública tenderá a identificarse con el mecenazgo estatal.

Por el contrario, desde su remoto origen en la temprana Edad Media, las universidades habían obtenido su financiamiento de fuentes internas y externas.

Los recursos generados internamente provenían en lo principal del pago de matrículas por parte de los estudiantes, de algunas dispensas relacionadas con los procesos de graduación y de las *collectae*, sumas exigidas una o dos veces al año a los alumnos para pagar a los bedeles, *proctores*[444] y profesores para cubrir ciertos gastos ordinarios de la universidad. Por su parte, los recursos obtenidos externamente provenían de beneficios eclesiásticos; salarios pagados por el rey, duques o la comuna; donaciones y legados, y patrimonios otorgados para el sostenimiento permanente de la institución[445].

En cambio, el nuevo régimen estatal de financiamiento de las universidades, que llegó a predominar en diversas partes del mundo, tiene su antecedente más claro en las universidades castellanas, las que eran financiadas en plenitud por la Corona[446]. El rey designaba (y pagaba) a los *conservadores*, encargados de administrar la corporación y de remunerar a sus profesores, el bibliotecario y un boticario. Para esto la Corona empleaba el dinero que obtenía, principalmente, de los *tercios*

444 Los *proctores* debían tener más de 21 años y enseñar en la universidad al momento de ser elegidos. Habitualmente representaban a las "naciones" o agrupaciones de maestros (también las había de estudiantes), podían elegir al rector y llevaban adelante los *publica universitatis negocia*, además de cobrar diversas obligaciones de los estudiantes actuando como tesoreros. Ver K. Russel, "The Nations of the University of Paris: The Rise and Fall of a Medieval Corporation"; *The Bunyean*, vol. 3, issue 1, Spring 2003. Disponible en: http://depts.clackamas.cc.or.us/banyan/3.1/index.asp

445 Ver nota 44.

446 Ver A. Gieyzstor, op. cit., 1992.

reales[447]. Además, las universidades recibían otra serie de privilegios financieros que las ayudaban en su sostenimiento. Por ejemplo, estaban exentas del pago de impuestos generales y, dentro de ciertos límites, también de algunos impuestos específicos (a la cerveza, el vino y la importación de carnes).

La expresión más acabada del nuevo orden universitario estatizado es, sin duda, la de las universidades alemanas, especialmente las de Prusia y, después de 1871, las universidades del Estado imperial. Aquí el Estado fundaba y financiaba a sus universidades; las orientaba hacia la investigación en los saberes básicos; empleaba a sus profesores, los que pasaban a ser funcionarios públicos, y contrataba a la mayoría de sus graduados, dentro de un régimen de profesiones altamente reguladas. Al mismo tiempo, sin embargo, el Estado dotaba a sus universidades de *Lehrfreiheit* y *Lernfreiheit* –libertad de enseñanza y de aprender– a cambio de recibir, de parte de profesores y alumnos, su compromiso patriótico y de lealtad hacia el Estado[448].

El modelo alemán, adaptado a las peculiaridades nacionales en cada caso, se impondría gradualmente en el resto de las naciones europeas continentales, combinando una fuerte intervención del gobierno en el ámbito universitario –políticas, control y financiamiento– conjuntamente con su compromiso de garantizar la libertad de enseñanza y promover las ciencias.

Paradójicamente, sin embargo, fue en Estados Unidos donde el modelo alemán tuvo mayor impacto[449], pues su sistema de educación superior se hallaba situado desde el comienzo en las antípodas de aquél: un mercado libre de bucaneros, como ha dicho un historiador, donde

447 Porcentaje de las rentas de las mitras y abadías principales contra el cual el rey podía cargar pensiones. Éstas podían ser personales, a favor de un particular con carácter vitalicio; o institucionales, en beneficio de una institución, por lo general un centro de estudios, un convento, un hospital, u otra entidad de carácter benéfico o asistencial. Estas últimas solían ser perpetuas, aunque algunas necesitaban ser renovadas cada catorce años. Ver A. Carrasco, "El Patronato Real en Cataluña. 1715-1775", *Revista de Historia Moderna. Anales de la Universidad de Alicante*, Nº 13-14, 1995. Disponible en: http://webs.ono.com/usr005/antonio.carrasco/publ05.htm

448 Ver Perkin, op. cit., 1987, y op. cit., 1991.

449 Ver J. R. Thelen, *A History of American Higher Education*, op. cit., 2004.

cualquier empresario educacional podía fundar un *college* en cualquier parte y enseñar lo que fuera que los clientes-estudiantes estuviesen dispuestos a pagar[450].

Es cierto que al lado de estas creaciones espontáneas del mercado existían, además, las antiguas universidades para la formación de caballeros cristianos –Harvard, Yale y Princeton–, pero incluso éstas actuaban orientadas hacia el mercado. Igual como harían, posteriormente, las universidades originadas en la *Morrill Land Grant College Act* de 1862, dedicadas a las artes agrícolas y mecánicas, y las universidades estaduales –como las de Michigan, Wisconsin y California–, las cuales, desde el momento de su nacimiento, debieron competir por alumnos, recursos y, sobre todo, prestigio. Agréganse a las peculiaridades del sistema norteamericano dos rasgos adicionales: una fuerte tradición filantrópica[451] que redunda en el establecimiento de *endowments* universitarios, por un lado, y, por el otro, una deliberada política de financiamiento de la investigación científica que corre a lo largo del siglo XX y que, en lo particular del caso, se liga estrechamente con intereses militares y de la defensa nacional.

El modelo latinoamericano de universidad pública

¿Cómo, en este relato, hacen su aparición las universidades latinoamericanas? Aquellas que se crean o reforman después de la Independencia nacen de la tradición castellana, sólidamente imbuidas de espíritu público, identificadas con los nacientes Estados-naciones y financiadas por el erario fiscal. Viven así durante un largo período, hasta bien entrado el siglo XX, en el mejor de los mundos posibles: gozan de cierto prestigio, tienen una amplísima autonomía para gobernar y resolver sus asuntos (aunque interrumpida y conculcada en tiempos de turbulencia política, asonadas, golpes militares y regímenes de caudillos), reciben un generoso financiamiento del Estado, a veces son dotadas

[450] Ver H. Perkin, op. cit., 1991.

[451] Ver B. Johnstone, "A Political Culture of Giving and the Philanthropic Support of Public Higher Education in International Perspective", 2004. Disponible en: http://www.gse.buffalo.edu/org/inthigheredfinance/Publications/Philanthropy%20and_%20Revenue_%20Diversification%20.pdf

de poderes especiales de supervisión sobre el resto del sistema educacional, los gobiernos se encargan de impedir o limitar que aparezcan competidores en el horizonte del sistema, y atienden sólo a una minoría de la población juvenil en edad de cursar estudios superiores (en el promedio regional, un 2 por ciento el año 1950)[452].

En esta tradición no quedan rastros ya del origen mixto público/privado de las universidades medievales ni del financiamiento interno que éstas obtenían de sus alumnos. Tampoco llega a estas latitudes ningún eco del modelo alemán que después se difunde por Europa continental, ni la estrecha dependencia del gobierno, ni la dedicación institucionalizada a las ciencias. Y, en vez de adaptar a sus condiciones de entorno el paradigma medieval de la formación general (que en Estados Unidos sería renovado bajo la forma de las "artes liberales"[453]), seguida de un entrenamiento avanzado para las profesiones o la academia, la universidad latinoamericana concentra en cambio todas sus energías en ofrecer una formación tempranamente profesionalizada. En última instancia, allí reside su fuerza: en la facultad exclusiva y excluyente de otorgar grados y títulos que habilitan directamente para el ejercicio de las profesiones, único camino abierto a los grupos emergentes para competir en un mundo de posiciones heredadas.

En suma, lo que de esta narración emerge como modelo latinoamericano de universidad es el resultado más de sus anomalías que de sus virtudes, como se hará evidente con el tiempo[454]. Un concepto de lo público que se identifica con el mecenazgo estatal más que con la solemne lealtad (alemana) con el Estado. Un financiamiento fiscal que no va acompañado, como en los países de Europa continental, con exigencias de buena conducta institucional y la obligación de servir prioridades nacionales. Un régimen de autarquía donde la autonomía universitaria

452 Ver J. J. Brunner, *Educación superior en América Latina: cambios y desafíos*; Santiago de Chile: Fondo de Cultura Económica, 1990.

453 Véase B. R. Kimball, *Orators and Philosophers. A History of the Idea of Liberal Education*; New York: College Entrance Examination Board, 1995.

454 Ver J. J. Brunner, "Estado y educación superior en América Latina". En G. Neave y F. van Vught (eds.), *Prometeo encadenado. Estado y educación superior en Europa*; Barcelona: Editorial Gedisa, 1994. Asimismo, J. J. Brunner, op. cit., 1990.

es llevada al extremo y desacoplada de cualquier exigencia; donde no hay, por lo mismo, ni obligación de informar y rendir cuentas ni existe la necesidad de someterse a una evaluación externa. Todo esto junto con un exaltado sentido ritual de misión pública que, sin embargo, se traduce en un limitado servicio educacional, preferentemente reservado para las clases y estamentos ilustrados o en proceso de rápida acumulación de capital cultural. Adicionalmente, un compromiso discursivo y ceremonial con las ciencias y la investigación que sin embargo no se expresa, salvo excepcionalmente, en una efectiva producción de conocimiento avanzado.

Con todo, y a pesar de sus visibles fallas y limitaciones, es este modelo –el de una universidad cobijada por el Estado y protegida de los vaivenes del mercado; favorecida por el mecenazgo fiscal a cambio de formar las elites profesionales de cada país– el que, en su expresión más idealizada, proporciona todavía hoy el trasfondo para nuestros debates sobre el futuro de la institución universitaria.

En la conciencia colectiva de las universidades públicas de la región, dicho modelo idealizado se recuerda aún, y aclama, como el ensayo más logrado de autonomía institucional, libertad política, compromiso crítico-intelectual y vocación pública, todo esto favorecido por el (a veces extremadamente generoso) desembolso fiscal y la ideología del *amor sciendi*, el puro deseo de saber y aprender[455]. Y esta memoria, la memoria de su "época dorada" –que caracterizó a buena parte del pasado siglo universitario– es la que ahora reacciona y se agita frente a las nuevas condiciones en que se desenvuelve la educación superior del siglo XXI.

La nueva realidad: financiamientos compartidos

El punto de quiebre, o la línea que separa las aguas, pasa ahora a ser el contraste entre esta universidad, rodeada de su poderosa memoria en tren de convertirse en leyenda, y las instituciones privadas que con

[455] Sobre *amor sciendi* en el origen de las universidades medievales, ver W. Rüegg, op. cit., 1992, y L. E. Orozco, "La calidad de la universidad. Más allá de toda ambigüedad", s/f. Disponible en:
http://www.cna.gov.co/cont/documentos/doc_aca/cal_uni_mas_all_tod_amb_lui_enr_oro_sil.pdf

inusitada rapidez han poblado la escena universitaria latinoamericana durante las últimas tres décadas. Sin duda se trata de una oposición sugerente e ideológicamente productiva, pues permite múltiples contrastes en el plano ético, cultural y político, partiendo por la idea del servicio público versus el interés privado; la gratuidad versus lo mercantil; el *amor sciendi* versus ese otro apetito, que una vez confesó Abelardo, de enseñar exclusivamente en vistas a la recompensa y la fama (*pecunie et laudis cupiditas*); la tradición versus la moda; la independencia pública versus la dependencia comercial; la cultura académica versus la empresarial; en fin, el Estado versus el mercado.

Desde luego, en ninguna parte existe ya tan tajante y artificial línea divisoria de las aguas[456]. Aunque ella se plantea con mayor fuerza en el terreno de los privilegios financieros asumidos como demarcador de lo público, la realidad es que prácticamente todas las universidades del mundo se hallan hoy distantes, o empiezan a alejarse, del polo absoluto del mecenazgo estatal[457]. Cada vez hay menos universidades estatales única y totalmente financiadas por el presupuesto público, así como hay cada vez más universidades que se financian parcial o exclusivamente en el mercado.

Más bien, lo que aparece ahora es un continuo entre ambas situaciones extremas, como muestra la tabla 3. Lo que allí observarmos es que las universidades públicas alrededor del mundo se distribuyen a lo largo de dicho continuo, con un creciente número de sistemas que han comenzado a disminuir sus aportes directos a las universidades públicas (que fluctúan entre un 98 y un 5 por ciento, con un promedio para los países de la OCDE de un 72 por ciento del gasto total de los gobiernos en educación superior), al mismo tiempo que las instituciones privadas, y en general los privados (especialmente los estudiantes y sus familias), aumentan su participación en dicho gasto.

456 Ver parte I, sección "Privatización", en particular la tabla 3.
457 Ver parte I, "Las líneas del análisis económico".

Tabla 3. Distribución del gasto público total en educación superior, 2003

(Gasto público en educación superior transferido a instituciones y transferencias públicas al sector privado como porcentaje del gasto público total en educación superior).

	Gasto público directo en instituciones públicas	Gasto público directo en instituciones privadas	Transferencias públicas indirectas y pagos al sector privado
Australia	65,0	n	35,0
Austria	81,3	0,7	18,0
Bélgica	32,2	48,9	15,8
Canadá	77,6	0,4	22,0
R. Checa	92,8	1,0	6,2
Dinamarca	67,8	n	32,2
Finlandia	74,4	7,7	17,9
Francia	86,6	5,2	8,2
Alemania	81,6	1,2	17,2
Grecia	94,0	na	6,0
Hungría	80,5	4,7	14,7
Islandia	68,0	7,9	24,1
Irlanda	86,2	n	13,8
Italia	81,2	1,8	17,0
Japón	68,6	12,8	18,6
Corea	61,9	33,5	4,6
México	94,1	n	5,9
Holanda	na	74,1	25,9
N. Zelanda	55,1	1,5	43,4
Noruega	59,6	3,7	36,7
Portugal	97,4	si	2,6
Eslovaquia	91,5	na	8,5
España	90,1	2,0	7,9
Suecia	66,9	4,7	28,4

	Gasto público directo en instituciones públicas	Gasto público directo en instituciones privadas	Transferencias públicas indirectas y pagos al sector privado
Suiza	93,6	4,5	2,0
Turquía	86,7	0,1	13,2
R. Unido	na	75,3	24,7
EE.UU.	70,3	11,8	17,8
OECD	71,7	11,2	17,4
Brasil	88,0	na	12,0
Chile	34,6	30,7	34,6
Israel	5,1	84,9	10,1

Fuente: OECD, *Education at a Glance 2006*, tabla B4.2.
n: valor insignificate.
na: categoría no se aplica.

Luego, si bien todas las universidades continúan siendo públicas desde el punto de vista de su reconocimiento oficial[458] y de sus efectos, particularmente el derecho de graduar y certificar o habilitar para el ejercicio de las profesiones, las universidades estatales en cambio se están transformando progresivamente en instituciones de economía mixta desde el punto de vista de su financiamiento. Igual como ocurría en el origen, obtienen ahora sus recursos de fuentes externas e internas, públicas y privadas.

Todo esto es particularmente notorio en el caso de Chile, que, como muestra la tabla 3, cuenta con un sistema donde las universidades estatales reciben sólo una fracción del gasto público total en educación superior, algo superior a un tercio de él, mientras que los dos tercios restantes favorecen a las universidades privadas dependientes del financiamiento gubernamental (privadas tradicionales y derivadas de

[458] Sea que éste se obtenga por ley u otro acto de autoridad o mediante procesos más o menos prolongados de licenciamiento, supervisión y aprobación de la plena autonomía de las instituciones.

ellas) y a los estudiantes, especialmente a través de los esquemas de crédito y becas[459].

Esto resulta del efecto combinado de cuatro factores: i) un sistema con una alta proporción (más de la mitad) de la matrícula en instituciones que se financian exclusiva o principalmente en el mercado; ii) un gasto fiscal relativamente bajo en las instituciones de educación superior que se benefician del subsidio estatal; iii) la destinación de una parte de este gasto hacia un grupo de universidades privadas (tradicionales y derivadas de ellas) que reciben aportes públicos en las mismas condiciones que las estatales, y iv) el arancelamiento generalizado de los estudios superiores, tanto en instituciones con y sin aporte fiscal directo.

Este desplazamiento hacia el financiamiento mixto no se halla confinado únicamente a Chile, como algunos podrían imaginar. Por el contrario, los regímenes de financiamiento universitario con participación de fuentes privadas internas y externas (en este último caso, venta de servicios y productos, contratos tecnológicos, ingresos por patentes y licencias, obtención de donaciones, rentas del patrimonio inmobiliario, iniciativas empresariales de diversa índole, etcétera) son ya un fenómeno mundial[460].

Esta tendencia puede observarse, por ejemplo, en el caso de las universidades de la República Popular de China, las que cobran aranceles de matrícula considerados altos en relación al ingreso per cápita del país, amén de promover activamente la venta de productos y servicios de conocimiento[461]. También es posible advertirse en el financiamiento

459 Sobre las políticas de financiamiento del sistema chileno, ver en esta misma parte el capítulo II.A.

460 Ver a este respecto la discusión sobre "capitalismo académico" en la parte I de este volumen.

461 Véase M. Carnoy, "Higher Education and Economic Development: India, China, and the 21st Century". Paper to be presented at the Pan Asia Conference: Focus on Economic Challenges, Stanford Center for International Development, May 31-June 3, 2006 (draft). Disponible en: http://scid.stanford.edu/events/PanAsia/Papers/Carnoy.pdf
Ver asimismo J. Ka-ho Mok and M. Hiu-hong Lee, "Globalization and Changing Governance: Higher Education Reforms in Hong Kong, Taiwan and Mainland China". Paper presented to the Australian Association for Research in Education 2001 Conference "Crossing Borders: New Frontiers for Educational Research", 2-6 December 2001. Dis-

mixto –público/privado, aunque preferentemente público– de los institutos tecnológicos creados por el gobierno de Finlandia. Y en la política de cobro de aranceles de matrícula a los estudiantes nacionales aplicada por el gobierno laborista de Blair en Inglaterra, así como también en el imperceptible arancelamiento de los estudios superiores que se está produciendo en muchas universidades estatales de América Latina, primero de sus cursos de postgrado y luego –con más sigilo, dificultades y conflictos– en el nivel de pregrado. Asimismo, en la reducción del financiamiento fiscal destinado a las universidades de muchos países, como Australia (descontando el esquema de créditos), Estados Unidos, Suecia, Irlanda y Holanda[462]. La misma tendencia se manifiesta en los incentivos creados para el desarrollo de instituciones privadas de educación superior en varios países de Europa central y del este, como Polonia, Rumania, Bulgaria y otros. Y en la autorización conferida por la *Bayh-Dole Act*[463] a las universidades de Estados Unidos para patentar descubrimientos realizados con fondos públicos y percibir, a partir de ellos, ganancias privadas. Puede observarse, además, en el rápido crecimiento que experimenta el mercado global de la educación superior, tanto mediante la exportación de servicios presenciales y la importación de alumnos extranjeros como a través de cursos de pre y postgrado ofrecidos a través de internet[464].

En suma, la polarización público/privada, esa línea trazada en la arena para dividir el mundo de las universidades en categorías contrastantes de valor y mérito, está perdiendo rápidamente su base material, sus fundamentos de economía política.

ponible en: http://www.aare.edu.au/01pap/mok01403.htm

462 Ver OECD, *On the Edge*, op. cit., 2004, y F. Strehl, S. Reisinger and M. Kalatschan, "Funding Systems and their Effects...", op. cit., 2006.

463 Ver http://www.ucop.edu/ott/bayh.html y, para un análisis crítico de sus efectos, J. Washburn, *University Inc.*, op. cit., 2005.

464 Ver, en la parte I, la revisión de literatura correspondiente a los casilleros 7, 8 y 9.

Una aproximación multidimensional a lo público/privado

Se vuelve necesario, por lo mismo, analizar si acaso esta polarización se sostiene en otras dimensiones, pues, como veremos de inmediato, el contraste estatal público/privado debe ser entendido, en realidad, como un continuo que se despliega en torno a varias dimensiones, sin que pueda reducirse a una sola, por importante que sea. Así queda expresado en el cuadro sinóptico sobre lo público/privado como direcciones o tendencias en múltiples dimensiones (ver página siguiente).

Cuadro sinóptico. Instituciones de educación superior: público/privado como direcciones o tendencias en múltiples dimensiones

Dimensión	+ Público ◄				► Privado +
Fundación y reconocimiento	Establecidas por decisión político-administrativa y procedimientos legales del Estado	Establecidas por el Estado con otorgamiento de estatuto especial de autonomía corporativa	Reconocidas por el Estado mediante procedimientos legales o administrativos especiales	Reconocidas por el Estado dentro de un marco flexible de autorizaciones y licenciamiento	Sujetas a normas de creación para sociedades comerciales
Propiedad	Estatal	Corporación pública autónoma	Corporación o fundación privada sin fines de lucro y con responsabilidad pública	Sociedad privada con estatuto flexible respecto del fin lucrativo	Sociedad comercial nacional o extranjera
Misión	Determinada por el Estado y coordinada por políticas gubernamentales	Determinada por el Estado y coordinada por las instituciones y sus académicos	Reconocida por el Estado y coordinada por las instituciones en el mercado	Determinada por el mercado sin o con limitaciones del fin de lucro	Determinada por el mercado en términos de lucro
Fuentes de ingreso	Exclusivamente públicas del presupuesto fiscal	Mayoritariamente públicas con participación limitada de financiación privada	Públicas y privadas con participación más o menos equilibrada	Mayoritariamente privadas con participación pública (a través del crédito estudiantil)	Exclusivamente privadas: principalmente pago de matrículas
Normas de gestión y gobierno	Administración de tipo burocrático con autoridades designadas por el gobierno	Administración colegial-burocrática con normas de autogobierno y representación gubernamental en sus organismos superiores	Management tipo empresa con participación directa y/o consultiva de académicos	Management tipo empresa con control por el personal de gestión y autoridades designadas por el propietario	Management tipo negocios y foco en *bottom line*
Facultad de otorgar grados y títulos legalmente válidos	En plenitud	En plenitud	En plenitud	Variable según procedimientos de supervisión y control	Variable según normas de control y regulación de las profesiones

Fuente: Elaboración propia sobre la base de Johnstone (s/f); Clark (1983) y Brunner et al. (2005).

¿Qué sugiere este cuadro sinóptico? De partida, que resulta de un extremo simplismo clasificar a una universidad como pública o privada atendiendo sólo a una de las dimensiones consideradas, sea que se elija la propiedad, el régimen de financiamiento, el tipo de control, la declaración de misión o cualquier otra.

En seguida, nos sugiere la posibilidad de que una universidad –con toda su complejidad organizacional y estructuras sueltamente acopladas– no responda a un tipo único o puro, ocupando en cada una de las dimensiones las casillas correspondientes a una sola columna, ni todas sus partes –facultades, escuelas, departamentos, institutos, centros, reparticiones y alianzas– una misma casilla en cada dimensión.

Tercero, que la ubicación exacta de cada universidad en este continuo multidimensional no será estática sino que tenderá a moverse, ya bien como resultado de las propias decisiones institucionales o por cambios en el entorno en que actúan las instituciones.

Luego, si bien es posible constatar, de manera consistente con nuestro argumento inicial, que la gran mayoría de las universidades tiene un carácter predominantemente público en las dimensiones primera y séptima –esto es, del reconocimiento inicial y la capacidad de conferir grados y títulos válidos para todos los efectos legales–, sin embargo tenderán a diferir en el grado público/privado de las restantes dimensiones.

El sistema chileno en perspectiva multidimensional

El sistema chileno de educación superior ofrece un terreno fértil para ilustrar la variedad de combinaciones posibles.

Sus universidades estatales, por ejemplo, tienen un estatuto especial de autonomía corporativa otorgado por el Estado, pero su misión, aunque formalmente establecida por ley, en la práctica tiende a ser administrada y coordinada por las propias instituciones en el mercado. La propiedad y el control no reposan en el Estado sino en la corporación académica. Su financiamiento, en tanto, es público/privado en proporciones que varían según los casos. El mecanismo de control básico empleado por la autoridad pública respecto de estas universidades tiende a ser laxo, acercándose a la casilla de la información ofrecida voluntariamente, típico de la zona predominantemente privada, pero combinado con métodos de contraloría directa más bien propios del extremo público del continuo. En cuanto a su gestión y gobierno, la tónica hasta aquí ha sido la de una administración colegial-burocrática con reglas de autogobierno y una representación del jefe de Estado en las juntas directivas de las instituciones. Sin embargo, si se escrutan más minuciosamente los métodos de gestión de estas universidades, aparecerán notorias diferencias, particularmente entre aquellas con una administración colegial-burocrática de tipo más tradicional y las que se han desplazado hacia la casilla del *management* de tipo empresarial, con participación directa y/o consultiva de sus académicos.

Menos compleja y a primera vista más homogénea parece ser, en cambio, la situación en que se encuentran las universidades privadas tradicionales y aquellas otras derivadas de éstas. Son instituciones reconocidas por el Estado mediante procedimientos legales o administrativos especiales; piénsese en las universidades católicas más antiguas, por ejemplo. Aunque poseen formas distintivas de propiedad (relaciones principal/agente), todas se hallan sujetas sin embargo al tipo de control público ejercido sobre las instituciones ubicadas en la tercera columna de nuestro cuadro sinóptico. En su caso, este control liviano y a distancia no se acompaña con los dispositivos de contraloría a que se hallan sometidas las instituciones estatales, a pesar de que unas y otras comparten un mismo régimen de financiamiento público/privado. En cuanto a sus formas de gestión y gobierno, éstas varían grandemente según sea el tipo de relación entre principal y agente, pero en común existe un *management* de tipo más bien empresarial acompañado de procesos de gobierno basados en elecciones del claustro académico, en unos casos, o en arcanos procedimientos de consulta, en otros.

A su turno, las nuevas universidades privadas tienden, en general, a ubicarse en la cuarta columna, incluyendo la existencia de un esquema de financiamiento para sus alumnos a través de créditos estudiantiles avalados por el Estado. Sin embargo, también entre estas instituciones pueden detectarse diferencias según sea la conformación de su propiedad, las modalidades del gobierno universitario, los estilos de gestión y la mayor o menor propensión a generar negocios lucrativos. Asimismo, presentan diferencias –en el tiempo– en cuanto a su capacidad de conferir grados y títulos, según si han obtenido o no su plena autonomía conforme a la ley. Su régimen de control público es indirecto a través de información voluntariamente suministrada, pero está moviéndose, gradualmente, en dirección del polo público, a través del uso, adoptado voluntariamente pero inducido por la política gubernamental como vimos antes, de evaluaciones y acreditaciones de las instituciones y sus carreras. Por último, aparecen por primera vez, dentro de esta constelación de universidades privadas, algunas de propiedad extranjera, cuyo valor es transado en el mercado donde se halla establecida su casa matriz.

Las dimensiones del cambio emergente

Ahora bien, si proyectamos este mismo esquema a nivel internacional, lo que se observa es un generalizado desplazamiento del centro de gravedad de los sistemas nacionales desde el polo público hacia la zona más privada a lo largo del continuo[465]. Este desplazamiento tiene lugar, preferentemente, en las dimensiones del financiamiento, del control público y de las formas de gestión y gobierno. Y afecta, principalmente, a las universidades estatales.

En la primera de estas tres dimensiones –relativa a las fuentes de financiamiento– ya hemos visto (tabla 3) cómo prácticamente todos los países han empezado a abandonar el modelo de financiamiento de sus instituciones públicas originado exclusivamente en fuentes públicas. Pero no es éste, en realidad, el único cambio que determina la tendencia. Más importante para nuestro análisis resulta ser la adopción, por parte de los gobiernos, de nuevas modalidades e instrumentos para la asignación de los recursos públicos destinados a las universidades estatales[466].

Un reciente estudio de la OCDE, basado en el análisis de ocho países miembros de la organización (Alemania, Australia, Estados Unidos, Ho-

[465] Ver a este respecto un análisis detallado en la parte I de Brunner et al. (2005).
[466] Tratamos extensamente este tema en la parte I, en especial con referencia a los casilleros 6, 13, 14 y 15 del *Diagrama base*.

landa, Reino Unido, Irlanda, Japón y Suecia), muestra claramente que los respectivos gobiernos están empleando de preferencia, y en forma cada vez más intensa, modalidades de financiamiento que reemplazan los tradicionales aportes directos a las instituciones, sustituyéndolos por contribuciones vinculadas a prioridades de la estrategia nacional de desarrollo y a objetivos de eficiencia, equidad y pertinencia de las universidades. Se incluyen aquí el financiamiento vinculado a metas, el empleo de variados incentivos, los fondos de inversión asignados contra prestación de recursos de contraparte, los contratos de desempeño, las licitaciones competitivas, los fondos concursables, el financiamientos por fórmula y, en general, el uso de mecanismos de tipo mercado para la asignación de los recursos[467].

En la dimensión del control público, los gobiernos –y las sociedades en general– tienden a aumentar la presión evaluativa sobre las universidades públicas y acentúan el uso de normas y regímenes diseñados para garantizar un adecuado flujo de información al público y asegurar la calidad de las instituciones y programas[468]. Para este efecto emplean instrumentos de medición, indicadores de desempeño, la fijación de estándares y *benchmarks*, la aplicación de auditorias académicas, procedimientos de evaluación externa y de acreditación, revisiones de la investigación producida y variados tipos de rankings. En algunas partes del mundo, como ocurre en los países de Europa continental donde se parte de sistemas relativamente centralizados, este movimiento suele ir acompañado de una mayor autonomía para las universidades, mientras en otras, donde se parte de sistemas con amplia autonomía de las instituciones y presencia de numerosas entidades privadas, ocurre lo contrario: se avanza hacia una mayor regulación pública, como incipientemente sucede en América Latina. En uno y otro caso el objetivo sin embargo es el mismo: estimular a las universidades para que transformen sus comportamientos en consonancia con objetivos definidos por la política pública[469].

[467] Ver OECD, *On the Edge...*, op. cit., 2004, y la discussion, en la parte I, en torno a los casilleros 6, 7, 8, 9 y 10.
[468] Ver J. J. Brunner, "Políticas y mercados de educación superior: necesidades de información", op. cit., 2004.
[469] Ver Brunner et al., *Guiar el mercado...*, op. cit., 2005, primera parte.

Como resultado de estos desplazamientos en las dos dimensiones anteriores, tienden a producirse cambios, también, en las formas de gestión y gobierno de las universidades estatales. Un estudio resume así las tendencias que en este ámbito están emergiendo en los sistemas europeos de educación superior[470]: fortalecimiento de los liderazgos rectorales; gobiernos corporativos con menos rasgos colegiales y participación en ellos de personas externas a la universidad; nuevas estructuras de decisión que reemplazan al gobierno de comités o asambleas por posiciones más fuertes de gestión y procesos más cortos de decisión; adopción de medidas internas de *accountability* a través de informes de desempeño y evaluaciones de calidad e impacto; controles de calidad de la enseñanza y productividad e impacto de la investigación; programas de desarrollo profesional para el personal académico y no académico y para los encargados de la gestión universitaria; adopción de métodos de diseño, implementación y control presupuestarios y de estilos de gestión surgidos de la empresa privada y aplicados en el sector público bajo los enfoques del *new public management*[471].

En conclusión, al menos en estas tres dimensiones –financiamiento, control público, y formas de gestión y gobierno– las universidades estatales están siendo empujadas, o se están trasladando por propia iniciativa, desde su posicionamiento en la zona predominantemente pública del continuo hacia la zona predominantemente privada.

[470] Ver B. Sporn, "Convergence or Divergence in International Higher Education Policies...", op. cit., 2003.

[471] El tópico del *new public management* está tratado en la parte I, en relación al casillero 14. Sobre la aplicación de este enfoque a las universidades, ver M. Shattock, *Managing Successful Universities...*, op. cit., 2003. Asimismo, ver P. Tabatoni, J. Davies and A. Barblan, "Strategic Management and Universities' Institutional Development", European University Association, *Thema* Nº 2, 2002. Disponible en:
http://www.eua.be/eua/jsp/en/upload/Strategic_Manag_Uni_institutional_Devlpt.1069322397877.pdf
Además, P. Gumport and B. Sporn, *Institutional Adaptation...*, op. cit., 1999. Para una crítica de la aplicación de estos enfoques a las instituciones académicas, ver R. Birnbaum, *Management Fads in Higher Education*, op. cit., 2001.

Hacia una universidad pública con sentido emprendedor de su misión

Estos procesos, sin embargo, no son lineales ni siguen un modelo único, de aplicación universal. Aun así, es posible observar que se orientan firme y persistentemente en una misma dirección, adoptando luego diversas trayectorias según el entorno en que se desenvuelve cada universidad, su propia historia e identidad, y su capacidad de emprender cambios e innovar.

En este sentido puede decirse que, bajo las actuales condiciones, todas las instituciones de educación superior –incluidas las universidades estatales– están empeñadas en adoptar un sentido más emprendedor de su propia misión. Burton Clark ha analizado en detalle cuáles parecen ser los itinerarios y las dinámicas más comunes mediante de los que operan los cambios que llevan en esta dirección[472]. Los casos de universidades individualizados por su análisis como representativos de una transformación exitosa –catorce, en definitiva, repartidos alrededor del mundo[473]– muestran que hay suficientes ejemplos de universidades estatales que han transitado, o están en curso de hacerlo, hacia el nuevo estadio.

Por lo mismo, no es correcto sostener, como suele hacerse, que las universidades estatales estarían experimentando una crisis terminal y se hallarían condenadas a desaparecer. No hay evidencia empírica que avale tan negativo diagnóstico. Aun así, persiste una difundida sensación, incluso entre autoridades y académicos de estas universidades, de que ellas se hallarían enfrentadas a un período crítico de su historia[474].

[472] Véase B. R. Clark, op. cit., 1998, y op. cit., 2004.

[473] Estas universidades son las de Warwick (Inglaterra), Strathclyde (Escocia), Twente (Holanda), Joensuu (Finlandia), Chalmers (Suecia), Makerere (Uganda), Pontificia Universidad Católica de Chile, Monash (Australia) y, en Estados Unidos, las universidades de Stanford, MIT, Michigan, California, estatal de Carolina del Norte y el Georgia Institute of Technology.

[474] Ver, por ejemplo:
S. Manning, "The Growing Crisis in Public Higher Education". Chancellor of the University of Illinois at Chicago address at the Illinois AAUP's 2004 Annual Meeting in Chicago, 2004. Disponible en:
http://www.ilaaup.org/news/IllinoisAcademe/2004_fall/The%20Growing%20Crisis%20in%20Public%20Higher%20Education.pdf

¿Por qué? Porque efectivamente, como hemos mostrado aquí, las bases tradicionales de constitución y reproducción de las universidades estatales están desapareciendo rápidamente. El piso sobre el cual se crearon y luego sostuvieron su desarrollo ha empezado a remecerse y a mudar. Y ellas reaccionan, espontáneamente, aferrándose al territorio conocido, a su pasado, y desean defender sus prerrogativas.

S. Parker, "Australian Higher Education: Crossroads or Crisis?". Paper delivered at "Taking Public Universities Seriously", University of Toronto, December 3, 2004. Disponible en: http://www.utoronto.ca/president/04conference/downloads/parker.pdf

J. J. Duderstadt and F. W. Womack, *The Future of the Public University in America. Beyond the Crossroads*; Baltimore: The Johns Hopkins University, 2004.

R. Kent, *La dialéctica de la esperanza y la desilusión en políticas de educación superior en México*, 2003. Disponible en: http://unpan1.un.org/intradoc/groups/public/documents/CLAD/clad0048002.pdf

S. Marginson, "Markets in Higher Education: National and Global Competition"; Nzare/AARE Joint Conference, Auckland, New Zealand, 29 November to 3 December 2003. Disponible en: http://www.nzare.org.nz/pdfs/MAR03831.pdf

C. Calhoun, "Structural Transformation of the University: Contradictory Ideals and Institutional Compromises in American Higher Education". Presented to the Thesis 11 Center for Critical Theory at LaTrobe University, 17 July 2002. Disponible en: http://www.engr.iupui.edu/~jhs/misc/HigherEd.pdf

J. Lloreda, Intervención del ministro de Educación Nacional de Colombia, Congreso Internacional de Calidad y Acreditación en la Educación Superior; Cartagena de Indias, 10 de julio de 2002. Disponible en: http://ulaweb.adm.ula.ve/ula_sea/Documentos/Descarga/Reflexiones%20en%20el%20Ocaso.pdf

Manifiesto-II Foro Nacional en Defensa de la Educación Pública, en la ciudad de Bogotá los días 2, 3 y 4 de octubre de 2003, "Manifiesto por el derecho a la educación pública de calidad, gratuita, obligatoria y a cargo del Estado", 2003. Disponible en: http://www.unesco.cl/medios/biblioteca/documentos/conflictividad_colombia_manifiesto_educacion_calidad_gratuita_obligatoria_estado.pdf J. J. Duderstadt, "Financing the Public University in the New Millennium", 2000. Disponible en: http://milproj.ummu.umich.edu/publications/u_washington_talk2/u_washington_talk2.pdf

J. L. Coraggio, "La crisis y las universidades públicas en Argentina", s/f. Disponible en: http://168.96.200.17/ar/libros/mollis/coraggio.pdf

R. Rodríguez, "La universidad latinoamericana y el siglo XXI: algunos retos estructurales", s/f. Disponible en: http://168.96.200.17/ar/libros/torres/gomez.pdf

Además se puede consultar el sitio del Social Science Research Council vinculado a la iniciativa de dicho organismo sobre el futuro de las universidades públicas de investigación alrededor del mundo. Disponible en: http://www.ssrc.org/programs/Integrative_Interdisciplinary_Graduate_Education/public_universities.page

De allí también el malestar, tan visible a veces, entre algunas autoridades y académicos y en la cultura de estas organizaciones. Alimentada como está dicha cultura por el poderoso recuerdo de una "época dorada", las universidades estatales deben enfrentar ahora un medio ambiente hostil y unas condiciones desconocidas y a veces amenazantes. Su propia identidad se halla puesta en cuestión, tanto como el lugar que tradicionalmente ocuparon en el vértice de la sociedad. Los rasgos de bien público que a lo largo del tiempo conformaron su sentido de misión están siendo reemplazados por una nueva fisonomía, donde esa cultura tradicional ya no logra ni puede reconocerse.

Por el contrario, las universidades estatales exitosas son hoy aquellas que compiten en el mercado, que se apartan del mecenazgo fiscal sin renunciar a los recursos que puede aportar el Estado, que gestionan sus asuntos con métodos más cercanos a la empresa que al viejo modelo burocrático-colegial, que cobran por sus servicios y venden productos de conocimiento avanzado, que logran alianzas con la industria y diversifican su cartera de proyectos, que no temen hacer negocios ni los encubren bajo supuestos filantrópicos, que recombinan sus fuerzas disciplinarias para dar lugar a nuevas modalidades de producción de conocimiento y que se proyectan al ámbito internacional buscando situarse entre las mejores del mundo.

En fin, las universidades estatales exitosas son aquellas que asumen riesgos, generan liderazgos de cambio y persisten en la voluntad transformadora, renovando en el camino su cultura organizacional. En vez de permanecer ancladas en su (a veces) glorioso pasado, se mantienen abiertas frente al futuro y se largan a conquistarlo.

Parte III

Análisis posicional del mercado universitario chileno de enseñanza de pregado

A. Mercado de instituciones

Segmentación, estratificación y posicionamiento

La tercera parte de este volumen está dedicada a un análisis posicional pormenorizado del mercado universitario de enseñanza de pregrado en Chile. Consta de dos capítulos. El primero aborda el posicionamiento de las *instituciones*; el segundo, el posicionamiento de las *carreras* o *programas* exclusivamente universitarios en el mercado de la enseñanza de pregrado.

De acuerdo con lo expuesto en las partes I y II, el análisis posicional está referido, esencialmente, al lugar, ubicación o posición en que se hallan situados las instituciones y sus programas en la competencia por alumnos.

Nos interesa aquí, por tanto, entender –o empezar a entender– cómo funciona este mercado. Según enseña la nueva sociología económica, un mercado es un mecanismo de apareamiento (*matching mechanism*) que opera a través de la competencia y la elección. ¿Qué determina, sin embargo, cuáles consumidores se juntan con qué productores? ¿Y qué determina las condiciones del apareamiento y del intercambio en términos de precio, calidad y cantidad?

> Según el modelo estándar del equilibrio general de la economía, el mecanismo para emparejar y determinar precios es lo que se denomina el "subastador walrasiano", que establece precios de equilibrio (i. e., no hay exceso de demanda a los precios establecidos para los bienes). El subastador *walrasiano* [...] es simplemente un artefacto

> analítico, un supuesto que es necesario hacer para que el modelo de equilibrio general pueda formular predicciones sobre los precios. Sin embargo, dado que este subastador no existe en los mercados reales, las preguntas fundamentales sobre la operación del mercado permanecen abiertas: ¿qué determina quién intercambia con quién?, ¿cuáles son las determinantes de los términos del intercambio?[475].

Estas preguntas, sabemos ya, se vuelven más agudas para el caso del mercado universitario, debido a sus especiales, raras y curiosas características[476]. Para decirlo en términos del mismo lenguaje económico, lo que importa aquí no son los precios sino la posición de estatus de las universidades dentro de la jerarquía del mercado, por un lado, y, por el otro, las preferencias de los estudiantes ordenados en una fila o cola para acceder a los estudios superiores[477], ordenamiento que en Chile se forma a partir del rendimiento escolar previo de los postulantes a ingresar a la universidad, de sus puntajes obtenidos en la prueba de selección de ingreso y del poder económico de los candidatos y sus familias.

Dicho en otras palabras, el mecanismo de apareamiento toma en este caso el carácter de un proceso de selección, en el cual las universidades eligen a sus alumnos, o se ven obligados a recibirlos, según cual sea su nivel de selectividad. Y los alumnos eligen una carrera o institución con más o menos (o ninguna) libertad, según cual sea su ubicación en la cola de acceso.

Nuestro análisis posicional estudia el lugar que ocupan las universidades en el mercado –es decir, en la competencia por alumnos– bajo el supuesto de que dicho lugar está fijado, primero que todo, por el nivel de selectividad de cada institución[478]. En efecto, la selectividad de las

[475] J. M. Podolny, *Status Signals...*, op. cit., 2005, p. 3.

[476] Ver nota 225 y la subsección "La competencia por prestigios" en la parte I.

[477] Ver sección "Dinámicas del mercado" en la parte II.A.

[478] Entendemos por nivel de selectividad, como se explica en la parte II.A, el porcentaje de la matrícula nueva anual de cada institución o programa compuesto por alumnos provenientes de entre aquellos con los más altos puntajes en la prueba de selección para el ingreso a la universidad. El universo de los más altos puntajes se determina administrativamente cada año para efectos del cálculo del aporte fiscal indirecto (AFI) que corresponde al gobierno entregar a cada universidad, no pudiendo exceder el número de 27.500.

universidades opera como un signo posicional y señaliza por esta vía su estatus, sirviendo a la vez como un indicador simbólico de calidad[479].

Los posicionamientos –de instituciones y programas– permiten inferir las condiciones de competencia (o situación de mercado) en que se hallan situados los proveedores. ¿Por qué? Porque los mercados universitarios son estructuras de posiciones que se autorreproducen (y eventualmente pueden cambiar) a través de la competencia. Cada agente busca definir su lugar en la interacción con otros agentes que buscan lo mismo, en un proceso continuo que crea cursos relativamente estables de acción y patrones también relativamente estables de interacción entre los agentes proveedores. Como señala White, refiriéndose en general a los mercados de bienes y servicios,

> cada competidor escanea las posiciones de mercado de sus pares. Concretamente, observa el volumen y los precios de los otros productores en orden a encontrar para sí un lugar adecuado y fijar su propia posición, lo que hace mediante un compromiso de volumen conveniente para él. Este compromiso, a su turno, señaliza a los demás productores su ubicación en este perfil de rivalidad que entre todos ellos van formando y que renuevan constantemente al renovar [...] su patrón anterior de compromisos[480].

Desde la óptica de su estructura[481], el mercado de la enseñanza de pregrado presenta en Chile algunos rasgos constitutivos que conviene recordar[482].

En primer lugar, desde el punto de vista de la oferta, es un mercado

[479] En cambio, el precio de los aranceles de matrícula no guarda relación con el estatus de la universidad y su señalización de calidad, como muestra la literatura (véanse en la bibliografía los trabajos de G. Winston y G. R. Eherenberg) y se verifica también en el mercado chileno de la enseñanza de pregrado.

[480] H. C. White, "Markets and Firms: Notes toward the Future of Economic Sociology". En M. F. Guillé, R. Collins, P. England, and M. M. Meyer (eds.), op. cit., 203, pp. 131-132.

[481] Sobre la noción de estructura del mercado que aquí empleamos, ver parte I, "Conclusión".

[482] Para un análisis más detallado del sistema de educación superior en Chile en la perspectiva que aquí interesa, véase A. Bernasconi y F. Rojas, op. cit., 2004, y J. J. Brunner et al., op. cit., 2005.

con un alto número de agentes proveedores del servicio (59 universidades), diferenciados según tipos de instituciones y tamaño de su operación, como muestra la tabla 1.

Tabla 1. Universidades por tipo y según tamaño de su matrícula nueva y total de pregrado, 2005

Institución	Clave	MN	MT
Universidades estatales			
Universidad Arturo Prat	UNAP	3.414	8.197
Universidad de Antofagasta	UANT	1.162	6.174
Universidad de Atacama	UATA	564	2.501
Universidad de Chile	UCH	4.036	23.189
Universidad de La Serena	ULS	1.596	8.098
Universidad de La Frontera	UFRO	1.266	7.235
Universidad de Los Lagos	ULL	997	4.448
Universidad de Magallanes	UMAG	1.101	3.479
Universidad de Playa Ancha de Ciencias de la Educación	UPLA	1.903	9.375
Universidad de Santiago de Chile	USACH	3.028	17.751
Universidad de Talca	UTAL	1.240	5.694
Universidad de Valparaíso	UV	2.557	10.652
Universidad de Tarapacá	UTA	3.262	12.668
Universidad del Bío-Bío	UBB	1.961	8.410
Universidad Metropolitana de Ciencias de la Educación	UMCE	923	5.696
Universidad Tecnológica Metropolitana	UTEM	4.662	9.196
Universidades privadas tradicionales y derivadas de ellas			
Pontificia Universidad Católica de Chile	PUC	3.921	18.222
Pontificia Universidad Católica de Valparaíso	PUCV	2.844	12.774
Universidad Austral de Chile	UACH	2.005	9.822
Universidad de Concepción	UDEC	4.556	18.592
Universidad Católica de la Santísima Concepción	UCSC	1.804	5.998
Universidad Católica del Maule	UCM	1.066	4.593

Institución	**Clave**	**MN**	**MT**
Universidad Católica del Norte	UCN	2.129	8.421
Universidad Católica de Temuco	UCT	1.511	4.453
Universidad Técnica Federico Santa María	UTFSM	3.014	10.268
Universidades privadas nuevas			
Universidad Academia de Humanismo Cristiano	UAHC	817	3.346
Universidad Adolfo Ibáñez	UAI	1.333	4.458
Universidad Adventista de Chile	UAD	451	1.426
Universidad Alberto Hurtado	UAH	545	1.232
Universidad Autónoma del Sur	UAUT	2.865	8.099
Universidad Bernardo O'Higgins	UBO	419	1.884
Universidad Bolivariana	UBOL	453	-
Universidad Católica Cardenal Raúl Silva Henríquez	UCSH	992	4.098
Universidad Central de Chile	UCEN	1.871	6.624
Universidad de Aconcagua	UACO	605	1.820
Universidad de Artes, Ciencias y Comunicación	UNIACC	852	2.448
Universidad de Arte y Ciencias Sociales	ARCIS	1.476	5.036
Universidad de Ciencias de la Informática	UCINF	2.842	5.805
Universidad de las Américas	ULA	13.726	44.768
Universidad de los Andes	UANDES	911	3.880
Universidad del Desarrollo	UDD	1.673	6.597
Universidad del Mar	UMAR	6.564	16.470
Universidad de Viña del Mar	UVM	1.059	4.427
Universidad del Pacífico	UPAC	837	2.979
Universidad Diego Portales	UDP	1.845	7.857
Universidad Finis Terrae	UFT	895	3.177
Universidad Gabriela Mistral	UGM	875	2.468
Universidad Iberoamericana de Ciencias y Tecnología	UNICYT	363	1.334
Universidad Internacional Sek	USEK	192	766
Universidad La República	ULR	1.590	5.747
Universidad Mariano Egaña	UMEG	374	1.349

Institución	Clave	MN	MT
Universidad Mayor	UMAYOR	2.944	14.588
Universidad Marítima de Chile	UMARI	198	1.043
Universidad Miguel de Cervantes	UMCER	198	359
Universidad Nacional Andrés Bello	UNAB	5.904	19.156
Universidad Regional San Marcos	URSM	117	211
Universidad San Sebastián	USS	2.603	9.663
Universidad Santo Tomás	UST	4.795	12.141
Universidad Tecnológica de Chile	UTCH	569	1.548

Fuente: Mineduc, División de Educación Superior.
MN: matrícula nueva.
MT: matrícula total.

En segundo lugar, desde el punto de vista de la demanda, es un mercado en expansión, como muestra la evolución de la matrícula total de pregrado en el mercado universitario entre los años 1996 y 2005 (gráfico 1).

Gráfico 1. Evolución del mercado universitario, 1996-2005
(Crecimiento de la matrícula total de pregrado).

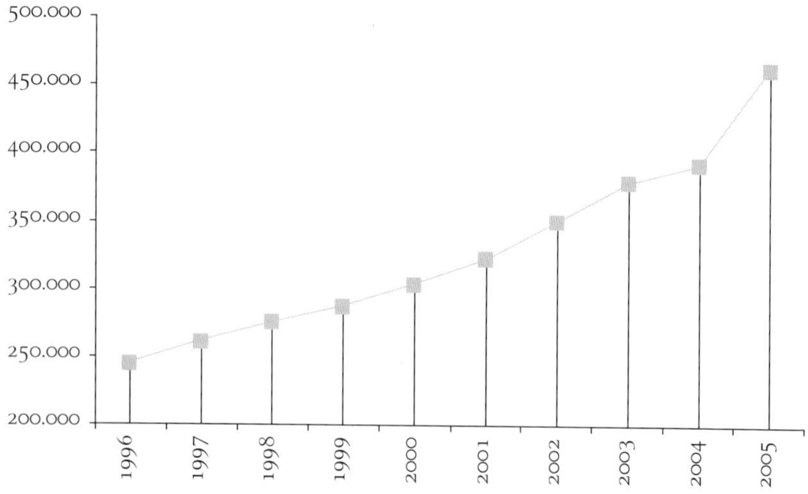

Fuente: Elaboración propia sobre la base de Mineduc, División de Educación Superior.

En tercer lugar, el mercado de la enseñanza de pregrado se halla segmentado, horizontalmente, en varios mercados de base geográfica, matriculándose los alumnos en su gran mayoría en una universidad dentro de su ciudad o dentro del área regional vecina. Esto significa que no hay un mercado nacional integrado de enseñanza de pregrado y que la competencia tiene lugar, principalmente, dentro de los respectivos mercados regionales[483].

Para efectos de este estudio se considerarán los siguientes mercados regionales, cuyo tamaño y evolución (en términos de matrícula nueva y total de pregrado) para el período 1996-2005 se indican en la tabla 2.

Tabla 2. Conformación de los mercados universitarios regionales: tamaño y evolución, 1996 y 2005

	1996		2005	
Mercado	**Matrícula nueva**	**Matrícula total**	**Matrícula nueva**	**Matrícula total**
Norte	7.111	28.970	12.127	46.059
Litoral	8.866	31.538	18.744	66.829
Centro Sur	7.900	33.068	13.798	54.587
Austral	6.222	24.636	9.745	37.536
Metropolitano	29.177	114.869	65.861	237.699
Total	**59.276**	**233.081**	**120.275**	**442.710**

Fuente: Elaboración propia sobre la base de Mineduc, División de Educación Superior.
Nota: Para efectos de comparación se considera la misma base de instituciones en los años 1996 y 2005.

Como permite apreciar la anterior tabla, los mercados universitarios regionales de enseñanza de pregrado tienen diferentes pesos relativos dentro del espacio nacional. En el año 2005, el Mercado Metropolitano abarca más de la mitad de la matrícula total (gráfico 2).

[483] Sobre esto ver J. J. Brunner et al., *Guiar el Mercado...*, op. cit., 2005, pp. 140 y ss. Para una discusión sobre mercados con base geográficamente delimitada y su impacto sobre la competencia y el comportamiento de las universidades en el caso de Estados Unidos, véanse C. M. Hoxby, "The Effects of Geographic Integration and Increasing Competition...", op. cit., 2003, y C. Hoxby, "The Return to Attending a More Selective Collage...", op. cit., 2001.

Gráfico 2. Participación de los mercados regionales en el sistema universitario nacional, 2005

(Distribución de la matrícula total de pregrado por mercados)

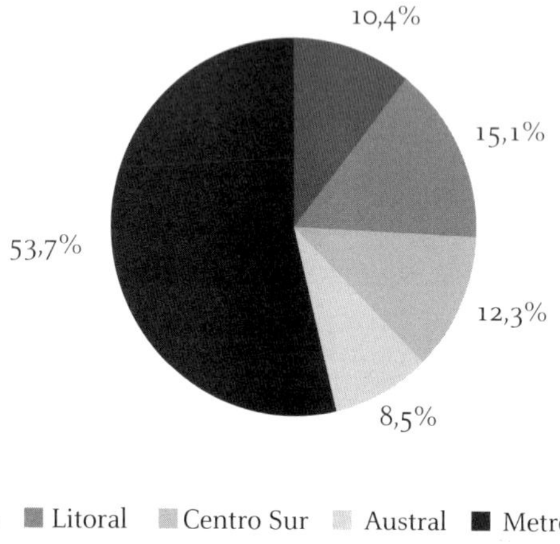

Fuente: Elaboración propia sobre la base de Mineduc, División de Educación Superior.

Debido a la ausencia de datos pertinentes, no es posible, en cambio, desagregar la oferta que las instituciones realizan en distintos mercados regionales a través de sus sedes y programas localizados fuera del mercado donde se ubica su sede matriz o principal. Como muestra la tabla 3, en la actualidad las universidades poseen más de doscientas sedes, la mayoría de ellas situadas fuera de su mercado matriz o principal. Para efectos de este estudio, deberá entenderse por tanto que el tamaño de las instituciones representa el total de su matrícula (ya sea nueva o total, según se indique en cada caso) como si ella estuviese íntegramente localizada en su mercado matriz o principal.

Tabla 3. Sedes universitarias por tipos de universidad, 2006

	Número de instituciones	Número de sedes	Sedes/institución
Universidades estatales	16	47	2,94
Universidades privadas tradicionales y derivadas de ellas	9	19	2,11
Universidades privadas	33	161	4,88
Total	**58**	**227**	**3,91**

Fuente: Elaboración propia sobre la base de Mineduc, División de Educación Superior.

En cuarto lugar, los mercados regionales se hallan segmentados, verticalmente, por una jerarquía de posiciones en el orden de la selectividad de las instituciones y de los programas que ofrecen. Este rasgo se manifiesta en la estratificación de estos mercados y la escala de reputaciones en que las instituciones se encuentran situadas[484], e incide poderosamente sobre la conformación de su campo estratégico.

En cada uno de los mercados regionales, en efecto, las universidades compiten por alumnos sobre la base de sus características institucionales y sus estrategias de crecimiento. Entre estos elementos –características y estrategias– existe una estrecha relación. En particular, el tamaño de las instituciones y su nivel de selectividad determinan en gran medida las opciones disponibles para cada una de ellas. El tamaño refleja la escala de operaciones de una institución y, habitualmente, está determinado por su cobertura de áreas profesionales (amplitud y diferenciación de la oferta) y por la trayectoria previa de crecimiento. A su turno, el nivel de selectividad de una institución refleja su ubicación en la estructura estratificada del mercado.

Tomando en consideración estas dos dimensiones –tamaño y selectividad– puede configurarse un esquema básico de opciones estratégicas, que adopta la forma que se observa en la próxima página[485].

[484] Ver, en la parte II.A., la sección "Organización del mercado universitario" y la subsección "Dinámicas del mercado universitario".
[485] Desarrollado sobre la base del gráfico 4 de la parte II.A.

Tamaño

Selectividad	Pequeño	Grande
Alta	· Pequeña escala y alta selectividad · Habitualmente, institución de nicho · Prestigio asociado a selectividad · Posición amenazada por instituciones grandes selectivas · Opciones estratégicas defensivas: mantener su posición o crecer sin abandonar selectividad	· Gran escala y alta selectividad · Habitualmente institución consolidada y dominante en su mercado · Reconocimiento de marca y prestigio · Posición de "ganador lo lleva todo" · Posee máxima flexibilidad estratégica
Baja	· Pequeña escala y baja selectividad · Estrategias limitadas a sobrevivencia · Escaso prestigio y atracción · Posición de alto riesgo, propensa a crisis económica o *take over* por institución grande o en rápido crecimiento	· Gran escala y baja selectividad · Habitualmente institución consolidada en mercado *bottom end* o nueva con rápida expansión · Reconocimiento de marca sin prestigio asociado · Estrategias forzadas o manten ción o incremento de escala

Como vimos anteriormente, en el caso de Chile la mayoría de las universidades se sitúa en los espacios de selectividad baja o medio-baja[486]. En estas condiciones, algunas optarán directamente por una estrategia de escala con selectividad baja o nula, mientras que otras, en cambio, tendrán que resolver la continua tensión entre escala y selección, percibida por estas universidades típicamente como un *trade off* entre número y calidad de los alumnos que podrán ser admitidos anualmente. Habitualmente, puestas en esta encrucijada, y dado un tamaño y un grado suficientes de diferenciación de su oferta, estas universidades tenderán a administrar esta tensión mediante estrategias diferenciadas según áreas y carreras. Así, por ejemplo, podrán tener un área o carrera de alta selectividad, como puede ser una escuela o carrera de medicina,

[486] Ver, en la parte II.A., la subsección "Dinámicas del mercado competitivo", en especial el gráfico 5.

al lado de un área de menores exigencias de admisión pero de más rápido crecimiento. Tendremos oportunidad de observar este tipo de fenómeno en el próximo capítulo de esta tercera parte, donde se analiza por separado, precisamente, el posicionamiento de diversas carreras universitarias en el mercado de la enseñanza de pregrado.

A partir del posicionamiento estratégico de las universidades en este espacio de dos dimensiones –tamaño y selectividad– se determina en las siguientes secciones el mapa competitivo para cada uno de los cinco mercados regionales, identificándose los principales *clusters* de competencia; esto es, aquellos espacios del mercado donde dos o más instituciones, debido a su posicionamiento estratégico, se hallan envueltas en una zona particularmente intensa de competencia.

El análisis se realiza bajo los siguientes supuestos:

• Compiten más intensamente las instituciones que se hallan más próximas entre sí en el espacio de posicionamiento estratégico.

• Compiten más intensamente las instituciones que, encontrándose próximas, tienen adicionalmente su sede principal en la misma localidad física.

• Compiten más intensamente las instituciones que mayores semejanzas tienen entre sí (por ejemplo, públicas con públicas, privadas con privadas, grandes con grandes, instituciones con un rango de aranceles parecido, etcétera).

• Compiten más intensamente entre sí las instituciones cuyas estrategias apuntan a un mismo segmento de alumnos (por ejemplo, que están orientadas a un mismo nicho del mercado, o que reclutan preferentemente alumnos de un mismo origen sociofamiliar, o que declaran una misión parecida, etcétera).

La representación gráfica de los mapas competitivos regionales se sujetará a las siguientes convenciones:

Modelo de mapa institucional de posicionamiento competitivo

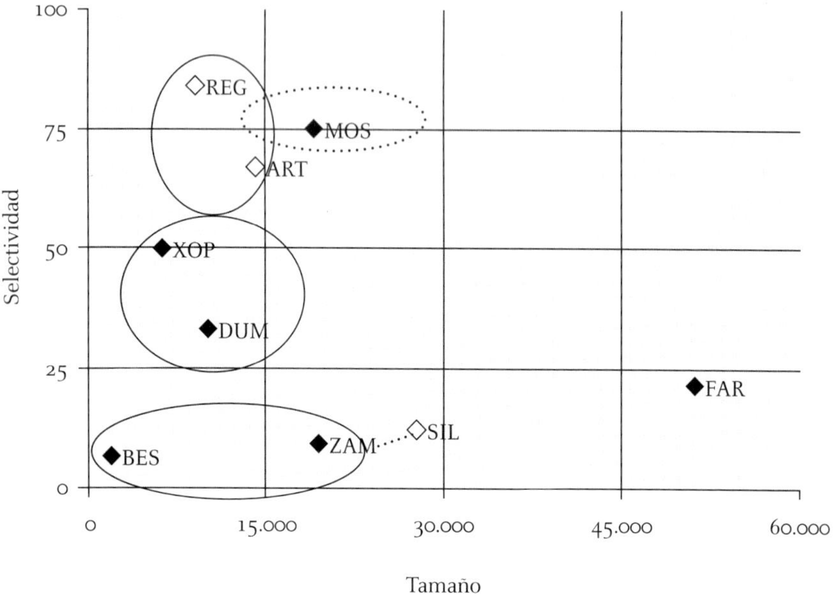

El eje horizontal da a conocer el tamaño de las instituciones, medido por su matrícula total de pregrado el año 2005.

El eje vertical refleja el nivel de selectividad de las instituciones, calculado como proporción de alumnos con los mejores puntajes (alumnos CMP, en adelante) en la prueba de selección de ingreso a la universidad/matrícula nueva total de pregrado en el año 2005.

Las líneas horizontales y verticales interiores segmentan el mercado para fines de análisis de menor a mayor tamaño (en sentido horizontal de izquierda a derecha) y de baja a alta selectividad (en sentido vertical de abajo hacia arriba).

Las universidades del correspondiente mercado se identifican por la clave que aparece en la tabla 1 de esta sección (en este ejemplo aparecen denominaciones arbitrarias).

Los diamantes que fijan el punto de posicionamiento de una universidad aparecen en blanco cuando se trata de una institución estatal o privada tradicional y alguna derivada de ella[487] y en negro en el caso de las nuevas instituciones privadas.

Los círculos que encierran a dos o más instituciones definen los principales *clusters* o espacios de mayor competencia en el respectivo mercado. Los círculos y líneas que usan un dibujo discontinuo señalan espacios de competencia menos intensa o relaciones menos próximas entre instituciones que, sin embargo, tienen algún grado de rivalidad.

Caracterización y evolución de los mercados regionales

Como vimos anteriormente, los mercados regionales han experimentado, en general, una fuerte expansión durante el período 1996 a 2005. El Mercado Norte crece un 59 por ciento, el Litoral un 112 por ciento, el Centro Sur un 65 por ciento, el Austral un 52 por ciento y el Metropolitano un 107 por ciento.

Sin embargo, la participación de estos mercados en el universo total de los alumnos CMP se modifica sólo levemente entre ambos años (gráfico 3). Puede constatarse un pequeño crecimiento de la participación de los mercados Metropolitano (54,1 y 56,5 por ciento, en 1996 y 2005, respectivamente) y Litoral (14,9 y 17,5 por ciento en 1996 y 2005, respectivamente). Al mismo tiempo, estos dos mercados más que duplican su tamaño, medido por la matrícula total, durante el período estudiado. Una caída puede apreciarse en el caso del Mercado Norte, que pasa de captar el 8 por ciento de los alumnos CMP en 1996 a un 5,1 por ciento en 2005, lo que representa una disminución de un 36,2 por ciento.

[487] A veces agrupadas en la literatura bajo la denominación "universidades del Consejo de Rectores".

Gráfico 3. Participación de los mercados regionales en el universo de alumnos CMP, 2005

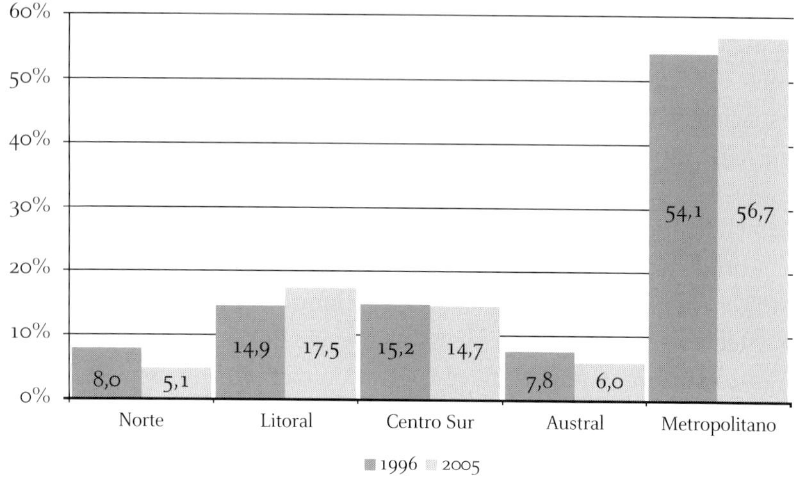

Fuente: Elaboración propia sobre la base de Mineduc, División de Educación Superior.

Ahora bien, si sólo se considera el universo de los alumnos más aventajados entre los alumnos CMP –aquellos ubicados en los dos tramos superiores de puntaje (tramos 4 y 5)–, prácticamente no se observan variaciones en cuanto a la participación de los mercados regionales dentro este estrato de alumnos *super top* (gráfico 4). Cerca de un 80 por ciento de ellos ingresa a universidades localizadas en los mercados Metropolitano y Litoral, y su matrícula se concentra en unas pocas universidades.

Gráfico 4. Participación de los mercados regionales en el universo de los alumnos súper top, 2005

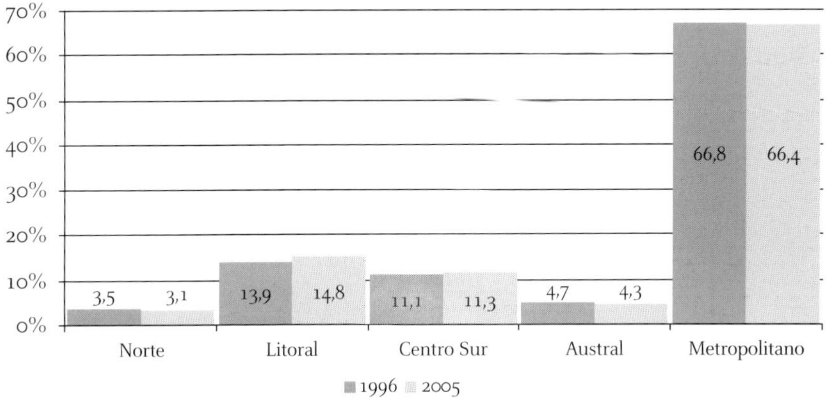

Fuente: Elaboración propia sobre la base de Mineduc, División de Educación Superior.

Análisis posicional de los mercados regionales

Mercado Norte

Mapa institucional de posicionamiento competitivo, 2005

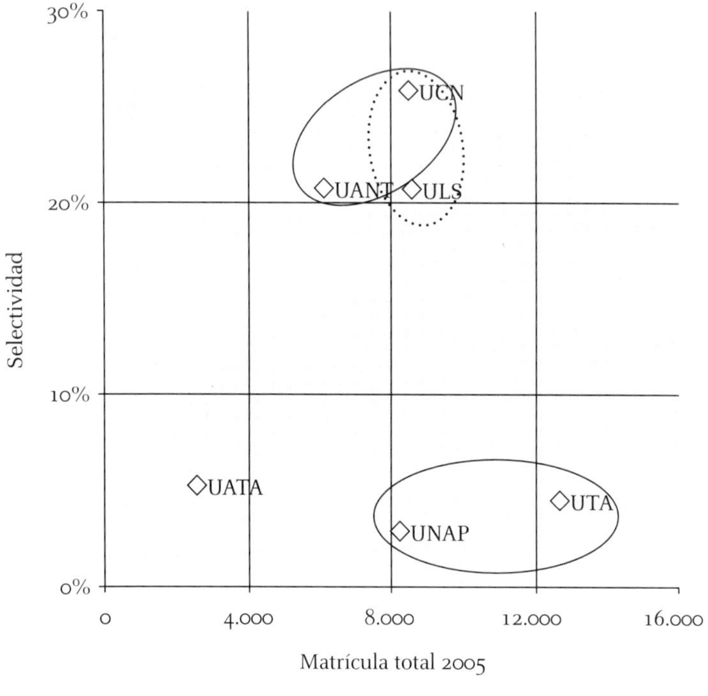

Evolución del posicionamiento selectivo, 1996-2005

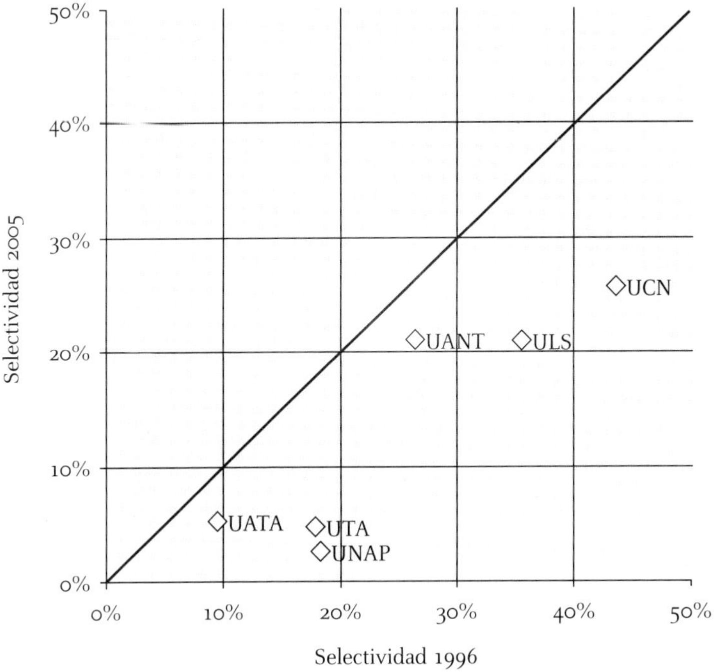

El Mercado Norte es un territorio de competencia moderada dentro de niveles poco exigentes de selectividad. Se caracteriza por incluir solamente a universidades estatales y a una privada tradicional, las que operan, en su mayoría, dentro de segmentos geográficos separados. Así ocurre, en particular, con las universidades de Atacama (con sede en Copiapó) y de La Serena (con sede en esta ciudad), la cual enfrenta más bien la competencia de una sede de significativo tamaño perteneciente a la Universidad Católica del Norte, ubicada en Coquimbo. De allí la demarcación de un *cluster* menos marcado que compromete a estas dos universidades.

A su turno, el *cluster* de mayor competencia por alumnos se produce en la ciudad de Antofagasta, entre las dos instituciones que ahí tienen su sede principal, las universidades Católica del Norte y de Antofagasta. Ambas representan tradiciones diferentes y tienen un distinto carácter: la primera es una universidad privada tradicional; la otra, una universidad estatal derivada.

El tercer *cluster* está situado en el segmento de menor selectividad de este mercado, e incluye a dos instituciones de tamaño medio –las universidades de Tarapacá y Arturo Prat– cuya competencia se halla mitigada por actuar ambas en distintos subespacios geográficos: Arica e Iquique, respectivamente.

Los intentos realizados por distintos grupos para establecer nuevas universidades privadas en el Mercado Norte –en Arica, Iquique, Antofagasta y La Serena– se han frustrado. En cambio, en casi todas las principales ciudades de este mercado han aparecido sedes de universidades privadas cuya matriz o sede principal se halla en otro mercado.

Al comparar el posicionamiento competitivo de las universidades entre 1996 y 2005, se aprecia que todas disminuyen sus niveles de selectividad (bajo la diagonal). La institución que más disminuye, en términos absolutos, es la UCN, mientras que la UNAP y la UTA reducen sus niveles de selectividad desde un 18 por ciento de estudiantes CMP a un 4 y un 3 por ciento, respectivamente. Sin embargo, como predice la teoría de los patrones estructurales de interacción que se establecen entre proveedores en un mercado autorregulado, las posiciones competitivas se mantienen sin mayores alteraciones.

Mercado Litoral

Mapa institucional de posicionamiento competitivo, 2005

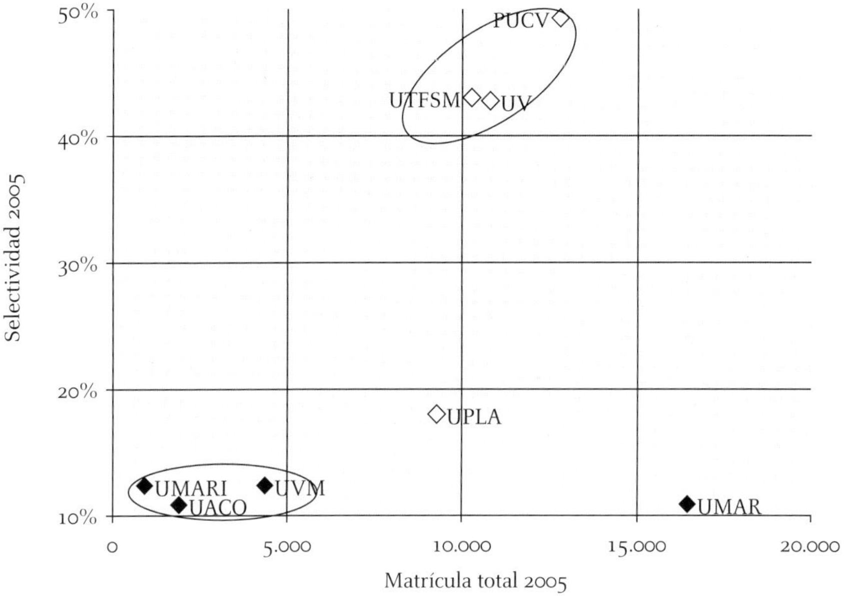

Evolución del posicionamiento selectivo, 1996-2005

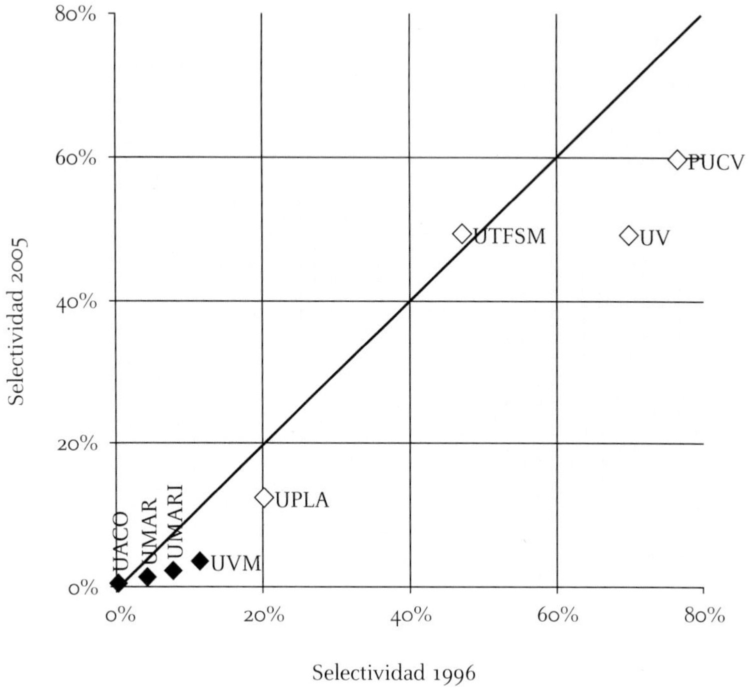

El Mercado Litoral está fuertemente polarizado entre un grupo ubicado arriba, compuesto por una universidad estatal y dos privadas tradicionales, que compiten en el mercado de alumnos CMP, y un grupo ubicado abajo, de nuevas universidades privadas que compiten en el mercado de baja o nula selectividad. Al medio, más cerca de estas últimas, se ubica la Universidad de Playa Ancha, que, al tener concentrada su matrícula principalmente en el área de educación, no compite en las demás áreas académicas en este mercado.

El grupo selectivo es liderado por la Pontificia Universidad Católica de Valparaíso, situándose un poco por debajo, y parejamente, las universidades Santa María y de Valparaíso. Estas tres universidades conforman un primer *cluster* de competencia más intensa en este mercado. Disputan con distintas estrategias a alumnos CMP al mismo tiempo que vienen expandiendo su matrícula. Las tres enfrentan el desafío de equilibrar crecimiento con calidad.

En el segmento no selectivo compiten las cuatro universidades privadas del Mercado Litoral, de las cuales tres se ubican en el cuadrante inferior izquierdo –el más riesgoso de todos–, y la cuarta, la Universidad del Mar, ha optado por salir a buscar demanda fuera de su mercado de origen mediante sedes establecidas en Arica, Iquique, Antofagasta, Calama y La Serena dentro del Mercado Norte, en Maipú dentro del Mercado Metropolitano, en dos ciudades del Mercado Centro Sur (Curicó y Talca) y en el Mercado Austral a partir de sus sedes en Temuco y Punta Arenas. En la competencia dentro del Mercado Litoral participan, además, varias instituciones metropolitanas, como las universidades Adolfo Ibáñez y Nacional Andrés Bello, por ejemplo.

Las Pontificia Universidad Católica de Valparaíso y la Universidad de Valparaíso disminuyen sus niveles de selectividad entre 1996 y 2005, con una pérdida de 18 y 21 puntos porcentuales, respectivamente. Por su parte, la UTFSM se mantiene durante el período prácticamente en la misma posición.

Las universidades que conforman el *cluster* de baja selectividad se mantienen en el piso de este indicador durante el período.

Al igual que se observó en el caso anterior, también en el Mercado Litoral la estratificación de las instituciones permanece sin alteraciones significativas.

Mercado Centro Sur

Mapa institucional de posicionamiento competitivo, 2005

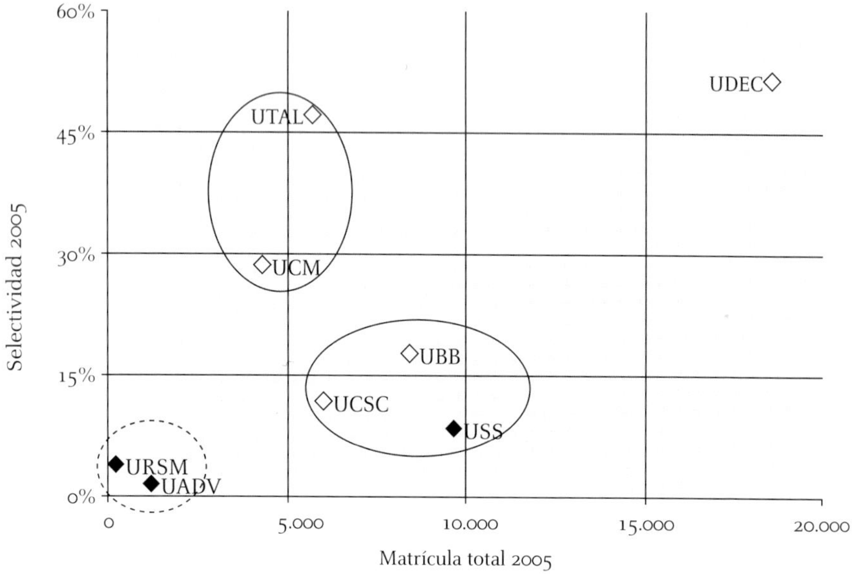

Evolución del posicionamiento selectivo, 1996-2005

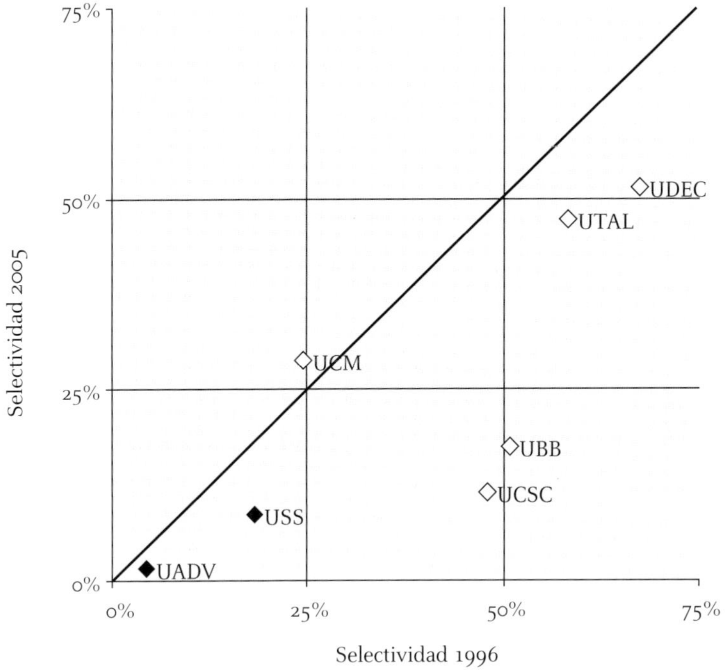

Este mercado posee una doble particularidad. Por un lado, tiene dos polos geográficos claramente distintos: las ciudades de Concepción y Talca. Por otro lado, en cada uno de estos dos espacios existe una institución claramente dominante: la Universidad de Concepción en la parte sur del mercado y la Universidad de Talca en la parte norte.

La Universidad de Concepción controla sin contrapeso su propia esfera de mercado y aparece como la institución más fuerte de Santiago hacia el sur de Chile, con las características de una universidad de tamaño grande, con cobertura completa de áreas de conocimiento y un nivel alto de selectividad en el segmento de pregrado. No tiene contendientes que la amenacen en este mercado, lo que podría explicar el hecho de que esté ahora incursionando en el Mercado Metropolitano.

También la Universidad de Talca ocupa una sólida posición en este mercado, pero limitada competitivamente por la Universidad de Concepción y con una universidad contendiente que viene mejorando su nivel de selectividad (la UCM); en general, por tanto, tiene una menor proyección competitiva que la UDEC, en lo cual también incide su relativa mayor proximidad al polo más fuerte de demanda y oferta, que es el Mercado Metropolitano.

En un nivel intermedio de selectividad hay un *cluster* de competencia más intensa compuesto por tres instituciones: una universidad estatal derivada, una universidad privada derivada y una nueva universidad privada, todas radicadas en Concepción como su sede matriz. Con todo, en este agrupamiento la competencia se encuentra mitigada por factores de diferenciación de la oferta y por las diversas estrategias competitivas de las instituciones. Una de ellas en particular, la Universidad San Sebastián, que muestra el más rápido crecimiento durante el período, ha optado por expandir su oferta hacia otras ciudades dentro y fuera del Mercado Centro Sur: Talcahuano, donde enfrenta la competencia de una sede de la Universidad Técnica Federico Santa María; tres ciudades del Mercado Austral (Valdivia, Osorno y Puerto Montt), donde debe contender por alumnos con las universidades que tienen su sede principal en este mercado, y Santiago en el Mercado Metropolitano.

En el extremo menos selectivo del Mercado Centro Sur hay dos instituciones de escala menor: la Universidad Regional de San Marco, con sede en la ciudad de Rancagua, de más reciente creación, y la Universidad Adventista de Chile, con sede principal en Chillán. Su proyección tiende a ser más local que regional, debiendo enfrentar ambas, además, la dificultad de crecer en un entorno poblado por diversas instituciones más desarrolladas, con sedes distribuidas entre la VI y la VIII Regiones.

En este mercado todas las universidades disminuyen sus niveles de selectividad durante la última década, con excepción de la Universidad Católica del Maule, que lo aumenta levemente. Las universidades del Bío-Bío y Católica de la Santísima Concepción son las que experimentan una mayor caída, mientras que la Universidad de Talca muestra una baja moderada. Las posiciones de jerarquía en la estructura estratificada del mercado, en tanto, se mantienen constantes.

Mercado Austral

Mapa institucional de posicionamiento competitivo, 2005

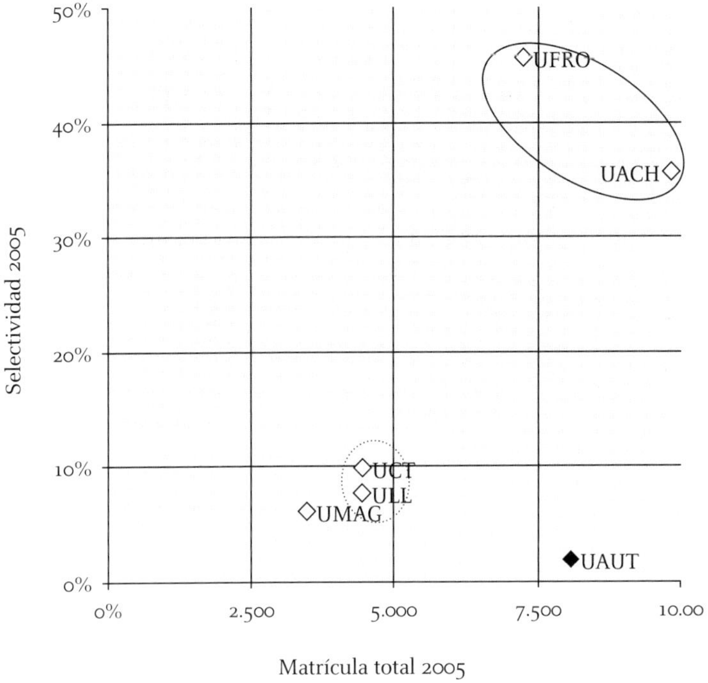

Evolución del posicionamiento selectivo, 1996-2005

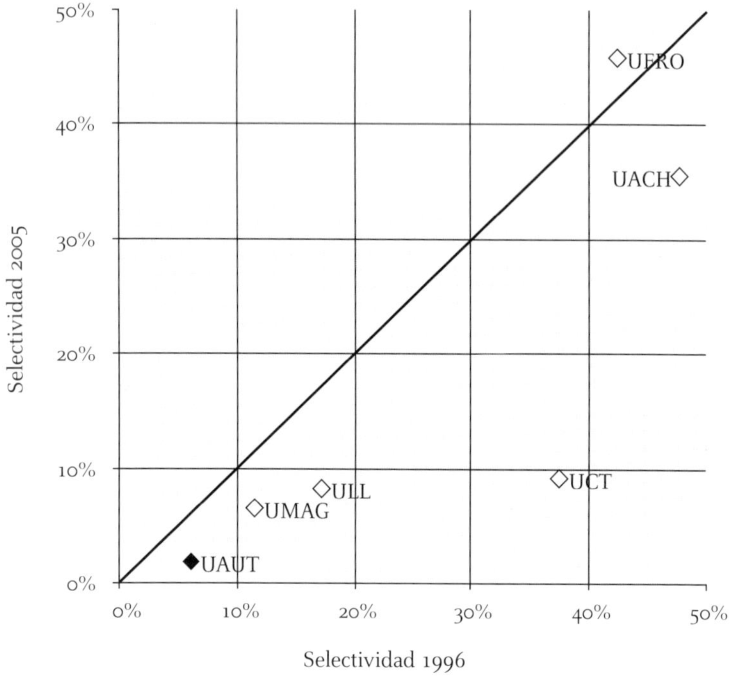

El Mercado Austral se encuentra dominado por la presencia de dos universidades que compiten en escala y selectividad, aunque con una distinta base de operaciones: la Universidad Austral de Chile, con sede matriz en Valdivia, y la Universidad de La Frontera, con sede en Temuco. Es un hecho singular que esta última haya superado a la Universidad Austral de Chile en nivel de selectividad al mismo tiempo que logra aproximarse en tamaño, considerando que la universidad valdiviana fue creada el año 1954, casi tres décadas antes que la Universidad de La Frontera, y que hasta comienzos de los años noventa gozaba de un predominio indisputado en este mercado.

A su turno, las universidades Católica de Temuco y de Los Lagos, ambas con niveles menores de selectividad, hacen frente al predominio de las instituciones que integran el *cluster* alto y compiten en sus respectivas ciudades (Temuco y Osorno) en un segmento de alumnos de menor selectividad.

En la parte más baja de este mercado se ubican dos universidades, una privada nueva y una estatal derivada. La primera, la Universidad Autónoma del Sur, domiciliada en Temuco, ha experimentado una vigorosa expansión proyectándose fuera de su mercado regional, a través de sus sedes en Talca y Santiago. En cambio, la segunda, la Universidad de Magallanes, detenta un cuasimonopolio de oferta en la ciudad de Punta Arenas, donde sólo compite con la sede de la Universidad del Mar, establecida allí hace un par de años.

Con excepción de la UFRO, las demás universidades que participan en este mercado disminuyen sus niveles de selectividad, de manera particularmente visible la UCT y, en menor medida pero de manera significativa, la UACH. En este caso viene estructurándose, pues, un nuevo patrón de estratificación, donde la UFRO se sitúa en posición dominante en desmedro de la UACH.

Mercado Metropolitano selectivo

Mapa institucional de posicionamiento competitivo, 2005
(Universidades con un nivel selectivo >15% en 2005)

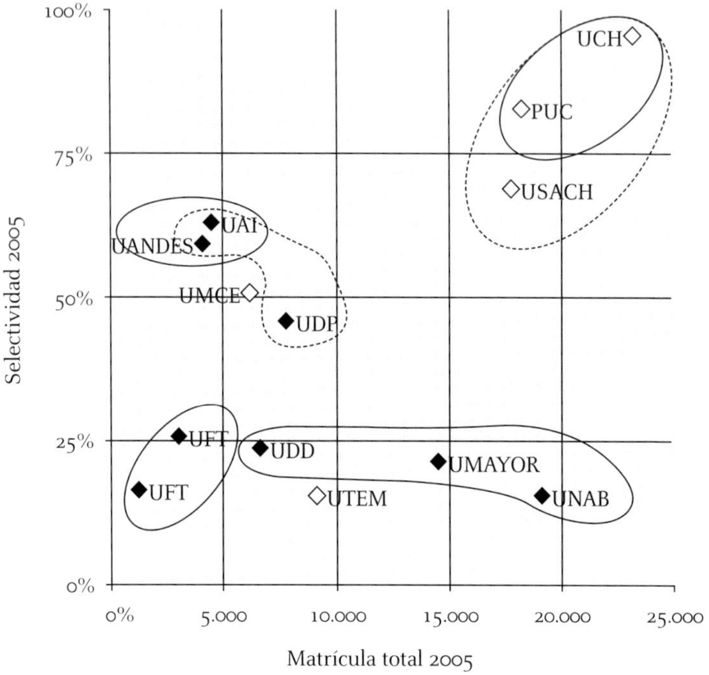

Evolución del posicionamiento selectivo, 1996-2005
(Universidades con un nivel selectivo >15% en 2005)

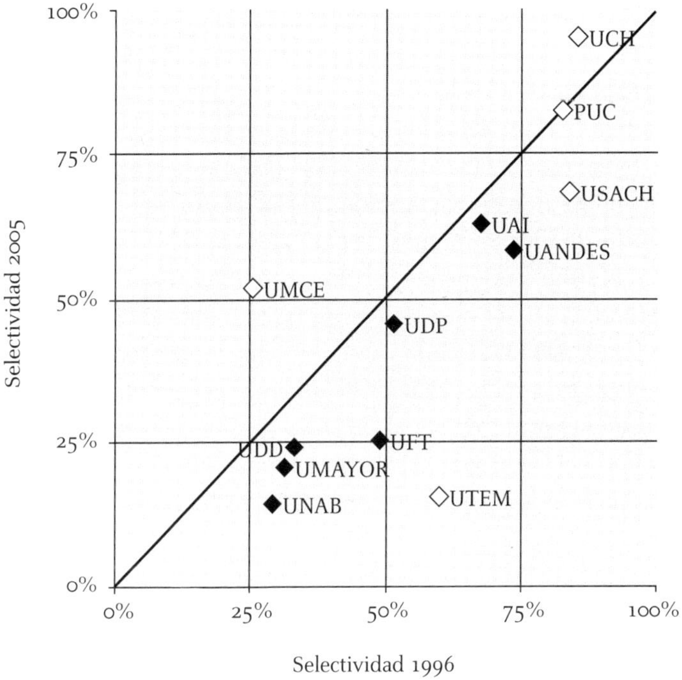

Nota: No aparece la UAH por falta de información comparable.

Dado el denso poblamiento institucional del Mercado Metropolitano, hemos separado su análisis en dos partes. En esta primera parte se muestra el posicionamiento competitivo y la evolución del posicionamiento selectivo para aquellas instituciones situadas por encima de un 15 por ciento de selectividad el año 2005. Forman un universo de trece instituciones: cuatro estatales, una privada tradicional y ocho nuevas universidades privadas.

En este mercado es fácil reconocer un primer *cluster* de intensa competencia en el segmento de alumnos CMP, formado por la Universidad de Chile y la Pontificia Universidad Católica de Chile, tradicionalmente las dos instituciones más fuertes del sistema nacional de educación superior. Estas instituciones compiten intensamente en el mercado de la enseñanza de pegrado, pero, además, en los mercados de estudios de postgrado y de producción de conocimiento científico-tecnológico, por prestigio y redes de apoyo e influencia, y por su ubicación en los rankings internacionales.

La Universidad de Santiago de Chile, tradicionalmente una institución del área tecnológica, buscó convertirse durante los años noventa en una universidad de cobertura completa y competir con las dos anteriores, con resultados ambiguos. Por un lado ha crecido en escala, manteniendo (con una tendencia a la baja, sin embargo) un apreciable nivel de selectividad. Por el otro, carece de las ventajas adicionales de que gozan la Universidad de Chile y la Pontificia Universidad Católica de Chile –fuerte marca, redes sociales de apoyo e influencia, prestigio tradicional, proyección internacional, etcétera–, lo cual le impide situarse en un mismo nivel dentro de la jerarquía reputacional.

En el campo de la oferta privada hay tres principales *clusters* de competencia intensa.

En un segmento de selectividad alta compiten las universidades Adolfo Ibáñez y de los Andes, hasta ahora más bien universidades de nicho con una fuerte impronta de misión, a las cuales se agrega la Universidad Diego Portales, de mayor escala y con una definición más abierta de su misión e identidad.

Los otros dos agrupamientos se ubican en una banda de selectividad más reducida. Por un lado, hay tres universidades privadas nuevas de tamaño medio a grande que compiten en cantidad y en calidad de algunos de sus programas o áreas profesionales: las universidades Andrés Bello, Mayor y del Desarrollo. Dada su escala y relativa mayor complejidad interna, estas instituciones poseen también un grado mayor de heterogeneidad, combinando frecuentemente ofertas más y menos selectivas. Por el otro lado, hay dos universidades de menor tamaño, Finis Terrae y Alberto Hurtado, ambas de impronta católica pero con orientaciones bien diferentes y redes sociales de captación de sus alumnos también distintas, lo que les asegura segmentos relativamente separados del mercado.

En general, todas estas universidades privadas, aun cuando persiguen objetivos diferentes y despliegan distintas estrategias de crecimiento, compiten entre sí, en mayor o menor medida. En efecto, se hallan envueltas en una competencia por el liderazgo dentro del sector privado de la educación superior, por prestigio y reconocimiento, por escala y recursos, por docentes y por alumnos.

Hay adicionalmente otras dos universidades en este mercado, ambas estatales derivadas, las dos relativamente especializadas desde el punto de vista de su misión y foco principal: la Universidad Metropolitana de Ciencias de la Educación, que viene incrementando sostenidamente su nivel de selectividad, y la Universidad Tecnológica Metropolitana, con una trayectoria selectiva más bien oscilante y con una importante pérdida de sus niveles de selectividad entre 1996 y 2005.

En cambio, la mayoría de las universidades que participan en el Mercado Metropolitano selectivo no ha variado significativamente sus niveles de selectividad durante la última década, con excepción de la UMCE, que presenta un alza considerable. Por el contrario, como ya se señaló, la mayor caída la experimenta la UTEM y, entre las universidades estatales, también pierde posición relativa la USACH, así como la UFT entre las privadas.

Mercado Metropolitano no selectivo

Mapa institucional de posicionamiento competitivo, 2005
(Universidades con un nivel selectivo <15% en 2005)

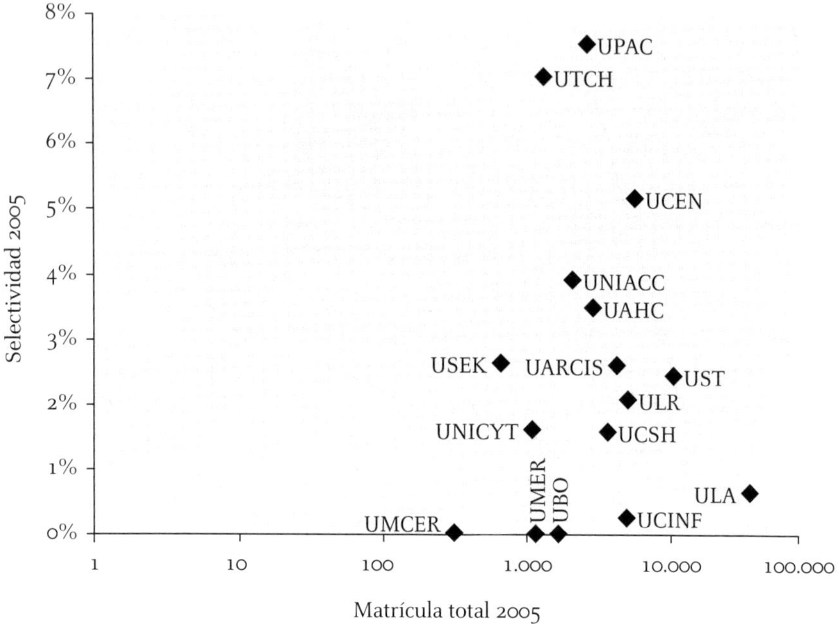

No se incluye la Universidad Bolivariana por falta de información de su matrícula total.
No se incluye la Universidad Gabriela Mistral por no existir información que permita construir su índice de selectividad. Por el mismo motivo, tampoco se incluye, más adelante, en el análisis posicional de las carreras.

Evolución del posicionamiento selectivo, 1996-2005
(Universidades con un nivel selectivo <15% en 2005)

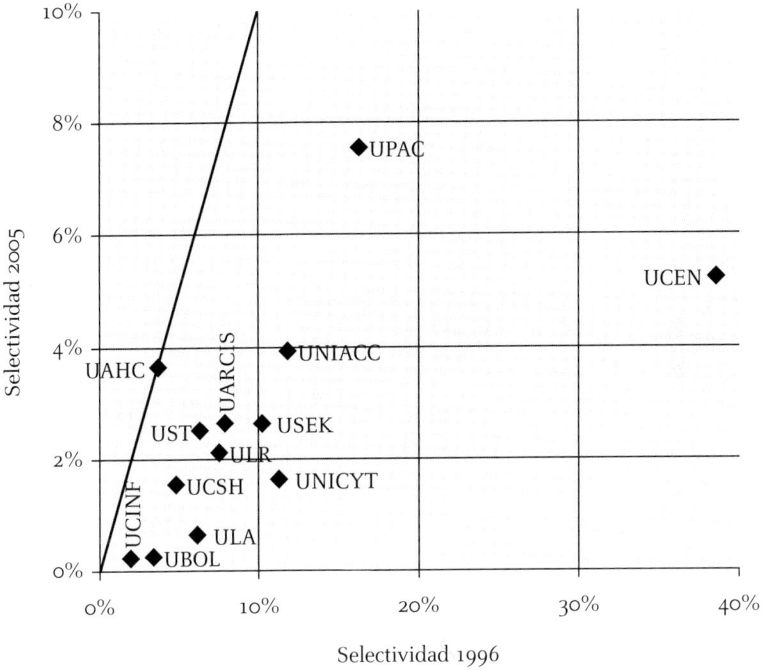

Excluye a las universidades con selectividad igual a cero en 2005.
No se incluye la Universidad Bolivariana por falta de información de su matrícula total.
No se incluye la Universidad Gabriela Mistral por no existir información que permita construir su índice de selectividad.
No se incluye la Universidad Tecnológica de Chile por falta de información sobre selectividad para el año 1996.

En el Mercado Metropolitano no selectivo participan exclusivamente universidades privadas nuevas. Compiten por el reconocimiento de su oferta y reputación del servicio provisto, así como también por precio de sus aranceles y facilidades de pago que otorgan a sus estudiantes. Algunas poseen mayores pretensiones académicas que otras. Algunas, incluso, participan en el mercado de programas de postgrado.

Pueden distinguirse básicamente tres grupos de universidades en este mercado.

Un primer grupo integrado por universidades de mayor escala, con cinco mil o más alumnos matriculados y con niveles de selectividad de entre 0 y 5 por ciento (universidades Arcis, La República, de Ciencias de la Informática, Central de Chile, Santo Tomás y de las Américas). Las dos últimas, y en su momento también la Universidad Arcis, se han proyectado fuera del Mercado Metropolitano a través de sedes repartidas en diversos puntos del territorio nacional. La UST ha sido exitosa, además, en integrar una red de universidades tomistas alrededor del mundo. Por su lado, la ULA, de propiedad de Laureate Inc., un típico "nuevo proveedor" a nivel global, se ha transformado en el principal proveedor de educación universitaria del país, con una matrícula superior a cuarenta mil alumnos.

En el otro extremo existe un grupo de universidades con dos mil o menos alumnos que, debido a su escasa escala y dificultad para crecer en este mercado, se hallan continuamente en riesgo de colapsar o de ser compradas. De hecho, recientemente la Universidad Mariano Egaña cambió de propietario, pasando a denominarse Universidad Pedro de Valdivia el año 2007, ahora en manos de un grupo con una extensa trayectoria en el mercado de la formación escolar y en el mercado de la preparación de la prueba de selección para el ingreso a las universidades. Otro ejemplo es el de la Universidad Tecnológica de Chile, ex Universidad Vicente Pérez Rosales, que fue adquirida por el mayor operador del mercado de formación no universitaria, el Instituto Nacional de Capacitación (Inacap).

En el medio hay una franja de instituciones de entre dos mil y cinco mil alumnos, compuesto por cuatro universidades, la mayoría de las cuales posee un grado importante de especialización académica, como es el caso de la Universidad Academia de Humanismo Cristiano en el campo de las ciencias sociales, de la UNIACC en el campo de las comunicaciones y de la Universidad Católica Silva Henríquez en el campo de las pedagogías.

Con la sola excepción de la UAHC, las demás universidades que operan en este mercado han visto reducirse su índice de selectividad entre 1996 y 2005, en varios casos de manera muy significativa, como ocurre con la Universidad Central de Chile, que cae de un índice de 39 por ciento a uno de 5 por ciento; la UNICYT de 11 a 2 por ciento; la USEC, de 10 a 3 por ciento, y la UNIACC, del 12 al 4 por ciento. Es probable que en todos estos casos las estrategias de crecimiento hayan debido aplicarse "mercado abajo", perdiendo las instituciones en selectividad lo que ganan en volumen.

B. Mercado de programas o carreras profesionales

El capítulo segundo de esta tercera parte del informe aborda el estudio de un grupo de carreras o programas exclusivamente universitarios, a los cuales se agrega la carrera de contador auditor, utilizando las mismas tecnologías de análisis y presentación aplicadas en el capítulo anterior.

Es ésta la primera vez que se estudia con esta metodología el posicionamiento competitivo de carreras o programas universitarios, elemento indispensable para avanzar en el conocimiento del mercado universitario.

Dado el menor tamaño de las unidades de análisis –carreras y no instituciones–, y para efectos de obtener una visión integrada de su posicionamiento, en este caso se ha optado por ubicar a los programas en un solo espacio y no utilizar la clasificación de mercados regionales. Con todo, el análisis posicional deberá llevar en cuenta, en cada caso, si la mayor proximidad entre dos o más carreras se produce dentro de un mismo mercado regional.

Para cada carrera se presentan separadamente dos gráficos; el primero corresponde a las carreras con un índice de selectividad >10%, y el segundo a las mismas carreras con un índice de selectividad <10%. En casos especiales, dados ya bien los altos puntajes que en promedio ostentan los alumnos que ingresan a una carrera, como sucede en medicina y odontología, o los bajos puntajes que caracterizan a la demanda, como ocurre en pedagogía, se han modificado los umbrales de selectividad de manera de dar mayor efectividad al análisis de posiciones competitivas.

Agronomía

Mapa de posicionamiento: carrera de agronomía

(Carreras con un índice de selectividad >10%)

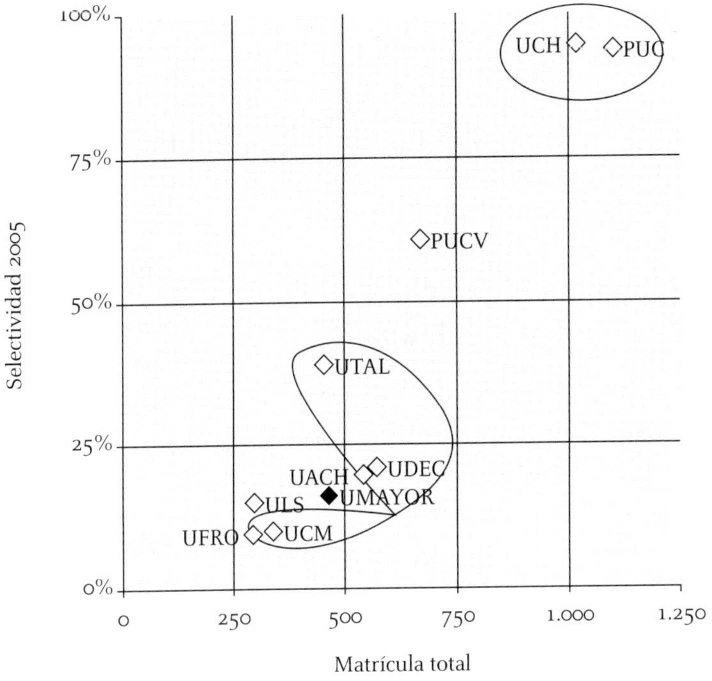

La Universidad de Chile y la Pontificia Universidad Católica de Chile compiten en el segmento de alta selectividad y gran escala dentro del Mercado Metropolitano.

También hay un espacio de competencia, aunque mitigada por la distribución geográfica de las instituciones que ofrecen la carrera, en el Mercado Centro Sur, con posición dominante de la Universidad de Talca, la cual, además, supera dentro de su propia región a su competidora más directa, que es la Universidad Católica del Maule.

Las demás carreras de agronomía que se ofrecen en el mercado de mayor selectividad operan en condiciones de única oferta en las ciudades de Valdivia, La Serena y Temuco.

Mapa de posicionamiento: carrera de agronomía
(Carreras con un índice de selectividad <10%)

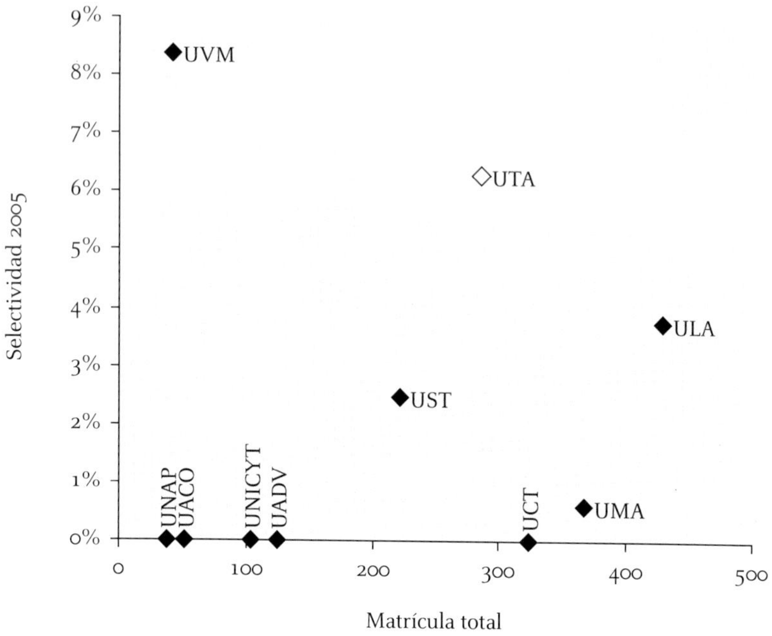

En el mercado de baja selectividad la carrera de agronomía se ofrece en diversas ciudades, como Iquique, Limache, Santiago, Chillán, Temuco y Arica. En este mercado ninguna carrera tiene una matrícula superior a 450 alumnos. En total, las once universidades con presencia en este mercado reúnen una matrícula levemente superior a 2.000 alumnos y la mayoría no capta alumnos CMP. Tienen un índice de selectividad superior a 5 por ciento solamente las universidades de Viña del Mar y Tarapacá, que deben contender con universidades mejor posicionadas en los Mercados Litoral y Norte, respectivamente.

Arquitectura

Mapa de posicionamiento: carrera de arquitectura

(Carreras con un índice de selectividad >10%)

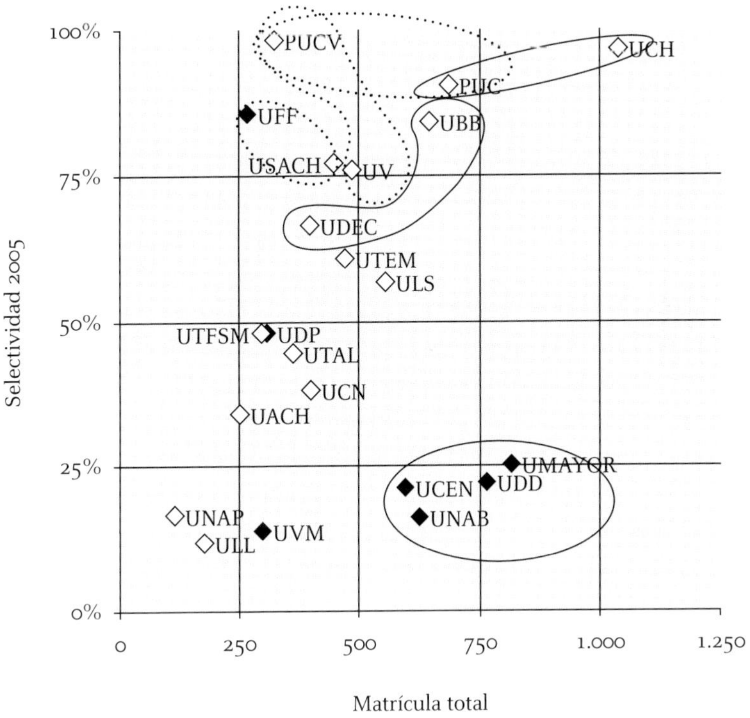

Aparte de la competencia entre las dos principales universidades del país, que se extiende e incluye a la carrera de arquitectura de la PUCV, lo más interesante aquí es la posición de rivalidad en el Mercado Metropolitano.

Por un lado, arriba, se encuentran en situación de proximidad competitiva las universidades de Santiago y Finis Terrae, que, sin embargo, debe presumirse atienden a diferentes segmentos del mercado de demandas. Por otro lado, está el grupo conformado por las universidades Mayor, del Desarrollo, Central y Nacional Andrés Bello, con tamaños similares y niveles de selectividad en torno al 25 por ciento. Nótese, al pasar, que la carrera de arquitectura de la Universidad Central mantiene un relativo grado de selectividad, muy por encima del de la institución en general, que, como se vio, ha experimentado una fuerte caída durante la última década.

Entre estos dos grupos de programas de mayor y menor selectividad se halla situada la carrera ofrecida por la Universidad Diego Portales, con un índice de selectividad en torno al 50 por ciento.

Las carreras de arquitectura de las universidades del Bío-Bío y de Concepción se hallan instaladas en un claro espacio de rivalidad en el Mercado Centro Sur, con un nítido mejor posicionamiento de la primera.

En el Mercado Litoral, la PUCV mantiene una clara ventaja respecto de su competidora más directa en la región, la Universidad de Valparaíso, y ésta respecto de su competidora más directa, la UTFSM.

También aparecen con un posicionamiento interesante las carreras de arquitectura de las universidades de La Serena, la mejor posicionada en el Mercado Norte; y Tecnológica Metropolitana en Santiago y de Talca en el Mercado Centro Sur, sin embargo en posición de desventaja respecto de las carreras ofrecidas en Concepción.

Mapa de posicionamiento: carrera de arquitectura
(Carreras con un índice de selectividad <10%)

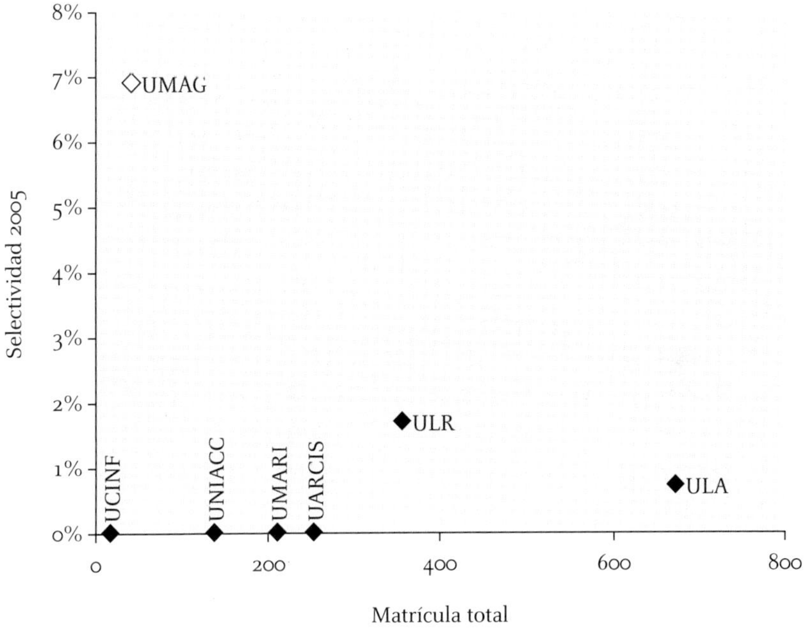

Siete instituciones participan en el mercado de baja selectividad en el área de la enseñanza de arquitectura, con una matrícula total cercana a 1.700 estudiantes.

Sólo la Universidad de las Américas aparece como un operador de mayor escala en este mercado.

Por su lado, como muestra el gráfico, cuatro instituciones tienen un índice de selectividad cero.

En tanto, la UMAG muestra un mejor desempeño en su propio mercado, el que controla sin competencia en esta carrera.

Contador auditor

Mapa de posicionamiento: carrera de contador auditor

(Carreras con un índice de selectividad >5%)

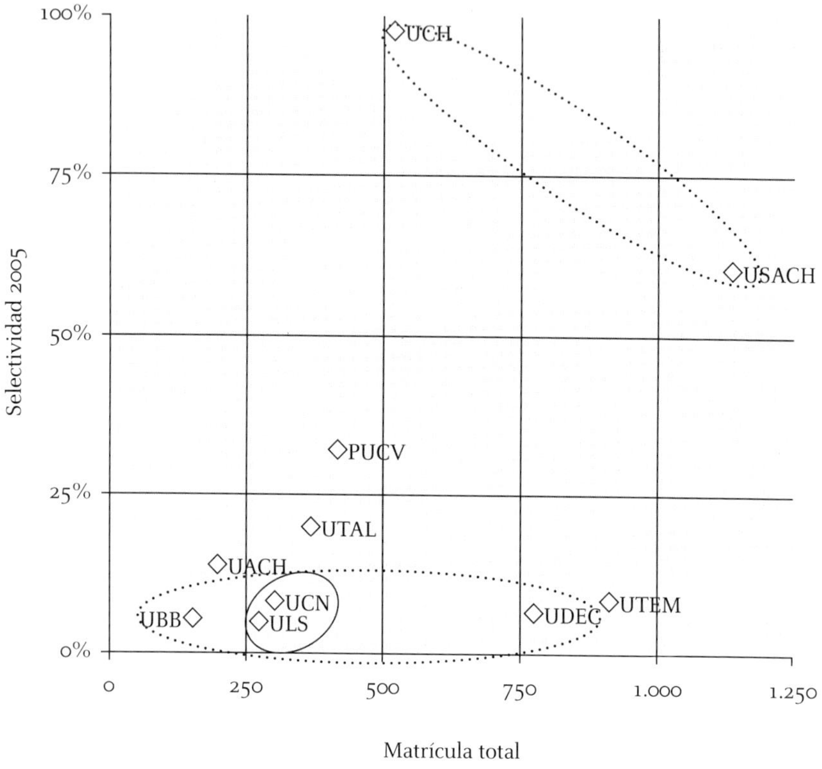

En la franja más selectiva del mercado de formación de contadores auditores participan sólo las universidades de Chile y de Santiago de Chile, con una clara preferencia de los alumnos CMP para la primera.

En la ciudad de Concepción rivalizan en este mercado las universidades de Concepción y del Bío-Bío. En Valdivia, Talca, Valparaíso y Antofagasta, las respectivas universidades que allí ofrecen la carrera actúan sin competencia directa en esta banda de selectividad del mercado.

Mapa de posicionamiento: carrera de contador auditor
(Carreras con un índice de selectividad < 5%)

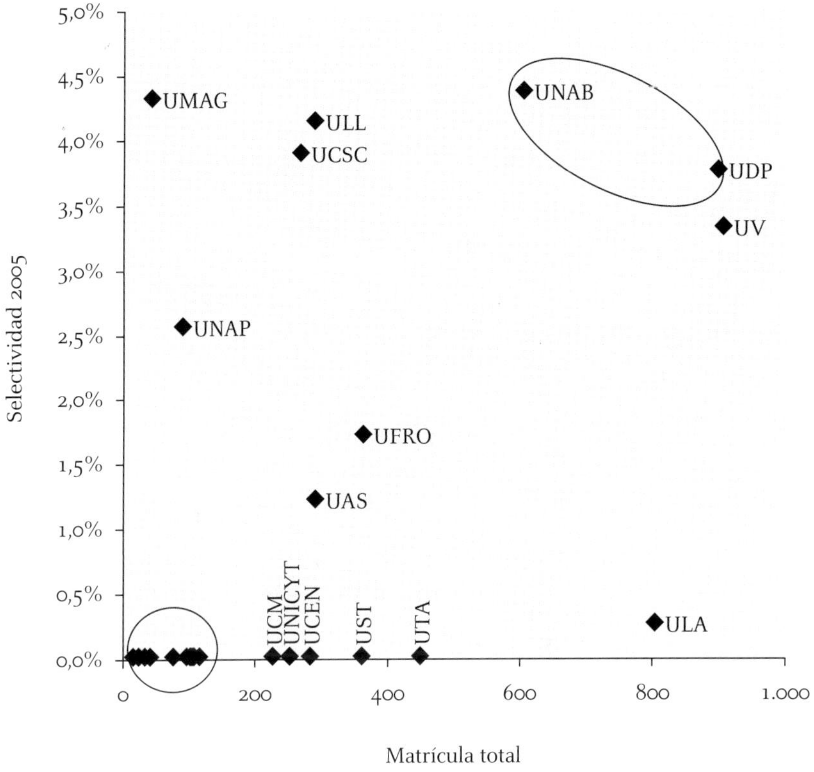

Este mercado, con más de 7.000 alumnos, mientras el de selectividad superior que acabamos de ver alcanza sólo algo más de 5.000, presenta un *cluster* –en el ángulo suroeste del mapa– dentro del cual participan catorce instituciones con una matrícula total de la carrera inferior a 125 alumnos cada una y con índice de selectividad de entre 0 y 0,5 por ciento. Lo integran las universidades Miguel de Cervantes, de Aconcagua, Adventista de Chile, de Magallanes, del Pacífico, de Atacama, de Viña del Mar, Arturo Prat, Academia de Humanismo Cristiano, del Mar, Católica Cardenal Silva

Henríquez, Mayor, La República y de Ciencias de la Informática.

En el extremo opuesto (noreste) se identifica un segundo espacio de rivalidad entre dos universidades privadas nuevas (UNAB y UDP) que operan en términos de mayor escala y con mejores índices de selectividad en relación al promedio de este mercado.

En medio se sitúa un grupo de carreras ofrecidas por universidades regionales, algunas de las cuales, como ocurre en el caso de la UV, tienen un rival más fuerte en la zona de selectividad superior; en este caso, la PUCV.

Derecho

Mapa de posicionamiento: carrera de derecho

(Carreras con un índice de selectividad >10%)

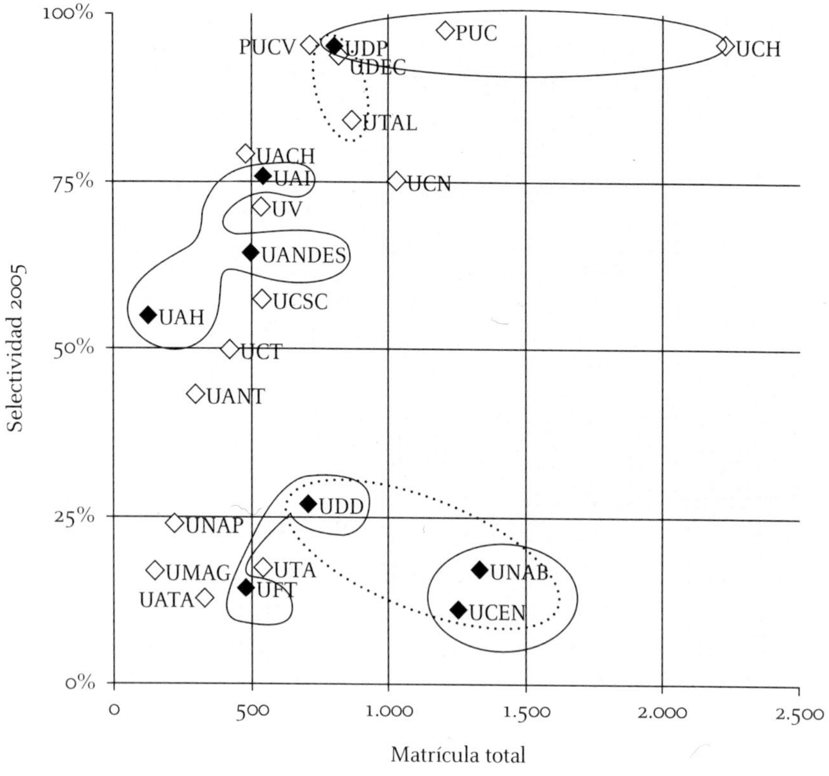

Estamos aquí, con la carrera de derecho, frente a uno de los mercados selectivos más disputados y de mayor volumen; en torno a 16.000 alumnos.

En la banda más alta aparece la UDP como tercer participante, en un mismo espacio competitivo junto a la PUC y la UCH.

En el Mercado Centro Sur, las universidades de Concepción y de Talca parecen ejercer un sólido control sobre sus respectivos mercados locales.

En el Mercado Litoral, la PUCV ejerce una clara hegemonía, al igual que la UACH en el Mercado Austral y la UCN en Antofagasta.

Entre las universidades privadas nuevas, las universidades Adolfo Ibáñez, de los Andes y Alberto Hurtado disputan una franja similar de alumnos CMP, como también lo hacen, en una franja de carreras de mayor escala y menor selectividad, las universidades Nacional Andrés Bello, Central de Chile, del Desarrollo y Finis Terrae.

Mapa de posicionamiento: carrera de derecho
(Carreras con un índice de selectividad <10%)

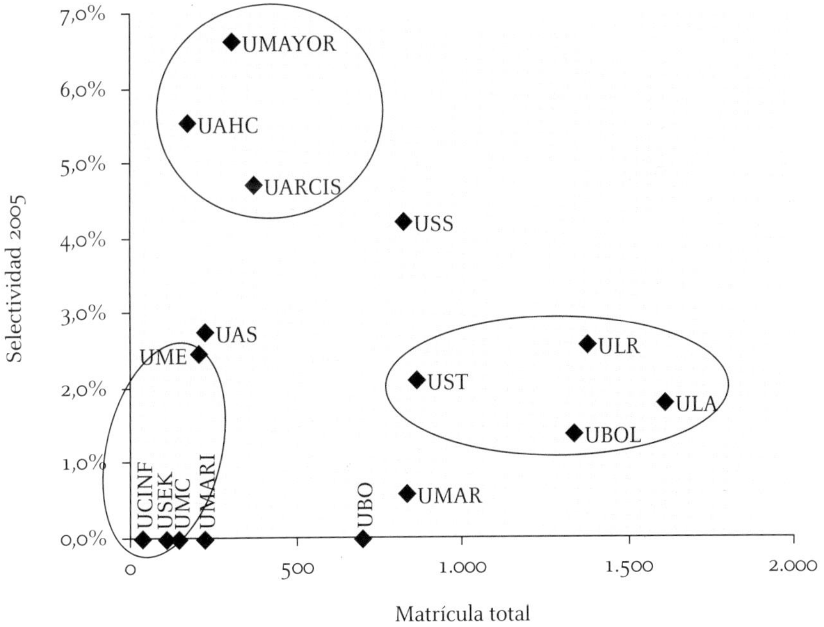

El mercado de formación de abogados de baja o nula selectividad muestra también un cuadro activo, con diecisiete participantes y algo más de 9.000 alumnos.

Incluye además a la segunda y a la tercera escuelas de derecho más grandes del país después de la tradicional escuela de la UCH (universidades de las Américas y La República). Estas dos universidades compiten en un mismo espacio y con similares estrategias de volumen con las universidades Bolivariana y Santo Tomás.

En una banda levemente superior de selectividad baja puede identificarse otro espacio de rivalidad entre las universidades Mayor, Academia de Humanismo Cristiano y Arcis.

Abajo, en el ángulo de las estrategias de subsistencia se encuentran apareadas las universidades de Ciencias de la Informática, SEK, Miguel de Cervantes y Mariano Egaña.

Periodismo

Mapa de posicionamiento: carrera de periodismo

(Carreras con un índice de selectividad >10%)

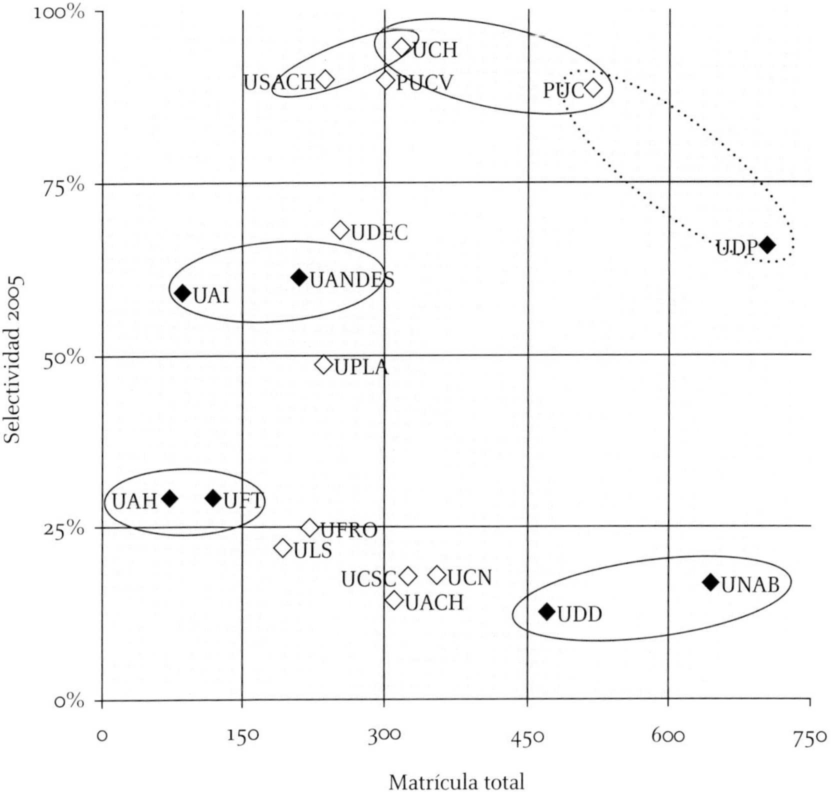

Con cerca de 6.000 alumnos, este mercado presenta arriba una zona de fuerte competencia por alumnos CMP entre la UCH y la PUC, disputa a la cual se han unido también la USACH y la Universidad Diego Portales.

En el mismo Mercado Metropolitano hay otras tres parejas de instituciones que compiten en distintos espacios de volumen y selectividad: las universidades de los Andes y Adolfo Ibáñez; las universidades Alberto Hurtado y Finis Terrae, y las universidades del Desarrollo y Nacional Andrés Bello, esta última, junto a la UDP, las de mayor tamaño en el mercado nacional de formación de periodistas.

Mapa de posicionamiento: carrera de periodismo
(Carreras con un índice de selectividad <10%)

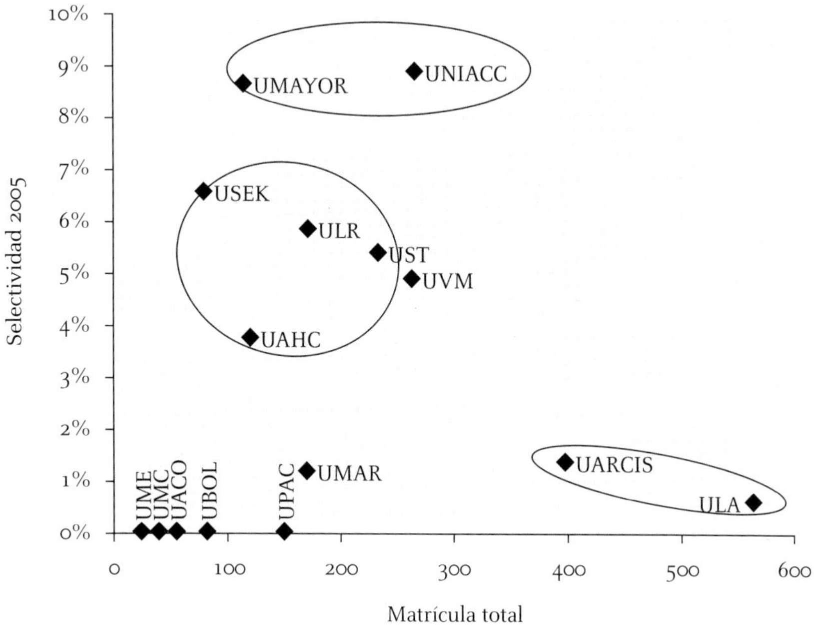

Éste es un mercado relativamente pequeño, con algo más de 3.000 alumnos, y se concentra mayormente en la Región Metropolitana.

En este mercado se presentan tres situaciones de mayor competencia: en la franja superior, entre la UNIACC y la Universidad Mayor; en una siguiente franja, de menor selectividad, entre la USEK, la ULR, la UAHC y la UST, y, en la franja de mayor volumen y menor selectividad, entre las universidades Arcis y de las Américas.

Igual que en los demás mercados escasamente selectivos de carreras de pregrado, hay también en éste un grupo de universidades con escasa matrícula y ninguna selectividad; entre ellas, cuatro con menos de cien alumnos cada una.

Psicología

Mapa de posicionamiento: carrera de psicología

(Carreras con un índice de selectividad >10%)

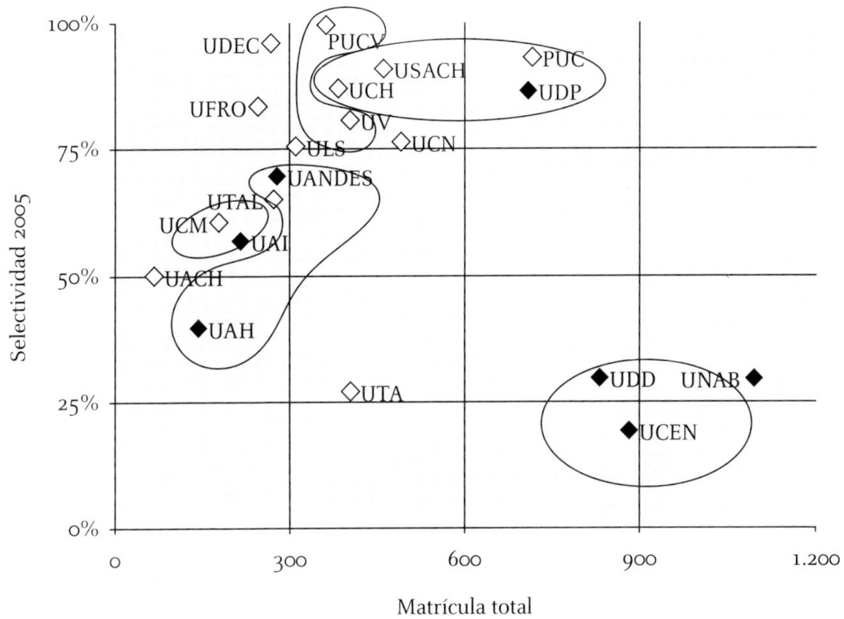

Este mercado, de alta demanda y volumen, posee una mayor cantidad de alumnos (11.000) en el mercado de baja o nula selectividad que en el mercado donde se compite por alumnos CMP (8.700 alumnos).

En este último se presenta una reñida competencia por los mejores alumnos entre la PUC, la UDP, la USACH y la UCH.

Asimismo, en el Mercado Metropolitano hay un espacio de fuerte competencia entre universidades privadas nuevas con menos de 300 alumnos (universidades de los Andes, Adolfo Ibáñez y Alberto Hurtado) y universidades con más de 800 alumnos y menor selectividad relativa (universidades del Desarrollo, Central de Chile y Nacional Andrés Bello, esta última la de mayor matrícula en este mercado).

En el Mercado Litoral compiten fuertemente por alumnos CMP la Pontificia Universidad Católica de Valparaíso y la Universidad de Valparaíso; en la zona sur del país aparecen sólidamente asentadas en sus mercados locales la UDEC y la UFRO, y, en el norte, las universidades de La Serena y Católica del Norte.

Mapa de posicionamiento: carrera de psicología
(Carreras con un índice de selectividad <10%)

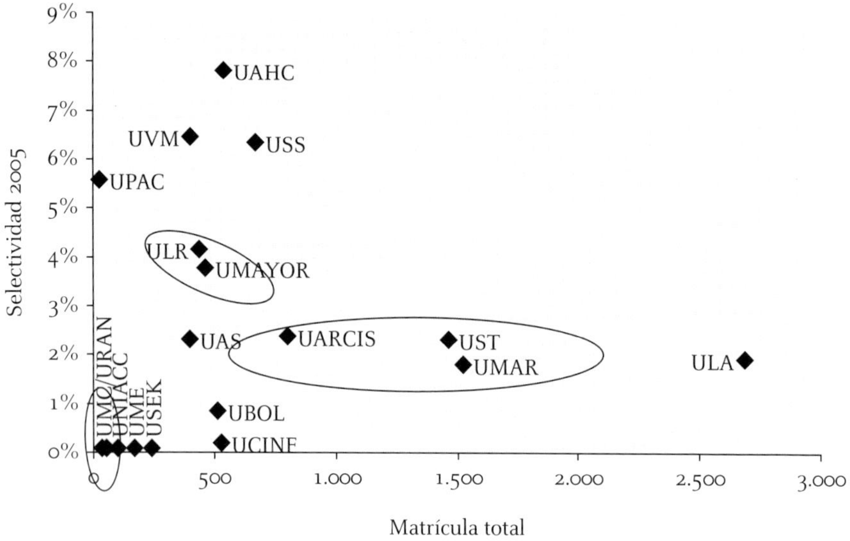

El mercado de baja o nula selectividad para la formación de psicólogos, ya dijimos, ha alcanzado un grado importante de masificación de la matrícula. En él compiten por alumnos, dentro y fuera de sus mercados de origen, las carreras de las universidades de las Américas (la más grande del país, con una matrícula total de 2.700 alumnos el año 2005), del Mar, Santo Tomás y Arcis.

En una franja levemente superior de selectividad, compiten en el Mercado Metropolitano las universidades Mayor y La República.

Y en el ángulo de mayor vulnerabilidad estratégica aparecen tres universidades con menos de 100 alumnos cada una junto a otras dos, un poco a su derecha, con menos de 250 alumnos cada una.

En cambio, muestran un desempeño más alto en la escala de selectividad la Universidad Academia de Humanismo Cristiano en la zona metropolitana, la Universidad San Sebastián en la parte sur del país y la Universidad de Viña del Mar en el Mercado Litoral.

Medicina

Mapa de posicionamiento: carrera de medicina
(Carreras con un índice de selectividad especialmente alto, tramos 4 y 5 para el cálculo del aporte fiscal indirecto, AFI)

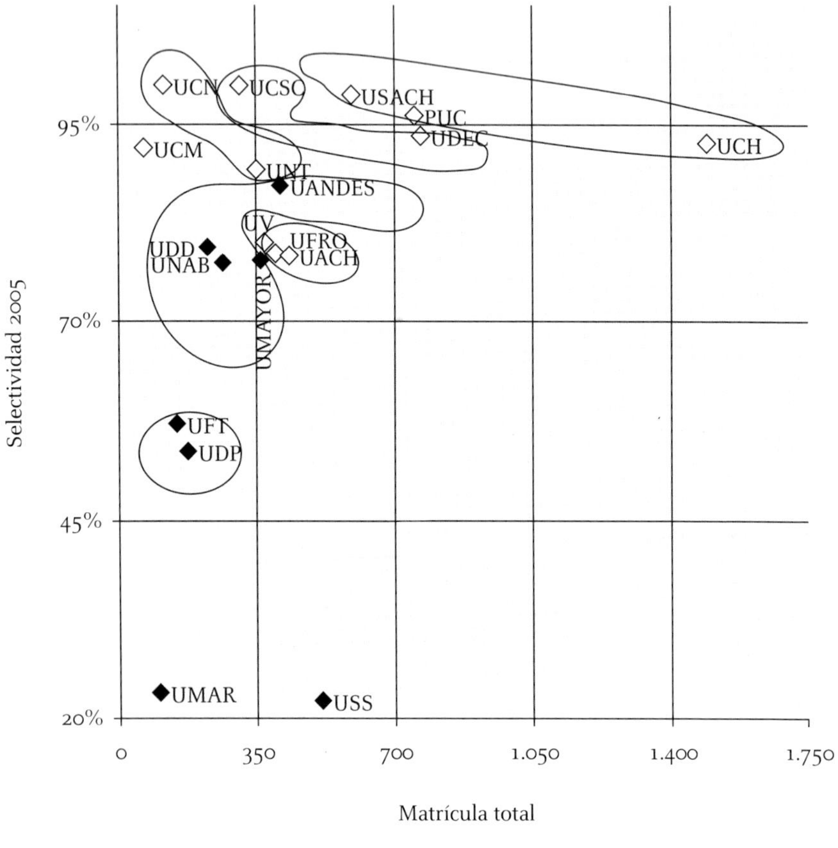

El mercado de pregrado de formación de médicos es el que muestra, en promedio, un cuadro más homogéneo en cuanto a la captación de alumnos CMP entre las universidades que en él participan. De allí que se haya optado en este caso por elevar el estándar y que el mapa de posicionamientos competitivos considere exclusivamente el universo de alumnos más aventajados entre los alumnos CMP.

Hecho este ajuste, puede observarse que las tres escuelas de medicina que compiten en el Mercado Metropolitano se hallan en un mismo nivel de selectividad, aunque la de la UCH opera con un volumen superior a las otras dos.

En la ciudad de Concepción muestran un alto grado de afinidad competitiva las universidades de Concepción y Católica de la Santísima Concepción. En la parte norte del Mercado Centro Sur actúa, sin competidor, la UCM.

En la zona norte del país compiten en Antofagasta, con similares niveles selectivos, las universidades Católica del Norte y de Antofagasta y, en el Mercado Austral, las universidades de La Frontera y Austral de Chile.

En el Mercado Litoral ocupa la posición dominante la Universidad de Valparaíso, que en este caso no encuentra la habitual competencia de la PUCV y la UTFSM.

Dos universidades privadas metropolitanas –las universidades del Desarrollo y Nacional Andrés Bello– aparecen en un espacio común de competencia y, un poco más abajo en términos de esta selectividad exigente, las universidades Finis Terrae y Diego Portales.

En la parte más baja de la alta selectividad se encuentran dos universidades: la Universidad San Sebastián, que compite con la Universidad de Concepción en Concepción y con la Universidad Austral de Chile más hacia el sur, y la Universidad del Mar, con escuelas de medicina localizadas en el Mercado Litoral y en el Mercado Norte (en la ciudad de Iquique).

Odontología

Mapa de posicionamiento: carrera de odontología

(Carreras con un índice de selectividad especialmente alto, tramos 4 y 5 para el cálculo del Aporte Fiscal Indirecto, AFI)

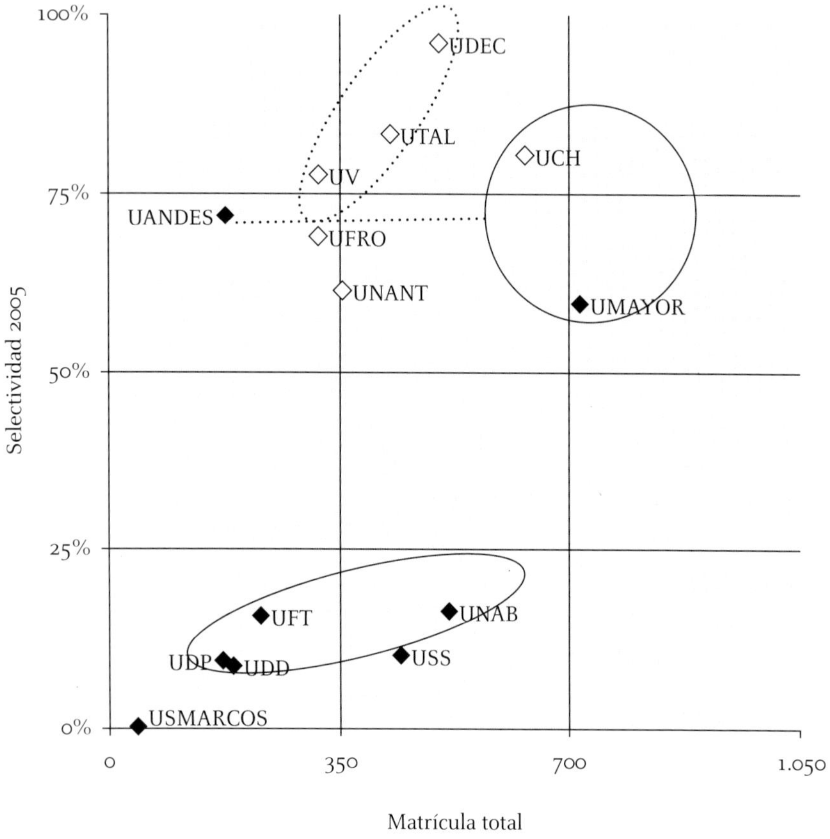

Para el análisis de posicionamiento de las carreras de odontología empleamos el mismo estándar exigente que para las carreras de medicina.

Se trata de un mercado de alrededor de 5.000 alumnos, donde en el Mercado Metropolitano compiten arriba, y en escala, las universidades de Chile y Mayor y, abajo, en un espacio de carreras de tamaño intermedio y menor selectividad, un grupo de universidades privadas nuevas: Nacional Andrés Bello, del Desarrollo, Diego Portales y Finis Terrae.

La restante universidad que ofrece la carrera en el Mercado Metropolitano (de los Andes) tiene un nivel más elevado de selectividad y un espacio relativamente asegurado de crecimiento debido a la no presencia de la PUC en la oferta de esta carrera.

La zona sur muestra una agrupación de carreras altamente competitivas de odontología radicadas en Concepción, Talca y Temuco. Además, participan en este mercado dos instituciones con menores niveles de selectividad: Universidad San Sebastián y Universidad de San Marcos.

En la zona norte, la única carrera de odontología que se ofrece en la actualidad pertenece a la Universidad de Antofagasta

Educación de párvulos

Mapa de posicionamiento: carrera de educación de párvulos
(Carreras con un índice de selectividad >10%)

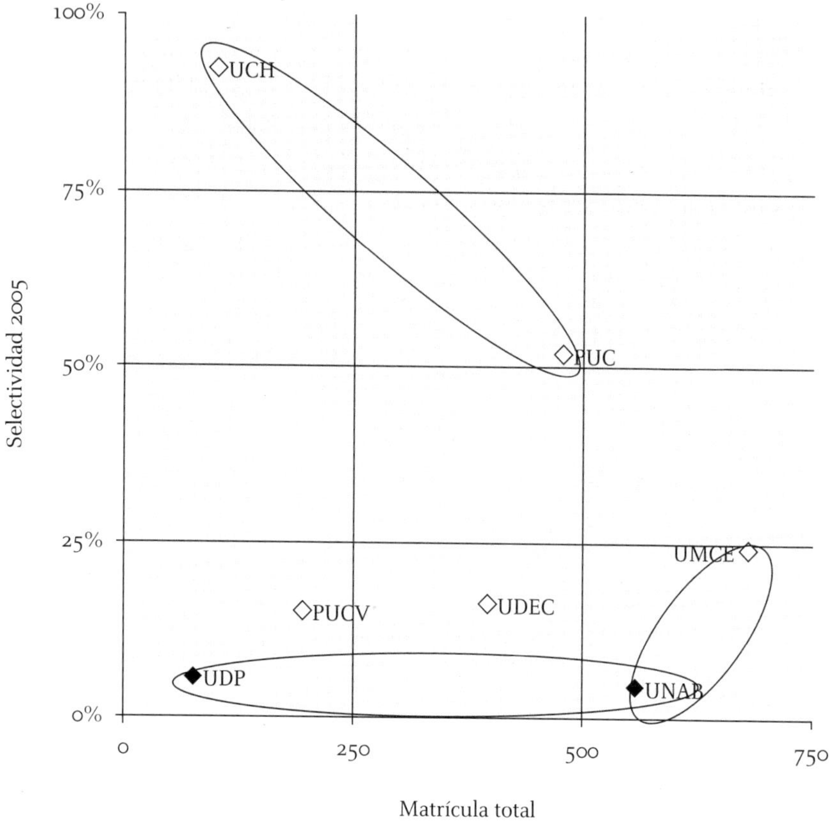

Para el análisis de este mercado hemos procedido a reducir el umbral de selectividad, dado que sólo unas pocas universidades, como muestra este gráfico, compiten por alumnos CMP. Aun bajo este criterio, este mercado no alcanza a 2.500 alumnos, mientras que el mercado no selectivo reúne a más de 8.000 alumnos.

Las carreras correspondientes a la UCH y la PUC ocupan la parte alta de este mercado en la Región Metropolitana, mientras que, en un espacio de menor selectividad pero mayor escala, compiten las universidades Metropolitana de Ciencias de la Educación y Nacional Andrés Bello, que supera por siete veces la matrícula de su competidora hacia la izquierda en el mapa (UDP).

Las otras dos carreras que se ofrecen en este mercado ocupan las posiciones dominantes en los Mercados Centro Sur y Litoral.

Mapa de posicionamiento: carrera de educación de párvulos

(Carreras con un índice de selectividad <5 %)

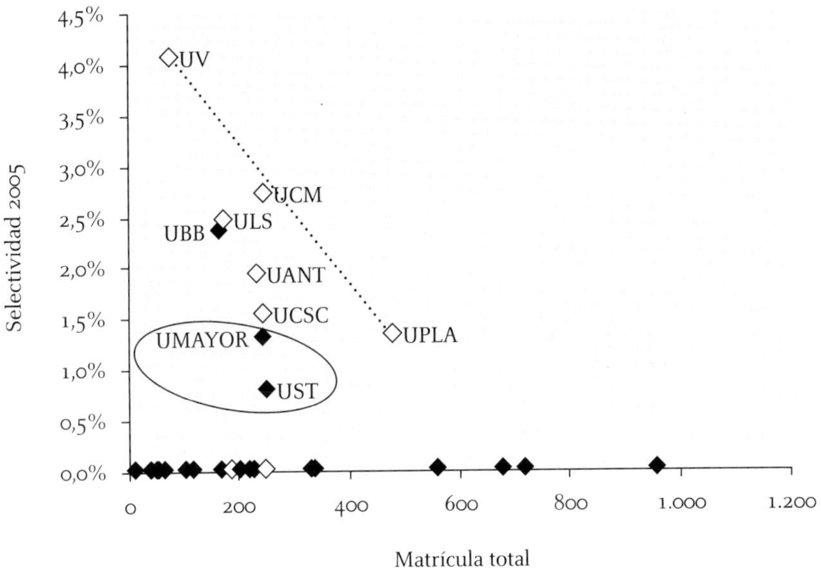

Éste es un mercado caracterizado por una alta dispersión de proveedores. Hay 31 carreras en esta parte menos selectiva del mercado, 22 de las cuales tiene un índice de selectividad igual a cero, de las cuales un número significativo posee, en promedio, menos de 250 alumnos cada una.

El gráfico muestra las pocas universidades que resaltan en este mercado, las cuales se hallan situadas en diferentes zonas geográficas, con la excepción de las dos que compiten en el Mercado Litoral y las dos que lo hacen en el Mercado Metropolitano.

Educación básica

Mapa de posicionamiento: carrera de educación básica
(Carreras con un índice de selectividad >10 %)

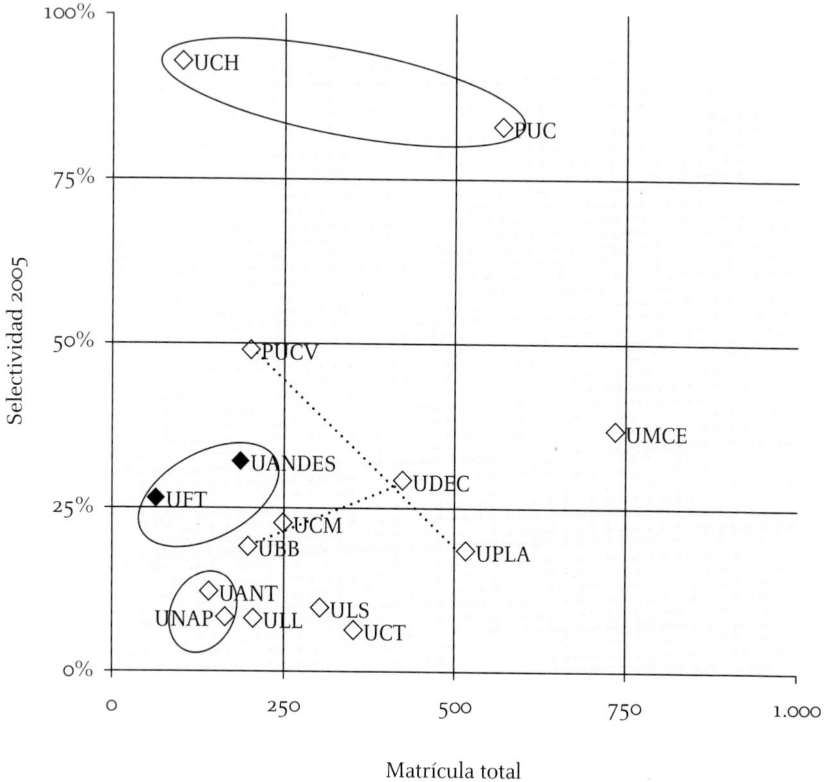

También en este caso usamos el umbral reducido de selectividad, que muestra a quince universidades compitiendo por alumnos en un mercado cuyo volumen de matrícula total alcanza un poco más de 12.000 alumnos y cerca de 4.500 en esta parte del mercado de mayor selectividad (>5%).

La PUC y la UCH logran una buena posición en este mercado y dominan el segmento de mayor selectividad.

En una franja intermedia se halla situada la PUCV, que domina en el Mercado Litoral, desplazando más hacia abajo a la universidad pedagógica especializada de la V Región (UPLA).

En el Mercado Metropolitano, en tanto, la otra universidad especializada (UMCE) controla la zona de estrategias de volumen, con un grado de selectividad que viene creciendo durante los últimos años.

En este mismo mercado, con tamaños menores, compiten dos universidades privadas nuevas: de los Andes y Finis Terrae.

En el Mercado Norte, las universidades de Antofagasta y Arturo Prat se hallan en un mismo espacio de competencia, que resulta morigerada por el hecho de que cada una se orienta a satisfacer la demanda de sus respectivos mercados locales.

Mapa de posicionamiento: carrera de educación básica (Carreras con un índice de selectividad <5 %)

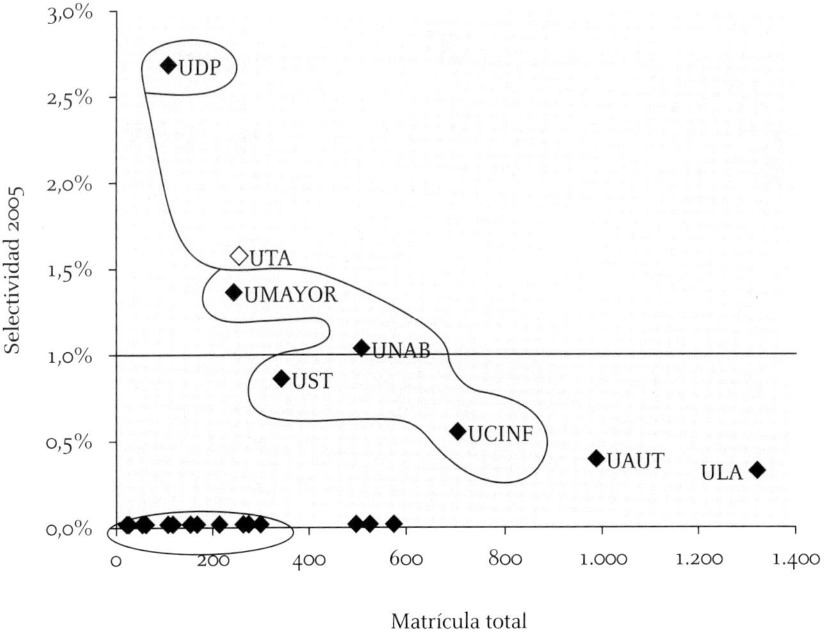

En su parte menos selectiva, el mercado de formación de profesores de educación básica contempla la participación de 23 universidades, de las cuales 19 tienen un nivel de selectividad igual a 1 por ciento o menos, mientras las 4 restantes se ubican en una estrecha franja entre 1,01 y 2,7 por ciento, en el caso de la UDP.

Todas estas universidades son privadas nuevas y compiten en el Mercado Metropolitano.

Caso aparte es el de la carrera de pedagogía básica de la Universidad de Atacama, que en el norte tiene un mercado local (en la ciudad de Copiapó) protegido de la competencia, aunque últimamente se han instalado allí sedes de algunas instituciones privadas.

Por volumen, las tres principales instituciones formadoras de profesores básicos en Chile son hoy las universidades de las Américas, Autónoma del Sur y de Ciencias Informáticas, las tres incluidas en este mapa.

Ingeniería civil industrial

En el caso de los programas que participan en el mercado de enseñanza de pregrado de ingenieros civiles industriales es necesario distinguir dos situaciones de oferta: aquella que se refiere a los planes comunes de formación de ingenieros que proporcionan algunas universidades y la de los programas de ingeniería civil industrial propiamente.

Mapa de posicionamiento: planes comunes de ingeniería
(Carreras con índices de selectividad de 0 a 100%)

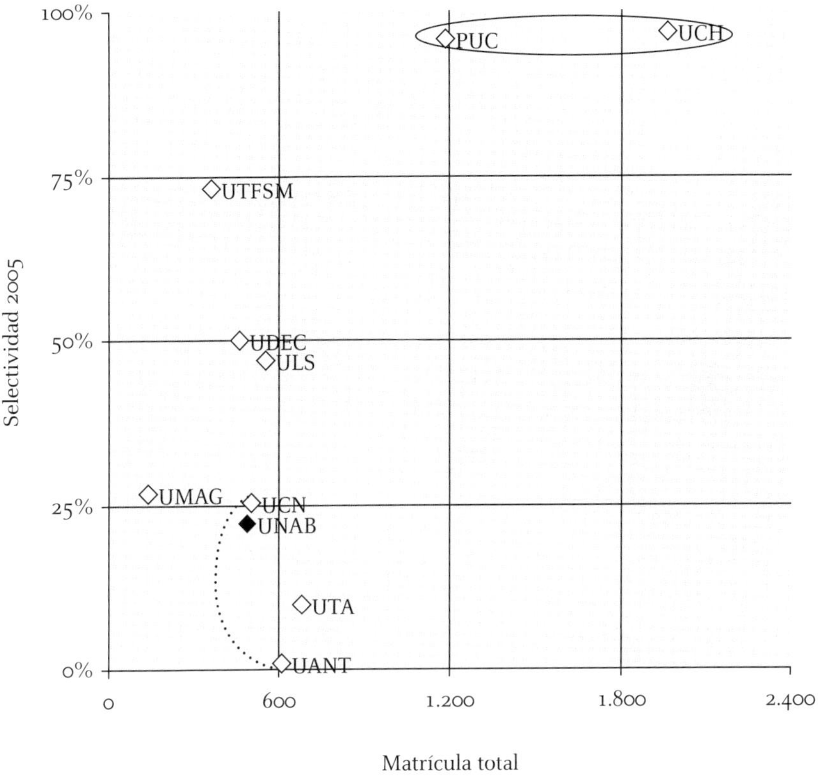

Este gráfico muestra un neto predominio de la UCH y la PUC en el Mercado Metropolitano, en dos diferentes posiciones de volumen, pero muy distantes ambas de las demás universidades que operan en este mismo ámbito de oferta en la ciudad de Santiago.

También en los demás mercados regionales aparecen universidades que ofrecen planes comunes de ingeniería civil, con diferentes niveles de selectividad.

En el Mercado Litoral, la UTFSM tiene una posición consolidada, al igual que la UDEC en el Mercado Centro Sur y, en niveles menores de selectividad, la ULS en la Región de Coquimbo, la UMAG en Punta Arenas, la UCN en la Región de Antofagasta –donde también participa la UANT– y la UTA en la Región de Atacama.

Mapa de posicionamiento: carrera de ingeniería civil industrial
(Carreras con un índice de selectividad >10%)

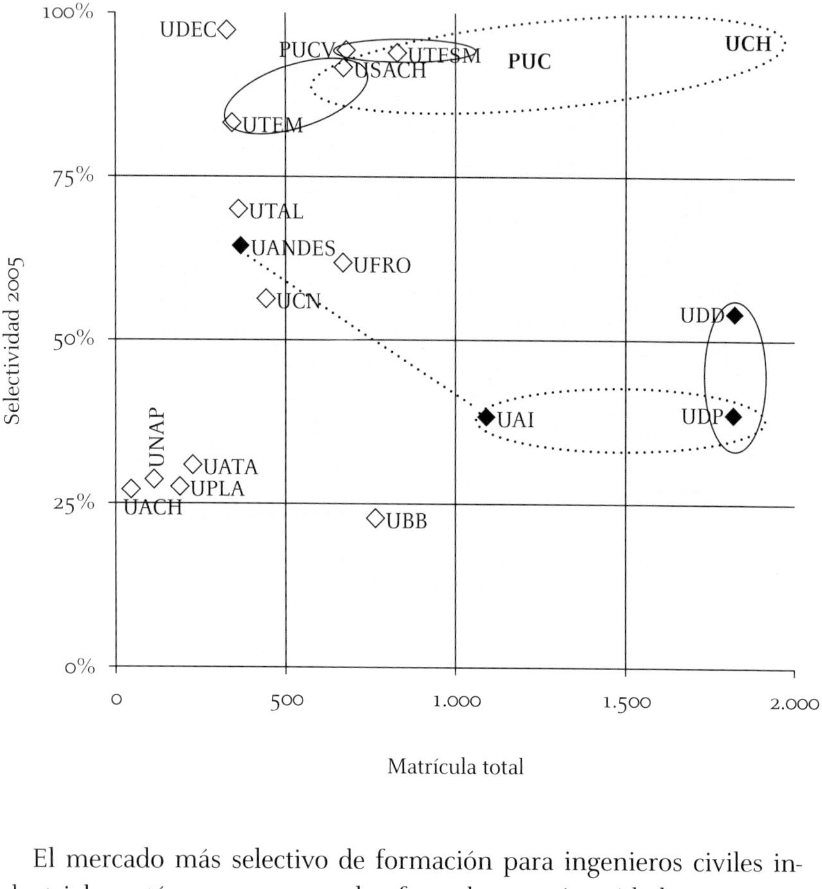

El mercado más selectivo de formación para ingenieros civiles industriales está compuesto por la oferta de 17 universidades y un universo de matrícula total de cerca de 10.000 alumnos que, al agregar los alumnos de planes comunes, se eleva a una cifra superior a los 16.500 alumnos.

Hay varios focos de competencia más intensa, especialmente en el segmento más alto de alumnos CMP.

En el Mercado Litoral compiten lado a lado la PUCV y la UTFSM y, en el Mercado Metropolitano, la USACH y la UTEM, ambas bajo la presión de las dos universidades dominantes, la UCH y la PUC, que a manera de referencia hemos incluido en la parte extrema derecha según la posición competitiva de sus planes comunes (ver gráfico anterior).

En el nivel intermedio se hallan bien posicionadas en sus respectivos mercados locales las universidades de Talca, de La Frontera y Católica del Norte, igual que en un segmento inferior, y de menor volumen, las universidades de Atacama y Arturo Prat. En cambio, en este último segmento, las universidades de Playa Ancha y Austral de Chile deben hacer frente a las instituciones que en sus respectivos mercados ocupan las posiciones dominantes.

Finalmente, existe un foco de competencia entre universidades privadas nuevas, el más marcado entre las universidades del Desarrollo y Diego Portales, en el lado del mayor volumen, y entre la Universidad Adolfo Ibáñez y la Universidad de los Andes en los tramos de tamaño medio y pequeño.

Mapa de posicionamiento: carrera de ingeniería civil industrial
(Carreras con un índice de selectividad <10 %)

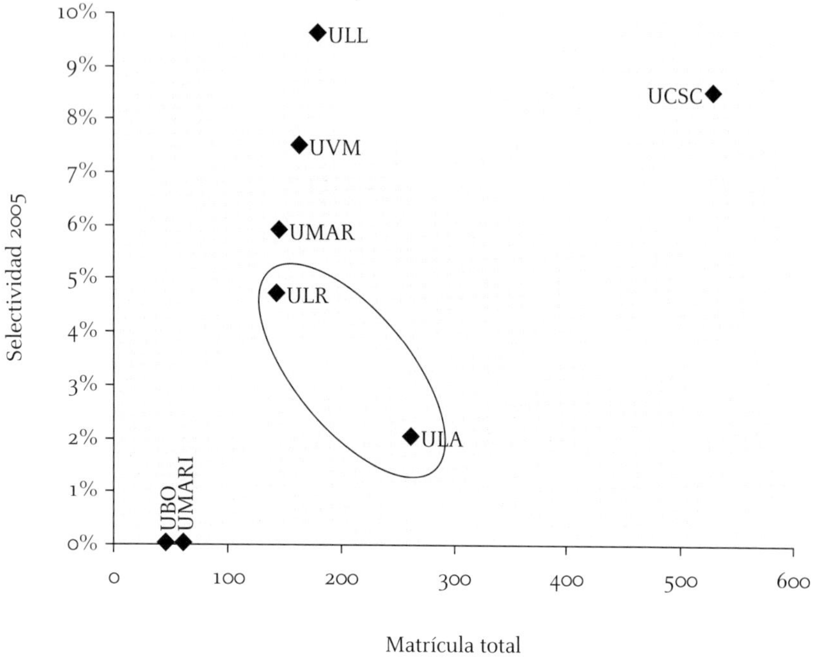

En el segmento de nula o baja selectividad del mercado de formación de ingenieros civiles industriales participan ocho universidades, todas ellas privadas nuevas, localizadas en distintos mercados regionales (Austral, Centro Sur, Metropolitano y Litoral), dos de las cuales tienen un índice de selectividad inferior a 1 por ciento.

Hay zonas probables de competencia, por un lado, entre las universidades La República y de las Américas. Por el otro, las dos universidades situadas en el límite superior de selectividad de este gráfico (ULL y UCSC) enfrentan la competencia de las universidades mejor posicionadas en los respectivos mercados locales y regionales que se muestran en el gráfico anterior.

Ingeniería civil comercial

Mapa de posicionamiento: carrera de ingeniería comercial
(Carreras con un índice de selectividad >10%)

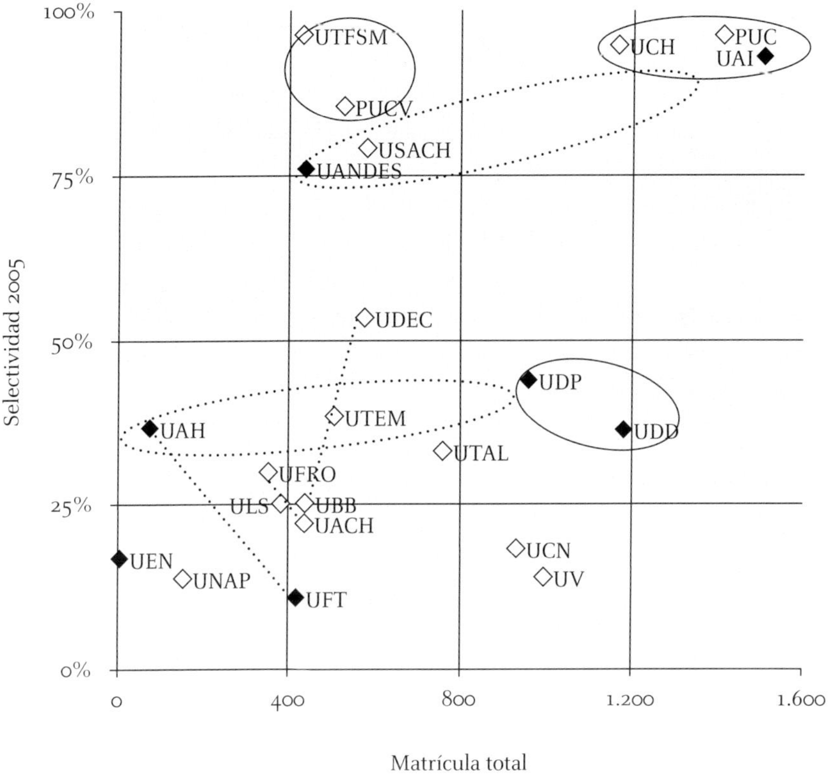

Este mercado, densamente poblado y uno de los de mayor intensidad competitiva, está compuesto por 22 instituciones que ofrecen programas de ingeniería comercial.

En la parte más alta y de mayor escala de operaciones del mercado compiten por los alumnos CMP la PUC, la UAI y la UCH, que sirven aquí de blanco competitivo para las dos instituciones que aparecen como contendientes más cercanos: la USACH y la Universidad de los Andes.

En el Mercado Litoral existe también una zona de intensa competencia en el caso de esta carrera, entre la UTFSM y la PUCV, a las que se agrega la UAI mediante su sede en dicho mercado.

En la franja intermedia de selectividad, aparecen la UDEC y la UTAL, cada una en control de sus respectivos mercados locales, con la UBB en posición de contendiente en la ciudad de Concepción.

En el Mercado Metropolitano, dentro de este segmento, compiten próximamente la UDP y la UDD y, en la misma banda de selectividad pero con menor tamaño, aparecen la UTEM y la UAH y, más abajo en selectividad, la UFT.

En el Mercado Austral compiten la UFRO y la UACH, pero cada una tiene su nicho de preferencia en los respectivos mercados locales de Temuco y Valdivia. También en el Mercado Norte los programas allí ofrecidos se ubican en este último segmento, pero protegidos por su entorno más próximo de demanda, como ocurre en los casos de las universidades del Norte y de La Serena.

Mapa de posicionamiento: carrera de ingeniería comercial
(Carreras con un índice de selectividad <10 %)

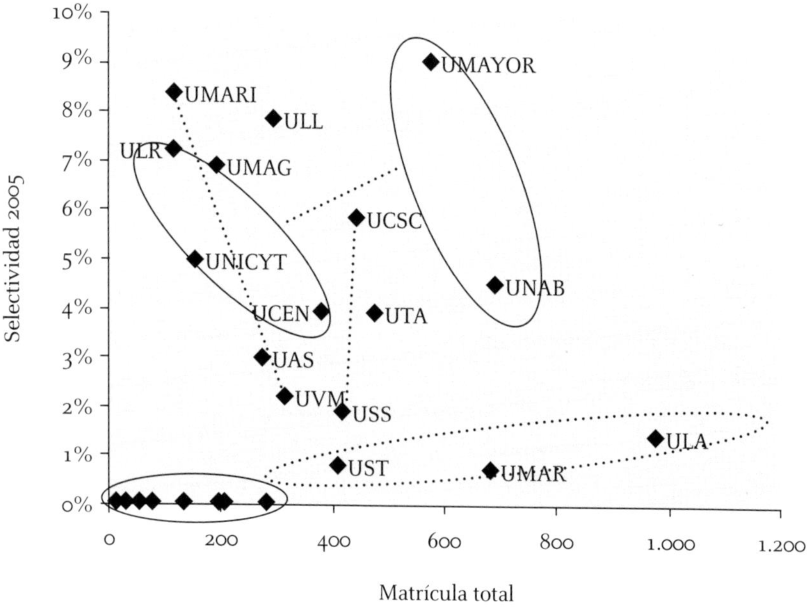

También en el mercado de formación de ingenieros comerciales de baja o nula selectividad (índice de selectividad de 10 por ciento o menos) existe una intensa competencia por alumnos. Participan 25 universidades en un universo de matrícula total de 7.500 alumnos.

En el ángulo inferior izquierdo, pegadas al piso, aparecen las carreras con un índice de selectividad inferior a 1 por ciento, donde se ubican, de izquierda a derecha según el tamaño de menor a mayor de sus operaciones en este mercado, las universidades de Rancagua, Bolivariana, Academia de Humanismo Cristiano, Internacional Sek, Adventista de Chile, Bernardo O'Higgins, del Pacífico, Católica Cardenal Silva Henríquez y Mariano Egaña, todas con menos de 400 alumnos de matrícula total en este carrera.

Un poco más arriba aparecen los operadores de tamaño mediano y grande que compiten en el Mercado Metropolitano (UST, UMAR y ULA) y/o en otros mercados regionales a través de sus sedes. En el Mercado Metropolitano compiten, asimismo, en un segmento de menor escala, las universidades La República, Iberoamericana de Ciencias y Tecnología, y Central de Chile.

Por último, en el Mercado Centro Sur, con foco en Concepción, se enfrentan las universidades de la Santísima Concepción y San Sebastián, en tanto que en el Mercado Litoral concurren en este segmento bajo del mercado las universidades Marítima y de Viña del Mar.

Parte IV

Visión de la elite académica sobre el mercado universitario y sus dinámicas

Introducción

Esta última parte da cuenta de la visión –opiniones, percepciones e interpretaciones– que las autoridades universitarias chilenas poseen sobre el estado actual de nuestra educación superior. En particular, su visión frente a la operación del mercado universitario de enseñanza de pregrado en torno a un conjunto de variables fundamentales de su estructura, comportamiento estratégico de las instituciones y desempeño del sistema[488].

Con este propósito se realizó una encuesta *online* al personal superior de dirección de las universidades chilenas a nivel de instituciones, facultades, escuelas y carreras, y departamentos, abarcando los diferentes tipos de instituciones[489] (estatales, privadas tradicionales y derivadas de ellas, y privadas nuevas) que actúan en cada uno de los mercados regionales identificados anteriormente. Se trata, pues, del universo que compone la elite académico-administrativa del sistema, con responsabilidades de conducción y gestión de los asuntos institucionales y, en el caso de las autoridades superiores, con voz e influencia en el debate público sobre las políticas de educación superior.

Las principales variables sometidas a escrutinio mediante la encuesta aplicada son las siguientes:

• Cuáles son, en opinión de esta elite, los principales cambios ocurridos en el sistema de educación superior durante los últimos 25 años,

488 Sobre el esquema de estructura-comportamiento-desempeño, véase, en la parte I, la sección "Conclusión".

489 En esta última parte del informe se empleará la nomenclatura de universidades pertenecientes al Consejo de Rectores de las Universidades Chilenas (Cruch), que incluye a las universidades estatales y privadas tradicionales y derivadas de ellas, por un lado, y a las universidades privadas para referirse a aquellas creadas con posterioridad a 1980.

en los aspectos de estructura, financiamiento y organización de las instituciones.

• Cómo evalúan las autoridades universitarias dichos cambios.

• Qué elementos de estrategia competitiva emplean las universidades en el mercado de la enseñanza de pregrado y cuáles son los objetivos más importantes que esperan alcanzar dentro de este mercado y, en general, en relación a las principales funciones universitarias.

• Cómo perciben las autoridades universitarias los cambios ocurridos en el plano de la gestión universitaria, particularmente en aquellas dimensiones que pudieran haber sido afectadas por las ideas y prácticas del *new public management*[490].

• Cuál es la visión del personal directivo de las universidades sobre las políticas gubernamentales dirigidas a su sector y sobre el rol del Estado en el sistema universitario, en especial en las áreas de información, aseguramiento de la calidad, financiamiento y demás regulaciones del mercado universitario[491].

• Cómo perciben las autoridades universitarias los cambios ocurridos al interior de sus instituciones en diversos aspectos del gobierno, la administración y los servicios de la organización.

• Qué opinión tienen sobre diferentes enunciados que circulan en la esfera de la opinión pública en relación al mercado universitario y sus efectos sobre el desempeño del sistema y las instituciones.

• Qué grado de probabilidad atribuyen a diferentes tendencias de desarrollo del sistema.

• Cuáles son las preferencias de este grupo directivo sobre diversas opciones de política pública para el sector de la educación superior.

Estudios como éste, basados en técnicas cuantitativas de recolección y análisis de opiniones del personal directivo universitario, son utiliza-

[490] A este respecto, ver, en la parte I, la sección "Las líneas de investigación sobre efectos del mercado en el comportamiento y adaptación de las instituciones", en particular la subsección "La nueva gobernabilidad", y la nota 252.
[491] Sobre las regulaciones públicas del mercado, ver, en la parte II.A., la sección "Mercadización en la educación superior chilena".

dos con relativa frecuencia en otras partes del mundo[492], pero, según nuestra información, no tienen precedente en Chile, lo que subraya el necesario carácter exploratorio de este primer esfuerzo.

Esta parte está organizada de la siguiente forma:

En el primer capítulo se presenta y discute la metodología empleada; se describe la población objetivo y la cobertura de la encuesta, y se abordan varios aspectos metodológicos relacionados con la aplicación de encuestas *online*.

El segundo capítulo presenta y analiza los resultados de la encuesta. Parte por las estadísticas descriptivas, mostrando los principales resultados en torno a las cuestiones arriba señaladas. Luego construye y aplica una escala de medición para evaluar el grado de crítica de la elite académico-administrativa al sistema universitario en el orden de su organización, financiamiento y tendencias de desarrollo. Por último se procede a evaluar la consistencia de las respuestas ofrecidas por los encuestados en términos de su mayor o menor cercanía con las transformaciones experimentadas por los mecanismos de coordinación del sistema –el desplazamiento hacia el mercado[493]– y con las políticas públicas aplicadas al sector.

Al final se acompañan varios anexos que incluyen información detallada sobre la gestión de la encuesta, sus resultados, los tests de escala aplicados y el cuestionario administrado.

[492] Véase, por ejemplo:
P. J. Goldstein, "The Future of Higher Education: A view from Chema"; The Council of Higher Education Managemnt Associations, 2006. Disponible en: http://www.appa.org/files/pdfs/appa39a_screenopt.pdf
W. G. Tierney, "Systemic Responsiveness in Tertiary Education: an Agenda for Reform", en OECD, *Higher Education Management and Policy*, vol. 16, Nº 2, 2004. Disponible en: http://www.uni-mb.si/dokument.aspx?id=9125
R. Deem et al., "Managing Contemporary UK Universities – Manager-academics and New Manageralism", op. cit., 2003.

[493] Ver la parte I, en particular la sección "El enfoque del análisis organizacional en contexto", y la parte II.A.

Aspectos metodológicos

Población objetivo

La población objetivo de la encuesta es el personal superior de las universidades de nivel institucional (rectores, prorrectores, vicerrectores y demás cargos de rectoría), de facultades (decanos, vicedecanos y demás cargos de la decanatura), de escuelas y carreras (directores y jefes de áreas) y de departamentos (jefes de departamento), incluyendo un grupo de académicos que han ocupado cargos directivos en algunos de los niveles mencionados.

Oportunidad y cobertura

La encuesta fue aplicada *online* entre el 5 de septiembre y el 21 de octubre del año 2006. Previamente, durante el mes de agosto, se realizó un piloto a partir del cual se realizaron algunas correcciones y ajustes al instrumento.

Inicialmente se envió un correo electrónico a 3.677 personas, cuyos datos de contacto fueron obtenidos mediante la *Guía Silver*. La invitación a responder se efectuó a toda la población objetivo mediante una carta invitación que contenía un link directo al formulario en línea que contenía el cuestionario. Paralelamente se actualizó la información de contacto para el caso de algunas universidades utilizando directorios institucionales disponibles en internet. Finalmente se realizaron tres invitaciones sucesivas a responder el cuestionario.

Los datos de gestión del proceso se muestran en el gráfico 1.

Gráfico 1. Estadísticas de gestión de la encuesta

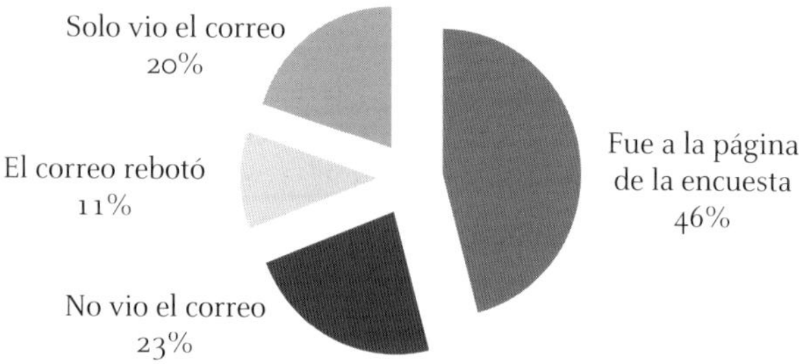

Por su parte, el cuadro 1 muestra una síntesis de las estadísticas de respuesta. Si se focaliza la atención en quienes entraron a la página y vieron el formulario, se tiene que la tasa de respuesta fue de un 32 por ciento.

Cuadro 1. Respuestas obtenidas

Envío	Invitaciones enviadas (correo) (1)	Solo vieron el correo (2)	Vieron el correo y fueron a la página de la encuesta (3)	Respuestas obtenidas	Tasa de respuesta sobre (1)	Tasa de respuesta sobre (2)	Tasa de respuesta sobre (3)
Total	3.677	2.428	1.708	548	15%	23%	32%

El anexo A contiene un análisis detallado de otros aspectos metodológicos que deben ser considerados. En particular, se abordan allí las características propias de una encuesta *online*, el tipo de encuesta aplicada y las tasas de respuesta de diferentes subgrupos, además de una aproximación del error de no respuesta.

De cualquier forma, como ya se señaló, esta encuesta es el primer esfuerzo de investigación que se hace en Chile en este orden de estudios, y constituye por lo mismo un importante insumo para futuras investigaciones en la materia. Dichas investigaciones debieran considerar previamente procedimientos para obtener un mejor marco muestral y alguna forma de contacto previo con los encuestados que permita aumentar las tasas de respuesta.

Análisis de resultados

La presente sección se compone de tres partes. La primera considera el tratamiento de estadísticas descriptivas; es decir, distribuciones y cruces de variables de opinión con variables de identificación relevantes. La segunda parte construye una escala de actitud, del tipo Likert de siete categorías de respuesta, que muestra la posición de los entrevistados con respecto al estado actual de la educación superior en Chile. Dicha escala, a la cual se aplicarán las pruebas de consistencia interna requeridas, será cruzada con variables categóricas de identificación y con algunos ítems de opinión, buscando asociar variables que den cuenta de las diferencias de opinión respecto a la introducción del mercado como mecanismo de coordinación en la educación superior chilena. Finalmente, en la tercera parte, se busca establecer los niveles de consistencia entre prácticas declaradas y las opiniones emitidas por los encuestados.

Estadísticas descriptivas

Variables de identificación

El 75 por ciento de los encuestados son hombres, mientras que el restante 25 por ciento son mujeres. La distribución regional es de un 43,2 por ciento en la Región Metropolitana, un 13,1 por ciento en la V Región y un 10,4 por ciento en la VIII Región, distribuyéndose el resto entre las demás regiones del país.

El 56,2 por ciento de los encuestados se desempeña en una universidad del Consejo de Rectores de las Universidades Chilenas (Cruch) y el restante 43,2 por ciento en instituciones privadas. En estas últimas, un 76 por ciento se desempeña en Santiago y un 24 por ciento en regiones, lo cual es consistente con la distribución de la matrícula de las universidades privadas: 73 por ciento en la Región Metropolitana y 27 por ciento en las demás regiones. Por el contrario, la mayoría de los encuestados de universidades del Cruch es de regiones: 75 por ciento, versus 25 por ciento de la Región Metropolitana.

En cuanto a la distribución por edades, un 19,3 por ciento tiene hasta 40 años, un 31 por ciento entre 41 y 50 años, un 34 por ciento entre 51 y 60 años, y un 15,7 por ciento más de 60 años.

Un 41,6 por ciento de los encuestados lleva menos de diez años trabajando en su institución de afiliación actual y un 41,8 por ciento lleva más de quince años. Quienes llevan cinco años o menos trabajando en la institución constituyen un 19 por ciento de los encuestados.

Por último, un 25,8 por ciento practica disciplinas de las ciencias sociales (incluyendo economía), un 13,1 por ciento tiene formación disciplinaria de ingeniería y tecnología, un 11,6 por ciento en ciencias básicas y un 9,5 por ciento en disciplinas humanísticas. Finalmente, un

8,6 por ciento corresponde a autoridades de nivel central, un 62,6 por ciento a autoridades de facultades y un 25,3 por ciento a autoridades departamentales y académicos (ver detalles en el anexo B)

Importancia atribuida a los cambios en la educación superior

De entre los cambios *estructurales* ocurridos en el sistema durante los últimos 25 años, se considera que los más importantes son la acreditación voluntaria de programas e instituciones, la participación de los privados en la educación superior y el aumento de la competencia entre las instituciones. Hay diferencias significativas, sin embargo, en cuanto al grado de importancia otorgado a estos cambios por las autoridades académicas de universidades del Cruch y de universidades privadas. Las autoridades de universidades del Cruch otorgan mayor relevancia a la acreditación (un 72,5 por ciento) que las autoridades de universidades privadas (65 por ciento). Por su parte, estas últimas resaltan en mayor grado la importancia de su propio sector y el factor competencia (81,7 y 68,8 por ciento, respectivamente, lo mencionan).

Gráfico 2. Cambios estructurales ocurridos en el sistema desde 1980 considerados más importantes

3 cambios identificados como los más importantes por origen institucional de directivos consultados (porcentaje de directivos que los mencionan)

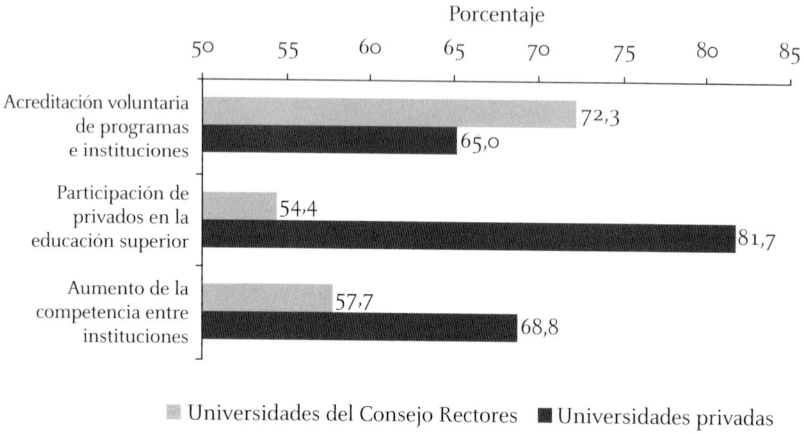

Fuente: UAI - Proyecto Fondecyt N° 1050138, 2006.

De los siguientes cambios ocurridos en el sistema de educación superior desde 1980, ¿cuáles considera usted que son los *3 cambios estructurales* de mayor importancia? Márquelos en la casilla Seleccionar y luego coloque 1 al que usted considera más importante, 2 al siguiente y 3 al último.

En cuanto a los cambios *institucionales* de mayor importancia, el primer lugar lo ocupa la profesionalización de la gestión universitaria (76,2 por ciento de directivos del Cruch y 84,5 por ciento del sector privado). En segundo lugar se considera el papel del Consejo Superior de Educación en el licenciamiento de las nuevas universidades privadas, aunque existe una significativa diferencia en torno a este punto entre autoridades de universidades del Cruch y privadas. En tercer lugar se menciona la internacionalización de las universidades, la que es calificada como de alta importancia por parte de ambos tipos de autoridades.

Gráfico 3. Cambios institucionales ocurridos en el sistema desde 1980 considerados más importantes
3 cambios identificados como los más importantes por origen institucional de directivos consultados (porcentaje de directivos que los mencionan)

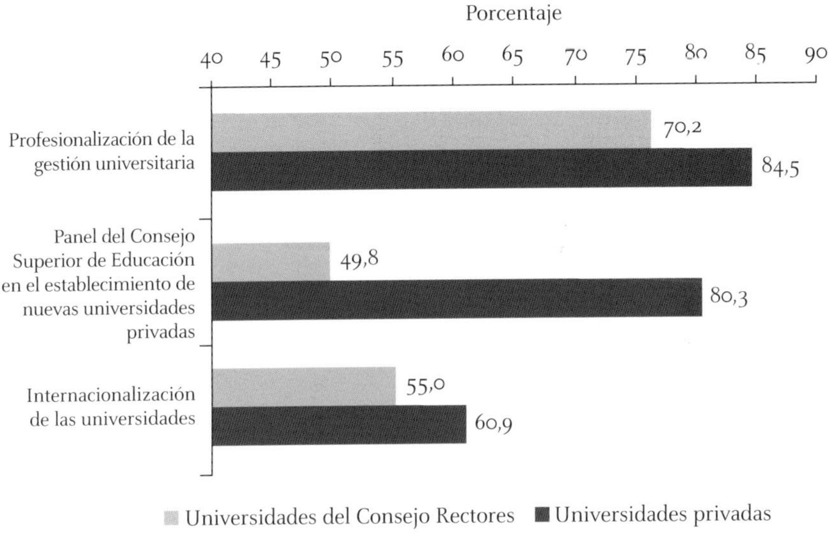

Fuente: UAI - Proyecto Fondecyt N° 1050138, 2006.

> Y de la lista siguiente, ¿cuáles considera usted que son los *3 cambios institucionales* de mayor importancia? Márquelos en la casilla Seleccionar y luego coloque 1 al que usted considera más importante, 2 al siguiente y 3 al último.

Respecto de los principales cambios en el ámbito del *financiamiento* de las universidades (gráfico 4), la mayor importancia se atribuye a la diversificación de las fuentes de financiamiento, que viene impuesta por un gasto público relativamente bajo en la educación superior en comparación con los países desarrollados y por las modalidades de asignación de los recursos públicos empleadas por la política gubernamental[494]. En seguida se considera importante el incremento de los recursos destinados a estudiantes necesitados y, en tercer lugar, la creación de nuevos fondos de investigación, tales como Fondef, Fondap, Milenios,

[494] Ver, en la parte II.A., "Políticas de financiamiento del sistema".

Fonis, Programa Bicentenario de C y T, fondos para proyectos de innovación, etcétera. La mayor importancia atribuida a la investigación es una constante cuando se compara a las universidades del Cruch con las privadas.

Gráfico 4. Cambios en el financiamiento del sistema ocurridos desde 1980 considerados más importantes

3 cambios identificados como los más importantes por origen institucional de directivos consultados (porcentaje de directivos que los mencionan)

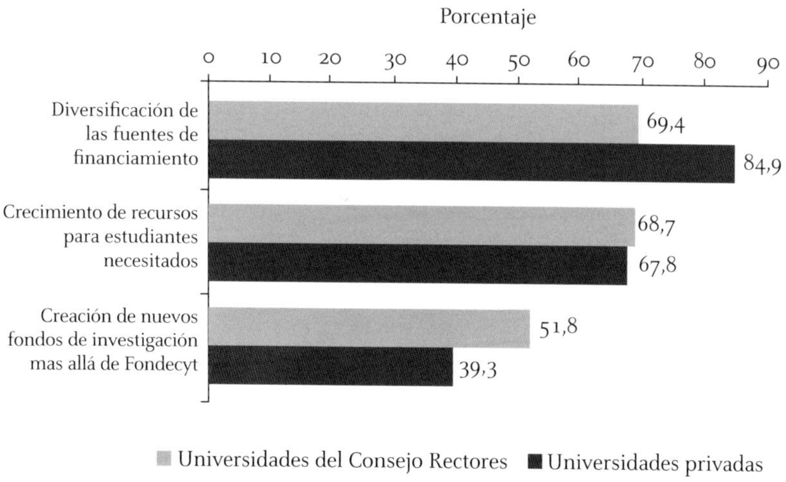

Fuente: UAI - Proyecto Fondecyt N° 1050138, 2006.

Y de los que aparecen en la siguiente lista, ¿cuáles considera usted que son los *3 cambios en el ámbito del financiamiento* de mayor importancia? Márquelos en la casilla Seleccionar y luego coloque 1 al que usted considera más importante, 2 al siguiente y 3 al último.

Valoración de los cambios producidos en la educación superior

En general, los cambios evaluados más positivamente por la elite directiva universitaria son aquellos que representan mayores ingresos para las universidades, ya sea por la vía de becas y créditos estudiantiles o para llevar adelante actividades de investigación. En efecto, más de un

95 por ciento de los encuestados los evalúa positivamente. Asimismo, se evalúan positivamente la profesionalización de la gestión institucional, la acreditación voluntaria, la creación de universidades regionales y el aumento de la competencia entre instituciones. Más de un 75 por ciento evalúa positivamente dichos cambios (ver cuadro completo en el anexo C)

Los tres cambios evaluados más negativamente son la participación estudiantil en el gobierno de las universidades del Cruch (juicio compartido entre las autoridades encuestadas tanto de universidades del Cruch como privadas); el reemplazo de la PAA por la PSU, y el rol del Consejo de Rectores, todos con menos de un 40 por ciento de menciones positivas.

Pensando en los próximos diez años, existe amplio consenso en cuanto a que todas las universidades terminarán presentándose a la acreditación, que las autoridades de las universidades estatales seguirán siendo elegidas por los académicos con participación del estamento estudiantil, que estas mismas universidades tenderán a adoptar modalidades de gestión similares a las empresas, y que disminuirá el número de universidades como resultados de procesos de quiebra, compraventa y fusiones (gráfico 5; información completa en el anexo C).

Gráfico 5. Probabilidad de ocurrencia de ciertos cambios o continuidades durante los próximos 10 años

4 enunciados con mayor número de directivos que consideran probable o muy probable su ocurrencia (en porcentaje)

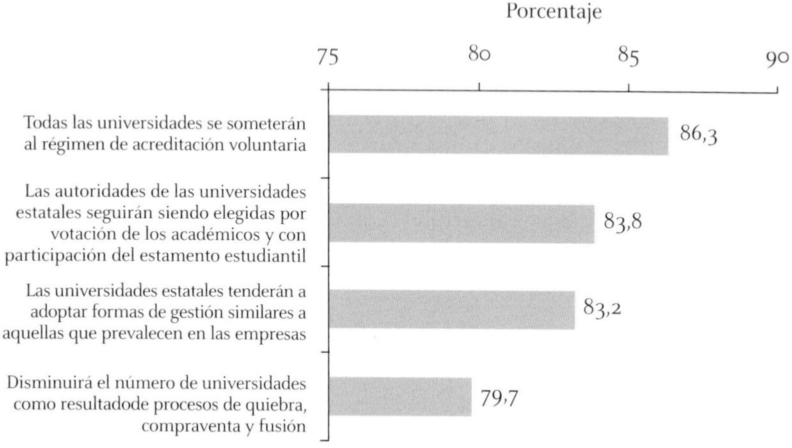

Fuente: UAI - Proyecto Fondecyt N° 1050138, 2006.

Pensando en los próximos 10 años, señale el grado de probabilidad con el que usted cree que ocurrirá cada uno de los siguientes sucesos, considerando lo que usted prevé tenderá a ocurrir, independientemente de su juicio valorativo sobre estos fenómenos.

EVALUACIÓN DE LAS POLÍTICAS PÚBLICAS

Las políticas públicas preferidas por la elite universitaria –entre un amplio abanico de opciones– trasuntan, en general, una preferencia por mayor intervención y regulación gubernamentales. Se piensa que el gobierno debería fijar obligaciones de informar a las universidades, aunque éstas muchas veces no proporcionan información válida; tornar obligatoria la acreditación institucional; legislar en términos convergentes con el Acuerdo de Bolonia, el cual busca transformar la estructura de grados y títulos de la educación superior europea, creando un primer grado de máximo cuatro años de duración y un ciclo de postgrado, académico o profesional, de uno o dos años; y que, en general, el gobierno debería asumir un rol más activo de coordinación y supervisión del sistema universitario (gráfico 6).

Gráfico 6. Grado de acuerdo con diferentes opciones de política pública
Respuestas que reflejan el *mayor grado* de acuerdo, medido en una escala de 1 a 7, donde 1=total desacuerdo y 7=acuerdo total. Considera sólo puntuaciones 5, 6 y 7 (en porcentaje)

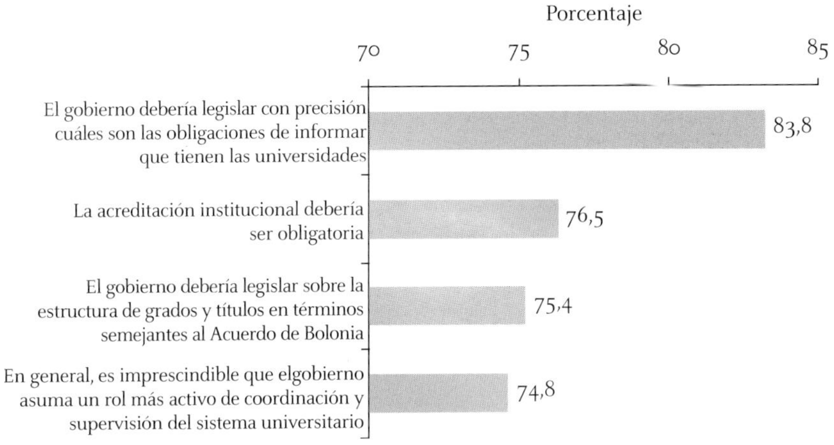

Fuente: UAI - Proyecto Fondecyt N° 1050138, 2006.

Ahora queremos conocer su grado de acuerdo o desacuerdo con cada una de las siguientes opciones de política pública (1=total desacuerdo; 7=acuerdo total).

Las políticas que encuentran un menor grado de adhesión son la fijación de aranceles por parte del gobierno (33 por ciento de acuerdo); una actitud prescindente del gobierno en favor de que el mercado universitario se autorregule (43 por ciento de acuerdo), y la idea de que el Mineduc asuma la atribución de autorizar la creación de nuevas carreras y sedes por parte de las universidades del Cruch (50 por ciento de acuerdo).

A la hora de discutir sobre políticas de educación superior, el tema del papel que cabe jugar al Estado se ubica en el centro de la discusión. La elite académica estima que el gobierno debe evaluar la eficiencia e impacto del uso de los recursos públicos asignados a las universidades. En seguida, que el Estado debe dictar un estatuto que regule la obligación de informar por parte de las instituciones. En tercer lugar, pero con una significativa diferencia entre los encuestados de universidades del Cruch y privadas, se sostiene que los aportes fiscales deberían estar competitivamente disponibles para todas las universidades acreditadas, sin excepción. Esta demanda es intensa en el caso de las universidades privadas pero tiene menos eco entre las universidades del Cruch. Al revés ocurre con el enunciado de que el Mineduc debería considerar como base de sus políticas las recomendaciones del Cruch. Esta idea tiene amplia aceptación entre los académicos adscritos a las universidades de dicho consejo, pero encuentra escaso favor entre los directivos de las universidades privadas (gráfico 7).

Gráfico 7. Grado de acuerdo respecto de las funciones del Estado en la educación superior por origen institucional de los directivos consultados

Respuestas que reflejan el *mayor grado* de acuerdo, medido en una escala de 1 a 7, donde 1=total desacuerdo y 7=acuerdo total. Considera sólo puntuaciones 5, 6 y 7 (en procentaje)

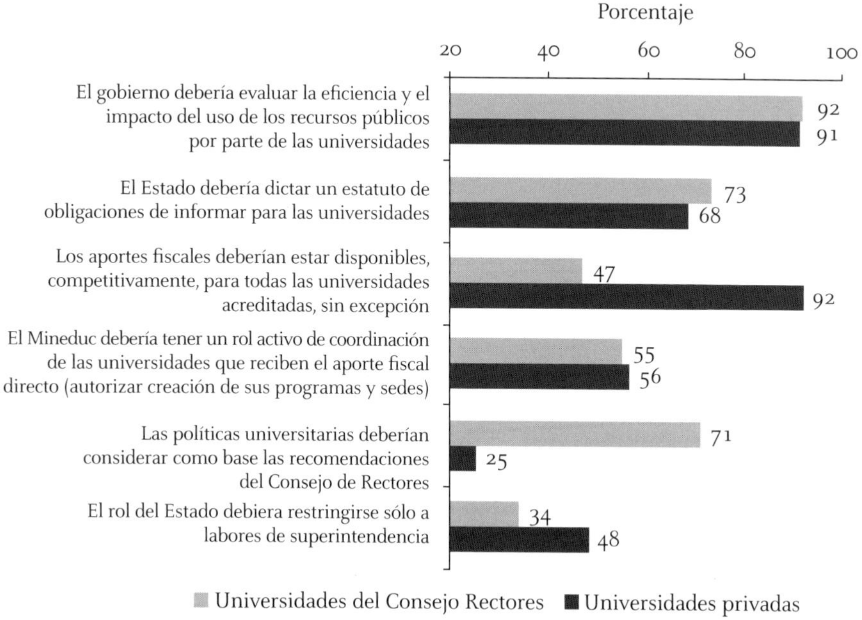

Fuente: UAI - Proyecto Fondecyt N° 1050138, 2006.

El Estado cumple una serie de funciones en relación a la educación superior. Nos interesa conocer su grado de acuerdo o desacuerdo con relación a cada uno de los siguientes enunciados (donde 1=total desacuerdo y 7=acuerdo total).

Las ventajas competitivas más importantes de las universidades en el mercado de la enseñanza de pregrado son, según declaran las autoridades del mundo universitario: el prestigio institucional; la infraestructura, equipamiento y biblioteca de las universidades; la calidad de sus docentes; la inserción laboral y logros de sus egresados, y los beneficios otorgados a los alumnos (créditos y becas). Todos estos atributos son considerados importantes por más de un 90 por ciento de los encuestados (gráfico 8).

Gráfico 8. Atributos considerados más importantes para captar estudiantes de pregrado
Primeros lugares en el ranking de atributos considerados "muy importantes" e "importantes" (en porcentaje)

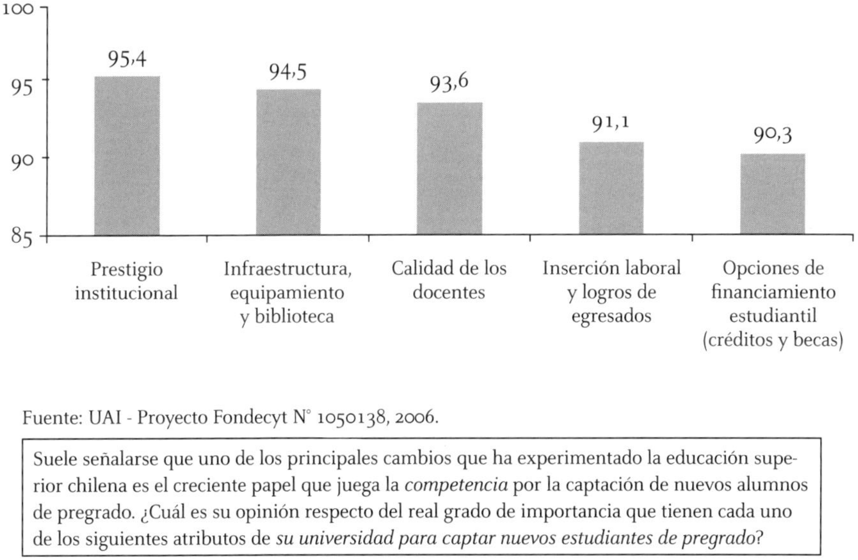

Fuente: UAI - Proyecto Fondecyt N° 1050138, 2006.

Suele señalarse que uno de los principales cambios que ha experimentado la educación superior chilena es el creciente papel que juega la *competencia* por la captación de nuevos alumnos de pregrado. ¿Cuál es su opinión respecto del real grado de importancia que tienen cada uno de los siguientes atributos de *su universidad para captar nuevos estudiantes de pregrado*?

En cambio, la encuesta revela que, a la hora de captar alumnos, los directivos universitarios atribuyen poca importancia al carácter de la universidad (sea estatal o privada); a la creación de sedes regionales; a la publicidad y a la flexibilidad curricular (gráfico 9). Llama la atención la importancia relativamente menor que se atribuye a la publicidad, que contrasta con la fuerte inversión de las universidades en este rubro. Asimismo, que se otorgue relativamente poca importancia a una oferta curricular flexible, afirmación que contrasta con la demanda expresada de contar con una política convergente con la del Acuerdo de Bolonia, que, precisamente, tiene como uno de sus fundamentos la búsqueda una mayor flexibilidad curricular (gráfico 9).

Gráfico 9. Atributos considerados menos importantes para captar estudiantes de pregrado

Últimos lugares en el ranking de atributos considerados "muy importantes" e "importantes" (en porcentaje)

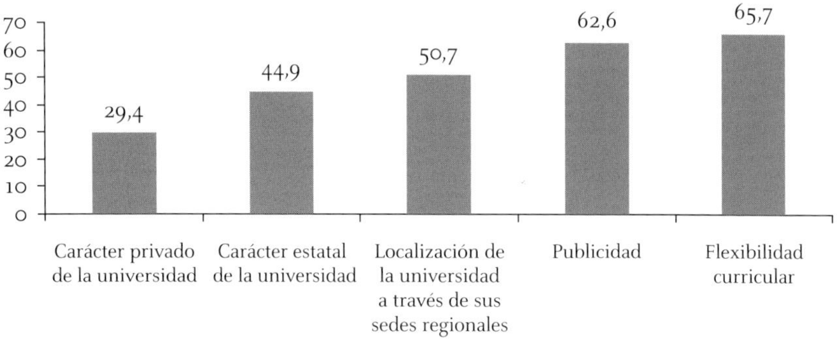

Fuente: UAI - Proyecto Fondecyt N° 1050138, 2006.

> Suele señalarse que uno de los principales cambios que ha experimentado la educación superior chilena es el creciente papel que juega la *competencia* por la captación de nuevos alumnos de pregrado. ¿Cuál es su opinión respecto del real grado de importancia que tienen cada uno de los siguientes atributos de *su universidad para captar nuevos estudiantes de pregrado*?

Objetivos educacionales

¿Cuáles son los objetivos educacionales considerados más importantes por las universidades en la hora actual? El objetivo de mejorar la eficiencia docente es el que señala el mayor número de encuestados, meta a la cual las universidades estatales otorgan mayor peso que las universidades privadas, aun cuando ambos tipos de instituciones enfrentan serios problemas de deserción estudiantil y rezago en el egreso y la graduación. En seguida, se señala como objetivo prioritario el de innovar y flexibilizar el currículo, propósito más intensamente sostenido por los directivos académicos de las universidades del Cruch que por los de universidades privadas. En cambio, estos últimos favorecen, más pronunciadamente que sus colegas del Cruch, la consolidación de sus áreas fuertes de pregrado y la mejoría de la empleabilidad de sus egresados (gráfico 10).

Gráfico 10. Los tres objetivos educacionales considerados más importantes para su universidad por origen institucional de directivos consultados

Ordenados según número total de directivos que los mencionan (en porcentaje)

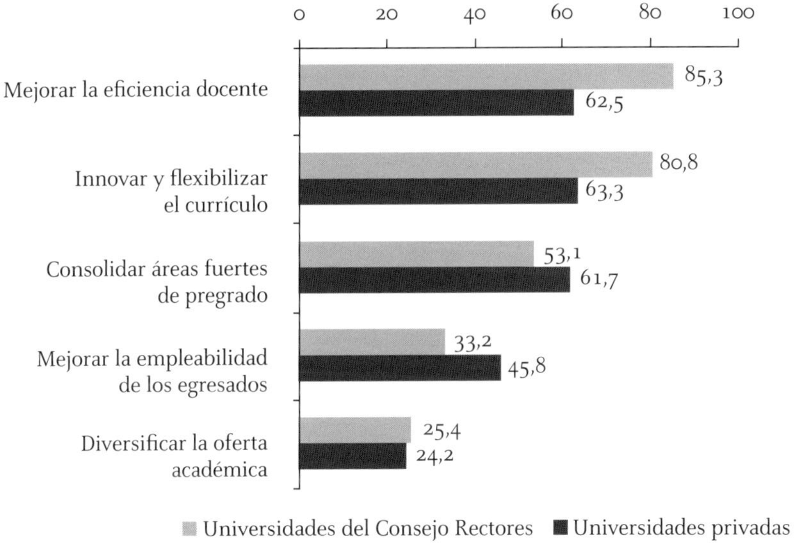

Fuente: UAI - Proyecto Fondecyt N° 1050138, 2006.

De la siguiente lista, *seleccione 3 objetivos educacionales* que usted considere los más importantes para su universidad. Márquelos y luego coloque 1 al que usted considera más importante, 2 al siguiente y 3 al último.

Asimismo, mientras se observa una mayor preocupación por la calidad y relevancia de la investigación entre los directivos del Cruch, existe una mayor preocupación por el perfeccionamiento académico en las universidades privadas. En cambio, hay una similar priorización en cuanto a la necesidad de consolidar y mejorar el nivel de programas de postgrado y a la importancia de crear vínculos con el sector productivo y las empresas (gráfico 11).

Gráfico 11. Los tres objetivos estratégicos considerados más importantes para su universidad por origen institucional de directivos consultados
Ordenados según número total de directivos que los mencionan (en porcentaje)

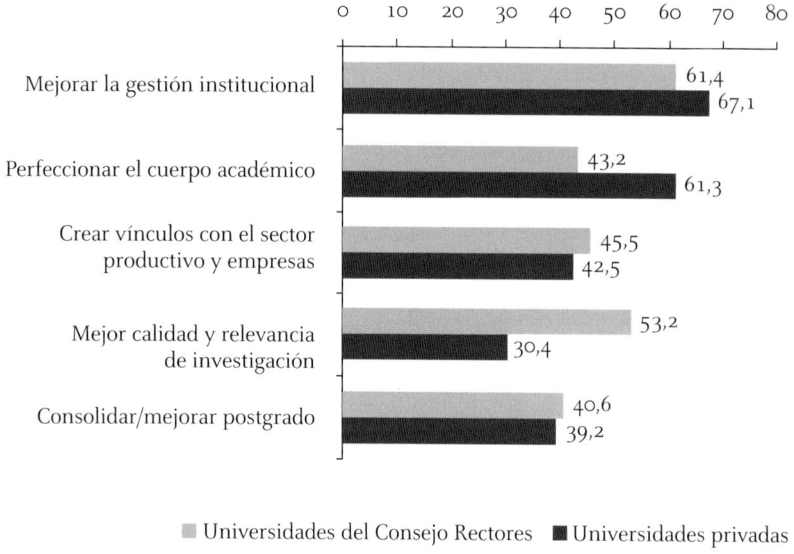

Fuente: UAI - Proyecto Fondecyt N° 1050138, 2006.

Y ahora, de la siguiente lista, *seleccione 3 objetivos* que usted considere los más importantes para su universidad. Coloque 1 al que usted considera más importante, 2 al siguiente y 3 al último.

Opiniones sobre asuntos puestos en la agenda pública

Respecto de juicios comúnmente presentes en el debate público universitario, tres de cada cuatro directivos encuestados concuerda con las siguientes afirmaciones:

• Hay universidades del Cruch que han creado programas especiales con el solo objeto de aumentar sus ingresos.

• El gasto público en universidades es demasiado bajo.

• Algunas carreras –como periodismo o psicología– enfrentan mercados laborales saturados por una sobreoferta de graduados.

• Existe un número excesivo de universidades.

Por el contrario, hay juicios que tienen menos resonancia entre las autoridades encuestadas. Entre ellos, que:

• En general, las universidades estatales son ineficientes.

• Durante la última década, la educación universitaria ha perdido calidad.

En tanto, las opiniones se encuentran divididas casi por mitades respecto de la afirmación de que las universidades privadas son esencialmente un negocio y respecto a la proposición de que convendría revisar la política gubernamental para reservar el aporte fiscal directo (AFD) exclusivamente para las universidades estatales, marginando en consecuencia a las universidades privadas tradicionales y derivadas de ellas que hoy gozan de este subsidio.

Asimismo, llama la atención el hecho de que dos de cada tres directivos encuestados sostienen que las universidades no deberían admitir alumnos con menos de 450 puntos en la PSU; que un 58 por ciento declare que hay universidades que venden los certificados sin preocuparse de la calidad, y que cerca de la mitad considere que las universidades que no desarrollan investigación académica no deberían usar el nombre de universidades (para mayor detalle, consultar el anexo C).

Construcción de una escala de medición: grado de crítica a la situación actual de la educación superior

Batería de ítems

Comúnmente, las actitudes y opiniones se miden mediante una batería de ítems que conforman una escala. El instrumento debe pasar una serie de tests de consistencia antes de ser aplicado. En general, una escala requiere:

• Que exista correlación entre los ítems y la escala.

• Un número suficiente de ítems que apunten a un ámbito similar respecto del cual se opina.

• Que la escala sea aditiva y se pueda, por tanto, obtener un puntaje, sumando los puntajes de los componentes, que asegure que puntajes distintos en la escala reflejen opiniones o actitudes diferentes.

• En el caso de las escalas cuyas alternativas de respuesta miden acuerdo/desacuerdo (de tipo Likert), la redacción de los ítems debe reflejar una posición claramente definida.

Escalas de este tipo tienen enormes ventajas en comparación con la utilización de ítems individuales, que pueden tener diferentes distribuciones y, por tanto, conducir a distintas conclusiones.

La escala de medición aquí utilizada[495] se compone de los siguientes ítems, todos los cuales reflejan opiniones de los encuestados respecto de la situación actual de la educación superior a la luz de los cambios ocurridos durante los últimos 25 años. En general, los ítems elegidos expresan una opinión crítica respecto al estado actual de la educación superior (tabla 2)[496]. Para obtener puntajes más legibles o intuitivos, la escala ha sido estandarizada en un rango de 0 a 100 puntos y un promedio de 50 (los originales tenían un rango de entre 15 y 105). A mayor puntaje, más critica es la posición de los encuestados.

[495] Entre las escalas de medición más utilizadas en ciencias sociales se encuentra la escala Likert, muy recurrida para medir acuerdo o desacuerdo, que deriva de la clásica escala Thurstone, construida en los años veinte mediante un arduo trabajo empírico. Ver en la bibliografía las referencias a Lickert y Thurstone.

[496] La prueba de la escala se realizó mediante el procedimiento *reliability analysis* del paquete SPSS, utilizando el coeficiente alpha de Cronbach para estimar la consistencia interna de la escala, cuyo valor es de 0,75, que convencionalmente es suficiente para su uso exploratorio. La hipótesis nula de que la escala no es aditiva se rechaza por cuanto el nivel de significación es de 0,72, mayor que el nivel convencional de 0,05. Adicionalmente, se utilizó la técnica de límites inferiores de Guttman, que arrojan coeficientes similares (detalles en el anexo D).

Tabla 2. Ítems que componen la escala de medición

Durante la última década, la educación universitaria ha perdido calidad.
Hay un número excesivo de universidades.
Las universidades privadas son esencialmente un negocio.
El mercado universitario es poco transparente.
Hay universidades que venden los certificados sin preocuparse de la calidad.
En algunas carreras como periodismo o psicología el mercado laboral se halla saturado por la sobreoferta de graduados.
El gasto público en universidades es demasiado bajo.
Conviene revisar la política gubernamental para reservar los aportes fiscales directos (AFD) exclusivamente a las universidades estatales.
Algunas universidades del Consejo de Rectores se han dedicado a crear programas especiales con el solo objeto de aumentar sus ingresos.
La apertura de sedes por parte de las universidades privadas debería ser controlada por la autoridad pública.
La acreditación institucional de las universidades no asegura que ellas reúnan las condiciones para ofrecer un servicio docente de calidad.
Las universidades que no desarrollan investigación académica no deberían usar el nombre de universidades.
En general, las universidades estatales son ineficientes.
Las universidades no deberían admitir alumnos con menos de 450 puntos en la PSU.
Sería conveniente establecer un sistema de arancel diferenciado, de modo que los alumnos de más bajos ingresos puedan ingresar a la universidad gratuitamente.

GRADO DE CRÍTICA A LA SITUACIÓN ACTUAL DE LA EDUCACIÓN SUPERIOR: VARIABLES DE IDENTIFICACIÓN

A continuación buscaremos probar si existen diferencias en la escala para distintas categorías o grupos dentro del universo encuestado. El gráfico 12 muestra los puntajes resultantes según el grado de crítica a la situación actual de la educación superior para un conjunto de variables de identificación.

Gráfico 12. Grado de crítica a la situación actual de la educación superior según variables de identificación

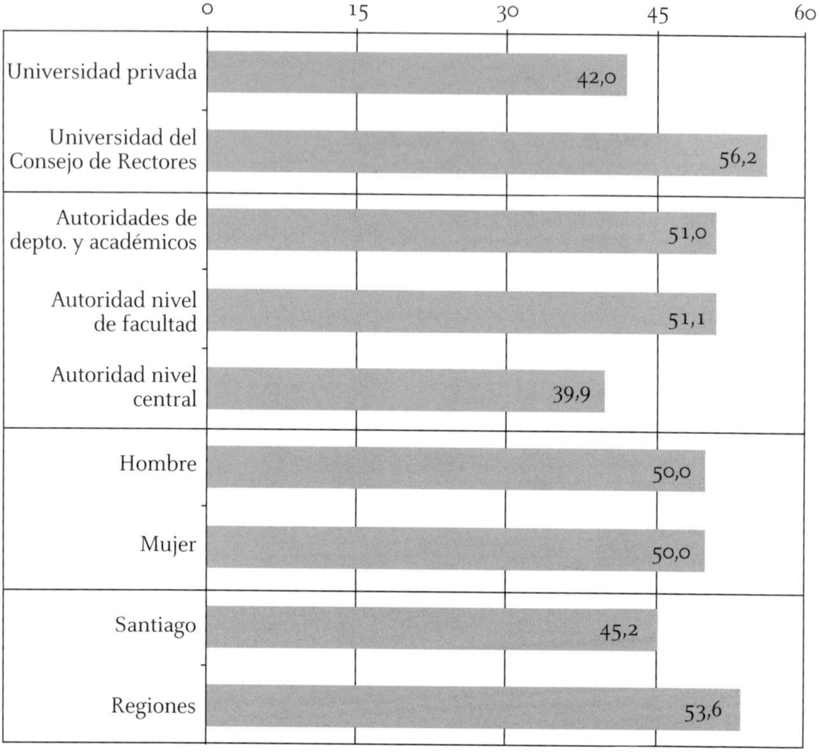

Nota: Los valores muestran diferencias significativas a p=0,05

En general, puede observarse que las autoridades de universidades regionales aparecen más críticas del estado actual de la educación superior, mientras que prácticamente no existen diferencias por sexo. A su turno, las autoridades de nivel central tienen una posición más favorable que las de nivel de facultad y departamento. Entre estas dos últimas categorías no existen diferencias significativas. Por tipo de institución, en las universidades del Cruch se encuentran posiciones más críticas en comparación con las privadas. El efecto conjunto de las variables sexo, tipo de autoridad, Santiago-regiones y tipo de institución explica el puntaje de la escala en un 21,7 por ciento. Todas estas variables, con la excepción de sexo, presentan diferencias significativas al controlar los efectos de las otras (ver el anexo D para coeficientes del test).

GRADO DE CRÍTICA, ATRIBUTOS Y PRIORIDADES INSTITUCIONALES

Atributos institucionales

De interés son las diferencias en el grado de crítica a diferentes aspectos considerados importantes en el desarrollo institucional, como muestra el gráfico 13.

Gráfico 13. Grado de crítica de acuerdo a importancia de atributos de la universidad en la captación de estudiantes de pregrado

Ítems que presentan diferencias significativas a p=0,05

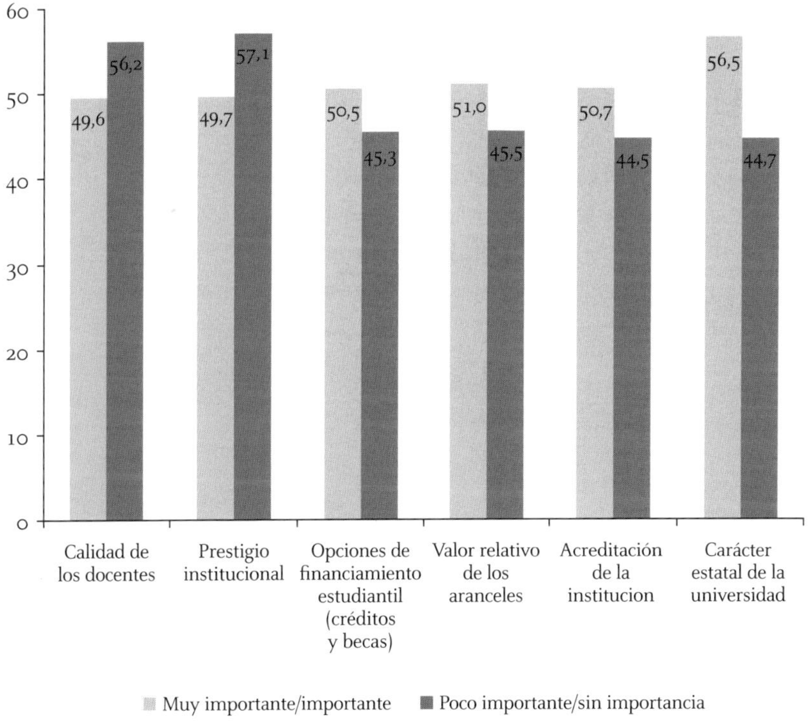

Suele señalarse que uno de los principales cambios que ha experimentado la educación superior chilena es el creciente papel que juega la *competencia* por la captación de nuevos alumnos de pregrado. ¿Cuál es su opinión respecto del real grado de importancia que tiene cada uno de los siguientes atributos de *su universidad para captar nuevos estudiantes de pregrado*?

Quienes consideran que la calidad de los docentes y el prestigio institucional tienen poca o ninguna importancia en la captación de estudiantes de pregrado poseen una opinión más crítica respecto de la situación actual de la educación superior.

Por su lado, también quienes consideran importante o muy importante las opciones de financiamiento estudiantil, el valor de los aranceles, la acreditación de la institución y el carácter estatal de la universidad tienden a tener posiciones más críticas. En el atributo "carácter estatal de la universidad" se observa una fuerte consistencia con los resultados que muestran una opinión más crítica de parte de los entrevistados de universidades del Cruch[497].

Los puntajes en la escala de grado de crítica al estado actual de la educación superior en relación con las prioridades de financiamiento, los objetivos educacionales de las instituciones, los objetivos estratégicos y los cambios más importantes ocurridos desde 1980, muestran que las autoridades de universidades del Consejo de Rectores tienen en general una posición más crítica que sus pares de las universidades privadas, independientemente de las prioridades asignadas.

Resulta interesante, sin embargo, establecer qué tipo de opciones son las preferidas por quienes tienen una opinión más crítica y menos crítica.

[497] Ver, en esta parte IV, el gráfico 1.

Financiamiento

Al preguntar por las fuentes de financiamiento a las cuales las universidades deberían poner mayor atención, los más críticos del sistema (51,9 en la escala) señalan el patentamiento y comercialización del conocimiento, mientras que los menos críticos (42,5 puntos en promedio) optan por la generación de recursos en el extranjero. En ambos casos no se trata de las opciones que más personas eligen. Por el contrario, en las opciones más recurridas, el puntaje de crítica se sitúa en torno al promedio (cuadro 4).

Cuadro 4. Grado de crítica por importancia atribuida a las fuentes de financiamiento

	Puntaje promedio	N° de personas que mencionan	% de personas que mencionan alternativa
Generación de recursos en el extranjero	42,5	36	6,6
Capacitación y educación continua	49,0	407	74,8
Venta de servicios y consultorías al sector privado	49,8	263	48,3
Alianzas estratégicas y/o contratos con empresas	49,9	343	63,1
Proyectos de cooperación internacional	51,0	259	47,6
Venta de servicios y consultoría al sector público	51,5	192	35,3
Patentamiento y comerciali-zación del conocimiento	51,9	126	23,2
Total	50,0	544	100,0

Asimismo, con respecto a las formas de captar mayor financiamiento, quienes se manifiestan más descontentos con el sistema señalan que sus universidades debieran concentrarse en el AFD, mientras que los menos descontentos prefieren la obtención de donaciones de privados. Nuevamente se trata de las opciones que menos personas mencionan (cuadro 5).

Cuadro 5. Grado de crítica por importancia atribuida a mecanismos de captación de financiamiento

	Puntaje promedio	N° de personas que mencionan	% de personas que mencionan alternativa
Aporte fiscal directo (AFD)	57,9	183	33,5
Contratos de desempeño con el Estado	52,9	197	36,1
Aporte fiscal indirecto (AFI)	49,8	260	47,6
Obtención de donaciones de privados	44,9	122	22,3
Aumento de la matrícula de pregrado y/o postgrado	46,1	269	49,3
Atracción de estudiantes con crédito y/o becas	49,2	221	40,5
Fondos concursables para investigación	50,2	372	68,1
Total	50,1	546	100,0

Cambios en el sistema

En el caso de los cambios considerados más importantes ocurridos durante los últimos años, el establecimiento de los aranceles de referencia y el ingreso de capitales extranjeros son las alternativas elegidas por los más y menos críticos del sistema, respectivamente (cuadro 6).

Cuadro 6. Grado de crítica por importancia atribuida a los cambios en el sistema

	Puntaje promedio	N° de personas que mencionan	% de personas que mencionan alternativa
Diversificación de las fuentes de financiamiento	48,2	416	76
Crecimiento de los recursos para los estudiantes más necesitados	50,0	373	68
Creación de nuevos fondos de investigación más allá de Fondecyt	51,5	253	46
Incremento de las becas de postgrado para estudios de doctorado	52,8	174	32
Ingreso de capitales extranjeros en la propiedad de instituciones nacionales	47,5	104	19
Establecimiento de los aranceles de referencia	53,3	135	25
Generación de ingresos por ventas y servicios	48,4	170	31
Total	50,0	546	100

Al revisar las preferencias por diferentes cambios institucionales, se observa que los más críticos del sistema valoran la participación estudiantil en el gobierno de las universidades y el rol del Consejo de Rectores (cuadro 7).

Cuadro 7. Grado de crítica por importancia atribuida a los cambios institucionales

	Puntaje promedio	N° de personas que mencionan	% de personas que mencionan alternativa
Rol del Consejo de Rectores	54,4	172	32
Papel desempeñado por el Consejo Superior de Educación en relación al establecimiento de nuevas universidades privadas	48,1	344	63
Internacionalización de las universidades	48,2	314	58
Rol desempeñado por la División de Educación Superior del Ministerio de Educación	51,7	192	35
Profesionalización de la gestión universitaria	49,0	435	80
Reemplazo de la PAA por la PSU	53,5	77	14
Participación estudiantil en el gobierno de las universidades	57,0	62	11
Total	50,0	545	100,0

En cuanto a los cambios más importantes de la educación superior desde 1980, los más críticos señalan la creación de universidades regionales, mientras que quienes eligen la participación de privados en la educación superior son aquellos menos críticos (cuadro 8).

Cuadro 8. Grado de crítica por importancia atribuida a los cambios desde 1980

	Puntaje promedio	N° de personas que mencionan	% de personas que mencionan alternativa
Creación de las universidades regionales	53,8	259	47,3
Diferenciación del sistema por tipo de instituciones (universidades públicas y privadas, institutos profesionales, centros de formación técnica)	51,4	225	41,1
Aumento de la competencia entre las instituciones del sistema	48,1	342	62,5
Creación de nuevas sedes en universidades, institutos profesionales y centros de formación técnica	48,8	64	11,7
Participación de privadas en la educación superior	47,0	363	66,4
Acreditación voluntaria de programas e instituciones	51,3	378	69,1
Total	50,0	547	100,0

Objetivos institucionales

Existe muy poca variación en cuanto al grado de crítica respecto de los objetivos educacionales a los que los encuestados otorgan mayor importancia. Lo interesante de constatar aquí es que la opinión respecto del sistema es homogénea en relación con los objetivos educacionales a los que se atribuye mayor importancia (cuadro 9).

Cuadro 9. Grado de crítica por importancia atribuida a objetivos educacionales

	Puntaje promedio	N° de personas que mencionan	% de personas que mencionan alternativa
Aumentar la matrícula	50,6	104	19,0
Mejorar la empleabilidad de los egresados.	48,5	212	38,8
Diversificar la oferta académica	50,2	136	24,9
Consolidar las áreas fuertes del pregrado	49,3	311	56,9
Generar recursos vía venta de servicios y/o actividades de extensión	52,6	63	11,5
Mejorar la eficiencia docente (aumentar la retención y reducir los tiempos de egreso/titulación)	50,8	412	75,3
Innovar y flexibilizar el currículo.	49,8	400	73,1
Total	49,9	547	100,0

Finalmente, entre los objetivos estratégicos, la mayor diferencia se da entre quienes eligen la alternativa "mejorar la calidad y relevancia de la investigación" y aquellos que señalan "internacionalizar el quehacer de la universidad" (cuadro 10).

Cuadro 10. Grado de crítica por importancia atribuida a objetivos estratégicos de la universidad

	Puntaje promedio	N° de personas que mencionan	% de personas que mencionan alternativa
Mejorar la gestión institucional	50,8	350	63,9
Perfeccionar al cuerpo académico	50,5	280	51,1
Incrementar el volumen de investigación	51,7	196	35,8
Mejorar la calidad y relevancia de la investigación	53,4	237	43,2
Crear vínculos de trabajo con el sector productivo/empresas	47,8	242	44,2
Internacionalizar el quehacer de la universidad	45,0	120	21,9
Consolidar/mejorar la formación de postgrado	47,9	219	40,0
Total	50,0	548	100,0

Balance

En suma, los antecedentes revisados en torno a la importancia de los mecanismos de financiamiento, cambios en el sistema y los objetivos institucionales, muestran que:

a) Las opciones elegidas por los más críticos son aquellas menos cercanas a posiciones y estrategias de mercado; es decir, se privilegian mecanismos de financiamiento como el AFD y los contratos de desempeño con el Estado, y se valoran más el rol del Cruch y políticas como la fijación de aranceles de referencia.

b) Las alternativas señaladas por los menos críticos al sistema tienden a identificarse con posturas más proclives al mercado, como la participación de los privados en la educación superior, la captación de donaciones y la generación de recursos en el extranjero.

Sin embargo, los aspectos que más diferencian el grado de crítica hacia la situación actual de la educación superior son los atributos de identificación: Santiago-regiones, tipo de institución y la postura bastante menos crítica de la situación que tienen las autoridades universitarias de nivel central, según se pudo apreciar más arriba.

Grado de crítica y escenarios futuros de la educación superior

El gráfico 14 muestra que quienes consideran probable que las regulaciones estatales aumenten son más críticos que aquellos que lo consideran poco probable. Los encuestados que consideran poco probable que las universidades adopten formas de gestión empresarial, que el gobierno fije los aranceles, que se sustituya el AFD y que se suprima el AFI son quienes manifiestan un mayor grado de crítica. Es interesante destacar que los más críticos, a pesar de considerar que las regulaciones públicas aumentarán, consideran que aspectos estructurales como los mecanismos de financiamiento AFD y AFI no variarán y que el Estado no establecerá topes al cobro de aranceles. Ello concuerda con las políticas implementadas por la autoridad pública durante la última década, que se han centrado en el financiamiento estudiantil y el aseguramiento de la calidad; en cambio, las alternativas consideradas poco probables tampoco aparecen incluidas en las políticas gubernamentales[498].

[498] Ver, en la parte II.A., "Mercadización de la educación superior chilena".

Gráfico 14. Grado de crítica de acuerdo a la probabilidad de ocurrencia de cambios en la educación superior chilena

Sólo se consideran ítems que presentan *diferencias significativas* a p=0,05en la escala de crítica

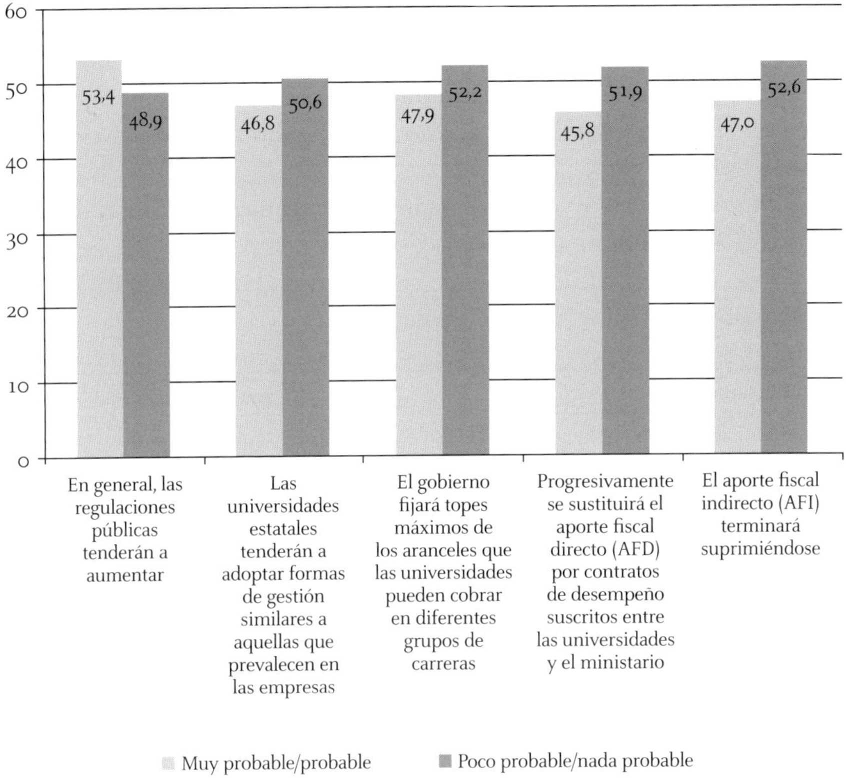

Pensando en los próximos 10 años, señale el grado de probabilidad con el que usted cree que ocurrirá cada uno de los siguientes sucesos, considerando lo que usted prevé tenderá a ocurrir, independientemente de su juicio valorativo sobre estos fenómenos.

Correspondencia de opiniones

En esta sección se evalúa la consistencia de las respuestas de las autoridades en dos dimensiones: por un lado, aquellas respuestas que miden cercanía o lejanía con posiciones que apuntan a una fuerte transformación en las formas de coordinación de la educación superior, y, por el otro, aquellas que manifiestan acuerdo/desacuerdo con tipos de políticas públicas de acción más indirecta o, para decirlo en el lenguaje de la literatura revisada en las partes I y II, políticas de regulación "a distancia"[499].

Para realizar este ejercicio se recurrió a la técnica de análisis de correspondencias múltiples (Homals), desarrollada por Van de Geer[500] y el Grupo de Teoría de los Datos de la Universidad de Leiden. Para este efecto se eligieron los siguientes enunciados:

Enunciado	Eje
1. "El rol del Estado debiera restringirse sólo a labores de superintendencia"	Cambio profundo en la coordinación del sistema
2. "En general, todos los recursos públicos destinados a las universidades debieran ser asignados sobre bases competitivas con participación de todas las universidades acreditadas"	Cambio profundo en la coordinación del sistema
3. "El gobierno debería fijar los aranceles para distintos grupos de carreras"	Cambio profundo en la coordinación del sistema
4. "El gobierno debería legislar sobre la estructura de grados y títulos en términos semejantes al Acuerdo de Bolonia"	Regulaciones "a distancia"
5. "Sería conveniente informar sobre las remuneraciones que obtienen los graduados de cada universidad y carrera al iniciar sus actividades laborales"	Regulaciones "a distancia"
6. "El gobierno debería legislar determinando con precisión cuáles son las obligaciones de informar que tienen las universidades"	Regulaciones "a distancia"

[499] Ver, en la parte I, la sección "La nueva gobernabilidad", y, en la parte II.A., la sección "Mercadización", en particular la nota 369.
[500] Ver J. P. van de Geer, *Multivariate Analysis of Categorical Data: Theory and Applications;* London: Sage, 1993. Para mayor información sobre la rutina computacional, ver SPSS Inc., 1999.

En el mapa resultante (gráfico 15), la dimensión 1 (eje horizontal) está relacionada con mayor fuerza con el nivel de acuerdo manifestado con regulaciones "a distancia", mientras que la dimensión 2 (eje vertical) lo está con el nivel de acuerdo respecto de medidas que implicarían transformaciones profundas en la política pública.

Puede apreciarse, en primer lugar, una estrecha correspondencia entre estar de acuerdo con los enunciados 4, 5 y 6 –el *cluster* destacado con un círculo que corresponde a las regulaciones "a distancia"– y una posición de mayor acuerdo, también, con el enunciado 2, de que, en general, todos los recursos públicos destinados a las universidades debieran ser asignados sobre bases competitivas con participación de todas las universidades acreditadas. Esta constelación ocupa, asimismo, una posición equidistante respecto de los puntos más extremos en el enunciado 3, según el cual el gobierno debería fijar los aranceles para distintos grupos de carreras.

Adicionalmente puede observarse una concordancia entre no estar de acuerdo con el enunciado 5 –que sería conveniente informar sobre las remuneraciones que obtienen los graduados de cada universidad y carrera al iniciar sus actividades laborales– y no ser partidario de legislar sobre la estructura de títulos y grados en términos semejantes al Acuerdo de Bolonia (enunciado 4).

Finalmente, cabe destacar que estar en desacuerdo con que el gobierno debería legislar determinando con precisión cuáles son las obligaciones de informar que tienen las universidades y que el Estado asigne los recursos competitivamente entre todas las instituciones acreditadas (enunciado 2) no muestra correspondencia con acuerdos/desacuerdos en otras variables. Lo mismo ocurre con estar de acuerdo con el enunciado 1, de que el rol del Estado debiera restringirse sólo a labores de superintendencia.

Gráfico 15. Análisis de correspondencias de opiniones sobre políticas públicas

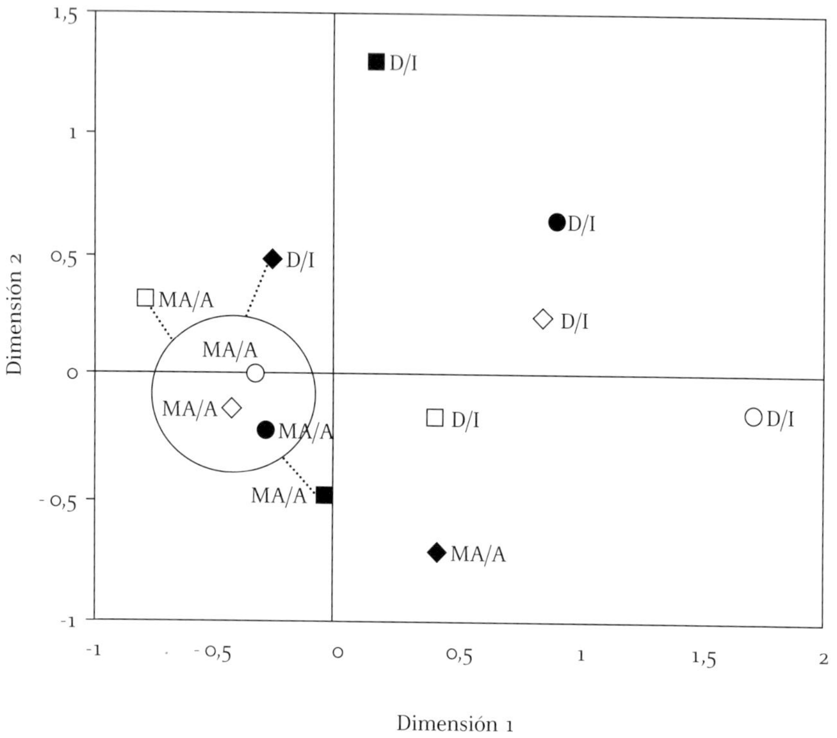

MA/A: Muy de acuerdo o de acuerdo (alternativas 5, 6 y 7).
D/ I: En desacuerdo o indiferente (alternativas 1, 2, 3 y 4).

- ◆ El rol del Estado debe restringirse a labores de superintendencia.
- ■ En general, todos los recursos públicos... debieran ser asignados sobre bases competitivas...
- □ El gobierno debería fijar los aranceles para diferentes grupos de carreras.
- ● El gobierno debería legislar sobre la estructura... en términos semejantes al Acuerdo de Bolonia.
- ◇ Sería conveniente informar sobre las remuneraciones que obtienen los graduados...
- ○ El gobierno debería legislar... las obligaciones de informar...

Anexos

Anexo A. Aspectos metodológicos sobre encuestas online

Existen métodos probabilísticos y no probabilísticos y distintas formas de construir el marco muestral en las encuestas *online* (tabla A.1).

Tabla A.1. Tipos de encuestas on line

Métodos no probabilísticos	Métodos probabilísticos
1. Encuestas de entretenimiento En esta categoría, que no puede ser considerada "científica", se incluyen las encuestas que realizan ciertos medios electrónicos sobre cuestiones de actualidad, farándula, etc. **2. Encuestas de autoselección irrestricta** Esta modalidad utiliza invitaciones abiertas a todos quienes ingresen a un sitio web determinado **3. Paneles de voluntarios** Se recluta a todo tipo de voluntarios a través de sitios y portales web de alto tráfico de público. Se recogen algunos datos demográficos básicos (ejemplo: Harris Poll Online).	**4. Encuestas de autoselección limitada** A diferencia de las encuestas del tipo 2, en éstas la invitación se muestra a uno de cada n visitantes de un sitio (muestreo sistemático). **5. Muestras basadas en listados** Se utilizan en poblaciones en las que el uso de internet se encuentra ampliamente extendido y en las que es posible construir listados con los correos electrónicos de quienes las componen (estudiantes, profesionales de áreas específicas, etc.). **6. Opción de contestar por internet (para investigaciones que combinan dos métodos)** Se realizan muestreos para utilizar métodos tradicionales y se añade la opción de utilizar internet. **7. Paneles prerreclutados de usuarios de internet** Las personas son contactadas a través de métodos aleatorios no basados en internet e invitados a formar parte del panel. **8. Paneles prerreclutados de toda la población** Es similar al anterior, pero se provee a las personas encuestadas el equipo necesario para conectarse a internet a cambio de su participación.

Fuente: Adaptado de M. Couper, "Web Surveys. A Review of Issues and Approaches", *Public Opinion Quarterly*, 64, 2000.

La encuesta aplicada para este estudio no es de carácter probabilístico, por cuanto todos quienes estaban en el listado recibieron la invitación a responder, siendo ella, entonces, autoseleccionada, una mezcla entre los tipos 2 y 5 de la tabla A.1. El marco muestral, sin embargo, no contiene el índice de todas las autoridades universitarias ni tampoco refleja necesariamente la estructura organizacional de las universidades. En efecto, hay universidades donde sólo fue posible incorporar a las autoridades institucionales superiores, mientras en otras fue posible incluir también a jefes de departamento y jefes de servicios descentralizados.

Sin embargo, conviene llamar la atención respecto del tipo de población objetivo. En general las elites, en este caso académicas, no son propensas a contestar cuestionarios. Las técnicas de recolección de información que se aplican en estos casos pueden ir desde el enfoque cualitativo del *elite interviewing* y el carácter transaccional de las entrevistas, desarrollada por Dexter[501], hasta el uso de muestras, donde buenos ejemplos en Chile son el estudio de elites políticas de ICSO[502] y el estudio de Alcántara y Luna sobre el perfil ideológico comparado de los partidos políticos en Chile y Uruguay a partir de opiniones de las elites políticas de ambos países[503]. En el primer caso –las entrevistas de elite– se trata de que el entrevistado defina la situación; en el caso de las encuestas, en tanto, las muestras son intencionadas, es decir, no probabilísticas, y generalmente el cuestionario es aplicado presencialmente.

Por su parte, las encuestas *online* como la aplicada para este estudio tienen la virtud de asegurar las respuestas de personas distribuidas a lo largo del territorio y de levantar información sobre un número significativo de casos a un menor costo en comparación con las de tipo presencial. Ambos rasgos resultaban vitales para este estudio.

Aproximaciones al error de no respuesta

Las hipótesis más recurridas en encuestas autoadministradas, sean en línea o en papel, señalan que los entrevistados que no responden al cuestionario tienen características distintas de aquellos que respon-

[501] Véase L. A. Dexter, "The Good Will of Important People: More on the Jeopardy of the Interview", *The Public Opinion Quarterly*, 28 (4), 1964, y L. A. Dexter, *Elite and Specialized Interviewing;*. Evanston: Northwestern University Press, 1970.
[502] ICSO, "Medios masivos y elites políticas: un estudio de opinión de 100 líderes políticos. Informe de resultados"; Instituto de Investigaciones en Ciencias Sociales, Universidad Diego Portales, 2004. Disponible en:
http://www.udp.cl/icso/investigacion/doc/mediosyelites.pdf
[503] M. Alcántara y J. P. Luna, "Ideología y competencia en dos post transiciones: Chile y Uruguay en perspectivas comparadas", *Revista de Ciencia Política,* 24 (1), 2004. Disponible en: http://www.puc.cl/icp/webcp/papers/luna/rev_cppuc_alcantara_luna.pdf.pdf

den, lo que se denomina *sesgo de no respuesta*. Este problema afecta a cualquier tipo de encuesta autoaplicada donde las tasas de respuesta no sean particularmente altas. Si se toma como variable de prueba el número de invitaciones que fue necesario enviar a quienes contestaron la encuesta, puede haber diferencias en características observables y no observables de los encuestados. A modo de ejemplo, quienes responden más tardíamente pueden tener menos interés en el tema de estudio (no observable), tener un conocimiento mayor o menor del tema de estudio (no observable), disponer de mayor tiempo para responder (no observable) u opinar de manera significativamente diferente de quienes contestan primero (observable). Al mismo tiempo, otras características observables, como sexo, edad y región, pueden estar presentes.

Otro aspecto metodológico a considerar es que en un momento del tiempo se dejó de enviar invitaciones. Ello tiene como consecuencia que no se sabe cuán efectivo habría sido un nuevo estímulo.

Al realizar una prueba de distribución de respuestas, de acuerdo al momento en que los entrevistados responden a la invitación, se obtiene que, al desagregar por sexo, las proporciones se mantienen en alrededor de un 75 por ciento de hombres y 25 por ciento de mujeres. Por su parte, respecto de las características de edad sí se aprecian diferencias: mientras entre quienes respondieron a la primera invitación un 31 por ciento tiene entre 51 y 60 años, el porcentaje es de 42 por ciento en la segunda invitación. Si se hace el mismo análisis por el tiempo que el entrevistado lleva trabajando en la institución, se observa una mayor participación de las personas que tienen entre cinco y nueve años de antigüedad en la tercera invitación (30 por ciento versus 21 y 19 por ciento, respectivamente, en las dos primeras). El análisis por tipo de autoridad muestra consistencia, mientras que, al analizar por la variable dicotómica Santiago-regiones, la segunda invitación fue un poco más efectiva en captar respuestas provenientes de regiones: 62 por ciento versus 56 y 53 por ciento de la primera y tercera invitación, respectivamente. Las estadísticas completas pueden apreciarse en el cuadro A.1.

Cuadro A.1. Distribución de respuestas por características de los encuestados, según intento

		Primera invitación		Segunda invitación		Tercera invitación	
		N	%	N	%	N	%
Sexo	Mujer	83	24	28	27	24	23
	Hombre	257	76	74	73	81	77
	Total	340	100	102	100	105	100
Tramo de edad	Hasta 40	66	19	23	23	17	16
	41-50	104	30	26	25	40	38
	51-60	107	31	43	42	36	34
	más de 60	64	19	10	10	12	11
	Total	341	100	102	100	105	100
Tiempo que lleva trabajando en la institución	Menos de 5 años	72	21	17	17	15	14
	5-9 años	72	21	19	19	32	30
	10-14 años	62	18	18	18	11	10
	15-19 años	45	13	13	13	15	14
	20-24 años	28	8	16	16	13	12
	25 y más años	61	18	18	18	19	18
	Total	340	100	101	100	105	100
Tipo de autoridad	Autoridad nivel central	29	9	9	9	9	9
	Autoridad nivel de facultad	210	62	63	62	68	66
	Autoridades de depto. y académicos	85	25	29	28	24	23
	Otro	16	5	1	1	2	2
	Total	340	100	102	100	103	100
Santiago o regiones	Regiones	192	56	63	62	56	53
	Santiago	149	44	39	38	49	47
	Total	341	100	102	100	105	100

Por supuesto, el análisis anterior no permite establecer diferencias entre quienes responden y quienes no lo hacen, pero el perfil de aquéllos, de acuerdo a características observables, no muestra cambios radicales en el tipo de encuestado. En rigor, la hipótesis que se trata de probar es que la variable "número de invitaciones para producir una respuesta", que es la intensidad del estímulo requerida para obtener una respuesta, no actúa de manera muy diferente en distintos tipos de entrevistado, aunque dicha comprobación sólo constituye una aproximación al tema del sesgo de no respuesta.

Sin embargo, poder diferenciar entre grupos con distintos niveles de propensión a responder ciertamente constituye una ventaja, por cuanto es esperable que en la medida en que aumenta la intensidad del estímulo se produzcan diferencias entre los entrevistados que acceden a responder. Esta intensidad del estímulo también puede estar correlacionada con otras características no observables, como el interés en el tema de la encuesta, el manejo de tecnologías de información y el tiempo del que dispone el entrevistado para estos efectos. Lo cierto es que esta intensidad del estímulo sólo se mide entre los que responden y nada agrega sobre quienes no lo hacen, especialmente respecto de características no observables.

Asimismo, se calcularon las tasas de respuesta de acuerdo a los tipos de universidad, como muestra el cuadro A.2. Las tasas son similares y no hay diferencias significativas.

CuadroA.2. Tasas de respuesta según tipo de institución y región

Tipo de institución	**Tasa de respuesta**
Universidades del Consejo de Rectores	15,4%
Universidades privadas	15,0%
Total	15,2%
Santiago / Regiones	**Tasa de respuesta**
Universidades metropolitanas	16,1%
Universidades regionales	14,3%
Total	15,2%

Otra posible aproximación, como ya se sugirió, es testear si hay diferencias de opinión entre los distintos grupos. El grado de acuerdo o crítica con una situación particular puede influenciar los niveles de respuesta. Por ejemplo, los más críticos de una situación pueden ser más propensos a responder la encuesta ante el menor estímulo como un modo de manifestar su crítica. Para ello se realizaron pruebas de significación estadística de la variable "grado de crítica a la situación actual de la educación superior", una escala construida a partir del cuestionario[504].

El cuadro A.3 muestra las diferencias de opinión de acuerdo al número de invitaciones recibidas, a través de la técnica de Oneway.

Cuadro A.3. Análisis de varianza para puntaje de escala
Asume igualdad de varianzas para los grupos

	Suma de los cuadrados	df	Cuadrado medio	F	Sig.
Entre grupos (Combinados)	3,787	2	1,893	0,007	0,993
Linealidad	3,783	1	3,783	0,014	0,905
Desv. de la linealidad	0,004	1	0,004	0,000	0,997
Intra grupos	145.829,475	544	268,069		
Total	145.833,261	546			

A su turno, el cuadro A.4 compara los puntajes de escala de acuerdo con la secuencia de intentos empleados para estimular la respuesta.

Cuadro A.4. Comparación de puntajes de escala de acuerdo a intentos

Intento	Promedio	N	Desv. estándar
Primero	50,0568	340	16,19321
Segundo	49,9579	102	17,08903
Tercero	49,8454	105	16,24375
Total	49,9978	547	16,34301

504 La escala se analiza en mayor detalle en la parte IV, en la sección "Construcción de una escala de medición".

El resultado del análisis es que no hay diferencias significativas en la opinión respecto de la situación de la educación superior que mide la escala, según la cantidad de invitaciones recibidas. En efecto, el puntaje promedio es de 50,05 para quienes contestaron a la primera invitación y 49,96 y 49,85 a la segunda y tercera invitación, respectivamente. Sobre esta base puede suponerse que el envío de nuevas, repetidas, invitaciones no habría captado significativamente a más o menos críticos.

Resumen

Reconociendo los problemas metodológicos que enfrenta este tipo de encuesta, los resultados deben ser tomados con cautela en términos de su representatividad estadística. La literatura metodológica sostiene que la única forma de asegurar representatividad estadística es realizar un muestreo probabilístico. Al mismo tiempo, la única forma de controlar el sesgo de no respuesta cuando no se obtienen tasas de respuesta del orden del 70 por ciento es hacer un muestreo aleatorio de las personas que no responden y comparar sus respuestas con las de aquellos que responden, como forma de validación. Tal ejercicio parece difícilmente viable si se piensa en que la población objetivo puede ser poco propensa a responder encuestas. Eventualmente, la propia extensión de la encuesta puede haber desincentivado la tasa de respuesta.

De cualquier forma, como ya se señaló, nuestra encuesta a autoridades universitarias es el primer esfuerzo de investigación que se hace en Chile en este orden de estudios, y constituye por lo mismo un importante insumo para futuras investigaciones en la materia. Dichas investigaciones debieran considerar previamente procedimientos para obtener un mejor marco muestral y alguna forma de contacto previo con los encuestados que permita mejorar la tasa de respuesta.

Anexo B. Distribución de frecuencia

Cuadro B.1. Distribución de los encuestados por sexo

	N	%
Mujer	135	24,6
Hombre	412	75,2
Total	547	99,8
N/R	1	0,18
Total	548	100

Cuadro B.2. Distribución de los encuestados por región

	N	%
Tarapacá	20	3,6
Antofagasta	24	4,4
Atacama	8	1,4
Coquimbo	21	3,8
Valparaíso	72	13,1
Libertador Gral. B. O'Higgins	1	0,1
Del Maule	32	5,8
Del Bío-Bío	57	10,4
De la Araucanía	41	7,5
De los Lagos	18	3,3
Magallanes	17	3,1
Metropolitana	237	43,2
Total	548	100

Cuadro B.3. Distribución de los encuestados según localización en Santiago o regiones

	N	%
Regiones	311	56,8
Santiago	237	43,28
Total	548	100

Cuadro B.4. Distribución de los encuestados según tramos de edad

	N	%
Hasta 40	106	19,3
41-50	170	31,0
51-60	186	33,9
Más de 60	86	15,7
Total	548	100

Cuadro B.5. Distribución de encuestados por área

	N	%
Agropecuaria	23	4,2
Arte y arquitectura	35	6,4
Ciencias	61	11,1
Ciencias sociales	136	24,8
Derecho	35	6,4
Humanidades	50	9,1
Educación	46	8,4
Tecnología	69	12,6
Salud	41	7,5
Administración y Comercio	31	5,7
S/I	21	3,8
Total	548	100

Cuadro B.6. Distribución de encuestados por tiempo que lleva trabajando en la universidad

	N	%
Menos de 5 años	104	19,0
5-9 años	123	22,4
10-14 años	91	16,6
15-19 años	73	13,3
20-24 años	57	10,4
25 y más años	98	17,9
S/I	2	0,4
Total	548	100

Anexo C. Atribución de importancia, prioridades y opiniones

Cuadro C.1. Cambios estructurales ocurridos en el sistema desde 1980 considerados más importantes

3 cambios identificados como los más importantes por origen institucional de directivos consultados

			Universidad		Total
			Universidad del Consejo de Rectores	Universidad privada	
Cambios estructurales	a. Creación de las universidades regionales	N	186	73	259
		% fila	71,8	28,2	100
		% que menciona	60,6	30,4	47,3
	b. Diferenciación del sistema por tipo de instituciones	N	126	99	225
		% fila	56,0	44,0	100
		% que menciona	41,0	41,3	41,1
	c. Aumento de la competencia entre las instituciones del sistema	N	177	165	342
		% fila	51,8	48,2	100
		% que menciona	57,7	68,8	62,5
	d. Creación de nuevas sedes en universidades, institutos profesionales y centros de formación técnica	N	34	30	64
		% fila	53,1	46,9	100
		% que menciona	11,1	12,5	11,7
	e. Participación de privados en la educación superior	N	167	196	363
		% fila	46,0	54,0	100
		% que menciona	54,4	81,7	66,4
	f. Acreditación voluntaria de programas de instituciones	N	222	156	378
		% fila	58,7	41,3	100
		% que menciona	72,3	65,0	69,1
Total		N	307	240	547

Cuadro C.2. Cambios institucionales ocurridos en el sistema desde 1980 considerados más importantes

3 cambios identificados como los más importantes por origen institucional de directivos consultados

			Universidad		Total
			Universidad del Consejo de Rectores	Universidad privada	
Cambios institucionales	a. Rol del Consejo de Rectores	N % fila % que menciona	125 72,7 40,7	47 27,3 19,7	172 100 31,6
	b. Papel desempeñado por el Consejo Superior de Educación en relación al establecimiento de nuevas universidades privadas	N % fila % que menciona	153 44,5 49,8	191 55,5 80,3	344 100% 63,1
	c. Internacionalización de las universidades	N % fila % que menciona	169 53,8 55,0	145 46,2 60,9	314 100 57,6
	d. Rol desempeñado por la División de Educación Superior del Ministerio de Educación	N % fila % que menciona	133 69,3 43,3	59 30,7 24,8	192 100 35,2
	e. Profesionalización de la gestión universitaria	N % fila % que menciona	234 53,8 76,2	201 46,2 84,5	435 100 79,8
	f. Reemplazo de la PAA por la PSU	N % fila % que menciona	47 61,0 15,3	30 39,0 12,6	77 100 14,1
	g. Participación estudiantil en el gobierno de las universidades	N % fila % que menciona	40 64,5 13,0	22 35,5 9,2	62 100 11,4
	Total	N	307	238	545

Cuadro C.3. Cambios en el financiamiento del sistema ocurridos desde 1980 considerados más importantes

3 cambios identificados como los más importantes por origen institucional de directivos consultados

			Universidad		Total
			Universidad del Consejo de Rectores	Universidad privada	
Cambios en financiamiento	a. Diversificación de las fuentes de financiamiento	N	213	203	416
		% fila	51,2	48,8	100
		% que menciona	69,4	84,9	76,2
	b. Crecimiento de los recursos para los estudiantes más necesitados	N	211	162	373
		% fila	56,6	43,4	100
		% que menciona	68,7	67,8	68,3
	c. Creación de nuevos fondos de investigación más allá de Fondecyt	N	159	94	253
		% fila	62,8	37,2	100
		% que menciona	51,8	39,3	46,3
	d. Incremento de las becas de postgrado para estudios de doctorado	N	115	59	174
		% fila	66,1	33,9	100
		% que menciona	37,5	24,7	31,9
	e. Ingreso de capitales extranjeros en la propiedad de instituciones nacionales	N	33	71	104
		% fila	31,7	68,3	100
		% que menciona	10,7	29,7	19,0
	f. Establecimiento de los aranceles de referencia	N	95	40	135
		% fila	70,4	29,6	100
		% que menciona	30,9	16,7	24,7
	g. Generación de ingresos por ventas y servicios	N	87	83	170
		% fila	51,2	48,8	100
		% que menciona	28,3	34,7	31,1
Total		N	307	239	546

Cuadro C.4. Fuentes de financiamiento para priorizar en el futuro consideradas más importantes

3 fuentes de financiamiento consideradas como los más importantes por origen institucional de directivos consultados

			Universidad		Total
			Universidad del Consejo de Rectores	Universidad privada	
Cambios en financiamiento	a. Venta de servicios y consultorías al sector público	N	101	91	192
		% fila	52,6	47,4	100
		% que menciona	33,0	38,2	35,3
	b. Venta de servicios y consultorías al sector privado	N	138	125	263
		% fila	52,5	47,5	100
		% que menciona	45,1	52,5	48,3
	c. Alianzas estratégicas y/o contratos con empresas	N	192	151	343
		% fila	56,0	44,0	100
		% que menciona	62,7	63,4	63,1
	d. Proyectos de cooperación internacional	N	144	115	259
		% fila	55,6	44,4	100
		% que menciona	47,1	48,3	47,6
	e. Patentamiento y comercialización del conocimiento	N	107	19	126
		% fila	84,9	15,1	100
		% que menciona	35,0	8,0	23,2
	f. Generación de recursos en el extranjero	N	18	18	36
		% fila	50,0	50,0	100
		% que menciona	5,9	7,6	6,6
	g. Capacitación y educación continua	N	215	192	407
		% fila	52,8	47,2	100
		% que menciona	70,3	80,7	74,8
Total		N	306	238	544

Cuadro C.5. Modalidades de captación de recursos consideradas más importantes

3 modalidades de captación de recursos consideradas como las más importantes por origen institucional de directivos consultados

			Universidad		Total
			Universidad del Consejo de Rectores	Universidad privada	
Fuentes de financiamento	a. Aporte fiscal directo (AFD)	N	157	26	183
		% fila	85,8	14,2	100
		% que menciona	51,0	10,9	33,5
	b. Contratos de desempeño con el Estado	N	151	46	197
		% fila	76,6	23,4	100
		% que menciona	49,0	19,3	36,1
	c. Aporte fiscal indirecto (AFI)	N	131	129	260
		% fila	50,4	49,6	100
		% que menciona	42,5	54,2	47,6
	d. Obtención de donaciones de privados	N	61	61	122
		% fila	50,0	50,0	100
		% que menciona	19,8	25,6	22,3
	e. Aumento de la matrícula de pregrado y/o postgrado	N	99	170	269
		% fila	36,8	63,2	100
		% que menciona	32,1	71,4	49,3
	f. Atracción de estudiantes con crédito y/o becas	N	99	122	221
		% fila	44,8	55,2	100
		% que menciona	32,1	51,3	40,5
	g. Fondos concursables para investigación	N	221	151	372
		% fila	59,4	40,6	100
		% que menciona	71,8	63,4	68,1
Total		N	308	238	546

Cuadro C.6. Probabilidad de ocurrencia de ciertos cambios o continuidades durante próximos 10 años

Porcentaje de directivos que consideran probable o muy probable su ocurrencia, por origen institucional

Afirmación	Universidad del Consejo de Rectores	Universidad privada	Total
a. En general, la estructura básica del sistema se mantendrá inalterada	63,0	69,2	65,7
b. En general, las regulaciones públicas tenderán a aumentar	70,8	79,2	74,5
c. La matrícula universitaria seguirá en aumento a un ritmo similar al de los últimos diez años	74,4	69,2	72,1
d. Los recursos fiscales destinados a la educación superior se mantendrán en su actual nivel en relación al PIB	76,9	79,6	78,1
e. Aumentarán los recursos para investigación aplicada	82,5	71,3	77,6
f. Al final, todas las universidades se someterán al régimen de acreditación voluntaria	85,1	87,9	86,3
g. Las universidades estatales tenderán a adoptar formas de gestión similares a aquellas que prevalecen en las empresas	83,1	83,3	83,2
h. Disminuirá el número de universidades como resultado de procesos de quiebra, compraventa y fusión	75,0	85,8	79,7
i. El gobierno fijará topes máximos de los aranceles que las universidades pueden cobrar en diferentes grupos de carreras	58,1	37,1	48,9
j. Se incrementará la participación del capital extranjero en la propiedad de universidades nacionales	73,1	81,3	76,6
k. El legislador reconocerá la naturaleza con fines de lucro de las universidades privadas	41,9	45,0	43,2
l. Progresivamente se sustituirá el aporte fiscal directo (AFD) por contratos de desempeño suscritos entre las universidades y el ministerio	76,9	57,5	68,4

Afirmación	Universidad del Consejo de Rectores	Universidad privada	Total
m. El aporte fiscal indirecto (AFI) terminará suprimiéndose	61,4	42,9	53,3
n. Las autoridades de las universidades estatales seguirán siendo elegidas por votación de los académicos y con participación del estamento estudiantil	80,2	88,3	83,8

Cuadro C.7. Grado de acuerdo con diferentes opciones de política pública

Respuestas que reflejan el *mayor grado* de acuerdo medido en una escala de 1 a 7, donde 1=total desacuerdo y 7=acuerdo total; considera sólo puntuaciones 5, 6 y 7 (porcentajes)

	Universidad del Consejo de Rectores	Universidad privada	Total
a. En general, si se desea que el sistema universitario se regule por la competencia en el mercado, el gobierno debe intervenir lo mínimo posible.	34,4	54,2	43,1
b. Los procesos de acreditación de instituciones y carreras universitarias deberían quedar radicados, con exclusividad, en un organismo público independiente del Mineduc.	66,2	60,4	63,7
c. Conviene adoptar un solo, único, esquema de créditos para todos los estudiantes con iguales necesidades.	72,1	68,3	70,4
d. Dicho esquema único de crédito estudiantil debería organizarse a semejanza del crédito con garantía del Estado.	69,2	61,3	65,7
e. El gobierno debería legislar sobre la estructura de grados y títulos en términos semejantes al Acuerdo de Bolonia.	78,6	71,3	75,4
f. En general, todos los recursos públicos destinados a las universidades debieran ser asignados sobre bases competitivas con participación de todas las universidades acreditadas.	59,4	89,2	72,4
g. Sería recomendable sustituir el Consejo de Rectores por un organismo que integre a todos los rectores de universidades acreditadas.	46,4	93,3	67,0
h. La acreditación institucional debería ser obligatoria.	81,8	69,6	76,5
i. Sería conveniente crear un sistema nacional de exámenes de habilitación para el ejercicio de las profesiones, reservándose a las universidades el derecho al otorgamiento de los grados académicos.	61,0	55,0	58,4
j. El gobierno debería fijar los aranceles para diferentes grupos de carreras.	40,9	23,3	33,2

	Universidad del Consejo de Rectores	Universidad privada	Total
k. Los recursos asignados a las universidades del Consejo de Rectores por vía del AFD deberían transformarse en una asignación regida por indicadores de éxito oportuno en la graduación de los alumnos.	48,7	55,0	51,5
l. Sería conveniente informar sobre las remuneraciones que obtienen los graduados de cada universidad y carrera al iniciar sus actividades laborales.	67,9	63,8	66,1
m. El gobierno debería legislar determinando con precisión cuáles son las obligaciones de informar que tienen las universidades.	87,3	79,2	83,8
n. Un organismo público independiente del Mineduc debería autorizar la creación de nuevas carreras y sedes por parte de las universidades del Consejo de Rectores.	48,4	51,7	49,8
o. Un organismo público independiente del Mineduc debería autorizar la creación de nuevas carreras y sedes por parte de las universidades privadas.	57,5	42,9	51,1
p. En general, es imprescindible que el gobierno asuma un rol más activo de coordinación y supervisión del sistema universitario.	85,4	61,3	74,8
q. Las universidades estatales deberían definir, cada una de ellas, su propio estatuto, sin estar sujetas a un modelo común.	73,4	69,6	71,7
r. El gobierno debería garantizar, a través de la ley, la participación de los académicos en las universidades privadas.	51,3	43,3	47,8
s. Es correcto que existan distintos sistemas de crédito estudiantil.	57,5	60,0	58,6

Cuadro C.8. Grado de acuerdo respecto de las funciones del Estado en la educación superior por origen institucional de los directivos consultados

Respuestas que reflejan el *mayor grado* de acuerdo medido en una escala de 1 a 7, donde 1=total desacuerdo y 7=acuerdo total; considera sólo puntuaciones 5, 6 y 7 (porcentajes)

	Universidad del Consejo de Rectores	Universidad privada	Total
a. Las políticas universitarias deberían considerar como base las recomendaciones del Consejo de Rectores.	71,4	25,4	51,3
b. El gobierno debería evaluar la eficiencia e impacto del uso de los recursos públicos por parte de las universidades.	91,9	90,8	91,4
c. El rol del Estado debiera restringirse solo a labores de superintendencia.	34,1	47,9	40,1
d. El Estado debería dictar un estatuto de obligaciones de informar para las universidades.	72,7	67,5	70,4
e. Los aportes fiscales deberían estar disponibles, competitivamente, para todas las universidades acreditadas, sin excepción.	47,4	92,5	67,1
f. El Mineduc debiera tener un rol activo de coordinación de las universidades que reciben el aporte fiscal directo (autorizar creación de sus programas y sedes).	55,2	56,3	55,7

Cuadro C.9. Atributos considerados más importantes para captar estudiantes de pregrado

Atributos considerados "muy importantes" e "importantes" (número de directivos y porcentajes)

		Tipo de institución				
Atributos	**Total**	**Universidad del Consejo de Rectores**	**Privada**	**% Total**	**% Universidad del Consejo de Rectores**	**% Privada**
a. Cobertura de áreas de conocimiento de la institución	472	274	198	86,1	89,0	82,5
b. Calidad de los docentes	513	279	234	93,6	90,6	97,5
c. Oferta de programas innovadores	433	231	202	79,0	75,0	84,2
d. Prestigio institucional	523	291	232	95,4	94,5	96,7
e. Calidad de los estudiantes	400	225	175	73,0	73,1	72,9
f. Solidez financiera	443	245	198	80,8	79,5	82,5
g. Inserción laboral y logros de sus egresados	499	284	215	91,1	92,2	89,6
h. Infraestructura, equipamiento y biblioteca	518	296	222	94,5	96,1	92,5
i. Vida y cultura universitarias	427	237	190	77,9	76,9	79,2
j. Posición en los rankings nacionales	390	235	155	71,2	76,3	64,6
k. Misión y valores de la institución	437	242	195	79,7	78,6	81,3
l. Opciones de financiamiento estudiantil (crédito y becas)	495	289	206	90,3	93,8	85,8
m. Flexibilidad curricular	360	192	168	65,7	62,3	70,0
n. Diversidad y pluralismo del cuerpo docente	366	189	177	66,8	61,4	73,8
o. Servicios de apoyo al estudiante	492	288	204	89,8	93,5	85,0
p. Docentes conocidos	404	218	186	73,7	70,8	77,5
q. Presencia en los medios	377	208	169	68,8	67,5	70,4
r. Publicidad	343	188	155	62,6	61,0	64,6

		Tipo de institución				
Atributos	Total	Universidad del Consejo de Rectores	Privada	% Total	% Universidad del Consejo de Rectores	% Privada
s. Valor relativo de los aranceles	448	253	195	81,8	82,1	81,3
t. Acreditación de la institución	483	274	209	88,1	89,0	87,1
u. Carácter estatal de la universidad	246	200	46	44,9	64,9	19,2
v. Carácter privado de la universidad	161	71	90	29,4	23,1	37,5
w. Localización de la universidad a través de sus sedes regionales	278	163	115	50,7	52,9	47,9

Cuadro C.10. Los tres objetivos educacionales considerados más importantes para su universidad por origen institucional de directivos consultados

			Universidad		
			Universidad del Consejo de Rectores	Universidad privada	Total
Objetivos educacionales	a. Aumentar la matrícula	N	34	70	104
		% fila	32,7	67,3	100
		% que menciona	11,1	29,2	19,0
	b. Mejorar la empleabilidad de los egresados	N	102	110	212
		% fila	48,1	51,9	100
		% que menciona	33,2	45,8	38,8
	c. Diversificar la oferta académica	N	78	58	136
		% fila	57,4	42,6	100
		% que menciona	25,4	24,2	24,9
	d. Consolidar las áreas fuertes del pregrado	N	163	148	311
		% fila	52,4	47,6	100
		% que menciona	53,1	61,7	56,9
	e. Generar recursos vía venta de servicios y/o actividades de extensión	N	32	31	63
		% fila	50,8	49,2	100
		% que menciona	10,4	12,9	11,5
	f. Mejorar la eficiencia docente (aumentar la retención y reducir los tiempos de egreso/titulación)	N	262	150	412
		% fila	63,6	36,4	100
		% que menciona	85,3	62,5	75,3
	g. Innovar y flexibilizar el currículo	N	248	152	400
		% fila	62,0	38,0	100
		% que menciona	80,8	63,3	73,1
Total		N	307	240	547

Cuadro C.11. Los tres objetivos estratégicos considerados más importantes para su universidad por origen institucional de directivos consultados

			Universidad		Total
			Universidad del Consejo de Rectores	Universidad privada	
Objetivos estratégicos	a. Mejorar la gestión institucional	N	189	161	350
		% fila	54,0	46,0	100
		% que menciona	61,4	67,1	63,9
	b. Perfeccionar al cuerpo académico	N	133	147	280
		% fila	47,5	52,5	100
		% que menciona	43,2	61,3	51,1
	c. Incrementar el volumen de investigación	N	117	79	196
		% fila	59,7	40,3	100
		% que menciona	38,0	32,9	35,8
	d. Mejorar la calidad y relevancia de la investigación	N	164	73	237
		% fila	69,2	30,8	100
		% que menciona	53,2	30,4	43,2
	e. Crear vínculos de trabajo con el sector productivo/empresas	N	140	102	242
		% fila	57,9	42,1	100
		% que menciona	45,5	42,5	44,2
	f. Internacionalizar el quehacer de la universidad	N	56	64	120
		% fila	46,7	53,3	100
		% que menciona	18,2	26,7	21,9
	g. Consolidar/mejorar la formación de postgrado	N	125	94	219
		% fila	57,1	42,9	100
		% que menciona	40,6	39,2	40,0
Total		N	308	240	548

Cuadro C.12. Grado de acuerdo respecto de las opiniones sobre el estado de la educación superior

Respuestas que reflejan el *mayor grado* de acuerdo medido en una escala de 1 a 7, donde 1=total desacuerdo y 7=acuerdo total; considera sólo puntuaciones 5, 6 y 7 (porcentaje)

a. Durante la última década, la educación universitaria ha perdido calidad.	43,3
b. Hay un número excesivo de universidades.	73,4
c. Las universidades privadas son esencialmente un negocio.	52,4
d. El mercado universitario es poco transparente.	65,3
e. Hay universidades que venden los certificados sin preocuparse de la calidad.	58,2
f. En algunas carreras como periodismo o psicología el mercado laboral se halla saturado por la sobreoferta de graduados.	74,8
g. El gasto público en universidades es demasiado bajo.	75,6
h. Conviene revisar la política gubernamental para reservar los aportes fiscales directos (AFD) exclusivamente a las universidades estatales.	49,6
i. Algunas universidades del Consejo de Rectores se han dedicado a crear programas especiales con el solo objeto de aumentar sus ingresos.	78,5
j. La apertura de sedes por parte de las universidades privadas debería ser controlada por la autoridad pública.	69,2
k. La acreditación institucional de las universidades no asegura que ellas reúnan las condiciones para ofrecer un servicio docente de calidad.	58,2
l. Las universidades que no desarrollan investigación académica no deberían usar el nombre de universidades.	48,9
m. En general, las universidades estatales son ineficientes.	33,0
n. Las universidades no deberían admitir alumnos con menos de 450 puntos en la PSU.	66,6
o. Sería conveniente establecer un sistema de arancel diferenciado, de modo que los alumnos de más bajos ingresos puedan ingresar a la universidad gratuitamente.	67,5

Cuadro C.13. Grado de acuerdo respecto de la gestión/ administración de la universidad, por origen institucional de los directivos consultados

Respuestas que reflejan el *mayor grado* de acuerdo medido en una escala de 1 a 7, donde 1=total desacuerdo y 7=acuerdo total (considera sólo puntuaciones 5, 6 y 7)

	Universidad del Consejo de Rectores	**Universidad privada**	**Total**
a. La administración universitaria tiene hoy mucho más poder que hace 10 años	65,9%	73,8%	69,3%
b. La administración se ha profesionalizado	68,2%	85,8%	75,9%
c. Una administración universitaria fuerte reduce la influencia de los académicos	50,3%	47,5%	49,1%
d. El control de costo-efectividad de las actividades universitarias limita la acción de los académicos	48,4%	55,8%	51,6%
e. La universidad se está viendo forzada a actuar como una empresa	77,6%	70,8%	74,6%
f. Los departamentos, escuelas o facultades de artes y humanidades se ven perjudicados en el nuevo esquema empresarial	58,1%	47,9%	53,6%
g. El nuevo modelo de financiamiento de la universidad ha generado agudas diferencias en los salarios de los académicos pertenecientes a una misma categoría	52,3%	47,1%	50,0%
h. Los académicos tienen hoy un mercado laboral más competitivo y pueden negociar mejor sus salarios	34,1%	46,3%	39,4%
i. Se hace un uso excesivo de indicadores de desempeño para medir el rendimiento de los académicos	45,8%	43,8%	44,9%

Cuadro C.14. Grado de acuerdo respecto de la gestión/ administración de la universidad, por origen institucional de los directivos consultados

Respuestas que reflejan el *mayor grado* de acuerdo medido en una escala de 1 a 7, donde 1=total desacuerdo y 7=acuerdo total (considera sólo puntuaciones 5, 6 y 7)

	Universidad del Consejo de Rectores	Universidad privada	Total
a. La acreditación institucional es necesaria para el sistema	95,8%	87,1%	92,0%
b. La acreditación institucional debe ser obligatoria para todas las universidades	84,4%	70,8%	78,5%
c. En general, la acreditación institucional está siendo implementada adecuadamente	58,1%	54,2%	56,4%
d. Los efectos de la acreditación institucional son importantes para el prestigio institucional	88,3%	86,3%	87,4%
e. La información pública sobre resultados de la acreditación es suficiente	33,4%	39,2%	35,9%
f. La acreditación de la universidad es un elemento importante para la decisión de los nuevos alumnos a la hora de elegir	65,9%	71,3%	68,2%
g. La acreditación institucional exige un esfuerzo desmedido y distrae tiempo de los académicos y las autoridades	39,3%	39,2%	39,2%
h. El efecto de los rankings nacionales de universidades es más poderoso que el de la acreditación	55,8%	55,8%	55,8%
i. Es correcto limitar la disponibilidad de becas y créditos estudiantiles para alumnos matriculados en universidades acreditadas	45,8%	47,5%	46,5%
j. La acreditación institucional servirá para facilitar la movilidad internacional de nuestros profesionales	72,1%	63,3%	68,2%
k. La acreditación institucional interfiere con la autonomía de la universidad	19,8%	23,3%	21,4%
l. La elección de los alumnos es la mejor forma de acreditación de una universidad y no se necesitan procedimientos adicionales	15,6%	19,6%	17,3%

Cuadro C.15. Evaluación positiva respecto de los principales cambios en la educación superior, por origen institucional de los directivos consultados

Respuestas que reflejan la *mayor evaluación positiva* medida en una escala de 1 a 7, donde 1=muy negativo y 7=muy positivo (considera sólo puntuaciones 5, 6 y 7)

	Universidad del Consejo de Rectores	Universidad privada	Total
a. Diversificación de las fuentes de financiamiento	76,6%	89,6%	82,3%
b. Crecimiento de los recursos para los estudiantes más necesitados	96,4%	95,8%	96,2%
c. Creación de nuevos fondos de investigación más allá de Fondecyt	95,8%	94,6%	95,3%
d. Incremento de las becas de postgrado para estudios de doctorado	97,7%	93,3%	95,8%
e. Ingreso de capitales extranjeros en la propiedad de instituciones nacionales	39,0%	55,4%	46,2%
f. Establecimiento de los aranceles de referencia	64,6%	57,1%	61,3%
g. Generación de ingresos por ventas y servicios.	73,7%	75,4%	74,5%
h. Rol del Consejo de Rectores	56,2%	23,3%	41,8%
i. Papel desempeñado por el Consejo Superior de Educación en relación al establecimiento de nuevas universidades privadas	34,7%	53,8%	43,1%
j. Internacionalización de las universidades	80,5%	80,0%	80,3%
k. Rol desempeñado por la División de Educación Superior del Ministerio de Educación	51,3%	39,6%	46,2%
l. Profesionalización de la gestión universitaria	91,6%	91,7%	91,6%
m. Reemplazo de la PAA por la PSU	41,6%	32,5%	37,6%
n. Participación estudiantil en el gobierno de las universidades	36,7%	32,9%	35,0%
o. Creación de las universidades regionales	83,1%	75,0%	79,6%

	Universidad del Consejo de Rectores	Universidad privada	Total
p. Diferenciación del sistema por tipo de instituciones (universidades públicas y privadas, institutos profesionales, centros de formación técnica)	75,6%	65,4%	71,2%
q. Aumento de la competencia entre las instituciones del sistema	74,7%	83,3%	78,5%
r. Creación de nuevas sedes en universidades, institutos profesionales y centros de formación técnica	43,2%	59,2%	50,2%
s. Participación del sector privado en la educación superior	59,1%	87,9%	71,7%
t. Acreditación voluntaria de programas e instituciones	78,9%	81,7%	80,1%

Anexo D. Tests de escala

Cuadro D.1. Tests de consistencia interna de escala

Alfa de Cronbach	Número de ítems
0,746	15

Cuadro D.2. Estadísticas ítem-escala

	Promedio de escala si se elimina el ítem	Varianza de la escala si se elimina el ítem	Alfa de Cronbach si se elimina el ítem
a. Durante la última década, la educación universitaria ha perdido calidad	67,81	215,651	0,723
b. Hay un número excesivo de universidades	66,44	209,786	0,714
c. Las universidades privadas son esencialmente un negocio	67,37	208,606	0,713
d. El mercado universitario es poco transparente	66,72	218,851	0,724
e. Hay universidades que venden los certificados sin preocuparse de la calidad	67,03	215,323	0,722
f. En algunas carreras como periodismo o psicología el mercado laboral se halla saturado por la sobreoferta de graduados	66,36	215,614	0,719
g. El gasto público en universidades es demasiado bajo	66,27	220,237	0,727
h. Conviene revisar la política gubernamental para reservar los aportes fiscales directos (AFD) exclusivamente a las universidades estatales.	67,64	213,995	0,733
i. Algunas universidades del Consejo de Rectores se han dedicado a crear programas especiales con el solo objeto de aumentar sus ingresos.	66,18	230,471	0,741
j. La apertura de sedes por parte de las universidades privadas debería ser controlada por la autoridad pública	66,63	210,467	0,719

	Promedio de escala si se elimina el ítem	Varianza de la escala si se elimina el ítem	Alfa de Cronbach si se elimina el ítem
k. La acreditación institucional de las universidades no asegura que ellas reúnan las condiciones para ofrecer un servicio docente de calidad	67,24	230,316	0,747
l. Las universidades que no desarrollan investigación académica no deberían usar el nombre de universidades	67,41	182,988	0,767
m. En general, las universidades estatales son ineficientes	68,23	247,363	0,768
n. Las universidades no deberían admitir alumnos con menos de 450 puntos en la PSU	66,60	219,805	0,735
o. Sería conveniente establecer un sistema de arancel diferenciado, de modo que los alumnos de más bajos ingresos puedan ingresar a la universidad gratuitamente	66,73	215,929	0,729

Cuadro D.3. Test de aditividad de la escala

			Suma de los cuadrados	df	Cuadrado medio	F	Sig.
Entre personas			8.923,046	547	16,313		
Al interior de las personas	Entre ítems		2.913,491	14	208,107	50,136	0,000
Al interior de las personas	Residual	No aditividad	0,555[a]	1	0,555	0,134	0,715
Al interior de las personas	Residual	Balance	31.786,620	7.657	4,151		
Al interior de las personas	Residual	Total	31.787,175	7.658	4,151		
Al interior de las personas	Total		34.700,667	7.672	4,523		
Total			43.623,712	8.219	5,308		

Media principal=4,78.
[a] Estimación de Tukeyde la potencia a la cual es necesario elevar las observaciones para alcanzar la aditividad=0,937.

Gráfico D.1. Histograma de distribución de la escala original

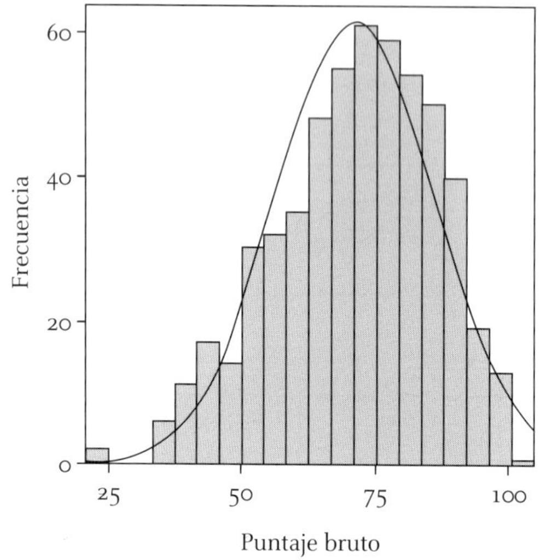

Gráfico D.2. Histograma de distribución de la escala estandarizada

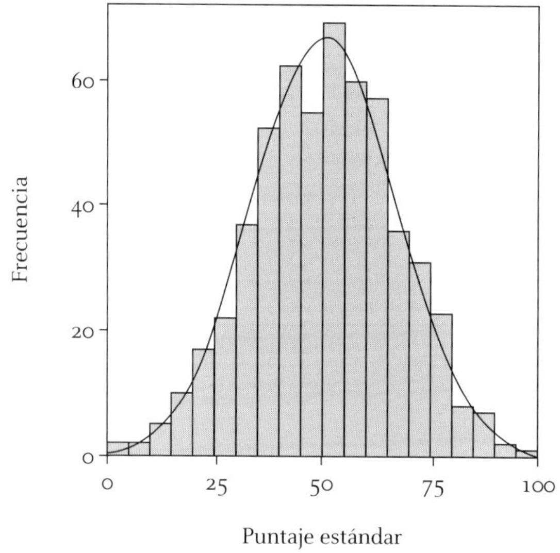

Cuadro D.4. Prueba de igualdad de varianzas de la escala

Para los grupos Santiago-regiones, tipo de autoridad y tipo de institución

Test de Levene de igualdad en la variaza del error
Variable dependiente: escala estándar

F	df1	df2	Sig.
0,697	15	528	0,788

Testea la hipótesis nula "la varianza del error de la variable dependiente es igual a través de los grupos"
Diseño: Intercepto+reg_D+TIP_AUT1+tipo_ins

Cuadro D.5. Anova de la escala

Para los grupos Santiago-regiones, tipo de autoridad y tipo de institución

Tests de efectos entre sujetos

Variable dependiente: escala estándar

Fuente	Suma de cuadrados de tipo III	df	Cuadrado medio	F	Sig.	Parámetro de no centralidad	Potencia observada[a]
Modelo corregido	31477,073[b]	5	6295,415	29,822	0,000	149,111	1,000
Intercepto	418916,256	1	418916,256	1984,462	0,000	1984,462	1,000
reg_d	829,452	1	829,452	3,929	0,048	3,929	0,508
TIP_AUT1	4008,547	3	1336,182	6,330	0,000	18,989	0,967
tipo_ins	16926,929	1	16926,929	80,185	0,000	80,185	1,000
Error	113570,793	538	211,098				
Total	1509552,541	544					
Total corregido	145047,866	543					

[a] Calculado usando alfa=0,05
[b] R-cuadrado=0,217 (R-cuadrado ajustado=0,210)

Cuadro D.6. Test de Scheffé para comparaciones múltiples por tipo de autoridad

Para los grupos Santiago-regiones, tipo de autoridad y tipo de institución

Variable dependiente: escala estándar

(I) Tipo de autoridad (actual)	(J) Tipo de autoridad (actual)	Diferencia de medias (I-J)	Error estándar	Sig.	Intervalo de confianza (95%)	
					Límite inferior	Límite superior
Autoridad nivel central	Autoridad nivel de facultad	-11,2021*	2,26064	0,000	-17,5418	-4,8625
	Autoridades de depto. y académicos	-11,1164*	2,45608	0,000	-18,0042	-4,2287
	Otros	-11,6196*	3,94992	0,035	-22,6966	-0,5426
Autoridad a nivel de facultad	Autoridad nivel central	11,2021*	2,26064	0,000	4,8625	17,5418
	Autoridades de depto. y académicos	0,0857	1,46967	1,000	-4,0358	4,2071
	Otros	-0,4175	3,42483	1,000	-10,0219	9,1870
Autoridades de depto. y académicos	Autoridad nivel central	11,1164*	2,45608	0,000	4,2287	18,0042
	Autoridad nivel de facultad	-0,0857	1,46967	1,000	-4,2071	4,0358
	Otro	-0,5032	3,55687	0,999	-10,4779	9,4715
Otro	Autoridad nivel central	11,6196*	3,94992	0,035	0,5426	22,6966
	Autoridad nivel de facultad	0,4175	3,42483	1,000	-91870	10,0219
	Autoridades de depto. y académicos	0,5032	3,55687	0,999	-9,4715	10,4779

Basado en promedios observados.
* La diferencia de medias es significativa al nivel de 0,05.

Anexo E. Cuestionario aplicado

Por favor, marque con una X sus respuestas. Al finalizar, haga click sobre el botón "enviar".

1. Nombre de la universidad y ciudad en que usted se desempeña, edad y disciplina.

Universidad	
Ciudad	
Edad	
Disciplina	

2. ¿Hace cuántos años trabaja en esta universidad?

3. Señale si ocupa actualmente o desempeñó antes (en cualquier universidad chilena) alguno de los siguientes cargos (marque todas las opciones que corresponda).

	Ocupa	Desempeñó antes	En cuál institución
a. Rector			
b. Prorrector			
c. Jefe o encargado de sede			
d. Vicerrector			
e. Decano o vicedecano (o equivalentes)			
f. Director o coordinador de área o unidad de facultades			
g. Director o encargado de escuela o carrera			
h. Director o coordinador de área o unidad de escuela			
i. Jefe o director de departamento			
j. Académico			
k. Otro. ¿Cual?			

4. Si usted piensa en los principales cambios que ha experimentado el sistema de la educación superior desde 1980, de los que aparecen en la siguiente lista, ¿cuáles considera usted que son los 3 cambios en el ámbito del financiamiento de mayor importancia? Seleccione tres y coloque 1 al que usted considera más importante, 2 al siguiente y 3 al último.

a. Diversificación de las fuentes de financiamiento	
b. Crecimiento de los recursos para los estudiantes más necesitados	
c. Creación de nuevos fondos de investigación más allá de Fondecyt	
d. Incremento de las becas de postgrado para estudios de doctorado	
e. Ingreso de capitales extranjeros en la propiedad de instituciones nacionales	
f. Establecimiento de los aranceles de referencia	
g. Generación de ingresos por ventas y servicios	

5. Y de la lista siguiente, ¿cuáles considera usted que son los 3 cambios institucionales de mayor importancia. Seleccione 3 y luego coloque 1 al que usted considera más importante, 2 al siguiente y 3 al último.

a. Rol del Consejo de Rectores	
b. Papel desempeñado por el Consejo Superior de Educación en relación al establecimiento de nuevas universidades privadas	
c. Internacionalización de las universidades	
d. Rol desempeñado por la División de Educación Superior del Ministerio de Educación	
e. Profesionalización de la gestión universitaria	
f. Reemplazo de la PAA por la PSU	
g. Participación estudiantil en el gobierno de las universidades	

6. Y de los siguientes cambios ocurridos en el sistema de educación superior desde 1980, ¿cuáles considera usted que son los 3 cambios estructurales de mayor importancia? Seleccione 3 y luego coloque 1 al que usted considera más importante, 2 al siguiente y 3 al último.

a. Creación de las universidades regionales	
b. Diferenciación del sistema por tipo de instituciones (universidades públicas y privadas, institutos profesionales, centros de formación técnica)	
c. Aumento de la competencia entre las instituciones del sistema	
d. Creación de nuevas sedes en universidades, institutos profesionales y centros de formación técnica	
e. Participación de privados en la educación superior	
f. Acreditación voluntaria de programas e instituciones	

7. Suele señalarse que uno de los principales cambios que ha experimentado la educación superior chilena es el creciente papel que juega la *competencia* por la captación de nuevos alumnos de pregrado. ¿Cuál es su opinión respecto del real grado de importancia que tiene cada uno de los siguientes atributos de *su universidad para captar nuevos estudiantes de pregrado*?

	Muy importante	**Importante**	**Poco importante**	**Ninguna importancia**
a. Cobertura de áreas de conocimiento de la institución				
b. Calidad de los docentes				
c. Oferta de programas innovadores				
d. Prestigio institucional				
e. Calidad de los estudiantes				
f. Solidez financiera				
g. Inserción laboral y logros de sus egresados				
h. Infraestructura, equipamiento y biblioteca				
i. Vida y cultura universitaria				
j. Posición en los rankings nacionales				
k. Misión y valores de la institución				

	Muy importante	Importante	Poco importante	Ninguna importancia
l. Opciones de financiamiento estudiantil (crédito y becas)				
m. Flexibilidad curricular				
n. Diversidad y pluralismo del cuerpo docente				
o. Servicios de apoyo al estudiante				
p. Docentes conocidos				
q. Presencia en los medios				
r. Publicidad				
s. Valor relativo de los aranceles				
t. Acreditación de la institución				
u. Carácter estatal de la universidad				
v. Carácter privado de la universidad				
w. Localización de la universidad a través de sus sedes regionales				

8. De la siguiente lista, seleccione 3 objetivos educacionales que usted considere los más importantes para su universidad. Coloque 1 al que usted considera más importante, 2 al siguiente y 3 al último.

a. Aumentar la matrícula	
b. Mejorar la empleabilidad de los egresados	
c. Diversificar la oferta académica	
d. Consolidar las áreas fuertes del pregrado	
e. Generar recursos vía venta de servicios y/o actividades de extensión	
f. Mejorar la eficiencia docente (aumentar la retención y reducir los tiempos de egreso/titulación)	
g. Innovar y flexibilizar el currículo	

9. Y ahora, de la siguiente lista, seleccione 3 objetivos que usted considere los más importantes para su universidad. Coloque 1 al que usted considera más importante, 2 al siguiente y 3 al último.

a. Mejorar la gestión institucional	
b. Perfeccionar al cuerpo académico	
c. Incrementar el volumen de investigación	
d. Mejorar la calidad y relevancia de la investigación	
e. Crear vínculos de trabajo con el sector productivo/empresas	
f. Internacionalizar el quehacer de la universidad	
g. Consolidar/mejorar la formación de postgrado	

10. En términos de la gestión/administración de su universidad, diría usted que (donde 1=total desacuerdo y 7=acuerdo total):

	Total desacuerdo						**Acuerdo total**
a. La administración universitaria tiene hoy mucho más poder que hace 10 años	1	2	3	4	5	6	7
b. La administración se ha profesionalizado	1	2	3	4	5	6	7
c. Una administración universitaria fuerte reduce la influencia de los académicos	1	2	3	4	5	6	7
d. El control de costo-efectividad de las actividades universitarias limita la acción de los académicos	1	2	3	4	5	6	7
e. La universidad se está viendo forzada a actuar como una empresa	1	2	3	4	5	6	7
f. Los departamentos, escuelas o facultades de artes y humanidades se ven perjudicadas en el nuevo esquema empresarial	1	2	3	4	5	6	7
g. El nuevo modelo de financiamiento de la universidad ha generado agudas diferencias en los salarios de los académicos pertenecientes a una misma categoría	1	2	3	4	5	6	7
h. Los académicos tienen hoy un mercado laboral más competitivo y pueden negociar mejor sus salarios	1	2	3	4	5	6	7
i. Se hace un uso excesivo de indicadores de desempeño para medir el rendimiento de los académicos	1	2	3	4	5	6	7

11. Los procedimientos de acreditación institucional administrados por la Comisión Nacional de Acreditación (CNAP) han pasado a ser un componente del nuevo escenario universitario en Chile. Nos interesa conocer su grado de acuerdo o desacuerdo con relación a cada uno de los siguientes enunciados (donde 1=total desacuerdo y 7=acuerdo total).

	Total desacuerdo						**Acuerdo total**
a. La acreditación institucional es necesaria para el sistema	1	2	3	4	5	6	7
b. La acreditación institucional debe ser obligatoria para todas las universidades	1	2	3	4	5	6	7
c. En general, la acreditación institucional está siendo implementada adecuadamente	1	2	3	4	5	6	7
d. Los efectos de la acreditación institucional son importantes para el prestigio institucional	1	2	3	4	5	6	7
e. La información pública sobre resultados de la acreditación es suficiente	1	2	3	4	5	6	7
f. La acreditación de la universidad es un elemento importante para la decisión de los nuevos alumnos a la hora de elegir	1	2	3	4	5	6	7
g. La acreditación institucional exige un esfuerzo desmedido y distrae tiempo de los académicos y las autoridades	1	2	3	4	5	6	7
h. El efecto de los rankings nacionales de universidades es más poderoso que el de la acreditación	1	2	3	4	5	6	7
i. Es correcto limitar la disponibilidad de becas y créditos estudiantiles para alumnos matriculados en universidades acreditadas	1	2	3	4	5	6	7
j. La acreditación institucional servirá para facilitar la movilidad internacional de nuestros profesionales	1	2	3	4	5	6	7
k. La acreditación institucional interfiere con la autonomía de la universidad	1	2	3	4	5	6	7
l. La elección de los alumnos es la mejor forma de acreditación de una universidad y no se necesitan procedimientos adicionales	1	2	3	4	5	6	7

12. El Estado cumple una serie de funciones en relación a la educación superior. Nos interesa conocer su grado de acuerdo o desacuerdo con relación a cada uno de los siguientes enunciados (donde 1=total desacuerdo y 7=acuerdo total).

	Total desacuerdo						**Acuerdo total**
a. Las políticas universitarias deberían considerar como base las recomendaciones del Consejo de Rectores	1	2	3	4	5	6	7
b. El gobierno debería evaluar la eficiencia e impacto del uso de los recursos públicos por parte de las universidades	1	2	3	4	5	6	7
c. El rol del Estado debiera restringirse sólo a labores de superintendencia	1	2	3	4	5	6	7
d. El Estado debería dictar un estatuto de obligaciones de informar para las universidades.	1	2	3	4	5	6	7
e. Los aportes fiscales deberían estar disponibles, competitivamente, para todas las universidades acreditadas sin excepción	1	2	3	4	5	6	7
f. El Mineduc debiera tener un rol activo de coordinación de las universidades que reciben el aporte fiscal directo (autorizar creación de sus programas y sedes)	1	2	3	4	5	6	7

13. A continuación exponemos una serie de situaciones que acontecen en diversos ámbitos del quehacer universitario. Le solicitamos que en cada ámbito (identificado por una letra del abecedario) seleccione el enunciado que a su juicio mejor se ajusta a la realidad de su universidad (marque con una X en el cuadro correspondiente).

A.	Autoridades universitarias definen metas institucionales con un grado de compromiso menor de la comunidad académica y sin mayor debate.	Autoridades universitarias definen metas y objetivos de manera participativa, pero no existe una clara articulación de las metas de unidades descentralizadas con las metas institucionales.	Autoridades universitarias definen metas y objetivos de manera participativa, con una articulación explícita entre las metas institucionales y las de las diversas unidades descentralizadas, definiendo mecanismos explícitos de evaluación de cumplimiento de metas.
B.	Metas y objetivos de la universidad tienen muy poca difusión dentro de la comunidad académica y se refieren a aspectos muy generales y difíciles de operacionalizar. Su utilidad es poco clara.	La planificación es clara, de alta difusión en la comunidad académica, pero con bajos niveles de participación e involucramiento de ésta.	Existe una fuerte conciencia y entendimiento de la comunidad académica en torno a las metas y objetivos que persigue la universidad, y de cómo se mide el cumplimiento de objetivos.
C.	Bajo apoyo a la innovación sin la presencia de incentivos.	Liderazgo institucional que apoya la innovación, encontrándose una actitud positiva hacia ésta en la comunidad universitaria. Asignación de recursos e incentivos al personal no son consistentes con la innovación.	Incentivos a la innovación y al cambio, clima positivo hacia la innovación. Política de incentivos al personal y a la asignación de recursos para actividades innovativas.
D.	Acceso a información de la institución es restringido y difícilmente se puede obtener de manera oportuna. Sistemas de información para la gestión muy incipientes o dispersos. No hay evaluación de usuarios.	Amplio y rápido acceso a información. Existe un plan de manejo de la información que no está muy bien articulado con el cumplimiento de metas institucionales. Hay evaluación de usuarios, pero es poco relevante en la práctica.	Amplia accesibilidad a información por medio de plataformas integradas de información, coherentes con las metas y objetivos institucionales. Evaluación de usuarios como práctica generalizada e internalizada por la comunidad.

E.	Bajo impacto, no hay presencia en los medios ni tampoco hay política de difusión de las actividades universitarias.	Buen nivel de difusión de actividades.	La actividad de la universidad es fuertemente difundida en los medios.
F.	La universidad se ubica en posiciones bajas en los rankings.	Ubicación en posiciones intermedias en los rankings y valoración positiva de la comunidad.	Universidad ocupa altas posiciones en los rankings, su posición es sobresaliente en el medio nacional.
G.	Bajo nivel de preferencias entre los estudiantes. En la mayoría de las carreras se matriculan estudiantes de bajos puntajes.	Razonable nivel de preferencia de los postulantes, variable de acuerdo a las carreras. Unas pocas muestran niveles de preferencia y puntajes al alza.	Alto nivel de preferencia, captación de los mejores puntajes en la mayoría de las carreras.
H.	Escasa presencia de docentes con postgrado. Política de perfeccionamiento es débil o inexistente.	Mediana presencia de académicos con postgrado. Hay políticas de perfeccionamiento, pero su implementación se encuentra en una fase inicial.	Fuerte presencia de académicos con postgrado (especialmente doctores). Políticas de perfeccionamiento consolidadas y con continuidad en el tiempo.
I.	Servicios estudiantiles con escasa difusión entre los estudiantes. Mala evaluación de los estudiantes a los servicios que ofrece la universidad.	Estudiantes conocen los servicios que ofrece la universidad, pero el uso de éstos no es intensivo, por cuanto no hay una articulación coherente.	Servicios estudiantiles bien evaluados y difundidos. Aprovechamiento por parte de los estudiantes y resultados comprobados y medibles.
J.	Bajo acceso a tecnologías de información y escasa disponibilidad de de equipamiento. Poco uso de TIC en los procesos de enseñanza y aprendizaje.	Amplio acceso a tecnologías de la información, pero uso heterogéneo en actividades de docencia.	Amplio acceso y uso intensivo de TIC por parte de los estudiantes en los procesos de aprendizaje y actividades académicas.
K.	Bibliotecas poseen colecciones pobres y desactualizadas. Ni siquiera se proveen textos básicos de cada disciplina. Información en línea inexistente o con serios problemas de mantención.	Bibliotecas de calidad heterogénea. Buenas colecciones presentes sólo en unas pocas facultades. Catálogos electrónicos disponibles y actualizados, pero préstamos en línea con escasa funcionalidad.	Bibliotecas de calidad y facilidades de acceso. Alto grado de integración de los sistemas de bibliotecas. Efectivo funcionamiento de préstamos en línea. Colecciones actualizadas y amplio número de suscripciones a revistas científicas.

14. La *diversificación de fuentes de financiamiento* como forma para enfrentar los crecientes costos institucionales es uno de los principales fenómenos que confrontan las universidades chilenas. Pensando en el futuro, en el horizonte de los próximos 5 años, ¿sobre qué modalidades de financiamiento considera usted que su universidad debiera actuar con mayor energía? Elija 3 de la lista a continuación e indique su grado de importancia calificando con 1 al que usted considera más importante, 2 al siguiente y 3 al último.

a. Venta de servicios y consultoría al sector público	
b. Venta de servicios y consultorías al sector privado	
c. Alianzas estratégicas y/o contratos con empresas	
d. Proyectos de cooperación internacional	
e. Patentamiento y comercialización del conocimiento	
f. Generación de recursos en el extranjero	
g. Capacitación y educación continua	

15. La *captación de mayores recursos* es también una forma para enfrentar los crecientes costos institucionales que enfrentan las universidades del país. Pensando en el futuro, en el horizonte de los próximos 5 años, ¿sobre qué modalidades de captación de recursos considera usted que su universidad debiera actuar con mayor energía? Elija 3 de la lista a continuación e indique su grado de importancia calificando con 1 al que usted considera más importante, 2 al siguiente y 3 al último.

a. Aporte fiscal directo (AFD)	
b. Contratos de desempeño con el Estado	
c. Aporte fiscal indirecto (AFI)	
d. Obtención de donaciones de privados	
e. Aumento de la matrícula de pregrado y/o postgrado	
f. Atracción de estudiantes con crédito y/o becas	
g. Fondos concursables para investigación	

16. En el debate público sobre las universidades y la educación superior chilena suelen expresarse-entre otras-las siguientes afirmaciones, respecto a cada una de las cuales le solicitamos expresar su grado de acuerdo (donde 1=total desacuerdo y 7=acuerdo total).

	Total desacuerdo						**Acuerdo total**
a. Durante la última década, la educación universitaria ha perdido calidad	1	2	3	4	5	6	7
b. Hay un número excesivo de universidades	1	2	3	4	5	6	7
c. Las universidades privadas son esencialmente un negocio	1	2	3	4	5	6	7
d. El mercado universitario es poco transparente	1	2	3	4	5	6	7
e. Hay universidades que venden los certificados sin preocuparse de la calidad	1	2	3	4	5	6	7
f. En algunas carreras como periodismo o psicología el mercado laboral se halla saturado por la sobreoferta de graduados	1	2	3	4	5	6	7
g. El gasto público en universidades es demasiado bajo	1	2	3	4	5	6	7
h. Conviene revisar la política gubernamental para reservar los aportes fiscales directos (AFD) exclusivamente a las universidades estatales	1	2	3	4	5	6	7
i. Algunas universidades del Consejo de Rectores se han dedicado a crear programas especiales con el solo objeto de aumentar sus ingresos	1	2	3	4	5	6	7
j. La apertura de sedes por parte de las universidades privadas debería ser controlada por la autoridad pública	1	2	3	4	5	6	7
k. La acreditación institucional de las universidades no asegura que ellas reúnan las condiciones para ofrecer un servicio docente de calidad	1	2	3	4	5	6	7
l. Las universidades que no desarrollan investigación académica no deberían usar el nombre de universidades	1	2	3	4	5	6	7
m. En general, las universidades estatales son ineficientes	1	2	3	4	5	6	7
n. Las universidades no deberían admitir alumnos con menos de 450 puntos en la PSU	1	2	3	4	5	6	7
o. Sería conveniente establecer un sistema de arancel diferenciado, de modo que los alumnos de más bajos ingresos puedan ingresar a la universidad gratuitamente	1	2	3	4	5	6	7

17. Pensando en los próximos 10 años, señale el grado de probabilidad con el que usted cree que ocurrirán cada uno de los siguientes sucesos, considerando lo que usted prevé tenderá a ocurrir, independientemente de su juicio valorativo sobre estos fenómenos.

	Muy probable	**Probable**	**Poco probable**	**Nada probable**
a. En general, la estructura básica del sistema se mantendrá inalterada				
b. En general, las regulaciones públicas tenderán a aumentar				
c. La matrícula universitaria seguirá en aumento a un ritmo similar al de los últimos diez años				
d. Los recursos fiscales destinados a la educación superior se mantendrán en su actual nivel en relación al PIB				
e. Aumentarán los recursos para investigación aplicada				
f. Al final, todas las universidades se someterán al régimen de acreditación voluntaria				
g. Las universidades estatales tenderán a adoptar formas de gestión similares a aquellas que prevalecen en las empresas				
h. Disminuirá el número de universidades como resultado de procesos de quiebra, compraventa y fusión				
i. El gobierno fijará topes máximos de los aranceles que las universidades pueden cobrar en diferentes grupos de carreras				

	Muy probable	Probable	Poco probable	Nada probable
j. Se incrementará la participación del capital extranjero en la propiedad de universidades nacionales				
k. El legislador reconocerá la naturaleza con fines de lucro de las universidades privadas				
l. Progresivamente se sustituirá el aporte fiscal directo (AFD) por contratos de desempeño suscritos entre las universidades y el ministerio				
m. El aporte fiscal indirecto (AFI) terminará suprimiéndose				
n. Las autoridades de las universidades estatales seguirán siendo elegidas por votación de los académicos y con participación del estamento estudiantil				

18. Ahora queremos conocer su grado de acuerdo o desacuerdo con cada una de las siguientes opciones de política pública (1=total desacuerdo; 7=acuerdo total).

	Total desacuerdo						**Acuerdo total**
a. En general, si se desea que el sistema universitario se regule por la competencia en el mercado, el gobierno debe intervenir lo mínimo posible.	1	2	3	4	5	6	7
b. Los procesos de acreditación de instituciones y carreras universitarias deberían quedar radicados, con exclusividad, en un organismo público independiente del Mineduc.	1	2	3	4	5	6	7
c. Conviene adoptar un solo, único, esquema de créditos para todos los estudiantes con iguales necesidades.	1	2	3	4	5	6	7
d. Dicho esquema único de crédito estudiantil debería organizarse a semejanza del crédito con garantía del Estado.	1	2	3	4	5	6	7
e. El gobierno debería legislar sobre la estructura de grados y títulos en términos semejantes al Acuerdo de Bolonia.	1	2	3	4	5	6	7
f. En general, todos los recursos públicos destinados a las universidades debieran ser asignados sobre bases competitivas con participación de todas las universidades acreditadas.	1	2	3	4	5	6	7
g. Sería recomendable sustituir el Consejo de Rectores por un organismo que integre a todos los rectores de universidades acreditadas.	1	2	3	4	5	6	7
h. La acreditación institucional debería ser obligatoria.	1	2	3	4	5	6	7
i. Sería conveniente crear un sistema nacional de exámenes de habilitación para el ejercicio de las profesiones, reservándose a las universidades el derecho al otorgamiento de los grados académicos.	1	2	3	4	5	6	7
j. El gobierno debería fijar los aranceles para diferentes grupos de carreras	1	2	3	4	5	6	7
k. Los recursos asignados a las universidades del Consejo de Rectores por vía del AFD deberían transformarse en una asignación regida por indicadores de éxito oportuno en la graduación de los alumnos.	1	2	3	4	5	6	7
l. Sería conveniente informar sobre las remuneraciones que obtienen los graduados de cada universidad y carrera al iniciar sus actividades laborales.	1	2	3	4	5	6	7
m. El gobierno debería legislar determinando con precisión cuáles son las obligaciones de informar que tienen las universidades.	1	2	3	4	5	6	7

	Total desacuerdo						Acuerdo total
n. Un organismo público independiente del Mineduc debería autorizar la creación de nuevas carreras y sedes por parte de las universidades del Consejo de Rectores.	1	2	3	4	5	6	7
o. Un organismo público independiente del Mineduc debería autorizar la creación de nuevas carreras y sedes por parte de las universidades privadas.	1	2	3	4	5	6	7
p. En general, es imprescindible que el gobierno asuma un rol más activo de coordinación y supervisión del sistema universitario.	1	2	3	4	5	6	7
q. Las universidades estatales deberían definir, cada una de ellas, su propio estatuto, sin estar sujetas a un modelo común.	1	2	3	4	5	6	7
r. El gobierno debería garantizar, a través de la ley, la participación de los académicos en las universidades privadas.	1	2	3	4	5	6	7
s. Es correcto que existan distintos sistemas de crédito estudiantil.	1	2	3	4	5	6	7

19. Por último le solicitamos responder cómo valora usted el impacto de cada uno de los siguientes cambios en el funcionamiento del sistema de educación superior en su conjunto (donde 1=muy negativo, 7=muy positivo).

	Muy negativo						**Muy positivo**
a. Diversificación de las fuentes de financiamiento	1	2	3	4	5	6	7
b. Crecimiento de los recursos para los estudiantes más necesitados	1	2	3	4	5	6	7
c. Creación de nuevos fondos de investigación más allá de Fondecyt	1	2	3	4	5	6	7
d. Incremento de las becas de postgrado para estudios de doctorado	1	2	3	4	5	6	7
e. Ingreso de capitales extranjeros en la propiedad de instituciones nacionales	1	2	3	4	5	6	7
f. Establecimiento de los aranceles de referencia	1	2	3	4	5	6	7
g. Generación de ingresos por ventas y servicios.	1	2	3	4	5	6	7
h. Rol del Consejo de Rectores	1	2	3	4	5	6	7
i. Papel desempeñado por el Consejo Superior de Educación en relación al establecimiento de nuevas universidades privadas	1	2	3	4	5	6	7
j. Internacionalización de las universidades	1	2	3	4	5	6	7
k. Rol desempeñado por la División de Educación Superior del Ministerio de Educación	1	2	3	4	5	6	7
l. Profesionalización de la gestión universitaria	1	2	3	4	5	6	7
m. Reemplazo de la PAA por la PSU	1	2	3	4	5	6	7
n. Participación estudiantil en el gobierno de las universidades	1	2	3	4	5	6	7
o. Creación de las universidades regionales	1	2	3	4	5	6	7
p. Diferenciación del sistema por tipo de instituciones (universidades públicas y privadas, institutos profesionales, centros de formación técnica)	1	2	3	4	5	6	7
q. Aumento de la competencia entre las instituciones del sistema	1	2	3	4	5	6	7
r. Creación de nuevas sedes en universidades, institutos profesionales y centros de formación técnica	1	2	3	4	5	6	7
s. Participación del sector privado en la educación superior	1	2	3	4	5	6	7
t. Acreditación voluntaria de programas e instituciones	1	2	3	4	5	6	7

Bibliografía y referencias

Abbott, M., "An Economic Analysis of the Formal Regulation of Higher Education", School of International Studies – AIS St Helens, New Zealand, Occasional Paper Nº 6, July 2005. Disponible en: http://www.crie.org.nz/research_paper/M.Abbott_OP6.pdf

ACE, "Issue Brief: Students on the Move: The Future of International Students in the United States", October 2006. Disponible en: http://www.acenet.edu/AM/Template.cfm?Section=InfoCenter&CONTENT ID=18573&TEMPLATE=/CM/ContentDisplay.cfm

Alcántara, M. y J. P. Luna, "Ideología y competencia en dos post transiciones: Chile y Uruguay en perspectivas comparadas", *Revista de Ciencia Política*, 24 (1), 2004. Disponible en: http://www.puc.cl/icp/webcp/papers/luna/rev_cppuc_alcantara_luna.pdf.pdf

Allende, J., J. Babul, S. Martínez, T. Ureta (eds.), *Análisis y proyecciones de la ciencia chilena 2005*. Santiago de Chile: Academia Chilena de Ciencias, Consejo de Sociedades Científicas de Chile, Programa Bicentenario de Ciencia y Tecnología – Conicyt, 2005, capítulo 5. Disponible en: http://www.academia-ciencias.cl/index.php?module=noticias&task=show_new&id=7

Altbach, P. G., "Globalization and the University: Realities in an Unequal World". En Forest, J. J. F. y Altbach, P. G. (eds.) *International Handbook of Higher Education*. Dordrecht, The Netherlands: Springer 2006 (volumen 1).

Altbach, P. G., "Doctoral Education: Present Realities and Future Trends", *College and University Journal*, vol. 80, Nº 2, Fall 2004. Disponible en: http://www.bc.edu/bc_org/avp/soe/cihe/publications/pub_pdf/Doctoral_education.pdf

Altbach, P. G., "The Costs and Benefits of World-Class Universities", *Academe*, Volume 90, Nº 1, February 2004. Disponible en: http://www.aaup.org/publications/Academe/2004/04jf/04jftoc.htm

Altbach, P. G., "Centers and Peripheries in the Academic Profession: The Special Challenges of Developing Countries". En P. G. Altbach (ed.), *The Decline of the Guru: The Academic Profession in Developing and Middle-Income Countries*. Chestnut Hill, MA: Center for International Higher Education, Boston College, 2002. Disponible en: http://www.bc.edu/bc_org/avp/soe/cihe/pga/pdf/Centers_Peripheries_2002.pdf

Altbach, P. G. (ed.), *The Decline of the Guru: The Academic Profession in Developing and Middle-Income Countries.* London: Palgrave Macmillan, 2003.

Altbach, P. G. (ed.), *The Changing Academic Workplace: Comparative Perspectives*, 2000. Disponible en: http://www.bc.edu/bc_org/avp/soe/cihe/publications/pub_pdf/academicworkplace.pdf

Altbach, P. G. (ed.), *International Higher Education. An Encyclopedia.* New York and London: Garland Publishing Inc., 1991.

Amaral, A. y P. Teixeira, "The Rise and Fall of the Private Sector in Portuguese Higher Education", *Higher Education Policy*, 13, 2000. Disponible en: http://www.palgrave-journals.com/hep/journal/v13/n3/pdf/8390151a.pdf

Amaral, A., V. L. Meek y I. M. Larsen (eds.), *The Higher Education Managerial Revolution?* Dordrecht, The Netheralands: Kluwer Academic Publishers, 2003.

Amaral, A., A. Magalhaes y R. Santiago, "The Rise of Academic Managerialism in Portugal". En Amaral, A., V. L. Meek y I. M. Larsen (eds.), *The Higher Education Managerial Revolution?* Dordrecht, The Netheralands: Kluwer Academic Publishers, 2003.

Amaral, A. y A. Magalhaes, "On Markets, Autonomy and Regulation: The Janus Head Revisited", *Higher Education Policy*, 14, 2001. Disponible en: http://www.palgrave-journals.com/hep/journal/v14/n1/pdf/8390166a.pdf

Andolfatto, D. y Gervais, M. "Human Capital Investment and Debt Constraints", September, 2005. Disponible en: http://www.ssc.uwo.ca/economics/faculty/gervais/publications/red2005.pdf

Animesh, A., V. Ramachandran y S. Viswanathan, "Quality Uncertainty And Adverse Selection In Sponsored Search Markets"; NET Institute, Working Paper Nº 05-27, October 2005. Disponible en: http://www.netinst.org/Siva.pdf

Araujo, S., "Evaluación, incentivos a la actividad investigadora y trabajo académico. Legados, marcas y horizontes". En Krotch, P. (org.), *La universidad cautiva.* La Plata: Colección Diagnos, 2002.

Arocena, R., "Higher Education Reforms and Development Problems in Latin America", *Educ. Soc.* [*online*], vol. 25, Nº 88, 2004. Disponible en: http://www.scielo.br/scielo.php?pid=S0101-73302004000300013&script=sci_arttext&tlng=es

Arrow, K. J., "Higher Education as a Filter"; *Journal of Public Economics*, 2, 1973.

Atkins, D. E., "University Futures and New Technologies: Possibilities and Issues"; OECD/CERI Experts Meetings on "University Futures and New Technologies"; Discussion Paper, 2005. Disponible en: http://www.oecd.org/dataoecd/50/43/36758866.pdf

Baicker, C. "The Spillover Effects of State Spending"; National Bureau of Economic Research, Working paper 8383, July 2001. Disponible en: http://www.nber.org/papers/w8383.pdf

Bailey, T., N. Badway, P. Gumport, "For-Profit Higher Education and Community Colleges", 2001. Disponible en: http://www.stanford.edu/group/ncpi/documents/pdfs/forprofitandcc.pdf

Ball, S. J., "Education For Sale! The Commodification of Everything?"; The Annual Education Lecture 2004, Institute of Education, University of London, June 2004. Disponible en: http://www.kcl.ac.uk/content/1/c6/01/75/88/lecture-ball.pdf

Barr, N., "Higher Education Funding", *Oxford Review of Economic Policy*, vol. 20, Nº 2, 2004. Disponible en: http://oxrep.oxfordjournals.org/cgi/content/abstract/20/2/264?ijkey=20GIFCugfcjFz&keytype=ref

Barr, N., "Higher Education Funding", *LSE Research On Line*, 2004. Disponible en: http://eprints.lse.ac.uk/archive/00000288/01/Barr_2004a_OXREP040429.pdf

Barr, N., "Financing Higher Education in the UK: The 2003 White Paper"; House of Commons Education and Skills Committee, Post-16 student support, Session 2002-03. Disponible en: http://econ.lse.ac.uk/staff/nb/Barr_Selcom030311.pdf

Bates, T., "Charting the Evolution of Lifelong Learning and Distance Higher Education: The Role of Research", 2005. Disponible en: http://www.col.org/colweb/webdav/site/myjahiasite/shared/docs/PSeries_LLLDHE_CH11.pdf

Becker, G. S., "The Economic Way of Looking at Life"; Nobel Lecture, December 9, 1992. Disponible en: http://home.uchicago.edu/~gbecker/Nobel/nobellecture.pdf

Becker, G. S., *Human Capital*. Chicago: University of Chicago Press, 1975 (primera edición, 1964).

Belfield, C. R., "Did Adam Smith Know Everything about the Economics of Education, or Nothing?"; National Center for the Study of Privatization in Education, Teachers College, Columbia University, November 2001. Disponible en:

http://www2.econ.ucl.ac.be/~sexvdb/adamsmith.pdf

Belfield, C. R. and H. M. Levin (eds.), *The Economics of Higher Education.* The International Library of Critical Writings in Economics, Cheltenham, UK: An Elgar Reference Collection, 2003.

Benczes, I., "Quasi-market Financing in Higher Education: The Case of Great Britain", 1998. Disponible en:
http://www.uni-corvinus.hu/benczes/HeduGB_English.pdf

Bensimon, E. M., y Ordorika, I., "Mexico's 'Estímulos': Faculty Compensation Based on Piecework". En Rhoads, R. and C. A. Torres (eds.), *The University, Sate, and Market. The Political Economy of Globalization in the Americas.* Stanford, California: Stanford University Press, 2006.

Berg, I., *Education and Jobs: The Great Training Robbery.* New York: Praeger, 1970.

Berkowitz, P., "Liberal Education, Then and Now. J.S. Mill's Idea of a University, and our Own"; Hoover Institution, *Policy Review,* December 2006 & January 2007. Disponible en:
http://www.hoover.org/publications/policyreview/4884276.html

Bernasconi, A., "University Entrepreneurship in a Developing Country: The Case of the P. Universidad Catolica de Chile, 1985-2000", *Higher Education* 50 (2), 2005.

Bernasconi, A. y F. Rojas, *Informe sobre la educación superior en Chile: 1980-2003.* Santiago de Chile: Editorial Universitaria, 2004.

Birnbaum, R., "The End of Shared Governance: Looking Ahead or Looking Back", July 2003. Disponible en:
http://www.usc.edu/dept/chepa/gov/roundtable2003/birnbaum.pdf

Birnbaum, R., *Management Fads in Higher Education.* San Francisco: Jossey-Bass, 2001.

Blaug, M., "Declining Subsidies to Higher Education: An Economic Analysis". En Balug, M., *The Economics of Education and the Education of an Economist.* Aldershot: Edward Elgar, 1983.

Blaug, M., *Economía de la educación. Textos escogidos.* Madrid: Editorial Tecnos, 1972.

Bloom, D. E., M. Hartley y H. Rosovsky, "Beyond Private Gain: The Public Benefits of Higher Education". En Forest, J. J. F. y Altbach, P. G. (eds.), *International Handbook of Higher Education.* Dordrecht, The Netherlands: Springer 2006 (volumen 1).

Boer, H. de, "Who is Afraid of Red, Yellow and Blue? The Colorful World of Management Reforms". En Amaral, A., V. L. Meek y I. M. Larsen (eds.), *The Higher Education Managerial Revolution.*; Dordrecht, The Netherlands: Kluwer Academic Publishers, 2003.

Boer, H. de et al., *Academia in the 21st Century. An Analysis of Trends and Perspectives in Higher Education and Research*; Den Haag: AWT – Achtergrondstudie, Nº 28, 2002. Disponible en: http://www.utwente.nl/cheps/research/finished_projects/track_1/1fademia21stcentury.doc

Boffo, S., "Universities and Marketing Mass Communication in Italy", *Higher Education Policy,* December 2004, volume 17, Nº 4 Disponible en: http://www.palgrave-journals.com/hep/journal/v17/n4/full/8300063a.html

Bok, D., *Universities in the Marketplace: The Commercialization of Higher Education.* Princeton: Princeton University Press, 2003.

Borges, J. L., "La Biblioteca de Babel". En J. L. Borges, *Obras completas.* Buenos Aires: Emecé Editores, 2001 (volumen 1).

Boron, A., "Reforming the Reforms: Transformation and Crisis in Latin American and Caribbean Universities". En Rhoads, R. y C. A. Torres (eds.), *The University, Sate, and Market. The Political Economy of Globalization in the Americas*; Stanford, California: Stanford University Press, 2006.

Bowman, M. J., "Revolución en el pensamiento económico a causa del concepto de inversión humana" (1966). En Blaug, M., *Economía de la educación.* Textos escogidos. Madrid: Editorial Tecnos, 1972.

Branko, M., "Can We Discern the Effect of Globalization on Income Distribution? Evidence from Household Budget Surveys", August 2002; World Bank Policy Research Working Paper Nº 2876. Disponible en: http://papers.ssrn.com/sol3/papers.cfm?abstract_id=636240.

Braudel, F., *Civilización material, economía y capitalismo, siglos XV-XVIII. Los juegos del intercambio.* Madrid: Alianza Editorial, 1984 (tomo 2).

Breneman, D., B. Pusser, S. Turner, "The Contemporary Provision of For-profit Higher Education: Mapping the Competitive Market", 2000 (draft version). Disponible en: http://www.georgetown.edu/faculty/irvinem/CCTP737/Sources/Breneman-UVA-For-Profit-Entry-2000.pdf

Brint, S., "Can Public Research Universities Compete?; CSHE, University of California, Berkeley, Research & Occasional Paper Series: CSHE.17.06, November 2006. Disponible en:

http://cshe.berkeley.edu/publications/docs/ROP.Brint.17.06.pdf

Brint, S., K. Paxton-Jorgenson y E. Vega, "University-Industry Relations in the Market for Online Courses and Degrees"; Center for Studies in Higher Education, University of California, Berkeley, Paper CSHE10-03, 2003. Disponible en:
http://repositories.cdlib.org/cgi/viewcontent.cgi?article=1021&context=cshe

Brint, S. (ed.), *The Future of the City of Intellect. The Changing American University*; Stanford, California: Stanford University Press, 2002.

Brunner, J. J. (coord.), *Educación superior en Iberoamérica: Informe 2007*. Santiago de Chile: Cinda, 2007.

Brunner, J. J., "Con ojos desapasionados... (ensayo sobre la cultura en el mercado)". En Vv. Aa., *La cultura durante el período de la transición a la democracia*; Santiago de Chile: Consejo Nacional de de la Cultura y las Artes, 2006. Disponible en:
http://mt.educarchile.cl/mt/jjbrunner/archives/2005/11/con_ojos_desapa.html

Brunner, J. J., "Transformaciones de la universidad pública", *Revista de Sociología*, Universidad de Chile, N° 19, 2005.

Brunner, J. J., "Educación en Chile: el peso de las desigualdades". En Vv. Aa., *Conferencias presidenciales de humanidades*; Santiago de Chile: Presidencia de la República, 2005.

Brunner, J. J., "Políticas y mercados de educación superior: necesidades de información". En Brunner, J. J. y P. Meller (compiladores), *Oferta y demanda de profesionales y técnicos en Chile*. Santiago de Chile: RIL Editores, 2004.

Brunner, J. J., "Globalización y el futuro de la educación: tendencias, desafíos, estrategias"; Documento de Apoyo ED-01/Promedlac VII, 2000. Disponible en:
http://mt.educarchile.cl/archives/Futuro_EDU%25UNESCO-2000.pdf

Brunner, J. J., "Evaluación y financiamiento de la educación superior en América Latina: bases para un nuevo contrato". En Courard, H. (ed.), *Políticas comparadas de educación superior en América Latina*. Santiago de Chile: Flacso, 1993.

Brunner, J. J., *Educación superior en América Latina: cambios y desafíos*. Santiago de Chile: Fondo de Cultura Económica, 1990.

Brunner, J. J., "Estado y educación superior en América Latina". En G. Neave y F. van Vught (eds.), *Prometeo encadenado. Estado y educación superior en Europa*. Barcelona: Editorial Gedisa, 1994.

Brunner, J. J., "Notas para una teoría del cambio en los sistemas de educación superior"; Flacso, Santiago de Chile, Documento de Trabajo 381, 1988.

Brunner, J. J. and A. Tillett, "Higher Education in Central Asia: The Challenges of Modernization – an Overview", Report for The World Bank, 2007.

Brunner, J. J. y A. Tillett, "Chile". En Forest, J. J. F. y Altbach, P. G. (eds.), *International Handbook of Higher Education*. Dordrecht, The Netherlands: Springer, 2006 (volumen 1).

Brunner, J. J., P. Santiago, C. García Guadilla, J. Gerlach, and L. Velho, "Thematic Review of Tertiary Education – Mexico, Country Note"; Organisation for Economic Co-operation and Development, Directorate for Education, Education and Training Policy Division, November 2006. Disponible en: http://www.oecd.org/dataoecd/22/49/37746196.pdf

Brunner, J. J., G. Elacqua, S. González, A. M. Montoya, F. Salazar, *Calidad de la educación. Claves para el debate*. Santiago de Chile: Universidad Adolfo Ibáñez y RIL Editores, 2006.

Brunner, J. J., G. Elacqua, A. Tillett, J. Bonnefoy, S. González, P. Pacheco, F. Salazar, *Guiar el mercado. Informe sobre la educación superior en Chile*. Santiago de Chile: Universidad Adolfo Ibáñez, 2005. Disponible en: http://mt.educarchile.cl/mt/jjbrunner/archives/2005/08/nuevo_libro.html

Brunner, J. J. y Tillett, A., "El mercado avanza sobre la educación superior: un Reader dinámico", 2005. Disponible en: http://mt.educarchile.cl/mt/jjbrunner/archives/2005/11/el_mercado_avan.html

Brunner, J. J. y P. Meller (compiladores), *Oferta y demanda de profesionales y técnicos en Chile*. Santiago de Chile: RIL Editores, 2004.

Brunner, J. J. y G. Elacqua, *Informe de capital humano en Chile*. Santiago de Chile: Universidad Adolfo Ibáñez, La Araucana y Percada, 2003. Disponible en: http://www.uai.cl/p4_home/site/asocfile/ASOCFILE120030528134519.pdf

Buchanon, J. M. y N. E. Devletoglou, *Academic Anarchy*. New York: Basic Books, 1970.

Burke, J. and Associates, *Achieving Accountability in Higher Education. Balancing Public, Academic, and Marketplace Demands*. San Francisco: Jossey-Bass, 2005.

Cáceres Rojas, E. V., M. T. Gaona , S. Aguilera y S. Volpe Ríos, "Educación superior privada en Paraguay; Iesalc-Unesco, Programa Observatorio de la Educación Superior Universitaria Privada en Latinoamérica y el Caribe, junio de 2005. Disponible en:

http://www.iesalc.unesco.org.ve/programas/Privada/Informe%20Educaci%C3%B3n%20Privada%20-%20Paraguay.pdf

Cai Liu, N. y Cheng, Y., "The Academic Ranking of World Universities", *Higher Education in Europe*, vol. 30, Nº 2, July 2005. Disponible en: http://www.anrt.asso.fr/fr/pdf/Academic%20ranking%20of%20world%20universities.pdf

Calhoun, C., "Structural Transformation of the University: Contradictory Ideals and Institutional Compromises in American Higher Education"; Thesis 11 Center for Critical Theory at LaTrobe University, 2002. Disponible en: http://www.engr.iupui.edu/~jhs/misc/HigherEd.pdf

Calhoun, C., "Habitus, Field, and Capital: The Question of Historical Specifity". En Calhoun, C., E. LiPuma y M. Postone (eds.), *Bourdieu: Critical Perspectives*. Chicago: The University of Chicago Press, 1993.

Canton, E. and P. van der Meer, "Public Funding of Higher Education: The Danish Taximeter-model". En Cheps, *Higher Education Reform: Getting the Incentives Right*, 2001. Disponible en: http://www.cpb.nl/nl/pub/cpbreeksen/bijzonder/29/bijz29.pdf

Canton, E. and R. Venniker, "Economics of Higher Education". En Cheps, *Higher Education Reform: Getting the Incentives Right*, 2001. Disponible en: http://www.cpb.nl/nl/pub/cpbreeksen/bijzonder/29/bijz29.pdf

Canton, E. y H. Vossensteyn, "Deregulation of Higher Education: Tuition Fee Differentiation and Delectivity in the US". En Cheps, *Higher Education Reform: Getting the Incentives Right*, 2001. Disponible en: http://www.cpb.nl/nl/pub/cpbreeksen/bijzonder/29/bijz29.pdf

CAPA, "Credit Transfers – Uniformity in Recognition and Granting of Exemptions", 2005. Disponible en: http://www.capa.edu.au/conferenceevents/2005_SCM/CreditTransfers.pdf

Carnoy, C., "Higher Education and Economic Development: India, China, and the 21st Century"; Pan Asia Conference: Focus on Economic Challenges, June 2006. Disponible en: http://scid.stanford.edu/events/PanAsia/Papers/Carnoy.pdf

Carnoy, M., "Globalization, Educational Trends and the Open Society", 2005. Disponible en: http://www.soros.org/initiatives/esp/articles_publications/articles/globalization_20060217/carnoy_english.pdf

Carnoy, M., *Globalization and Educational Reform: what planners need to*

know. Paris: IIEP, 1999. Disponible en:
http://unesdoc.unesco.org/images/0012/001202/120274e.pdf

Carrasco, A., "El Patronato Real en Cataluña. 1715-1775", *Revista de Historia Moderna. Anales de la Universidad de Alicante*, Nº 13-14, 1995. Disponible en: http://webs.ono.com/usr005/antonio.carrasco/publ05.htm

Chapman, B., "Income Contingent Loans for Higher Education: International Reform"; Centre for Economic Policy Research, Research School of Social Sciences, The Australian National University, Australia, Discussion Paper Nº 491, June 2005 . Disponible en:
http://dspace.anu.edu.au:8080/bitstream/1885/43204/1/DP491.pdf

Chapman, B. y D. Greenaway, "Learning to Live With Loans? Policy Transfer and the Funding of Higher Education"; Internationalisation and Policy Transfer Conference, Tulane University, April 2003 (preliminary draft). Disponible en:
http://www.tulane.edu/~dnelson/PolTransConv/Chapman-Greenaway.pdf

Cheps, "The European Higher Education and Research Landscape 2020", 2004. Disponible en:
http://www.utwente.nl/cheps/documenten/lustrumscenarios2020.pdf

Cheps, *Higher Education Reform: Getting the Incentives Right*, 2001. Disponible en: http://www.cpb.nl/nl/pub/cpbreeksen/bijzonder/29/bijz29.pdf

Cheung, B., "A Proposed Voucher System for the Higher Education of Hong Kong"; University of South Australia, November 2004. Disponible en: http://www.usca.edu/essays/vol112004/cheung.pdf

Chiancone, A., L. Veiga, F. Borraz, "Diversificación de las fuentes de financiamiento de las instituciones universitarias", 2006. Disponible en:
http://www.iesalc.unesco.org.ve/pruebaobservatorio/documentos%20pdf/seminario%20uruguay%205%20y%206%20de%20marzo/diversificacion%20de%20las%20fuentes%20financieras.pdf

Clark, B. R., *Sustaining Change in Universities*. Maidenhead, England: Society for Research into Higher Education & Open University Press, 2004.

Clark, B. R., "The Entrepreneurial University: New Foundations for Collegiality, Autonomy, and Achievement", *Higher Education Management*, vol. 13, Nº 2, 2001. Disponible en:
http://www.bri.uqam.ca/Planification/I-Role_UQAM/Entrepeneurial_University.pdf

Clark, B. R., *Creating Entrepreneurial Universities. Organizational Pathways of Transformation*. Oxford: IAU Press – Pergamon, 1998.

Clark, B. R., *Places of Inquiry. Research and Advanced Education in Modern Universities*. Berkeley: University of California Press, 1995.

Clark, B. R. (ed.), *Perspectives on Higher Education. Eight Disciplinary and Comparative Views*. Berkeley, Los Angeles, London: University of California Press, 1987.

Clark, B. R., *The Higher Education System. Academic Organization in Cross-National Perspective*. Berkeley, Los Angeles, London: Universiy of California Press, 1983.

Clark, B. R, *Academic Power in Italy. Bureaucracy and Oligarchy in a National University System*. Chicago: The University of Chicago Press, 1977.

Clark, B. y G. Neave (eds.), *The Encyclopedia of Higher Education*. Oxford: Pergamon Press, 1992 (cuatro volúmenes).

Clarke, H., "Asymmetric Information, Public Goods and Central Control: A Critique of the West Review's Education Policy"; Department of Economics, La Trobe University, July 1998. Disponible en: http://www.business.latrobe.edu.au/public/staffhp/hchp/clarke5.pdf

Clotfelter, C. T., "Explaining the Demand". En Clotfelter, C. T., R. G. Eherenberg, M. Getz y J. J. Siegfried, *Economic Challenges in Higher Education*. Chicago: The University of Chicago Press, 1991.

Clotfelter, C. T., R. G. Eherenberg, M. Getz y J. J. Siegfried, *Economic Challenges in Higher Education*. Chicago: The University of Chicago Press, 1991.

Cobban, A. B., The Medieval Universities, *Their Development and Organization*. Chatham: Methuen & Co. Ltd., 1975.

Collins, R., "Credential Inflation and the Future of Universities". En Brint, S. (ed.), *The Future of the City of Intellect. The Changing American University*. Stanford, California: Stanford University Press, 2002.

Collins, R., *The Credential Society*. New York: Academic Press, 1979.

Coraggio, J. L., "La crisis y las universidades públicas en Argentina", s/f. Disponible en: http://168.96.200.17/ar/libros/mollis/coraggio.pdf

Council of Ministers of Education, "Foundation Paper for CMEC–OECD–Canada Seminal Student Assistance: Eliminating Financial Barriers to Postsecondary Education". Disponible en: http://www.cmec.ca/stats/quebec2004/FoundationPaper.en.pdf

Couper, M., "Web Surveys. A Review of Issues and Approaches", *Public Opinion Quarterly*, 64, 2000.

Cowan, S., "Regulatory Reform: Lessons from the UK", 2001. Disponible en: http://www.tips.org.za/f2001/cowan.pdf

Damme, D. van, "Higher Education in the Age of Globalization: The Need for a New Regulatory Framework for Recognition, Quality Assurance and Accreditation"; Unesco Expert Meeting; Paris, September 2001. Disponible en: http://www.ntua.gr/dep/old/International/WTO/keynote_eng.doc

Davies, J., "Cultural Change in Universities in the Context of Strategic and Quality Initiatives", 2000. Disponible en: http://www.eua.be/eua/jsp/en/upload/Strategic_Manag_Uni_institutional_Devlpt.1069322397877.pdf

Davis, D., "Credentialism". En Clark, B. y G. Neave (eds.), *The Encyclopedia of Higher Education.* Oxford: Pergamon Press, 1992, volumen 2.

Dearden, L., E. Fitzsimons, A. Goodman y G. Kaplan, *Higher Education Funding Policy: Who Wins and Who Loses? A Comprehensive Guide to the Current Debate.* London: Institute for Fiscal Studies, 2005. Disponible en: http://www.ifs.org.uk/comms/comm98.pdf

Deem, R., "The Knowledge Worker, the Academic Manager and the Contemporary UK University: New and Old Forms of Public Management?", *Financial Accountability and Management*, vol. 20, Nº 2, 2004.

Deem, R., "Globalisation, New Managerialism, Academic Capitalism and Entrepreneurialism in Universities: Is the Local Dimension Still Important?", *Comparative Education*, 37 (1), 2001.

Deem, R., "Managing Contemporary UK Universities - Manager-Academics and New Managerialism"; *Academia Leadership. The Online Journal*, vol. 1, issue 3, 2001 Disponible en: http://www.academicleadership.org/volume1/issue3/articles/rosemarydeem.html

Deem, R., "New Managerialism in Higher Education; the Management of Performance and Cultures", *International Studies in the Sociology of Education* 8 (1), 1998.

Department of Education, Science and Training, "Our Universities - Backing Australia's Future"; Brendan Nelson, Minister for Education, Science and Training, May 2003. Disponible en: http://www.backingaustraliasfuture.gov.au/policy_paper/policy_paper.pdf

Dexter, L. A., *Elite and Specialized Interviewing*. Evanston: Northwestern University Press, 1970.

Dexter, L. A., "The Good Will of Important People: More on the Jeopardy of the Interview", *The Public Opinion Quarterly*, 28 (4), 1964.

Dill, D. D., "The Public Good, the Public Interest, and Public Higher Education", 2005. Disponible en:
http://www.unc.edu/ppaq/docs/PublicvsPrivate.pdf

Dill, D. D., "Will Market Competition Assure Academic Quality? An Analysis of the UK and US Experience" (draft), 2005. Disponible en:
http://www.fup.pt/admin/cipes/docs/eventos/Dill.pdf.

Dill, D. D. "An Institutional Perspective on Higher Education Policy: The Case of Academic Quality Assurance", 2003. Disponible en:
http://www.utwente.nl/cheps/documenten/SusuDill.pdf

Dill, D. D., "Allowing the Market to Rule: The Case of the United States"; Public Policy for Academic Quality (background paper), 2002. Disponible en:http://www.unc.edu/ppaq/docs/HEQ_03.pdf

Dill, D. D., "Higher Education Markets and Public Policy", *Higher Education Policy*, volume 10, Nº 3-4, September 1997.

Dill, D. D. y Soo, M., "Academic Quality, League Tables, and Public Policy: A Cross-national Analysis of University Ranking Systems, *Higher Education*, 49, 2005. Disponible en:
http://www.studiekeuzeenranking.leidenuniv.nl/content_docs/dill_and_soo_r1202733481 65057.pdf

Dill, D. D., P. Texeira, B. Jongbloed y A. Amaral, "Conclusion". En Teixeira, B. Jongbloed, D. D. Dill y A. Amaral (eds.), *Markets in Higher Education. Rethoric or Reality?* Dodrecht: Kluwer Academic Publishing, 2004.

Dima, A. M., "Higher Education in Portugal"; Cheps – *Higher Education Monitor, Country Report*, February 2005. Disponible en:
http://www.utwente.nl/cheps/documenten/portugal.pdf

Dolenec, D., "Marketization in Higher Education Policy: An Analysis of Higher Education Funding Policy Reforms in Western Europe between 1980 and 2000", 2005. Disponible en:
http://www.revija-socijalna-politika.com/ojs2/index.php/rsp/article/viewFile/100/106

Dore, R., *The Diploma Disease*. Berkeley: University of California Press, 1976.

Douglass, J. A., "All Globalization is Local: Countervailing Forces and the Influence on Higher Education Markets"; CSHE, University of California, Berkeley, Research and Occasional Paper Series CSHE.1.05, January 2005. Disponible en: http://cshe.berkeley.edu/publications/publications.php?id=62

Dowrick, S., "Ideas and Education: Level or Growth Effects? (Lessons from the Cambridge Counter-revolution and Implications for Australian Economic Growth); Thirteenth Annual East Asian Seminar on Economics Productivity, Melbourne, May 2002. Disponible en: http://www.bm.ust.hk/~ced/dowrick.pdf

Drucker, P., "I Got my Degree through E-mail", *Forbes*, June 16, 1997.

Duczmal, W., *The Rise of Private Higher Education in Poland: Policies, Markets and Strategies*; Entschede: Center for Higher Education and Policy Studies (Cheps), 2006.
http://www.utwente.nl/cheps/documenten/thesisduczmal.pdf

Duderstadt, J. J. y F. W. Womack, *The Future of the Public University in America. Beyond the Crossroads*. Baltimore: The Johns Hopkins University, 2004

Duderstadt, J. J. y L. Weber (eds.), *Reinventing the Research University*. London, Paris, Geneva: Economica, 2004.

Duderstadt, J. J., "Financing the Public University in the New Millennium", 2000. Disponible en:
http://milproj.ummu.umich.edu/publications/u_washington_talk2/u_washington_talk2.pdf

Duderstadt, J. J., "The Future of the University in an Age of Knowledge", JALN, volume 1, issue 2 - August 1997. Disponible en:
http://www.aln.org/publications/jaln/v1n2/pdf/v1n2_duderstadt.pdf

Dynarski, S., "Loans, Liquidity, and Schooling Decisions"; Harvard University, Kennedy School of Government and NBER, August 2003. Disponible en: http://www.jcpr.org/conferences/grants2003/dynarski.pdf

Eckel, P. D. y King, J. E., "United States". En Forest, J. J. F. y Altbach, P. G. (eds.), *International Handbook of Higher Education*. Dordrecht, The Netherlands: Springer 2006 (volume 2). Disponible en:
http://www.acenet.edu/bookstore/pdf/2004_higher_ed_overview.pdf

Eckel, P. D., M. F. Green, M. F. y B. Affolter-Caine, "Curricular Joint Ventures: A New Chapter in US Cross-border Education?", *Policy Futures in Education*, volume 2, Nº 2, 2004. Disponible en:
http://www.wwwords.co.uk/pdf/viewpdf.asp?j=pfie&vol=2&issue=2&year=2004&article=6_Eckel_PFIE_2_2_web&id=201.241.127.129

Ehrenberg, R. G., "The Perfect Storm and the Privatization of Public Higher Education", *Change*, November 2005. Disponible en: http://www.epi.elps.vt.edu/Perspectives/cheri77.pdf

Ehrenberg, R. G., *Tuition Rising. Why College Cost so Much.* Cambridge, Massachusetts: Harvard University Press, 2002.

Ehrenberg, R. G. (ed.), *Governing Academia.* Ithaca and London: Cornell University Press, 2004.

Enders, J., y O. Fulton, *Higher Education in a Globalising World.* Dodrecht, The Netherlands,: Kluwer Academic Publishers, 2002.

Engell, J. y A. Dangerfield, *Saving Higher Education in the Age of Money.* Charlottesville: University of Virginia Press, 2005.

Epple, D., R. Romano y H. Sieg, "Admission, Tuition, and Financial Aid Policies in the Market for Higher Education", November, 2004. Disponible en: http://www.adres.polytechnique.fr/SEMINAIRE/ARCHIVES/MALINVAUD/pdf/161204.pdf

Etzkowitz, H., "Entrepreneurial Scientists and Entrepreneurial Universities in American Academic Science", *Minerva*, Summer-Autumn, 21 (2-3), 1983.

Etzkowitz, H., A. Webster, P. Healey, *Capitalizing Knowledge. New Intersections of Industry and Academia.* New York: State University of New York Press, 1998.

Etzioni, A., *The Semi-Professions and their Organisation.* New York: Free Press, 1969.

European Comission, "Higher Education in Europe" (sitio web). Disponible en: http://ec.europa.eu/education/policies/educ/higher/higher_en.html

European University Association, "Credit Transfer and Accumulation – The Challenge for Institutions and Students: Conclusions and Recommendations for Action"; EUA/Swiss Confederation Conference, ETH Zürich, 11/12 October 2002. Disponible en: http://www.bologna-berlin2003.de/pdf/Tagung%20Zuerich.pdf

European Science Foundation, "Higher Education in Europe beyond 2010: Resolving Conflicting Social and Economic Expectations", 2006. Disponible en: http://www.srhe.ac.uk/conference2006/downloads/abstracts/brennan.j.doc

Fägerlind, I. y G. Strömqvist (eds.), *Reforming Higher Education in the Nordic Countries – studies of change in Denmark, Finland, Iceland, Norway and*

Sweden. Paris: IIEP, 2004. Disponible en:
http://unesdoc.unesco.org/images/0013/001390/139015e.pdf

Felt, U. (in collaboration with M. Glanz), "Revisiting the Research-Teaching Nexus in a Post-Humboldtian Environment"; Department of Social Studies of Science, University of Vienna, 2006. Disponible en:
http://www.ionio.gr/microsites/css/2006/docs/2006/teaching_nexus.doc

Felt, U., "University Autonomy in Europe: Changing Paradigms In Higher Education Policy", 2002. Disponible en:
http://eua.uni-graz.at/Ulrike_Felt.pdf

Fligstein, N., "Agreements, Disagreements, and Opportunities in the 'New Sociology of Markets' ". En Guillén, M. F., R. Collins, P. England y M. Meyers (eds.), *The New Economic Sociology. Developments in an Emerging Field*. New York: Russell Sage Foundation, 2003.

Fligstein, N., *The Architecture of Markets. An Economic Sociology of Twenty-First-Century Capitalist Societies*. Princeton and Oxford: Princeton University Press, 2002

Florian, R., "Irreproducibility of the Results of the Shanghai Academic Ranking of World Universities", *Ad Astra* 5, 2006. Disponible en:
http://www.ad-astra.ro/journal/8/florian_shanghai_irreproducibility.pdf

Forest, J. J. F. y Altbach, P. G. (eds.), *International Handbook of Higher Education*. Dordrecht, The Netherlands: Springer, 2006 (volúmenes 1 y 2).

Fox, K., "Vouchers in Public Higher Education: The Colorado Approach to Funding and Access"; Western Interstate Commission for Higher Education, August 2006. Disponible en: http://www.wiche.edu/Policy/Ford/KellyFox_paper.pdf

Franck, E. P. y B. Schönfelder, "On the Role of Competition in Higher Education – Uses and Abuses of the Economic Metaphor", *Schmalenbach Business Review*, vol. 52, July 2000. Disponible en:
http://www.vhb.de/sbr/pdfarchive/einzelne_pdf/sbr_2000_july-214-237.pdf

Frank, R. H., "Higher Education: The Ultimate Winner-Take-All Market?", 1999. Disponible en:
http://inequality.cornell.edu/publications/working_papers/RobertFrank1.pdf

French, R., *Medicine Before Science. The Business of Medicine from the Middle Ages to the Enlightment*. Cambridge, UK: Cambridge University Press, 2003.

Friedman, M. and R., *Free to Choose*; Orlando, Fl: Harcourt, Inc., 1980.

Fulton, O., "Higher Education Studies". En B. R. Clark y G. Neave (eds.), *The Encyclopedia of Higher Education*. Oxford: Pergamon Press, 1992 (volumen 3).

Gallagher, M., "The Emergence of Entrepreneurial Public Universities in Australia"; IMHE General Conference of the OECD, Paris, September 2000. Disponible en: http://www.dest.gov.au/archive/highered/occpaper/00e/00e.pdf

Gagnon, M. A., "Capital, Power and Knowledge According to Thorstein Veblen: Reinterpreting the Knowledge-Based Economy", 2000. Disponible en: http://www.er.uqam.ca/nobel/ieim/IMG/pdf/NoteA_2006-12-07-Gagnon.pdf.

García de Fanelli, A. M., "Argentina". En Forest, J. J. F. y Altbach, P. G. (eds.), *International Handbook of Higher Education*. Dordrecht, The Netherlands: Springer 2006 (volumen 1).

García de Fanelli, A. M., Universidad, organización e incentivos. Buenos Aires: Fundación OSDE, 2005.

García Guadilla, C., "Financiamiento de la educación superior en América Latina". En GUNI-Unesco, *Educación superior en el mundo 2006. El financiamiento de las universidades*. Madrid, Barcelona, México: Ediciones MundiPrensa, 2005. Disponible en: http://www.riseu.unam.mx/documentos/acervo_documental/txtid0012.pdf

García Guadilla, C., "Investigación y toma de decisiones en educación superior: una interacción a construir", *Nueva Sociedad*, N° 165, enero-febrero 2000.

García y García, A., "The Faculties of Law". En Ridder-Simoens, H. de (ed.), *A History of the University in Europe. Universities in the Middle Ages*. Cambridge, Great Britain: Cambridge University Press, 1992.
Garvin, D. A., *The Economics of University Behavior*. New York: Academic Press, 1980.

Geiger, R., "Market Coordination of Higher Education: The United States". En Teixeira, B. Jongbloed, D. D. Dill y A. Amaral (eds.), *Markets in Higher Education. Rethoric or Reality?* Dodrecht: Kluwer Academic Publishing, 2004.

Geiger, R., *Knowledge and Money. Research Universities and the Paradox of the Marketplace*. Stanford, California: Stanford University Press, 2004.

Gemmell, N. "Externalities to Higher Education: A Review of the New Growth Theory"; The National Committee of Inquiry into Higher Educa-

tion, Report 8, 1998. Disponible en:
http://www.leeds.ac.uk/educol/ncihe/report8.htm

Getz, M. y J. J. Siegfried, "Costs and Productivity in American Colleges and Universities". En Clotfelter, C. T., R. G. Eherenberg, M. Getz y J. J. Siegfried, *Economic Challenges in Higher Education.* Chicago: The University of Chicago Press, 1991.

Gibbons, M., "Higher Education Relevance in the 21st Century"; The World Bank, 1998. Disponible en:
http://web.worldbank.org/WBSITE/EXTERNAL/TOPICS/EXTEDUCATION/contentMDK:20442088~menuPK:282405~pagePK:148956~piPK:216618~theSitePK:282386,00.html

Gieysztor, A., "Management and Resources". En Ridder-Simoens, H. de (ed.), *A History of the University in Europe. Universities in the Middle Ages.* Cambridge, Great Britain: Cambridge University Press, 1992.

Giroux, H. A., "Selling Out Higher Education", *Policy Futures in Education,* volume 1, Nº 1, 2003. Disponible en:
http://www.wwwords.co.uk/pdf/viewpdf.asp?j=pfie&vol=1&issue=1&year=2003&article=a10_Giroux_PFIE_1_1&id=83.40.175.48

Giroux, H. A., "Higher Education Under Siege: Implications for Public Intellectuals", *Thought and Action,* Spring 2006. Disponible en:
http://www2.nea.org/he/heta06/images/2006pg63.pdf

Goldstein, P. J., "The Future of Higher Education: A view from Chema"; The Council of Higher Education Managemnt Associations, 2006. Disponible en: http://www.appa.org/files/pdfs/appa39a_screenopt.pdf

Goodall, A. H. "Should Top Universities Be Led by Top Researchers and Are They? A Citations Analysis", 2006. Disponible en:
http://www.ilr.cornell.edu/cheri/wp/cheri_wp82.pdf

Gornitzka, A., y P. Maassen, "Hybrid Steering Approaches with Respect to European Higher Education", *Higher Education Policy* 13, 2000. Disponible en:
http://www.palgrave-journals.com/hep/journal/v13/n3/pdf/8390152a.pdf
Gouldner, A., *La crisis de la sociología occidental.* Buenos Aires: Amorrortu, 1973.

Gradstein, M. "The Political Economy of Public Spending on Education, Inequality, and Growth"; World Bank Policy Research Working Paper 3162, November 2003. Disponible en: http://www.lpp-uerj.net/olped/documentos/0842.pdf

Granovetter, M., "Economic Action and Social Strcuture: The Problem of Embeddednes". En Granovetter, M. y R. Swedberg (eds.), *The Sociology of Economic Life*. Cambridge, MA: Westview Press, 2001.

Granovetter, M. y R. Swedberg (eds.), *The Sociology of Economic Life*. Cambridge, MA: Westview Press, 2001.

Green, A. y Iacobucci, E., "Public Funding, Markets and Quality: Assessing the Role of Market-Based Performance Funding for Universities" (draft), November 2004. Disponible en:
http://www.utoronto.ca/president/04conference/downloads/iacobucci.pdf

Guerrero Cano, M., "A Literature Review on Entrepreneurial Universities: An Institutional Approach"; Departamento Economía de la Empresa, Facultad de Ciencias Económicas y Empresariales, Universitat Autónoma de Barcelona, 2006. Disponible en:
http://selene.uab.es/dep-economia-empresa/Jornadas/Papers/2006/Maribel.pdf

Gumport, P., "Academia Restructuring: Organizational Change and Institutional Imperatives", *Higher Education* 39, 2000, pp. 85-86. Disponible en:
http://www.stanford.edu/~gumport/publications/Gumport2000ARHigherEdRestructuring.pdf

Gumport, P., "Public Universities as Academic Workplaces", 1997. Disponible en:
http://www.stanford.edu/group/ncpi/documents/pdfs/1-01_publicuniversities.pdf

Gumport, P. y B. Sporn, "Institutional Adaptation: Demands for Management Reform and University Administration"; National Center for Postsecondary Improvement, Stanford University, 1999. Disponible en:
http://www.stanford.edu/group/ncpi/documents/pdfs/1-07_adaptation.pdf

Guri-Rosenblit, S., "Paradoxes and Dilemmas in Managing E-learning in Higher Education"; CSHE, University of California, Berkeley, Research & Occasional Paper Series: CSHE.7.03, July 2003. Disponible en:
http://cshe.berkeley.edu/publications/docs/ROP.Guri-Rosenblit.7.03.pdf

Halsey, A. H., "Political Economy". En Clark, B. y G. Neave (eds.), *The Encyclopedia of Higher Education*; Oxford: Pergamon Press, 1992, volumen 3.

Hamermesh, D. S., "Four Questions on the Labor Economics of Higher Education"; University of Texas at Austin, November 9, 2005. Disponible en:
http://www.ed.gov/about/bdscomm/list/hiedfuture/2nd-meeting/daniel-hamermesh.pdf

Hansmann, H. B., "The Role of Nonprofit Enterprise", *Yale Law Journal*, 89 (5), April 1980.

Hansmann, H. B., "Why Do Universities Have Endowments?", *The Journal of Legal Studies*, vol. 19, Nº 1, January 1990.

Harman, G., "A Perspective on a Decade of Change", s/f. Disponible en: http://www.dest.gov.au/NR/rdonlyres/DAE83EE1-53A8-4AE5-9D2A-AC11D4C78BCA/900/chapter1.pdf

Haug, G., "Quality Assurance/Accreditation in the Emerging European Higher Education Area: A Possible Scenario for the Future", *European Journal of Education* 38 (3), 2003.

Haupt, A., "The Evolution of Public Spending on Higher Education in a Democracy"; Desifo Working Paper Nº 1631, 2005. Disponible en: http://www.cesifo.de/pls/guestci/download/CESifo%20Working%20Papers%202005/CESifo%20Working%20Papers%20December%202005/cesifo1_wp1631.pdf

Hazelkorn, E., *University Research Management. Developing Research in New Institutions.* Paris: OECD, 2005.

Hearn, D. R., "Education in the Workplace: An Examination of Corporate University Models", 2001. Disponible en: http://www.newfoundations.com/OrgTheory/Hearn721.html

Hirayama, M., R. Sho, Y. Matsuzuka y M. Kishida, "Research on Corporate Universities"; *Jilpt Research Report* Nº 8, 2004. Disponible en: http://www.jil.go.jp/english/documents/JILPTNo8.pdf

Hoff, K., J. E. Stiglitz, "Modern Economic Theory and Development"; The World Bank, 2001. Disponible en: http://www.worldbank.org/research/bios/khoff/hoff-stiglitz-frontiers%20of%20dev%20ec.pdf

Hood, C., "Institutions, Blame Avoidance and Negativity Bias: Where Public Management Reform Meets the 'Blame Culture' ", 2004. Disponible en: http://bristol.ac.uk/Depts/CMPO/events/workshops/publicorg/hood.pdf

Howlett, M., "Beyond Good and Evil in Policy Implementation: Instrument Mixes, Implementation Styles, and Second Generation Theories of Policy Instrument Choice", 2004. Disponible en: http://www.econ.usyd.edu.au/download.php?id=4141

Howlett, M., "Managing the 'Hollow State': Procedural Policy Instruments and Modern Governance", 2000. Disponible en: http://www.sfu.ca/mpp/pdf_news/CPA99.pdf

Hoxby, C. M., "The Effects of Geographic Integration and Increasing Competition in the Market for College Education", 2003. Disponible en: http://www.economics.harvard.edu/faculty/hoxby/papers/exp_tuit.pdf

Hoxby, C. M., "The Return to Attending a More Selective College: 1960 to the Present", 2001. Disponible en: http://www.economics.harvard.edu/faculty/hoxby/papers/whole.pdf

Huisman, J., "An Ecology of Higher Education: Changing Climates, Changing Organisations?"; Annual Conference on Higher Education, Oslo, Norway, January 17, 2006. Disponible en: http://odin.dep.no/filarkiv/270387/innlegg_huisman.pdf

Hüfner, K., "Economics". En Clark, B. y G. Neave (eds.), *The Encyclopedia of Higher Education*. Oxford: Pergamon Press, 1992, volumen 3.

ICSO, "Medios masivos y elites políticas: un estudio de opinión de 100 líderes políticos. Informe de resultados"; Instituto de Investigaciones en Ciencias Sociales, Universidad Diego Portales, 2004. Disponible en: http://www.udp.cl/icso/investigacion/doc/mediosyelites.pdf

Institute for Higher Education Policy, *The Investment Payoff. A 50-State Analysis of the Public and Private Benefits of Higher Education*; Institute for Higher Education Policy, 2005. Disponible en: http://www.ihep.com/Pubs/PDF/InvestmentPayoff2005.pdf

Institutional Management in Higher Education (IMHE), *Higher Education Management and Policy*, volume 17, issue 3 – Special Issue on Entrepreneurship, Paris: OECD, 2005.

Jacob, M., Lundqvist, M. y H. Hellsmark, "Entrepreneurial Transformations in the Swedish University System: The Case of Chalmers University of Technology", *Research Policy*, 32, 2003.

Jacobs, B. y F. van der Ploeg, "Guide to Reform of Higher Education: A European Perspective", 2005. Disponible en: http://www.economic-policy.org/pdfs/vanderploeg_jacobs.pdf

Jodie, M., "Higher Education - Nowhere to Hide From the Winds of Change: A Review of Literature on Universities Coping With Their Environment"; Centro Universitario per la Valutazione e il Controllo (Cresco), Università Degli Studi Di Siena, Working Paper Nº 5, Ottobre 2004. Disponible en: http://www.cresco.unisi.it/wp/wp5.pdf

Johnstone, D. B., *Financing Higher Education. Cost-sharing in International Perspective*. University of Buffalo: International Comparative Higher Education Finance and Accesibility Project (Ichefap), 2006.

Johnstone, D. B., "Higher Educational Accessibility and Financial Viability: The Role of Student Loans", 2005. Disponible en: http://www.gse.buffalo.edu/org/inthigheredfinance/Publications/publications_HED_Accessibility_Viability_Student_Loans.pdf

Johnstone, D. B., "A Political Culture of Giving and the Philanthropic Support of Public Higher Education in International Perspective", 2004. Disponible en: http://www.gse.buffalo.edu/org/inthigheredfinance/Publications/Philanthropy_%20and_%20Revenue_%20Diversification%20.pdf

Johnstone, D. B., "Worldwide Reforms in the Financing and Management of Higher Education", 2001. Disponible en: http://www.gse.buffalo.edu/org/inthigheredfinance/textForSite/ReformsFinManHEdWor.pdf

Johnstone, D. B., "Privatization in and of Higher Education in the US", 1999. Disponible en: http://www.gse.buffalo.edu/FAS/Johnston/privatization.html

Jones, D. R., "Privatization". En Clark, B. y G. Neave (eds.), *The Encyclopedia of Higher Education.* Oxford: Pergamon Press, 1992, volumen 2.

Jones, G. A., "Canada". En Forest, J. J. F. y Altbach, P. G. (eds.), *International Handbook of Higher Education.* Dordrecht, The Netherlands: Springer 2006, volumen 2.

Jongbloed, B., "Regulation and Competition in Higher Education". En Teixeira, B. Jongbloed, D. D. Dill and A. Amaral (eds.), *Markets in Higher Education. Rethoric or Reality?* Dodrecht: Kluwer Academic Publishing, 2004.

Jongbloed, B., "Funding Higher Education: Options, Trade-offs and Dilemmas"; Paper for Fulbright Brainstorms 2004 - New Trends in Higher Education. Disponible en: http://www.utwente.nl/cheps/documenten/engpap04fundinghe.pdf

Jongbloed, B., "Performance-based Funding in Higher Education: An International Survey"; Centre for the Economics of Education and Training, Monash University, Working Paper Nº 35, March 2001. Disponible en: http://www.education.monash.edu.au/centres/ceet/docs/workingpapers/wp35mar01jongbloed.pdf

Kaiser, F., H. Vossensteyn y J. Koelman, "Public Funding of Higher Education. A Comparative Study of Funding Mechanisms in Ten Countries"; Cheps, 2002. Disponible en: http://www.utwente.nl/cheps/documenten/engreport02publicfunding.pdf

Kalpazidou-Schmidt, E. K., "Higher Education in Scandinavia". En Forest, J. J. F. y Altbach, P. G. (eds.), *International Handbook of Higher Education.* Dordrecht, The Netherlands: Springer 2006, volumen 1.

Kalpazidou-Schmidt, E., K. Langberg y K. Aagaard, "Funding Systems and Their Effects on Higher Education Systems. Country Study – Denmark"; The Danish Centre for Studies in Research and Research Policy, University of Aarhus, November 2006. Disponible en: http://www.hea.ie/uploads/pdf/Report_Denmark.pdf

Kay, J. and J. S. Vickers, "Regulatory Reform in Britain", *Economic Policy*, 7, 1988.

Keating, M. S. y D. A. Shand, *Public Management Reform and Economic and Social Development.* Paris: OECD, 1998, p. 13.

Kent, R., *La dialéctica de la esperanza y la desilusión en políticas de educación superior en México*, 2003. Disponible en: http://unpan1.un.org/intradoc/groups/public/documents/CLAD/clad0048002.pdf

Kerr, C., "Shock Wave II: An Introduction to the Twenty-First Century". En Brint, S. (ed.), *The Future of the City of Intellect. The Changing American University.* Stanford, California: Stanford University Press, 2002.

Kickert, W., "Steering at a Distance: A New Paradigm of Public Governance in Dutch Higher Education", *Governance* 8 (1), 1995.

Kim, S. and Ju-Ho Lee, "Hierarchy and Market Competition in South Korea's Higher Education Sector"; KDI School Working Paper Series, March 2003. Disponible en: http://papers.ssrn.com/sol3/Delivery.cfm/SSRN_ID504842_code353188.pdf?abstractid=504842&mirid=1

Kimball, B. R., *Orators and Philosophers. A History of the Idea of Liberal Education.* New York: College Entrance Examination Board, 1995.

King, R., "Analysing the Higher Education Regulatory State"; Centre for Analysis of Risk and Regulation; The London School of Economics and Political Science, Discussion Paper Nº 38, November 2006. Disponible en: http://www.lse.ac.uk/collections/CARR/pdf/Disspaper38.pdf

Kinser, K. y D. J. Levy, "For-Profit Higher Education: U.S.Tendencies, International Echoes". En Forest, J. J. F. y P. G. Altbach (eds.), International Handbook of Higher Education. Dordrecht, The Netherlands: Springer 2006 (volumen 1).

Kinser, K. y D. J. Levy, "The For-Profit Sector: U.S. Patterns and International Echoes in Higher Education"; Prophe Working Paper Nº 5, February 2005. Disponible en:
http://www.albany.edu/dept/eaps/prophe/publication/paper/PROPHEWP05_files/PROPHEWP05.htm

Kirby, D., "Creating Entrepreneurial Universities in the UK: Applying Entrepreneurship Theory to Practice", *The Journal of Technology Transfer*, vol. 31, issue 5, 2006.

Kirp, D., *Shakespeare, Einstein, and the Bottom Line. The Marketing of Higher Education.* Cambridge, Massachusetts: Harvard University Press, 2003.

Knight, J., "Higher Education Crossing Borders: A Guide to the Implications of the General Agreement on Trade in Services (GATS) for Cross-border Education"; A Report prepared for the Commonwealth of Learning and Unesco, 2006. Disponible en:
http://unesdoc.unesco.org/images/0014/001473/147363E.pdf

Knight, J., "Internationalization: Developing An Institutional Self-Portrait. Readings for EOTU Project"; Comparative International and Development Education Centre, Ontario Institute for Studies in Education, University of Toronto, Canada, November 2003. Disponible en:
http://www.eotu.uiuc.edu/events/Illinoisnovfinal.pdf

Kobayashi, T., "Japan". En Clark, B. y G. Neave (eds.), *The Encyclopedia of Higher Education.* Oxford: Pergamon Press, 1992, volumen 1.

Koivula, J. y R. Rinne, "The Dilemmas of the Changing University", 2004. Disponible en:
http://www.euerek.info/Public_Documents/Documents/Changing%20university%201511%20.doc

Krotch, P. (org.), *La Universidad Cautiva.* La Plata: Colección Diagnos, 2002.

Kwiek, M., "The State, the Market, and Higher Education. Challenges for the New Century". En Kwiek, M. (ed.), *The University, Globalization, Central Europe.* Frankfurt a/Main and New York: Peter Lang, 2003. Disponible en: http://www.policy.hu/kwiek/State_Market.pdf

Kwiek, M., "The Social Functions of the University in the Context of the Changing State/Market Relations (the Global, European Union, and Accession Countries' Perspectives)", 2002. Disponible en:
http://www.gdnet.org/fulltext/kwiek.pdf

Kwiek, M., "The Internationalization and Globalization in Central and East European Higher Education", *Society for Research in Higher Education*

International News, Nº 47, November 2001. Disponible en: http://www.policy.hu/kwiek/SRHE2001.pdf

Kwiek, M., "The Nation-State, Globalization and the Modern Institution of the University", *Theoria* Nº 96, December 2000. Disponible en: http://www.policy.hu/kwiek/Theoria2000.pdf

Larsen, K., y S. Vincent-Lancrin, "International Trade in Educational Services: Good or Bad?", *Higher Education and Management Policy*, 14 (3), December 2002. Disponible en: http://www.aic.lv/ace/ace_disk/Bologna/Bol_semin/Oth_conf/UNESCO_GF1/ref4_oecd_eng.pdf

Larrañaga, O., "Elementos para una reforma del sistema de crédito estudiantil en Chile"; Departamento de Economía, Facultad de Ciencias Económicas y Administrativas, Universidad de Chile, Documento de Trabajo Nº 189, 2002. Disponible en: http://www.navarro.cl/educacion/Documentos/Credito%20Fiscal%20Larra%F1aga.pdf

Lazzeretti, L. y E. Tavoletti, "Governance Shifts in Higher Education: A Cross-national Comparison", *European Educational Research Journal*, volume 5, Nº 1, 2006

Le Goff, J., *Los intelectuales en la Edad Media*. Barcelona: Gedisa, 1986.

Leef, G. C., "On the 'Investment Payoff' from Higher Education. Will More Spending Produce Better Results?"; Pope Center for Higher Education Policy, *Inquiry* Nº 20, March 8, 2005. Disponible en: http://www.johnlocke.org/acrobat/pope_articles/inquiry20.pdf

Leiva, A., "El crédito estudiantil como herramienta de financiamiento universitario", *Revista Chilena de Administración Pública*, N° 141, 2002. Disponible en: http://www.inap.uchile.cl/gobierno/pdfrevista/6/10.pdf

Levidow, L., "Marketizing Higher Education: Neoliberal Strategies and Counter-Strategies", 2001. Disponible en: http://eserver.org/clogic/4-1/levidow.html

Levin, J. S., "Faculty Work: Tensions between Educational and Economic Values", *Journal of Higher Education*, January 2006. Disponible en: http://www.accessmylibrary.com/coms2/summary_0286-15127364_ITM

Levine, A. E., "The Future of Colleges: 9 Inevitable Changes", *The Chronicle of Higher Education*, October 27, 2000. Disponible en: http://chronicle.com/weekly/v47/i09/09b01001.htm

Levy, D. C., "An Introductory Global Overview: The Private Fit to Salient

Higher Education Tendencies"; Prophe Working Paper Nº 7, September 2006. Disponible en:
http://www.albany.edu/dept/eaps/prophe/publication/paper/PROPHEWP07_files/PROPHEWP07.pdf

Levy, D. C., "The Unanticipated Explosion: Private Higher Education's Global Surge", *Comparative Education Review*, vol. 50, Nº 2, 2006. Disponible en:
http://www.journals.uchicago.edu/CER/journal/issues/v50n2/500202/500202.web.pdf

Levy, D. C., *Higher Education and the State in Latin America. Private Challenges to Public Dominance*. Chicago and London: The University of Chicago Press, 1986.

Lindblom, C. E., *The Market System*; New Haven and London: Yale University Press, 2001.

Lindblom, C. E., *Politics and Markets: The World's Political-Economic Systems*. New York: Basic, 1977.

Liu, N. C. y Y. Cheng, "The Academic Ranking of World Universities", *Higher Education in Europe*, vol. 30, Nº 2, July 2005. Disponible en:
http://www.anrt.asso.fr/fr/pdf/Academic%20ranking%20of%20world%20universities.pdf

Lloreda, J., "Intervención del ministro de Educación Nacional de Colombia", Cartagena de Indias, julio 2002. Disponible en:
http://ulaweb.adm.ula.ve/ula_sea/Documentos/Descarga/Reflexiones%20en%20el%20Ocaso.pdf

Locke, W., "Reconnecting the Research-policy-practice Nexus in Higher Education: A Personal and Professional Reflection on Recent Developments in Higher Education Policy", 2006. Disponible en:
http://www.srhe.ac.uk/conference2006/downloads/abstracts/locke.w.doc

Lombardi, J., "Managing Universities. An Eclectic Bibliography on Universities", 2005. Disponible en: http://thecenter.ufl.edu/edu05bib.html

López Segrera, F. y A. Maldonado (coords.), *Educación superior latinoamericana y organismos internacionales. Un análisis arítico*. Cali, Colombia: Universidad de San Buenaventura, 2002.

Lyall, C. y Sell, K. R., *The True Genius of America at Risk. Are We Losing our Public Universities to De Facto Privatization?* American Council on Education – Praeger Series on Higher Education, 2006.

Lynch, K., "Neo-Liberalism, Marketisation and Higher Education: Equality

Considerations". En Higher Education Authority (HEA), *Conference Proceedings Achieving Equity Of Access To Higher Education: Setting An Agenda For Action In Ireland*, 2004. Disponible en: http://www.hea.ie/uploads/pdf/Access%20Conference%20Proceedings.pdf

Maassen, P., "Shifts in Governance Arrangements: An Interpretation of the Introduction of New Management Structures in Higher Education". En Amaral, A., V. L. Meek, y I. M. Larsen (eds.), *The Higher Education Managerial Revolution?* Dordrecht, The Netheralands: Kluwer Academic Publishers, 2003.

Manning, S., "The Growing Crisis in Public Higher Education"; Chancellor of the University of Illinois at Chicago Address at the Illinois AAUP's 2004 Annual Meeting in Chicago, 2004. Disponible en: http://www.ilaaup.org/news/IllinoisAcademe/2004_fall/The%20Growing%20Crisis%20in%20Public%20Higher%20Education.pdf

McLeod, A., *Great Conservative Minds: A Condensation of Milton and Rose Friedman's "Free to Choose"*; Birmingham, Alabama: Alabama Policy Institute, 2006. Disponible en: http://www.alabamapolicy.org/PDFs/Friedman.pdf

March, J. and J. P. Olsen, *Ambiguity and Choice in Organizations*. Bergen: Universitetsforlaget, 1987.

Marginson, S., "Putting 'Public' Back Into The Public University", Thesis Eleven, Nº 84, February, 2006. Disponible en: http://www.education.monash.edu.au/centres/mcrie/docs/thesis-eleven-public-uni-2006.pdf

Marginson, S., "Dynamics of National and Global Competition in Higher Education", *Higher Education* 52, 2006. Disponible en: http://www.education.monash.edu.au/centres/mcrie/docs/hed-2006-national-and-global-competition.pdf

Marginson, S., "The Big Issues in Higher Education"; AVCC Senior Leadership Program, Mt Eliza, 2005 (presentación). Disponible en: http://www.education.monash.edu.au/centres/mcrie/docs/otherrecentpapers/avcc-150205.ppt

Marginson, S., "National and Global Competition in Higher Education", *The Australian Educational Researcher*, volume 31, Nº 2, 2004. Disponible en: http://www.aare.edu.au/aer/online/40020b.pdf

Marginson, S., "Australian Higher Education: National and Global Markets". En Teixeira, B. Jongbloed, D. D. Dill y A. Amaral (eds.), *Markets in Higher Education.* Rethoric or Reality? Dodrecht: Kluwer Academic Publishing, 2004.

Marginson, S., "Competition and Markets in Higher Education: A 'Glonacal' Analysis", *Policy Futures in Education*, volume 2, Nº 2, 2004. Disponible en: http://www.wwwords.co.uk/rss/abstract.asp?j=pfie&aid=1951

Marginson, S., "Markets in Higher Education: National and Global Competition"; Nzare/AARE Joint Conference, Auckland, New Zealand, December 2003. Disponible en: http://www.nzare.org.nz/pdfs/MAR03831.pdf

Marginson, S., "The Enterprise University comes to Australia". En AARE (ed.), *Global Issues and Local Effects: The Challenge for Educational Reform*; AARE, 1999. Disponible en: http://www.aare.edu.au/99pap/mar99470.htm

Marginson, S., *Education and Public Policy in Australia*. Cambridge, UK: Cambridge University Press, 1993.

Marginson, S. y M. van der Wende, "Globalisation and Higher Education"; Background Paper prepared for OECD/CERI, 2006. Disponible en: http://www.oecd.org/dataoecd/20/4/37552729.pdf

Marginson, S. y G. Rhoades, "Beyond National States, Markets, and Systems of Higher Education: A Glonacal Agency Heuristic", Higher Education 43: 281-309, 2002. Disponible en: http://www.education.monash.edu.au/centres/mcrie/docs/recentjournalarticles/hed-2002-marginson-rhoades.pdf

Martínez, M. y D. Richardson, "A View of the Market through Studies of Policy and Governance, 2002 (working draft). Disponible en: http://www.usc.edu/dept/chepa/gov/rf2002/martinez.pdf

Martin, J. M., "Financiamiento de la educación superior en Paraguay", 2004. Disponible en: http://www.iesalc.unesco.org.ve/programas/Financiamiento/FinanciamientoParaguay.pdf

Martins, H., "The Marketisation of Universities and Some Cultural Contradictions of Academic Capitalism", 2004. Disponible en: http://metacritica.ulusofona.pt/Arquivo/metacricita4/pdf4/herminio_martins.pdf

Massy, W. F., "Markets in Higher Education: Do They Promote Internal Efficienciy?". En Teixeira, B. Jongbloed, D. Dill and A. Amaral (eds.), *Markets in Higher Education. Rethoric or Reality?* Dodrecht: Kluwer Academic Publishing, 2004.

Mautner, G., "The Entrepreneurial University: A Discursive Profile of a

Higher Education Buzzword"; Vienna University of Economics and Business Administration, 2003 (draft). Disponible en:
http://smealsearch2.psu.edu/cache/papers/Business/674/http:zSzzSzwww.wu-wien.ac.atzSzinstzSzenglishzSzentrepreneurialuni_FINAL.pdf/paper-currently-under-review.pdf/

McLaughlin, M., "Tertiary Education Policy in New Zealand"; Fulbright, New Zealand, 2003. Disponible en:
http://www.fulbright.org.nz/voices/axford/mclaughlinm.html

Mecesup, "Gestión de proyectos de pregrado del fondo competitivo en las universidades", 2002. Disponible en:
http://www.mecesup.cl/mecesup1/difusion/seminario/uno.pdf

Meek, V. L., "Introduction". En Amaral, A., V. L. Meek y I. M. Larsen (eds.), *The Higher Education Managerial Revolution.* Dordrecht, The Netheralands: Kluwer Academic Publishers, 2003.

Meek.V. L, "Market Coordination, Research Management and the Future of Higher Education in the Post-industrial Era"; Unesco Forum Occasional Paper Series Paper Nº 5, 2003. Disponible en:
http://portal.unesco.org/education/en/file_download.php/a7ae1510561a789d20c16a06b177b566Lynn+Meek+.pdf

Meller, P., "La universidad y el mercado", 2004 (versión preliminar). Disponible en: http://www.cea-uchile.cl/pags/seminarios/papers/universidad.pdf

Meyer, H., "Universal, Entrepreneurial and Soulless? The New University as a Contested Institution", *Comparative Education Review* 46 (3), 2002.

Middlehurst, R. y Woodfield, S., "The Role of Transnational, Private, and For-Profit Provision in Meeting Global Demand for Tertiary Education: Mapping, Regulation and Impact"; report commissioned by the Commonwealth of Learning and Unesco, 2004. Disponible en:
http://portal.unesco.org/education/fr/file_download.php/d113589042bd922cbc37bc13fb73a64cINF6ETransnational+Summary+Report.pdf

Milanovic, B., "Can We Discern the Effect of Globalization on Income Distribution? Evidence from Household Budget Surveys"; World Bank, Policy Research Working Paper Nº 2876. August 2002. Disponible en:
http://papers.ssrn.com/sol3/papers.cfm?abstract_id=636240

Eyclopædia Britannica, "John Stuart Mill". Eyclopædia Britannica Article. Disponible en:
http://skeptically.org/utilitarianismtheethicaltheoryforalltimes/id26.html

Mill, J. S., *Collected Works*. Disponible en:
http://olldownload.libertyfund.org/Texts/MillJS0172/Works/Vol05/PDFs/0223.05_Pt09_Endowments.pdf

Mill, J. S., "Endowments". En *Collected Works*, vol. V: Essays on Economics and Society, part II. Disponible en:
http://olldownload.libertyfund.org/Texts/MillJS0172/Works/Vol05/PDFs/0223.05_Pt09_Endowments.pdf

Mill, J. S., *Inaugural Address Delivered to the University of St. Andrews*. London and Tokyo: Routledge/Thoemmes Press, 1994.

Miller, R., "The Future of the Tertiary Education Sector: Scenarios for a Learning Society", 2003. Disponible en:
http://www.mext.go.jp/a_menu/kokusai/forum/04022701/004/001.pdf
Ministry for Tertiary Education, New Zealand, "Tertiary Education Strategy 2007-12. Incorporating Statement of Tertiary Education Priorities 2008-10", 2006. Disponible en:
http://www.minedu.govt.nz/web/downloadable/dl11727_v1/tes-2007-12-incorp-step-2008-10.pdf

Mitsopoulos, M. S. y T. Pelagidis, "State Monopoly in Higher Education as a Rent Seeking Industry", 2006. Disponible en:
http://papers.ssrn.com/sol3/Delivery.cfm/SSRN_ID890541_code491805.pdf?abstractid=890541&mirid=1

Modell, S., "Goals versus Institutions: The Development of Performance Measurement in the Swedish University Sector", *Management Accounting Research* 14, 2003. Disponible en: http://www.afaanz.org/web2005/sven1.pdf

Mok, K. H., "Pro-competition Policy Tools and State Capacity: Corporatisation of Public Universities in Hong Kong and Singapore", 2005. Disponible en: http://www.econ.usyd.edu.au/download.php?id=6016

Mok, K. H. y M. H. Lee, "Globalization and Changing Governance: Higher Education Reforms in Hong Kong, Taiwan and Mainland China"; Australian Association for Research in Education 2001 Conference, December 2001. Disponible en: http://www.aare.edu.au/01pap/mok01403.htm

Mollis, M., "Latin American Identities in Transition: A Diagnosis of Argentine and Brazilian Universities". En R. Rhoads y C. A. Torres (eds.), The University, Sate, and Market. The Political Economy of Globalization in the Americas. Stanford, California: Stanford University Press, 2006.

Monks, J., R. G. Ehrenberg, "The Impact of US News and World Report College Rankings on Admission Outcomes and Pricing Decisions at Selective Private Institutions"; NBER Working Paper Nº W7227, July 1999. Disponible en: http://papers.nber.org/papers/W7227

Moodie, G., "University Rankings"; Griffith University, 2005. Disponible en: http://www.griffith.edu.au/vc/staff/moodie/pdf/05atem3.pdf

Moodie, G., "What's Wrong with University Rankings"; Australasian Association for Institutional Research 2005 forum, Melbourne, November 2005. Disponible en: http://www.griffith.edu.au/vc/staff/moodie/pdf/05atem4.pdf

Moraw, P., "Careers of Graduates". En Ridder-Simoens, H. de (ed.), *A History of the University in Europe. Universities in the Middle Ages.* Cambridge, Great Britain: Cambridge University Press, 1992.

Musselin, C., "The Role of Ideas in the Emergence of Convergent Higher Education Policies in Europe: The Case of France", 1999. Disponible en: http://www.ces.fas.harvard.edu/publications/docs/pdfs/Musselin.pdf

Neave, G., "The Social Dimension and Social Cohesion. Or, On Reconciling Adam Smith with Thomas Hobbes"; presentation to the seminar The Social Dimension of the European Higher Education Area and World Wide Competition, The Sorbonne, Paris, January 26-28th 2005. Disponible en: http://www.bologna-bergen2005.no/EN/Bol_sem/Seminars/050127-28Sorbonne/050127-28-WG3-Neave.pdf

Neave, G., "Mr Prometheus – Unbound, Shackled or Released on Parole? Being certain Adumbrations on the Marvellously Changing Relationship between Government and Higher Education in Western Europe"; Fulbright Brainstorms 2004 – New Trends in Higher Education. Disponible en: http://www.ccla.pt/brainstorms/release1.0/pdf/09_GuyNeave.pdf

Neave, G. y F. A. van Vught, *Government and Higher Education Relationships Across Three Continents. The Winds of Change.* Oxford: IAU Press – Pergamon, 1994.

Neave, G. y F. van Vught (eds.), *Prometeo encadenado. Estado y educación superior en Europa.* Barcelona: Editorial Gedisa, 1994.

Neave, G. and F. van Vught, *Prometheus Bound: The Changing Relationship between Government and Higher Education in Western Europe.* Oxford: Pergamon Press, 1991.

Nelson, R. R., "The Market Economy, and the Scientific Commons", August 2003. Disponible en:
http://141.211.44.51/centersandprograms/olin/papers/Winter%202006/nelson.pdf

Newman, F., "Saving Higher Education's Soul"; The Futures Project, September 2000. Disponible en:
http://www.utwente.nl/cheps/documenten/susu3soul.pdf

Newman, F., L. Couturier y J. Scurry, *The Future of Higher Education. Rethoric, Reality, and the Risks of the Markets.* San Francisco: Jossey-Bass, 2004.

Nicolaïdis, K., "Globalization with Human Faces: Managed Mutual Recognition and the Free Movement of Professionals", 1996. Disponible en: http://www.sant.ox.ac.uk/esc/knicolaidis/human_faces.pdf

Nokkala, T., "Knowledge Society/Knowledge Economy Discourse in Internationalisation of Higher Education. A Case Study in Governmentality"; Second Eurodocs Conference, Bergen, Norway 20th to 21th May 2005. Disponible en: http://euredocs.sciences-po.fr/en/conference/2005/Nokkala.pdf

North, D., *Understanding the Process of Economic Change.* Princeton: Princeton University Press, 2005.

Nowotny, H., P. Scott y M. Gibbons, *Re-Thinking Science, Knowledge and the Public in an Era of Uncertainty.* Cambridge, Oxford and Malden: Polity Press, 2001.

Núñez, J. y C. Risco, "Movilidad intergeneracional del ingreso en Chile"; Expansiva, *En Foco* N° 58, 2005. Disponible en: http://www.fundacionpobreza.cl/Biblioteca/Archivos/Bajar.asp?Carpeta=Movilidad%20social&Archivo=movilidad%20intergeneracional.pdf

Núñez, J., R. Gutiérrez, "Classism, Discrimination and Meritocrascy in the Labor Market: The Case of Chile", Econometric Society 2004 - Latin American Meetings, 2004. Disponible en: http://ideas.repec.org/p/ecm/latm04/308.html

OECD, *Education at a Glance 2006.* Paris: OECD, 2006.

OECD, *Education at a Glance 2006*; datos estadísticos on line, tabla C3.8. Disponible en: http://www.oecd.org/dataoecd/46/0/37368660.xls

OECD-CERI, "Four Futures Scenarios for Higher Education"; OECD Meeting of Education Ministers, Athens, June 2006. Disponible en: http://www.oecd.org/dataoecd/30/5/36960598.pdf

OECD, *Revisión de políticas nacionales de educación: Chile.* París: OECD, 2004.

OECD, *Enhancing the Cost Effectiveness of Public Spending*; Paris: OECD, 2003. Disponible en: http://www.oecd.org/dataoecd/58/19/23466327.pdf

OECD, *On the Edge. Securing a Sustainable Future for Higher Education.* Paris: OECD, 2004. Disponible en: http://www.oecd.org/dataoecd/10/63/33642717.pdf

OECD, *Governance of Public Research*. Paris: OECD, 2003.

OECD, *International Mobility of the Highly Skilled*. Paris: OECD, 2001. Disponible en: http://www1.oecd.org/publications/e-book/9202011E.PDF

Orozco, L. E., "La calidad de la universidad. Más allá de toda ambigüedad", s/f. Disponible en:
http://www.cna.gov.co/cont/documentos/doc_aca/cal_uni_mas_all_tod_amb_lui_enr_oro_sil.pdf

Orr, D., "Can Performance-Based Funding and Quality Assurance Solve the State vs Market Conundrum?", *Higher Education Policy*, 18, 2005. Disponible en: http://www.palgrave-journals.com/cgi-taf/DynaPage.taf?file=/hep/journal/v18/n1/full/8300071a.html&filetype=pdf

Parker, S., "Australian Higher Education: Crossroads or Crisis?", 2004. Disponible en:
http://www.utoronto.ca/president/04conference/downloads/parker.pdf
Parsons, T. y G. M. Platt, *The American University*. Cambridge, Massachusetts: Harvard University Press, 1973, p. vi.

Pascarella, E. T., T. Cruceb, P. D. Umbacha, G. C. Wolniaka, G. D. Kuh et al., "Institutional Selectivity and Good Practices in Undergraduate Education: How Strong is the Link?", 2004. Disponible en:
http://www.wabash.edu/cila/docs/INSTITUTIONAL%20SELECTIVITY%20AND%20GOOD%20PRACTICES%20IN%20UNDERGRADU.pdf

Pechar, H., T. Pfeffer, J. Pratt, "Promoting Innovation and Entrepreneurialism in the Fachhochschulen in Austria", *Higher Education Management*, vol. 13, Nº 1, 2001. Disponible en: http://www.iff.ac.at/hofo/pdf/iff_pfeffer_2001.pdf

Perkin, H., "The Historical Perspective". En Clark, B. R. (ed.), *Perspectives on Higher Education. Eight Disciplinary and Comparative Views*. Berkeley, Los Angeles, London: University of California Press, 1987.

Perkin, H., "History of Universities". En Altbach, P. G. (ed.), *International Higher Education. An Encyclopedia*. New York and London: Garland Publishing Inc., 1991, volume 1.

Perry, D., y F. Gaffikin, "Discourses and Visions in the US Campus"; CU2 Working Paper, 2005. Disponible en:
http://www.qub.ac.uk/ep/research/cu2/data/wp-perry-gaffikin-01.pdf

Peters, M., "Higher Education, Development, and the Learning Economy", 2005. Disponible en:

http://www.col.org/colweb/webdav/site/myjahiasite/shared/docs/PSeries_LLLDHE_CH11.pdf

Podolny, J. M., Status Signals. *A Sociological Study of Market Competition.* Princeton and Oxford: Princeton University Press, 2005.

Pollitt, C. y G. Bouckaert, *Public Management Reform: A Comparative Analysis.* Oxford: Oxford University Press, 2004.

Pons Blasco, I., "Contraste de la hipótesis de señalización. Una panorámica", 2005. Disponible en:
http://centros.uv.es/web/departamentos/D10/data/investigacion/PDF144.pdf

Prince, S. J., "Corporate Universities - An Analytical Framework", *The Journal of Management Development,* volume 21, Nº 10, 2002.

Psacharopoulos, G., "Rate-of-Return Studies". En Clark, B. y G. Neave (eds.), *The Encyclopedia of Higher Education.* Oxford: Pergamon Press, 1992 (volumen 2).

Pusser, B. y S. E. Turner, "The Challenge of Convergence: Nonprofit and For-profit Governance in Higher Education" ; Cornell Higher Education Research Institute, Ithaca, New York, June 2002 (draft). Disponible en:
http://www.ilr.cornell.edu/cheri/conf/chericonf2002/chericonf2002_09.pdf

Raines, J. P. y C. G. Leathers, *The Economic Institutions of Higher Education.* Cheltengam, UK: Edward Elgar, 2003.

Rama, C., "La tercera reforma de la educación superior en América Latina", 2005. Disponible en:
http://www.iesalc.unesco.org.ve/gestion/pdfs%20de%20RAMA/Art%C3%ADculo%20-%20Las%203%20Reformas%20de%20la%20Educaci%C3%B3n%20%20Superior%20en%20AL.pdf

Rappaport, D., J. M. Benavente y P. Meller, "Rankings de universidades chilenas según los ingresos de sus titulados"; Banco Central de Chile, Documento de Trabajo N° 306, 2004. Disponible en:
http://www.bcentral.cl/esp/estpub/estudios/dtbc/pdf/dtbc306.pdf

Reich, R., "Academic Innovation Fund", s/f. Disponible en:
http://mt.educarchile.cl/mt/jjbrunner/archives/Managemnt_paper.pdf

Reich, R., "Academic Innovation Fund. Project Evaluation Management", s/f. Disponible en: http://mt.educarchile.cl/mt/jjbrunner/archives/ProposalReview.pdf

Rhoades, G., "Democracy and Capitalism, Academic Style: Governance in

Contemporary Higher Education", 2003. Disponible en: http://www.usc.edu/dept/chepa/gov/roundtable2003/rhoades.pdf

Rhoades, G. y A. Maldonado-Maldonado, I. Ordorika, M. Velázquez, "Imagining Alternativas to Global, Corporate, New Economy Academic Capitalism", *Policy Futures in Education*, volume 2, Nº 2, 2004. Disponible en: http://www.wwwords.co.uk/pdf/viewpdf.asp?j=pfie&vol=2&issue=2&year=2004&article=7_Rhoades_PFIE_2_2_web&id=201.241.127.129

Rhoades, G. y S. Slaughter, "Academic Capitalism in the New Economy: Challenges and Choices"; *American Academic*, June 2004. Disponible en: http://www.aft.org/pubs-reports/american_academic/issues/june04/Rhoades.qxp.pdf

Rhoads, R. y C. A. Torres (eds.), *The University, Sate, and Market. The Political Economy of Globalization in the Americas*. Stanford, California: Stanford University Press, 2006.

Ridder-Simoens, H. de (ed.), *A History of the University in Europe. Universities in Early Modern Europe* (1500-1800). Cambridge, Great Britain: Cambridge University Press, 2003.

Ridder-Simoens, H. de, "Management and Resources". En Ridder-Simoens, H. de (ed.), *A History of the University in Europe. Universities in Early Modern Europe* (1500-1800). Cambridge, Great Britain: Cambridge University Press, 2003.

Ridder-Simoens, H. de (ed.), *A History of the University in Europe. Universities in the Middle Ages*. Cambridge, Great Britain: Cambridge University Press, 1992.

Ritzen, J. M. M., "Scenarios for Higher Education, 2020 or When Will China Invade Iran?; OECD Meeting of Education Ministers, Athens, June 2006. Disponible en: http://www.oecd.org/dataoecd/25/33/37051349.pdf

Robinson, A. y S. Tormey, "New Labour's Neoliberal Gleichschaltung: The Case of Higher Education", s/f. Disponible en: http://homepage.ntlworld.com/simon.tormey/articles/New%20Labour%20HE%20White%20Paper.pdf

Rodríguez, R., "La universidad latinoamericana y el siglo XXI: algunos retos estructurales", s/f. Disponible en: http://168.96.200.17/ar/libros/torres/gomez.pdf

Rosa, M. J. y A. Amaral, "A Self-Assessment of Higher Education Institutions from the Perspective of the EFQM Excellence Model", 2005. Disponible en: http://www.fup.pt/admin/cipes/docs/eventos/Rosa&Amaral.pdf

Rothaermel, F. T., S. D. Agung y L. Jiang, "University Entrepreneurship: A Taxonomy of the Literature", December 2006. Disponible en: http://mgt.gatech.edu/directory/rothaermel/files/07ICC.pdf

Rothschild, M. y L. White, "The University in the Marketplace: Some Insights and Puzzles". En Belfield, C. R. y H. M. Levin (eds.), *The Economics of Higher Education. The International Library of Critical Writings in Economics.* Cheltenham, UK: An Elgar Reference Collection, 2003.

Rüegg, W., "Themes". En Ridder-Simoens, H. de (ed.), *A History of the University in Europe. Universities in the Middle Ages.* Cambridge, Great Britain: Cambridge University Press, 1992.

Russel, K., "The Nations of the University of Paris: The Rise and Fall of a Medieval Corporation", *The Bunyean,* vol. 3, issue 1, Spring 2003. Disponible en: http://depts.clackamas.cc.or.us/banyan/3.1/index.asp

Ryan, P., "The British Training Market", 2002. Disponible en: http://cep.lse.ac.uk/seminarpapers/07-03-03-RYA.pdf

Salerno, C., "Financing Higher Education: The Economics of Options, Trade-offs and Dilemmas"; Council of Europe Conference on Public Responsibility for Higher Education and Research, 2006. Disponible en: http://www.utwente.nl/cheps/documenten/sls2006/background/slssalerno.pdf

Salmi, J., "Student Loans in an International Perspective: The World Bank Experience", 2000. Disponible en: http://www1.worldbank.org/education/lifelong_learning/publications/student_loans.pdf

Salmi, J. y A. M. Hauptman, "Innovations in Tertiary Education Financing: A Comparative Evaluation of Allocation Mechanisms"; The World Bank, Education Working Paper Series, Nº 4, September 2006. Disponible en: http://siteresources.worldbank.org/EDUCATION/Resources/278200-1099079877269/547664-1099079956815/Innovations_TertiaryEd_Financing.pdf

Salminen, A., "New Public Management and Finnish Public Sector Organisations: The Case of Universities". En Amaral, A., Meek, V. L. y I. M. Larsen (eds.), *The Higher Education Managerial Revolution?* Dordrecht, The Netherlands: Kluwer Academic Publishers, 2003.

Sarfatti-Larson, M., *The Rise of Professionalism.* Berkeley, Los Angeles, London: University of California Press, 1977.

Sapelli, C., "Desempleo y capital humano"; Exansiva, *En Foco* N° 51, 2005. Disponible en: http://www.expansiva.cl/en_foco/documentos/29062005121212.pdf

Scherer, F. M. y D. Ross, *Industrial Market Structure and Economic Performance.* Boston: Houghton Mifflin, 1990.

Schugurensky, D., "The Political Economy of Higher Education in the Time of Global Markets". En Rhoads, R. y C. A. Torres (eds.), *The University, Sate, and Market. The Political Economy of Globalization in the Americas.* Stanford, California: Stanford University Press, 2006.

Schultz, T. W., "Inversión en capital humano" (1961). En Blaug, M., *Economía de la educación. Textos escogidos.* Madrid: Editorial Tecnos, 1972.

Schwinges, R. C., "Student Education, Student Life". En Ridder-Simoens, H. de (ed.), *A History of the University in Europe. Universities in the Middle Ages.* Cambridge, Great Britain: Cambridge University Press, 1992.

Scott, P., "Higher Education in Central and Eastern Europe". En Forest, J. J. F. y Altbach, P. G. (eds.), *International Handbook of Higher Education.* Dordrecht, The Netherlands: Springer, 2006 (volumen 2).

Shattock, M., "Great Britain". En Forest, J. J. F. y Altbach, P. G. (eds.), *International Handbook of Higher Education.* Dordrecht, The Netherlands: Springer, 2006, volumen 1.

Shattock, M., *Managing Successful Universities.* Maidenhead, England: Society for Research into Higher Education & Open University Press, 2003.

Simsek, "Turkey". En Forest, J. J. F. y Altbach, P. G. (eds.), *International Handbook of Higher Education.* Dordrecht, The Netherlands: Springer 2006, volumen 2.

Siraisi, N. "The Faculty of Medicine". En Ridder-Simoens, H. de (ed.), *A History of the University in Europe. Universities in the Middle Ages*; Cambridge, Great Britain: Cambridge University Press, 1992.

Skilbeck, M., *The University Challenged: A Review of International Trends and Issues with Particular Relevance to Ireland*; Dublin: Higher Education Authority, 2001. Disponible en:
http://www.hea.ie/uploads/pdf/University%20Challenged.pdf

Slaughter, S., "Academic Freedom and the Neoliberal State" (draft), 2006. Disponible en: http://www.uga.edu/ihe/pdfs/slaughter/2006acad_freed.pdf

Slaughter, S. y G. Rhoades, "Academic Capitalism and Schools of Educa-

tion", (presentación), 2004. Disponible en:
http://www.coe.uga.edu/Sheila%20Slaughter%20Fall%20Faculty%20Meeting%209.22.06.pdf

Slaughter, S. y G. Rhoades, *Academic Capitalism and The New Economy.* Markets, State, and Higher Education. Baltimore and London: The Johns Hopkins University Press, 2004.

Slaughter, S., y L. L. Leslie, "Expanding and Elaborating the Concept of Academic Capitalism", *Organization*, vol. 8, Nº 2, 2001.

Slaughter, S. y L. L. Leslie, *Academic Capitalism. Politics, Policies and the Entrepreunerial University*. Baltimore and London: The Johns Hopkins University Press, 1999.

Smith, A., *An Inquiry into the Nature and Causes of The Wealth of Nations* (1776); Chicago: The University of Chicago Press, 1976.

Sowell, T., *Knowledge and Decisions.* New York: Basic Books,1980.

Spence, A. M., "Job Market Signaling", *Quarterly Journal of Economics*, vol. 87, Nº 3, 1973.

Sporn, B., "Governance and Administration: Organizacional and Structural Trenes". En Forest, J. J. F. y P. G. Altbach (eds.), *International Handbook of Higher Education.* Dordrecht, The Netherlands: Springer 2006 (volumen 1).

Sporn, B., "Convergence or Divergence in International Higher Education Policy: Lessons from Europe", 2003. Disponible en:
http://www.educause.edu/ir/library/pdf/FFPFP0305.pdf

Sporn, B., *Adaptive University Structures.* London and Philadelphia: Jessica Kingsley Publishers, *Higher Education Policy Series* 54, 1999.
Stadtman, B., "United States". En Clark, B. y G. Neave (eds.), *The Encyclopedia of Higher Education.* Oxford: Pergamon Press, 1992, volumen 1.

Stiglitz, J. E., "Information and the Change in the Paradigm in Economics"; Nobel Prize Lecture, December 8, 2001, Columbia Business School, Columbia University. Disponible en:
http://nobelprize.org/nobel_prizes/economics/laureates/2001/stiglitz-lecture.pdf

Stiglitz, J., "The Invisible Hand and Modern Welfare Economics"; NBER Working Paper Nº 3641, March 1991. Disponible en:
http://www.nber.org/papers/w3641.pdf

Stiglitz, J. E., "The Theory of 'Screening', Education, and the Distribution of

Income, *The American Economic Review*, vol. 65, Nº 3, June, 1975.

Strehl, F., S. Reisinger y M. Kalatschan, "Funding Systems and their Effects on Higher Education Systems. International Report"; OECD, November 2006. Disponible en:
http://www.hea.ie/uploads/pdf/International_Report_Online-Version1.pdf

Tabatoni, P., J. Davies and A. Barblan, "Strategic Management and Universities' Institutional Development", European University Association, *Thema* Nº 2, 2002. Disponible en:
http://www.eua.be/eua/jsp/en/upload/Strategic_Manag_Uni_institutional_Devlpt.1069322397877.pdf

Tadjudin, M. K., "Indonesia". En Forest, J. J. F. y Altbach, P. G. (eds.), *International Handbook of Higher Education*. Dordrecht, The Netherlands: Springer 2006, volumen 1.

Teixeira, P., "Markets in Higher Education: Can We Still Learn from Economics' Founding Fathers?"; CSHE Research & Occasional Paper Series, 2006. Disponible en:
http://cshe.berkeley.edu/publications/docs/ROP.Teixeira.4.06.pdf

Teixeira, B. Jongbloed, D. D. Dill y A. Amaral (eds.), *Markets in Higher Education. Rethoric or Reality?* Dodrecht: Kluwer Academic Publishing, 2004.

Temple, P., "What Does 'the Entrepreneurial University' now Mean in Europe?; SRHE Conference, Brighton, December 2006. Disponible en:
http://www.srhe.ac.uk/conference2006/downloads/abstracts/temple.p.doc

Tierney, W. G., "Systemic Responsiveness in Tertiary Education: an Agenda for Reform"; OECD, *Higher Education Management and Policy*, vol. 16, Nº 2, 2004. Disponible en: http://www.uni-mb.si/dokument.aspx?id=9125

The Economist, "A Survey of Higher Education", September 10, 2005.

Thelen, J., *A History of American Higher Education*. Baltimore and London: The Johns Hopkins University Press, 2004.

The National Center for Public Policy and Higher Education, "Purposes, Policies, Performance in Higher Education and the Fulfillment of a State's Public Agenda", 2003. Disponible en:
http://www.highereducation.org/reports/aiheps/AIHEPS.pdf

The World Bank, *Tertiary Education in Colombia: Paving the Way for Reform*. Washington, D. C.: The World Nank, 2003. Disponible en:
http://www-wds.worldbank.org/external/default/WDSContentServer/

WDSP/IB/2003/07/26/000094946_03071204032944/Rendered/PDF/multi-opage.pdf

The World Bank, *Constructing Knowledge Societies: New Challenges for Tertiary Education*, 2002. Disponible en: http://web.worldbank.org/WBSITE/EXTERNAL/TOPICS/EXTEDUCATION/contentMDK:20283509~menuPK:617592~pagePK:148956~piPK:216618~theSitePK:282386,00.html

The World Bank, *Education in Sub-saharan Africa: Policies for Adjustment, Revitalization, and Expansion*. Washington, D. C.: The World Bank, 1988.

The World Bank, *Financing Education in Developing Countries: An Exploration of Policy Options*. Washington, D. C.: The World Bank, 1986.

Thorn, K., Holm-Nielsen, L., y Jeppesen, J. S., "Approaches to Results-Based Funding in Tertiary Education: Identifying Finance Reform Options for Chile", 2004. Disponible en: http://www.bcentral.cl/esp/estpub/articulos/jel_y/467.htm

Tierney, W.G. (ed.), *Competing Conceptions of Academic Governance. Negotiating the Perfect Storm*. Baltimore and London: The Johns Hopkins University Press, 2004.

Tilak, J. B. G., "Are We Marching Towards Laissez-faireism in Higher Education Development?", 2004. Disponible en: http://www.unesco.org/iau/conferences/SaoPaulo/confsaopaulo7.rtf

Torche, F. y G. Wormald, "Estratificación y movilidad social en Chile: entre la adscripción y el logro"; Comisión Económica para América Latina (Cepal), Santiago de Chile, 2004. Disponible en: http://www.cepal.cl/cgi-bin/getProd.asp?xml=/publicaciones/xml/4/20354/P20354.xml&xsl=/dds/tpl/p9f.xsl&base=/dds/tpl/top-bottom.xslt

Trow, M., "Trust, Markets and Accountability in Higher Education: A Comparative Perspective", 1996. Disponible en: http://gspp.berkeley.edu/people/faculty/emeritus/trustdos.MAT_finalnew.pdf

Turner, R.H., "Modes of Social Ascent through Education: Sponsored and Contest Mobility". En A. H. Halsey, J. Floud, y C. A. Anderson (eds), *Education, Economy, and Society*. New York, London: The Free Press and Collier-Macmillan Limited, 1961.

Unesco, "Trade in Higher Education and GATS Basics". Disponible en: http://www.unesco.org/education/studyingabroad/highlights/global_forum/gats_he/basics_he_trade main.shtml

Unesco-OECD, "Guidelines for Quality Provision in Cross-border Higher Education"; Paris, 2005. Disponible en: http://www.unesco.org/education/guidelines_E.indd.pdf

Unesco-Educación, "Educación superior en una sociedad mundializada. Documento de orientación"; París: Organización de las Naciones Unidas para la Educación, la Ciencia y la Cultura, 2004, p. 10. Disponible en: http://unesdoc.unesco.org/images/0013/001362/136247s.pdf

Unesco, *Clasificación Internacional Normalizada de la Educación* (CINE 1997). Disponible en: http://www.uis.unesco.org/TEMPLATE/pdf/isced/ISCED_E.pdf

Universidad Internacional del Ecuador, "Información general ampliada: la educación superior universitaria privada en el Ecuador"; Documento para Unesco/Iesalc, 2005/2006, 2005. Disponible en: http://www.iesalc.unesco.org.ve/programas/Privada/Informe%20Superior%20Privada-Ecuador.pdf

Usher, A., y M. Savino, *A World of Difference: A Global Survey of University League Tables*; Toronto, On: Educational Policy Institute, 2006. Disponible en: http://www.educationalpolicy.org/pdf/World-of-Difference-200602162.pdf

Veblen, *The Theory of the Leisure Class* (1899), chapter 14: "The Higher Learning as an Expression of the Pecuniary Culture". Disponible en: http://www.eco.utexas.edu/~hmcleave/350kPEEVeblenTLC14table.pdf

Veblen, T., *The Higher Learning In America: A Memorandum on the Conduct of Universities by Business Men*, 1918; The Online Books Page. Disponible en: http://socserv2.socsci.mcmaster.ca/~econ/ugcm/3ll3/veblen/higher

Vedder, R., *Going Broke by Degree. Why College Cost Too Much.* Washington, D. C.: The AEI Press, 2004.

Verger, J., "Patterns". En Ridder-Simoens, H. de (ed.), *A History of the University in Europe. Universities in the Middle Ages.* Cambridge, Great Britain: Cambridge University Press, 1992.

Verger, J. "Teachers", En Ridder-Simoens, H. de (ed.), *A History of the University in Europe. Universities in the Middle Ages.* Cambridge, Great Britain: Cambridge University Press, 1992.

Vincent-Lancrin, S., "Building Futures Scenarios for Universities and Higher Education: An International Approach", *Policy Futures in Education* 2 (2) 2004. Disponible en: http://www.csvs.cz/projekty/2005_oecd/workshop/Building%20Future.doc

Vincent-Lancrin, S., "Six Scenarios for Universities"; OECD/CERI Experts Meeting on "University Futures and New Technologies". Discussion Paper, 2004. Disponible en: http://www.oecd.org/dataoecd/50/46/36758932.pdf

Vlk, A., "Higher Education and GATS. Regulatory Consequences and Stakeholders' Responses", Cheps, 2006. Disponible en: http://www.utwente.nl/cheps/documenten/thesisvlk.pdf

Vossensteyn, H., "Fiscal Stress: Worldwide Trends in Higher Education Finance", 2004. Disponible en: http://www.nasfaa.org/annualpubs/journal/Vol34n1/Vossensteyn.pdf

Vossesteyn, H. y E. Canton, "Tuition fees and accessibility: the Australian HECS". En Cheps, *Higher Education Reform: Getting the Incentives Right*, 2001. Disponible en: http://www.cpb.nl/nl/pub/cpbreeksen/bijzonder/29/bijz29.pdf

Vossensteyn, H., "Developments in Western Europe and Australia"; Global Higher Education Exchange Conference, Washington, D. C., December, 2000. Disponible en: http://www.gse.buffalo.edu/org/inthigheredfinance/publications2.html

Vught, F. A. van, "Closing the European Knowledge Gap? Challenges for the European Universities of the Twenty-first Century". En J. Duderstadt & L. Weber (eds.), *Reinventing the Research University*. London, Paris, Geneva: Economica, 2004. Disponible en: http://www.innovatieplatform.nl/assets/binaries/bibliotheek/dyn_kennisketen/vught_role.pdf

Vught, F. van, *Governmental Strategies and Innovation in Higher Education*. London: Jessica Kingsley Publishers, 1999.

Vv. Aa., "Los rankings de universidades", *Revista Calidad de la Educación*, N° 25, diciembre 2006.

Va. Aa., *La cultura durante el período de la transición a la democracia*. Santiago de Chile: Consejo Nacional de de la Cultura y las Artes, 2006.

Vv. Aa., "Reports on Trends and Learning Structures in European Higher Education" (I to IV), 2006. Disponible en: http://www.aic.lv/ace/ace_disk/Bologna/Reports/index.htm#Trends

Waks, L. J., "In the Shadow of the Ruins: Globalization and the Rise of Corporate Universities", *Policy Futures in Education*, volumen 2, Nº 2, 2002. Disponible en: http://www.wwwords.co.uk/pdf/viewpdf.asp?j=pfie&vol=2&issue=2&year=

2004&article=5_Waks_PFIE_2_2_web&id=201.241.127.129

Washburn, J., *University Inc. The Corporate Corruption of Higher Education.* NewYork: Basic Books, 2005.

Weert, E. de, "The Netherlands". En Forest, J. J. F. y Altbach, P. G. (eds.), *International Handbook of Higher Education.* Dordrecht, The Netherlands: Springer 2006, volumen 1.

Weiler, H. N., "Die unternehmerische Universität im Wettbewerb"; Wirtschaftsuniversität Wien und der Investkredit Bank AG in Wien, 2005. Disponible en: http://www.stanford.edu/~weiler/Texts05/Wien_Vortrag_045.pdf

Weiler, H. N., "States and Markets: Competing Paradigms for the Reform of Higher Education in Europe"; National Center for the Study of Privatization in Education, Teachers College, Columbia University Occasional Paper Nº. 16, March 2001. Disponible en:
http://firgoa.usc.es/drupal/filestore2/download/4986/850_OP16.pdf

Wellen, R.,"The University Student in a Reflexive Society: Consequences of Consumerism and Competition", *Higher Education Perspectives,* vol. 1, Nº 2, 2005. Disponible en: http://hep.oise.utoronto.ca/viewarticle.php?id=50&layout=html

White, H. C., *Markets from Networks. Socioeconomic Models of Production.* Princeton and Oxford: Princeton University Press, 2002.

Williams, G., "The Higher Education Market in the United Kingdom". En Teixeira, B. Jongbloed, D. D. Dill and A. Amaral (eds.), *Markets in Higher Education. Rethoric or Reality?* Dodrecht: Kluwer Academic Publishing, 2004.

Williams, G., "The Market Route to Mass Higher Education: British Experience 1979-1996, *Higher Education Policy,* vol. 10, 1997.

Williams, G., "Total Quality Management: Panacea or Placebo?, *Higher Education,* 25, 1993

Williams, G., "The Economic Approach". En Clark, B. R., *The Higher Education System. Academic Organization in Cross-National Perspective.* Berkeley, Los Angeles, London: Universiy of California Press, 1983.

Willmott, H., "Commercialising Higher Education in the UK: The State, Industry and Peer Review", 1998, Disponible en:
http://www.jbs.cam.ac.uk/people/senior_associates/pdfs/willmott_commercialising_higher.pdf

Winston, G. C., "Toward a Theory of Tuition: Prices, Peer Wages, and Competition in Higher Education"; Williams Project on the Economics of Higher Education, Williams College, Discussion Paper Nº 65, 2003. Disponible en: http://www.williams.edu/wpehe/DPs/DP-65.pdf

Winston, G. C., "Economic Stratification and Hierarchy among U.S. Colleges and Universities"; Williams Project on the Economics of Higher Education, Williams College, Discussion Paper Nº 58, 2000. Disponible en: http://www.williams.edu/wpehe/DPs/DP-58.pdf

Winston, G. C., "The Positional Arms Race In Higher Education; Williams Project on the Economics of Higher Education, Williams College, Discussion Paper Nº 54, 2000. Disponible en: http://www.williams.edu/wpehe/DPs/DP-54.pdf

Winston, G. C., "Subsidies, Hierarchy and Peers: The Awkward Economics of Higher Education", 1999. En Belfield, C. R. and H. M. Levin (eds.), The Economics of Higher Education. *The International Library of Critical Writings in Economics.* Cheltenham, UK: An Elgar Reference Collection, 2003.

Winston, G. C., "For-Profit Higher Education: Godzilla or Chicken Little?"; Williams Project for the Economics of Higher Education, 1998. Disponible en: http://www.williams.edu/wpehe/DPs/DP-49.pdf

Wit, H. de, "Incentives to Enhance Quality and Attractiveness", 2005. Disponible en:
http://ec.europa.eu/education/policies/2010/doc/conference2005/plenary_hans-de-wit_paper.pdf

Wit, K. de y J. C. Verhoeven, "Autonomy vs. Control: Quality Assurance and Governmental Policy in Flanders", *Education Policy Analysis Archives,* 12 (71), 2004. Disponible en: http://epaa.asu.edu/epaa/v12n71/v12n71.pdf

Witte, J. K., "Change of Degrees and Degrees of Change. Comparing Adaptations of European Higher Education Systems in the Context of the Bologna Process; Cheps, 2006. Disponible en:
http://www.che.de/downloads/C6JW144_final.pdf

Woodhall, M., "Economic Development and Higher Education". En Clark, B. y G. Neave (eds.), *The Encyclopedia of Higher Education.* Oxford: Pergamon Press, 1992 (volumen 2).

Yarzábal, L., "Impactos del neoliberalismo sobre la educación superior en América Latina", *Cipedes* Nº 1 (12), marzo 2001. Disponible en:
http://firgoa.usc.es/drupal/filestore2/download/25502/NeoliberalismoES_AL-CIPEDES.pdf

Yonezawa, A., "Japan". En Forest, J. J. F. y Altbach, P. G. (eds.), *International Handbook of Higher Education.* Dordrecht, The Netherlands: Springer 2006, volumen 1.

Zemsky, R. M., "Commercializing the University", *Issues in Science and Technology,* Spring 2005. Disponible en: http://www.issues.org/21.3/br_zemsky.html

Zemsky, R. M., "The Dog that Doesn't Bark: Why Markets Neither Limit Prices nor Promote Educational Quality". En J. Burke and Associates, *Achieving Accountability in Higher Education. Balancing Public, Academic, and Marketplace Demands.* San Francisco: Jossey-Bass, 2005.

Zemsky, R., G. R. Wegner y W. F. Massy, *Remaking the American University. Market-Smart and Mission-Centred.* New Brunswick, New Jersery, and London: Rutgers University Press, 2005.

Ziguras, C. "The Impact of the GATS on Transnational Tertiary Education: Comparing Experiences of New Zealand,Australia, Singapore and Malaysia", *The Australian Educational Researcher,* volume 30, Nº 3, December 2003. Disponible en: http://www.aare.edu.au/aer/online/30030f.pdf

Zimmerman, D. J., D. Rosenblum, P. Hillman, "Institutional Ethos, Peers and Individual Outcomes", 2004. Disponible en: http://www.williams.edu/wpehe/DPs/DP-68.pdf

Índice